SINGLE CASE RESEARCH METHODOLOGY

Applications in Special Education and
Behavioral Sciences（Third Edition）

〔美〕珍妮弗·R. 莱德福 戴维·L. 加斯特
（Jennifer R. Ledford） （David L. Gast）
—主编—

第**3**版

特殊教育和行为科学中的 单一被试设计

杨希洁
—译—

华夏出版社
HUAXIA PUBLISHING HOUSE

我们将本版书敬献给马克·沃莱里（Mark Wolery）博士，他对特殊教育、单一被试研究方法以及我们的生活都产生了巨大的影响。他是最好的同事、导师和朋友。

目　录

译　序

　　"单一被试设计"，顾名思义，使用这种设计的研究只需要一个或几个被试，这既是它与传统的分组研究设计最明显的差异之一，也是它独特的优势所在。在特殊教育、行为科学、康复医学、社会工作等研究领域，可用作被试的群体数量不多，而他们之间的异质性往往又非常大。在这种情况下，传统的路径行不通，不甘止步于此的研究者另辟蹊径，他们寻找到的新路径就是单一被试设计。它通过操纵自变量，观察因变量的变化，从而揭示干预与行为改变之间的因果关系。它简便易行，具有很强的灵活性，便于研究者在自然情境中开展研究，并根据实际情况随时调整研究方案。可以说，迄今为止，在特殊教育、行为科学、康复医学等领域，单一被试设计是最恰当、最有效的研究方法。

　　改革开放以来，我国的教育学学科领域取得了长足发展，教育学研究方法呈现多样化的发展趋势，这一点在特殊教育领域也不例外，于是，我们欣喜地看到，单一被试设计这颗沧海遗珠终于得到了国内研究者的青睐。自 2002 年起，国内研究者越来越多地尝试使用单一被试设计开展研究，与此相关的学术论文数量开始呈缓慢增长趋势，2015 年以后，论文数量增长明显。这一现状固然可喜，背后的隐忧却也不容忽视。有研究者一针见血地指出，从国内已发表的单一被试设计论文的情况来看，研究存在设计类型单一、实验控制粗放、数据分析不严谨等问题。这是一个新兴的研究领域在其发展过程中所必经的阶段，对此，我们应有足够的耐心，同时，也相信它会为我们指明未来努力的方向。

　　有足够的输入才能有更好的输出，要从源头上解决这些问题，最重要的是使国内研究者能够接触到更加优质的学习资源。考虑到发达国家在这一领域起步较早，根基深厚，我们决意将单一被试设计领域的英文经典学术专著译成中文，供国内研究者学习参考。在北京师范大学韦小满教授的引领下，我们先后查找和翻阅与此相关的英文专著，挑选了相关的著作开始翻译，并于 2014 年出版了《教育研究中的单一被试设计》。同年，我们着手《特殊教育和行为科学中的单一被试设计（第 2 版）》的翻译工作。这部著作更具逻辑性，条理清晰，观点富有启发性。

　　翻译的任务是艰巨的，除了要能驾驭汉语和英语这两种语言，还要非常熟悉和了解单一被试设计这种研究方法，为此，我们在翻译过程中参考了大量的文献，并针对术语的翻译参考心理学、社会科学等领域的成熟译法。整个翻译团队利用业余时间推进工作，除了各自承担的任务，不同章节的译者还进行了交叉校对、审核。然而，出乎我们意料的是，在全部翻译工作结束后没多久，《特殊教育和行为科学中的单一被试设计》英文版更新至了第 3 版。对比之后，我们遗憾地发现第 3 版对很多章节进行了增删，与前一版相比已经完全是一部不同的新书。此时，参与第 2 版翻译工作的很多同学或出国深造，或走上工作岗位，没办法将更多的精力投入到新版的翻译中来，因此，第 3 版的翻译和审核工作全部落在了中国教育科学研究院的杨希洁博士身上。

　　经过几年的努力，本书终于得以付梓。感谢韦小满教授的组织和推动，让讲述单一被试设计这一研究方法的译著不断得以出版，还在第 2 版中承担了前言、致谢和第 1 章的翻译工作；感谢参与本书第 2 版翻译工作的杨希洁（中国教育科学研究院，第 2 章）、马跃（上海交通大学教育学院，第 3、4 章）、李婧君（北京市海淀区育鹰小学，第 5、6 章）、何壮（贵阳学院教育科学学院，第 7、8 章）、刘宇洁（北京联合大学师范学院，第 9 章）、付建慧（清华大学附属小学，第 10 章）、韩继林（北京师范大学中国基础教育质量监测协同创新中心，第 11 章）、姜秉圻（中国通讯服务股份有限公司，第 12 章）、史亚楠（北京教育科学研究院特殊教育研究指导中心，第 12 章）、陆一萍（北京语言大学，第 13 章）、张智天（德国图宾根大学教育科学与心理研究所，第 14 章），他们为第 2 版的翻译付出了很多努力。

　　翻译是遗憾的艺术。我们清醒地知道，尽管已倾尽全力，不当与讹误之处恐怕仍难以完全规避，祈望广大读者不吝赐教。

致 谢

感谢所有为本书贡献了时间的勤奋的学生和专家。感谢我们现在的和以前的学生，他们提出了好问题，使我们成为更好的研究者。特别感谢凯特·塞韦里尼（Kate Severini）和凯蒂·齐默尔曼（Katie Zimmerman），他们阅读了这一版本中大量的章节，并针对书的内容及其清晰度提供了宝贵的反馈意见。

前　言

　　编写《特殊教育和行为科学中的单一被试设计》第3版的目的是将当前单一被试实验设计中的最新发展囊括进来，并继续强调从早期的单一被试研究者五十余年的工作中留存下来的历史先例以及教训，其中包括本书（第1版出版于2010年）的幕后推手戴维·加斯特（David Gast）博士的著作，以及本书的前身《特殊教育中的单一被试研究》[*Single Subject Research in Special Education*，与詹姆斯·托尼（James Tawney）博士合作，出版于1984年]。戴维·加斯特博士最初在堪萨斯大学（University of Kansas）人类发展与家庭生活系工作，在那里，他和一些杰出的早期行为研究者一同工作，包括约瑟夫·斯普拉德林（Joseph Spradlin）博士、塞巴斯蒂安·斯特里费尔（Sebastian Striefel）、詹姆斯·舍曼（James Sherman）、唐纳德·贝尔（Donald Baer）和蒙特罗斯·沃尔夫（Montrose Wolf）。此后，他继续采用师徒制，在肯塔基大学（University of Kentucky, 1975—1989）和佐治亚大学（University of Georgia, 1990—2016）工作。在这种制度下，教授和研究生肩并肩地密切合作，开展有意义的应用研究。在佐治亚大学，我们相遇了，我开始对研究进行综合分析并实施单一被试实验设计研究。之后，在范德堡大学（Vanderbilt University），在马克·沃莱里（Mark Wolery）博士的指导下，我了解到对于研究者和实务工作者来说，单一被试研究设计既复杂又重要。我继续以谦逊之心，在众多才华卓越的单一被试方法研究者的蒙荫下，满怀热情地和他们一起工作，也借由本书和你们分享他们的成果。

　　我们编写本版的目的与编写前两版的目的一样，即以透彻的、技术上完美的和对应用者友好的方式全面地论述单一被试研究方法。作为一个详细的、综合性的参考工具，本书可以为有志于实施单一被试研究的学生、研究者和实务工作者提供帮助，可以解释单一被试研究的成果，还可以用于撰写研究计划、

➡ 关注微信公众号"华夏特教"，即可在线浏览或下载本书参考文献。

论文手稿，或者对单一被试研究进行述评。我们期望这些学生、研究者和实务工作者来自包括特殊教育学和普通教育学在内的社会学、教育学以及行为科学等多个学科领域，来自学校心理学、儿童心理学、临床心理学以及神经心理学等研究领域，来自言语治疗、职业治疗、休闲治疗以及物理治疗等康复领域，来自社会工作服务领域。在本书中，我们介绍了各种各样的单一被试研究，参与者范围广泛，包括来自各种儿童养护中心、学校、诊所和社区的学前儿童、中小学生、大学生和成人。很多研究涉及残障幼儿或有严重行为、认知困难的成人。在这些领域涌现了大量高质量的单一被试研究。不过，我们仍然鼓励人们在相关领域开展日渐普遍的单一被试研究。

本版的框架大体上和前两版保持一致，全部内容被分成 14 章，这样安排有利于在一个学期内讲完有关单一被试设计的课程。前几章着重讲解与研究有关的一般性信息（第 1 章）、伦理（第 2 章）、写作任务（第 3 章）以及复制逻辑（第 4 章）。接下来，我们聚焦于测量，尤其是因变量的测量（第 5 章）以及单一被试设计中的自变量和社会效度（第 6 章）。之后，我们讨论图表数据的呈现（第 7 章）和分析（第 8 章）。在第 9 章至第 12 章中，我们讲解不同设计类型的具体内容，包括 A-B-A-B 撤除设计和倒返设计（第 9 章）、多基线设计和多探测设计（第 10 章）、比较设计（第 11 章）以及其他设计（第 12 章）。最后，在新增的两章中，我们讨论如何评估单一被试设计的质量和严谨度（第 13 章），以及如何对跨研究结果进行系统的综合分析（第 14 章）。

无论你是学生、实务工作者、研究者，还是与实施或解释单一被试研究有关的其他人员，本书所展现的内容都可以帮助你理解单一被试研究设计背后的逻辑、控制替代性解释的原因、应用单一被试研究设计的条件，以及如何在单一被试研究中进行可靠且有效的测量。书中介绍的指导原则旨在帮助你更好地设计、分析、实施和宣传单一被试研究。在全面了解了单一被试研究工作之后，你能够实施具有完美设计的研究，以此帮助你积累关于有效干预的有价值的证据，同时，它扮演了重要的角色，推动你在知识的海洋里和研究领域内不断前行。祝你好运！

珍妮弗·R. 莱德福（Jennifer R. Ledford）

第1章　应用情境中的研究方法

戴维·L. 加斯特（David L. Gast）和珍妮弗·R. 莱德福（Jennifer R. Ledford）

重要术语

应用研究（applied research）、自变量（independent variables）、因变量（dependent variables）、内部效度（internal validity）、实验控制（experimental control）、功能关系（functional relation）、循证实践（evidence-practice）、信度（reliability）、对内部效度的威胁（threats to internal validity）、一般规律研究（nomothetic）、基线逻辑（baseline logic）、特质规律研究（ideographic）、效度（validity）、历史（history）、成熟（maturation）、测验（testing）、工具（instrumentation）、程序不忠诚（procedural infidelity）、损耗（attrition）、损耗偏差（attrition bias）、抽样偏差（sampling bias）、数据不稳定（data instability）、周期性变异（cyclical variability）、多重处理干扰（multitreatment interference）、均值回归（regression to the mean）、适应（adaptation）、霍桑效应（Hawthorne effect）

应用研究

融科学于教育和临床实践

循证实践

在教育领域传播循证实践

描述基于因果推论的设计

  实验

  准实验

  相关设计

描述基于研究方法的设计

　　分组研究方法

　　质性研究方法

　　单一被试研究方法

应用研究、实践和单一被试设计

　　研究和实践的相同点

　　研究和实践的一些不同点

对内部效度的威胁

　　历史

　　成熟

　　测验

　　工具

　　程序不忠诚

　　选择偏差

　　数据不稳定

　　周期性变异

　　均值回归

　　多重处理干扰

　　适应

　　霍桑效应

总结

　　科学探索的目的是增长知识。我们增长知识的过程一般通过研究来完成——系统调查和操纵变量，以确定关联并理解其在典型（非研究）环境中的发生过程。当然，研究的过程中也存在各种不足，例如，研究结果被指出不可复制（Open Science Collaboration, 2015），依赖于反事实条件（Lemons, Fuchs, Gilbert, & Fuchs, 2014），无法推广到研究环境之外的应用情境或真实情境中（Spriggs, Gast, & Knight, 2016），在很大程度上不适用于实务工作者面临的"真实"问题（Snow, 2014）。那么研究到底如何为增长知识做贡献呢？研究是以有效的方式开展的吗？在本章中，我们会介绍应用研究和循证实践的概念，根据研究类型描述证据的不同水平，并说明三种主要研究方法及相应的原理和假设。在本章的结尾，我们会说明研究和实践的相同点和不同点。

应用研究

如果研究是一系列让我们了解各种关联以及过程的步骤，那么应用研究又是什么呢？基础研究关注的是知识的增长，它可能会，也可能不会对实际问题产生即时和具体的影响。**应用研究**则是通过系统调查，探寻那些和实践领域有关的内容，或者解决真实世界的问题。例如，基础研究可能会探寻唐氏综合征小鼠模型中跑步和行为异常之间的关联（Kida, Rabe, Walus, Ablertini, & Golabek, 2013），而应用研究可能会寻找某种可以改善唐氏综合征幼儿的身体活动的干预（Adamo et al., 2015）。研究者和实务工作者经常力求参与应用研究，这不仅是为了获得更多关于特定议题的基础知识，也是为了促进特定参与者（研究者）或服务对象（实务工作者）获得更多成果。我们将参与研究的实务工作者称为科学家－实务工作者［这是巴洛、海斯和纳尔逊（Barlow, Hayes, & Nelson）在1984年提出的概念，用来描述那些在实践中根据数据做决策的干预者］。在应用研究中，我们最感兴趣的是确定**自变量**［由研究者操纵的变量（即干预）］和**因变量**［我们希望通过操纵发生变化的变量（即目标行为）］之间的关系，以解决临床和教育实践中的问题。

融科学于教育和临床实践

有没有可能将科学方法融入学校、诊所和社区里的实务工作者的日常工作中？有可能，但并非易事。在真实环境里开展应用研究，对促进科学发展、记录行为改变并确定改变的原因具有很大的潜在价值。在讨论研究任务本身之前，我们想详细说说这些目标的重要性。

促进科学发展

基于斯金纳（Skinner）和比茹（Bijou）的工作建立的行为分析系统，包括行为发展的哲学、一般理论、将理论转化为实践的方法以及具体的研究方法。这个系统在人类进化和科学发展领域是新的事物。通过成功地应用行为分析系统的概念和原理，它得到了认可和验证。对这个系统进行的"检验"证明了它在基础研究和应用研究中的有效性。应用行为分析已经获得广泛的应用，成为特殊教育和普通教育、言语语言治疗、临床和学校心理学、神经心理学、休闲治疗、适应性体育教育（adaptive physical education）及很多其他学科的组成部分。应用研究关注学校、诊所和社区中具体的学习和强化问题，它为特定领域的科学和知识的发展提供了支持，对服务对象和消费者也产生了直接的影响。

并非所有的实务工作者都会选择成为应用研究者，尤其是考虑到在真实环境中开展应用研究的复杂性。但是，很多实务工作者通过和应用研究者一起工作，能够促进科学的发展，并提高自己的专业素养。同样地，研究者和科学家通过和实务工作者共同工作，能够为实践做出贡献，并提高其研究的适用性。艾塞尔曼和贝尔（Eiserman & Behl, 1992）在他们的文章中阐释了研究者—实务工作者的合作，描述了出于开展系统研究的目的，特殊教育工作者如何通过向研究者开放自己的课堂来影响当前的最佳实践。他们还指出了这一类合作的潜在好处，其中最重要的是，教师会对开展自己的研究产生兴趣，并搭建起跨越研究和实践的鸿沟的桥梁（p. 12）。最近，斯诺（Snow, 2014）提出，在教育研究中应当和实务工作者开展更多的合作，以解决应用型问题。这个观点并不新颖，早在几十年前，人们就已经认识到单一被试设计特别适合用于解决应用型问题（Varlow et al., 1984; Borg, 1981; Tawney & Gast, 1984）。正如贝尔、沃尔德和里斯利（Baer, Wold, & Risley, 1968, 1987）所述，要鼓励实务工作者参与应用研究工作，认可他们通过解决"真实"问题做出的潜在贡献，这些问题需要在"真实"条件下，利用现有资源加以解决。实务工作者经常会遇到被研究者忽视的问题，这一点无论怎么强调都不为过。因此，如果实务工作者和研究者合作，或者掌握了开展自己的研究的技能，他们就能够找到问题的答案，从而推动关于实践问题的科学探索。

促进实践发展

通过那些受教育水平极高的、能够获得一般人接触不到的资源的研究型专业人士的努力，教育学、心理学、言语病理学、职业治疗以及其他相关领域的应用研究者已经在一些可控制的环境（实验学校、研究机构、私人诊所、医药中心）中开展了实验。在这些环境中开展的研究对于促进我们理解人类行为以及了解如何对行为改变产生积极影响具有重要的作用，不过，在"资源丰富"的、可控制的环境之外能够在多大程度上应用这些有效的干预，还需要进一步证明。因此，教师/治疗师—研究者可以在他们的课堂上或社区诊所中开展很多研究，帮助我们深入了解如何更好地为他们所照护的人提供服务。

贝尔等人（1987）指出，应用研究者需要判断在某一情境中哪些干预会成功，哪些会失败。当在高度控制的条件下开展研究时，就像在使用单一被试设计的研究中经常出现的情况一样，那些在"典型"或"真实"的社区环境中工作的人即使有可能复制这些条件，往往也会遭遇困难。也就是说，把在资源丰富的控制性环境中发现的有效干预放到其他环境中，可能无法在相同的忠诚度水平下实施，从而影响干预的效果。在提倡应用某种特定干预之前对它的通用性和限制性进行确认，对应用研究者而言非常重要。实际上，通过"失败的复制"，我们可以找寻到"为什么"的答案，并且经过持续的努力，我们可以确定对原始干预进行哪些调整就可以实现理想的行为改变。这些发现对推动实践的发展很重要，因为我们的目标是在自然环境中泛化和维持行为改变。通过和应用研究者合作，教师和治疗师所做的贡献将提高利用教学策略和干预来改善供职于社区学校和诊所的其他教师和治疗师的实践的可能性。此外，重视实践科学的跨学科研究（Cook & Odom, 2013; Forman et al., 2013）已经清楚表明，在典型环境中和特定支持下，干预实施的可能性是研究循证实践的重要组成部分。应用研究者如果能证明参与者的学业、适应性或社会行为发生了积极改变，就证明了教学过程的益处。

行为改变的经验性证明

成功的教师和治疗师必须证明他们可以为学生或服务对象带来积极的行为改变。实务工作者应预想到那些消息日益灵通的父母和服务对象会询问有关行为改变的数据以了解有意义的结果，之后还会要求查看一些证据，证明是他 / 她的努力促成了这些改变。技术的发展使收集、整理、呈现和分享数据变得越来越容易。使用干预并收集服务对象或学生的数据的实务工作者能够展示出行为随着时间的推移而改变的证据；但有时，行为改变可能是其他因素（如实务工作者不了解的其他服务）导致的。使用实验研究设计，如单一被试设计，可以使实务工作者更进一步——展现出他 / 她的实践和儿童的行为改变之间的因果关系。运作机制良好的研究能够确保研究结果与干预程序相关，而非与其他外在因素相关，这也被称为具有足够的**内部效度**（internal validity）。内部效度高的研究使研究者得以证明**实验控制**（experimental control）的存在——表明由且仅由实验程序（干预）导致了行为改变。研究者通过消除导致行为改变的其他潜在因素来实现实验控制，后面的章节还将对此概念进行详细论述。当实验控制得到证明时，我们就证明了自变量和因变量之间存在**功能关系**（functional relation）——也就是说，因变量（行为）的改变和自变量的实施之间存在因果（功能）关系。

循证实践

历史上，人们从来没有像现在这样看重教育学、心理学、行为科学及其他相关领域。最近出台的《残疾人教育促进法》（*Individuals with Disabilities Education Improvement Act, IDEIA*）和《每一个学生都成功法》（*Every Student Succeeds Act, ESSA*）中的指导方针要求使用循证实践（evidence-based practice，也称"科学的、基于研究的干预"、*IDEIA* 或"实证支持的实践"；Ayres, Lowrey, Douglas, & Sievers, 2011）。类似地，美国心理学会（American Psychological Association, APA）和行为分析师认证委员会（Behavior Analyst Certification Board, BACB）也有关于要求应用循证干预的标准。**循证实践**指的是一套经科学验证在特定条件下对特定参与者而言能够有效地改变特定行为的干预程序。虽然这个术语比较新，但是研究应当指引实践这一观念并非新生事物，尤其是在应用行为分析领域。贝尔等人（1968）界定了应用行为分析，并强调了基于量化研究结果的决策对指导实践的重要性。他们强调，在单一被试设计的情境中，基于行为的重复测量的低推论决策模式（low-inference decision model）在 50 年前就为实务工作者提供了确定干预效果的标准。他们的文章发表于《应用行为分析杂志》（*Journal of Applied Behavior Analysis*）创刊号。在他们发文的年代不缺乏批评家，他们质疑用实证科学方法研究和理解人类行为的可行性与合意性，这一争议部分是由 B.F. 斯金纳在其经典著作《科学与人类行为》（*Science and Human Behavior*, 1953）中所阐述的争议性观点引起的。经过时间的检验，对多个学科领域的实践产生了影响的大量单一被试设计研究证明，行为学方法能够提供，而且确实提供了一个科学的框架，用于理解行为，并以积极的方式改变行为。贝尔等人（1968）将循证实践确立为应用行为分析的核心价值，这一点几乎无人质疑，这一价值在行为科学的多个学科领域产生了最佳、最有前途的实践。时至今日，在不同的领域，这仍是研究者和实务工作者所继承和秉持的传统。

什么构成了"实践"？霍纳等人（Horner et al., 2005）将与教育相关的**实践**定义为"为那些期望实施后能在教育、社会、行为或身体方面获得可测量益处的家庭、教育工作者或学生设计的课程、行为干预方案、系统变革或教育方法"（p. 175）。这个定义适用于提供教育和临床服务的专业人士所使用的特定干预或其他更宽泛的方法。不应忽视的是，这个定义提到了实践中所关注的"可测量"的益处。

什么构成了支持开展特定实践的**证据**？证据必须是量化的吗？可以考虑把临床或专业上的判断当成证据吗？回答这些问题至关重要，因为使用不同的研究方法和设计会产生不同的数据类型。**研究问题决定了应当选择什么样的研究方法（分组、单一被试或质性研究）和设计**。在行为科学中，研究结果的"可信度"或可靠性以采用的科学方法的严谨度以及研究设计对相关解释的控制程度为基础。科学方法要求研究者秉持客观的态度，测量具有信度，并能独立复制研究结果（参看第 4 章至第 6 章）。作为科学家，你应当看到事物的本来样貌，而不是你希望看到的样貌，这就需要清晰地、精确地定义目标行为（或事件）来确保**信度**（即一致性），从而使两名独立的观察者在对他们观察到的内容进行评分时能够达成一致。最后，你还需要有耐心，看看你的研究结果能否通过其他研究者的复制得到验证。这一点非常重要，因为**复制是科学方法的核心**，没有它，你就无法对研究结果建立信心。

行为科学家探索研究假设并回答研究问题时，有很多科学研究设计可供选择。研究者普遍认同，针对不同的研究问题或研究对象要使用不同的研究方法——没有一种研究方法或研究设计适合用于回答所有的研究问题。不过，对行为科学家来说，当把研究结果推论至其他个体或群体时，某些特定的研究方法和研究设计注定比其他方法和设计更合适。这取决于数据收集程序、数据分析和数据报告在多大程度上被认为是客观的、可信的和有效的，以及研究在多大程度上可经复制产生相似的结果。在调查者的理解和描述的基础上开展的研究，如果未能客观地界定和评估调查者观察的信度，缺乏对数据收集条件的详细描述（这导致复制无法进行或很难进行），那么会被判定为缺乏科学严谨度和研究结果的"可信度"。判断一项实践是否循证的核心在于判断支持该实践的研究所使用的科学方法是否严谨。

为此——确定支持特定政策、程序或实践的科学的严谨度——很多专业组织［例如，美国心理学会，www.apa.org；美国言语语言听力协会（American Speech-Language-Hearing Association），www.asha.org；国际行为分析协会（Association for Behavior Analysis International），www.abainternational.org；特殊儿童委员会（Council for Exceptional Children），www.cec.org；等等］都在自己的网站上提供了评估研究充分性的建议和指南。奥多姆等人（Odom et al., 2005）指出，医学、社会科学和教育专业组织多年来一直关注支持临床和教育实践的研究，并提供了评估指南。由于《每一个学生都成功法》及其前身《不让一个儿童掉队法》（No Child Left Behind, NCLB）的实施，家庭越来越依赖专业判断决定其采取什么实践方法。家长以及其他利益相关人期待看到积极的行为改变，这个期待既合理又符合教育和临床专业组织的伦理标准。例如，1989年，国际行为分析协会成员通过了一项声明，即《获得有效行为治疗的权利》（*The Right to an Effective Behavioral Treatment*），其中一段话摘录如下：

> 每个人都有权利获得有效的和经过科学验证的治疗；反过来，行为分析师有责任**只使用那些经研究证明有效的程序**。在决定使用那些有潜在限制性的治疗方法时，要考虑其绝对的和相对的限制程度、产生有临床意义的结果所需的时间，以及延迟干预的后果［加粗部分为补述］。（Van Houten et al., 1989, 第8段）

历史上，应用行为分析师一直肩负着设计和采用能够带来积极的行为改变的课程、干预、改变系统以及教育/治疗方法的重任。正如本书自始至终都在说明的，单一被试设计能够使研究者和科学家—实务工作者对实践进行重复评估，当数据支持其有效性时，可以继续开展这一实践；当进展缓慢或者遇到瓶颈时，需要做出调整；当行为没有改变时，应当用其他方式取代这一实践。如果你对后续章节中提到的测量和设计准则非常熟悉，那么你可以在保证实验完整性的同时做出这些研究决策。为了判断一项干预是否属于循证实践，很多机构都提供了指导原则，包括教育科学研究所（Institute of Education Sciences, IES）和特殊儿童委员会。我们将在第13章中详细讨论。

在教育领域传播循证实践

向实务工作者传播研究支持的实践非常重要。为此，美国教育部下属的教育科学研究所颁布了《2002教育科学改革法》（*Education Science Reform Act of 2002*; www.ed.gov/about/offices/list/ies）；这一法案的使命是通过实施政府资助的研究项目"为教育实践和政策的落地提供严谨的证据"（教育科学研究所，n.d., 第1段）。教育科学研究所承担的监管职责既直接回应了人们对教育研究质量的担心，又满足了《不让一个孩子掉队法》提出的教师采用经科学验证的实践方法的要求（Odom et al., 2005）。为了传播研究成果，教育科学研究所建立了有效教育策略资料中心（What Works Clearinghouse, WWC; http://ies.ed.gov/ncee/wwc），通过提供与教育实践有效性相关的科学证据信息，使利益相关人

（教师、研究者、社区成员、政策制定者）对实践方法有所了解，鼓励他们做出明智的和基于数据的决策，从而提高儿童的发展成就。

在 2006 年以前，有效教育策略资料中心只"认证"和传播经采用随机分组实验设计或者随机临床试验证明有效的实践。然而，2006 年 9 月，在一份技术工作文件中，有效教育策略资料中心对其指导原则进行了修订，将另外三种研究设计（它们达到了关于严谨度的基本标准）囊括进来，即准实验（quasi-experimental）、断点回归（regression discontinuity）和单一被试设计。指导原则的修订表明教育科学研究所和有效教育策略资料中心已经认识到，应用研究，尤其是针对低发病率人群以及在临床和教室情境中实施的研究，可能需要采用其他类型的研究设计，而不是把参与者随机分配到各实验条件中。单一被试设计的评估标准出台于 2010 年，包括对自变量（干预）进行系统操纵并提供充分实施的证据，以及在多种条件下对因变量（如参与者的行为）进行可靠的重复测量。在第 13 章和第 14 章中，我们将详细讨论这些建议以及与单项和多项研究的数据分析有关的其他建议。有效教育策略资料中心已经将完全基于使用单一被试设计研究获得的证据的实践认定为循证实践（功能性行为评估；WWC，2016）。

描述基于因果推论的设计

实验设计研究被界定为由一名研究者操纵自变量，证明它对因变量产生了影响。有意操纵某一变量以观察其是否产生了可测量的行为改变，与此同时，控制其他可能引起行为改变的因素，这就使得实验研究和其他研究方法有所不同。以恰当的方式实施的单一被试设计可以被归类为实验研究（Horner et al.，2015）。实验研究包括：（1）描述目标行为；（2）预测自变量对因变量的影响；（3）恰当地检验预测是否正确。在此过程中，必须控制研究设计以防止对观察到的行为改变产生其他解释。

实验设计研究与准实验设计研究的区别主要在于研究设计在多大程度上控制了对内部效度的威胁——除计划中的自变量以外，其他变量也有可能导致因变量发生改变。在分组研究设计的情境中，它们的区别在于如何将研究参与者分配到不同的研究条件中。在实验性分组设计研究中，参与者是被随机分配到不同的研究条件中的（如实验组或控制组、干预 A 或干预 B），但是在准实验性分组设计研究中，参与者不是随机分配的，而是用其他策略（如抵消平衡技术、参与者匹配）来控制各研究组构成上的差异（Fraenkel & Wallen, 2006）。在单一被试设计中，如果能够提供充分的潜在效果证明（potential demonstrations of effect, 关于这个概念，在后面的章节中将继续阐述），则会被视为实验研究，而非准实验研究。

在实验设计中，如果研究者的预测被"证明"是真实的，那么就可以说自变量和因变量之间存在功能关系（即因果关系）。功能关系的证明为自变量提供了支持性证据，如果研究结果能够被独立复制，那么自变量就会被看成一种有前途的、有可能的"最佳实践"。由于实验性分组设计研究的参与者是随机分配的，因此与准实验性分组设计研究相比，其结果得到的支持力度更大。在同属于实验设计的单一被试设计中，随机分配参与者往往是行不通的，也没有什么益处；当参与者数量很多时（如 $N=50$ 或更多；了解更多有关单一被试设计研究中的随机化的信息，参看第 13 章），随机化只能起到控制组间差异的作用。

和实验设计、准实验设计研究一样，相关设计（correlational design）研究也要描述并预测自变量与因变量之间的关系；不过，**在相关研究中，研究者不对自变量进行操纵**。这种研究代表了量化—描述性研究方法，一般用相关系数来确定变量之间的关系（Fraenkel & Wallen, 2006）。当自变量与因变量协同变化时，就可以说变量之间存在相关关系。由于没有操纵自变量、无法消除替代性解释因素，因此，由相关证据支持的实践肯定没有由实验和准实验证据支持的实践那么可靠或令人信服。例如，在一项相关研究中，你可能会发现一名儿童和其他儿童相处的时间与他的反社会行为相关（例如，和其他儿童在一起的时间越长，反社会行为的水平越高）。然而，在这个例子中，不能排除出现反社会行为的其他原因（例如，在一个质量较差的儿童养护中心，该儿童和其他儿童一起相处了好多个小时——在养护中心无法获得适当的照顾可能是出现反社会行为的原因）。一些单一被试设计研究（如 A-B 设计，参看第 9 章）在本质上可以被看成相关研究（而非因果研究或实验研究）。

描述基于研究方法的设计

正如书名所提示的，本书的重点是论述单一被试设计研究方法以及行为科学应用研究者如何使用这些方法。虽然本书只介绍一类研究设计，但是对你而言，很重要的一点是，你要能够对不同研究方法的研究逻辑、控制内部效度威胁因素的策略以及将研究结果推论至其他案例等内容进行比较。通过你的分析，掌握不同的研究方法，你将能够更好地选择恰当的研究设计来回答你的研究问题。正如前文提到的，没有一种研究方法或研究设计适合回答所有的研究问题。因此，既是研究消费者又是研究贡献者的你，要肩负起熟悉各种研究方法的责任。在下面的段落中，我们将概述一些常见的研究方法和设计。更详细的设计说明和分析，参看一般研究方法论方面的著作，如德马拉斯和拉庞（deMarrais & Lapand, 2004）、弗伦克尔和沃伦（Fraenkel & Wallen, 2006）、波特尼和沃特金斯（Portney & Watkins, 2000）以及施洛瑟（Schlosser, 2003）的著作。

在介绍各种方法之前，介绍**一般规律**研究（nomothetic research）和特质规律研究（idiographic research）的概念可能是有益处的。一般规律研究方法通常根植于自然科学，其特征是试图解释一些关联，这些关联能够推论到具有特定特征的群体身上。**特质规律**研究方法通常应用于人文学科，它试图发现一些特殊的关联，这些关联因参与者或相关案例的特定特征或偶发事件的不同而有所不同。无论是一般规律研究还是特质规律研究，都是有效的，应根据研究问题的不同而选用不同类型的研究（Ottenbacher, 1984），尽管有些人认为，对实践而言，至少在特殊教育领域，特质规律研究是最合适的（Deno, 1990）。

分组研究方法

格斯滕、富克斯、科因、格林伍德和因诺琴蒂（Gersten, Fuchs, Coyne, Greenwood, & Innocenti, 2005）针对实验性分组研究报告、准实验性分组研究报告和申请报告的科学严谨度的评估指标展开了精彩的讨论。他们提出了一些关键指标以确定有多少证据支持考察某种实践效果的分组研究，这一部分提到的内容大部分即来自这些关键指标。他们指出，在所有有争议的议题上，作者们均未达成共识。尽管如此，他们的报告仍提供了一个框架，可据以评估采用分组设计的循证实践获得支持的程度。表 1.1 概述了"分组实验与准实验研究文章的基本质量指标和理想质量指标"。

表 1.1　分组实验与准实验研究文章的基本质量指标和理想质量指标

基本质量指标

描述参与者的质量指标

1. 是否提供了足够的信息以判定 / 确认参与者具有研究者提到的障碍或困难？
2. 是否采用了恰当的程序以提高在不同条件下对来自抽样群体的参与者的相关特征进行比较的可能性？

（续表）

3. 是否提供了有关干预者或教师特征的充分信息？这些信息是否表明在不同条件下可以对干预者或教师进行比较？

实施干预和描述比较条件的质量指标

1. 是否清晰地描述和具体说明了干预？
2. 是否描述和评估了实施忠诚度？
3. 是否描述了比较条件下所提供服务的性质？

结果测量的质量指标

1. 是否运用了多种测量方法，以便在针对干预的测量与针对总体表现的测量之间取得适当平衡？
2. 是否在恰当的时机测量了充分体现干预效果的结果？

数据分析的质量指标

1. 数据分析技术与关键研究问题和假设是否有适当的关联？它与研究中分析的局限是否有适当的关联？
2. 研究报告是否包括推断统计值和效应值？

理想质量指标

1. 是否提供了关于干预样本损耗率的数据？是否有证据证明存在严重的总体损耗？如果总体情况如此，不同样本的损耗率是否大致相当？总损耗率是否低于30%？
2. 研究是否不仅提供了结果测量的内部一致性信度，还提供了重测信度和评分者间信度（必要时）？数据收集者和/或记分者对研究条件是否一无所知，并且对各个研究条件下的受试者同样（不）熟悉？
3. 除即时后测外，是否还测量了充分体现干预效果的结果？
4. 是否提供了关于效标关联效度和构念效度的证据？
5. 研究团队是否不仅评估了实施忠诚度的表面特征（例如，干预的分钟数或教师/干预者遵循规定程序的分钟数），还检查了实施质量？
6. 在比较条件中，是否提供了任何关于教学或系列活动性质的文件？
7. 研究报告是否包含了充分体现干预性质的真实录音或录像片段？
8. 是否以清晰、连贯的方式呈现了结果？

---

*如果一项研究只包含关于总体表现的测量数据，那么它是可接受的；如果只包含严格一致的测量数据，那么它是不可接受的。

资料来源： Gersten, R., Fuchs, L.S., Compton, D., Coyne, M., Greenwood, C., & Innocenti, M. (2005). Quality indicators for group experimental and quasi-experimental research in special education. *Exceptional Children*, 71, 149-164.

分组设计的特征

所有的分组研究背后的基本逻辑都是将大量的参与者分组，然后将其分配到两个或更多个研究条件中。在最简单的设计中，研究包括一个参与者不接触自变量的控制条件，以及一个参与者接触自变量的干预条件。也可以把参与者平均分配到两个干预组（如干预组 A 和干预组 B）中。在一些分组研究中，被比较的研究条件可能不止两个，这时，分配到每一个条件中的参与者数量要相同（比如，控制组分配 30 人，干预组 A 分配 30 人，干预组 B 分配 30 人）。当评估分组研究时，要考虑的一个重要变量是如何把参与者分配到各个研究条件中。最佳的方式是随机分配参与者（实验研究），但有时可能做不到，这取决于研究目标或研究人群的情况。当无法随机分配参与者时，一般建议把干预者随机分配到各个研究条件中。格斯滕等人（Gersten et al.）在 2005 年指出，随机分配参与者并不能保证各组等价，因此在分析分组研究结果时，要特别注意这个问题。实验性分组设计和准实验性分组设计的基本逻辑是，在研究开始时，被分配到各个研究条件中的各组参与者在"关键"特征或状态变量（如生理年龄、性别、种族、测验分数等）上是等价的（Rosenberg et al., 1992）。通过不同条件下的等价分组，将后来的组间差异归因于自变量而非各组的不同成分成为可能。由于组间等价十分关键，一些研究者选择在研究开始之前根据某些重要特征对参与者进行匹配，然后将每名匹配过的参与者随机分配到一个研究条件中。这个过程意味着研究者必须对各组成员进行详细描述，从而使研究评估者相信，在研究开始时，各组是等价的。

当评估或报告分组研究的结果时，还应说明其他参与者和干预者变量的情况，包括参与者的损耗情况、干预者的特征，等等。我们要特别关注研究中退出的参与者数量以及他们被分配到哪个条件中。如果不同条件下的参与者损耗情况差别不大，那就没有什么问题；然而，如果某一个条件下的损耗率远高于另一个条件下的损耗率，那么在分析数据时就会遇到问题，因为各组参与者不再可比。在这种情况下，必须用证据证明并报告参与者退出的原因，说明是否在某种程度上与他们被分配的条件有关。对于有一名或多名干预者参与的研究，应该详细描述每名干预者的情况，以避免他们之间存在重大差异（如受教育程度、资质证书、经验等），因为有些差异可能会影响自变量实施的一致性和忠诚度。为了避免出现这个潜在问题，研究者会把干预者随机分配到不同的条件中或抵消平衡各个条件。当基于组织管理方面的原因（如临床分组、教师的班级分配），这两种方法都不可行时，遵循研究计划书中规定的条件程序（程序忠诚度，参看第 6 章）就显得十分重要了。

在某些行为科学领域，分组研究方法是最常用的。分组研究设计特别适合用于大规模的效率研究或临床试验，这些研究或试验考察的是针对特定人群实施的某项实践或政策是否有效。对于这类研究问题，我们建议使用分组设计方法。如果你选择研究群体行为，那么有大量的分组设计和统计分析程序可供参考。虽然分组比较设计的结果对于考察各组的平均效果很有价值，但它不能被推论到个体身上。套用巴洛等人（1984）的话说，将分组研究结果推论到个体身上需要"想法大转弯"，转弯的程度取决于接受有效干预的个体与研究参与者之间的相似性。当你尝试把一种经分组研究证实有效的实践方法推论到个体身上时，你绝不能忽视一个事实，即一些参与者的表现优于参与者的平均水平，而另一些参与者的表现不及平均水平。当你的参与者或服务对象和分组研究参与者的平均水平有实质差别时，如果结果无法复制，也不必感到惊讶。

质性研究方法

质性研究是一个"伞状"术语，指的是一系列描述"调查关系、活动、情况或者材料的性质"的研究方法（Fraenkel & Wallen, 2006, p. 430）。布朗特林格、希门尼斯、克林纳、普加奇和理查森（Brantlinger, Jimenez, Klingner, Pugach, & Richardson, 2005）将质性研究定义为"理解特定情境中的某一现象的性质或本质的系统方法"（p. 195）。一般来说，质性研究者对测量结果的量化分析不感兴趣。尽管是描述性的，在这里我们仍然要讨论质性范式而不是实验行为分析，原因似乎是一些研究者对质性范式的兴趣越来越浓厚，他们认为它"非常适合用于研究明显复杂且鲜为人知的现象"（Lancy, 1993, p. 9）。表1.2 简要介绍了 16 种被布朗特林格等人纳入质性研究范式的研究方法。对于开展质性研究的教育工作者和临床工作者来说，这 16 种方法中的个案研究、人种志和现象学等 3 种方法具有突出的优点。**个案研究**（case study）方法需要对一个或多个个案（个体、事件、活动或过程）进行深入细致的描述。**人种志**（ethnography）是指对文化的研究，其定义为"一个种族、宗教或社会群体的习惯信仰、社会形态和物质特征"（Merriam-Webster Online Dictionary, 2008），在这种研究中，研究者暗中观察自然情境中的人，尽量不影响他们的行为或所参与的事件。**现象学**（phenomenology）有时会被人们与人种志相混淆，它研究的是人们对特定事件或情境的反应和感知。有关这 3 种研究方法以及其他质性研究方法的更详细的讨论，参看格拉泽和斯特劳斯（Glaser & Strauss, 1967）、林肯和古帕（Lincoln & Guba, 1985）或者兰西（Lancy, 1993）的著作。

表 1.2　质性研究的类型及介绍

个案研究——探索一个有边界的系统（群体、个体、情境、事件、现象、过程）；可能包括自传和传记。

集合式个案研究——在多个场所进行的研究，或者包括若干相似（或独特）个体的个人经历研究。

人种志——对文化、社会群体或系统的描述／解释；通常包括观察、访谈和文件分析。

行动研究——研究者一边把实践的想法带到工作现场去影响情境／参与者，一边收集资料。

合作式行动研究——研究者与实务工作者分享关于如何改变实践的想法，通过合作改变现状，同时收集研究资料。

扎根理论——形成或发现一般理论的研究，或者将对特定情境中现象的直觉分析抽象化。

现象学——研究人们如何理解其生活经验的意义。

符号互动论——研究人们在处理物质和社会问题时所使用的解释过程。

叙事研究——对人们的叙述进行收集整理；基于人们都能讲述自己的生活故事这一认知。

生活（口述）史——通过对个体进行大量的访谈，收集以第一人称叙述的有关他们的生活或所参与事件的资料。

准生活史研究——鼓励参与者回忆和反思他们以前和当前在生活中发生的有意义的事情。

解释性研究——作为"质性研究"的同义词来使用，以及／或者指某些理论（批判主义、女性主义、残障研究、批判性种族理论）框架下的研究。

内容分析——通过仔细检视文本来了解主题或观点（也指质性研究的分析阶段）。

会话分析——研究交互的情境、谈话的结构和沟通交流；包括对面部表情、手势、语速或停顿以及语调的记录。

话语分析——解构常识性文本的意义；确定对现象进行概念化和讨论的规范方式的意义。

意识形态批评——就所呈现的政治意义（权力差异）或隐含和渗透在所有的话语、习俗和社会实践中的意识形态做话语分析。

资料来源：Brantlinger, E., Jimenez, R., Klingner, J., Pugach, M., & Richardson, V.(2005). Qualitative studies in special education. *Exceptional Children*, 71, 195-207.

质性研究的特征

不同的质性研究方法具有很多共同特征，其中最重要的特征是对所研究的案例或现象做详细、深入的描述。它们采用多种方法收集资料，包括直接观察法，研究者在自然环境中扮演"参与式观察者"的角色，既不关心，也不试图影响正在被观察的人或事件。作为一名参与式观察者，研究者要做现场记录，有时也被称为"反思性记录"，目的是捕捉观察的"实质"或"主题"。其他资料收集技术还包括录音和录像，不过要用文字叙述的方式来概括和呈现。在质性研究中，访谈和问卷也是重要的资料收集工具。根据这两种资料收集工具的特点以及它们在现象学研究中的作用，弗伦克尔和沃伦（2006）指出，研究者所扮演的角色是"从每名参与者对现象的描述中提取他 / 她认为贴切的表述，然后把这些表述归入各个主题，再把这些主题合并成对现象的叙事性描述"（p. 437）。在分组研究方法中，在用研究检验理论之前一般要明确地提出假设，这种方法被称为**演绎分析法**（即由一般到具体）。与分组研究方法不同，在用质性研究法收集资料并概括资料的主题和趋势之前，研究者不必提出某个假设，这种方法被称为**归纳分析法**（即由具体到一般）。在这一点上，质性研究与单一被试设计研究相似。正如布朗特林格等人（2005）所说，质性研究与量化研究的重要区别在于"做质性研究的目的不是推广，而是基于对特定环境和特定个体的探索获取**证据**"（p. 203）。如果这是质性研究者看待自己的研究方法的真实方式，那么作为研究结果的使用者，我们就要问一个问题了："如果研究结果不能被推广到所研究案例之外的情境中，那么质性研究的结果又怎么能够支撑循证实践呢？"

关于数据分析、信度和效度的争议

在为学生、服务对象及其家庭提供服务时，即使不运用最佳干预，也应当运用有希望产生效果的干预，因此，对实务工作者来说，研究结果的可靠性和可信度问题至关重要。布朗特林格等人（2005）制定了评估质性研究可信度的准则，参看表 1.3。这些测量涉及质性研究者如何说明其研究报告中各种资料的**效度**（即准确性）和信度（即一致性）问题，但是作者对"死板地和不假思索地将可信度测量当作核查表来使用"提出了反对意见，虽然他们"鼓励"研究者使用可信度测量，但是"他们相信，如果作者简要地说明了所使用的方法和原理，就能表明其研究报告是可靠的和值得关注的，而不必提到可信度测量"（pp. 200-201）。由于你可能会对被引用的证据（如"摘录他 / 她认为有关的内容"）进行个人化的阐述，因此对质性研究方法最主要的批评就是其缺乏客观性。

表 1.3　针对质性研究的可信度测量

---

1. **三角验证**——从日常中多个不同来源获得的证据（观察 / 访谈；一名参与者与另一名参与者；访谈 / 文件）中寻找共同点或一致性。
   - （1）资料的三角验证——利用研究中不同来源的资料。
   - （2）调查者的三角验证——利用不同的研究者、评估者、听取汇报的同行。
   - （3）理论的三角验证——从多个角度解释同一套资料。
   - （4）方法的三角验证——用多种方法研究同一个问题。
2. **证伪的证据**——在建立初步的主题 / 类别之后，研究者寻找和这些主题不一致的证据（异常的情况）；也被称为负性或差异个案分析。
3. **研究者的反思**——研究者设法了解和披露自己的设想、信念、价值观和偏见（即坦诚地表明立场 / 观点）。
4. **成员核查**——让参与者检查和确认访谈记录或观察的现场记录的准确性（或不准确性）。
   - （1）一级水平——在分析和解释结果之前把记录拿给参与者检查。
   - （2）二级水平——把对资料的分析和解释拿给参与者检查（在发表之前），以验证（或支持）研究者的结论。
5. **协同工作**——让多名研究者参与设计研究或得出结论的过程，以确保分析和解释不是怪异的和 / 或有偏见的；可以对所做的观察或资料编码进行评分者间信度检查。（人们一起工作将获得可靠结果的说法是建立在"真理声明"这个假说的基础之上的，它认为人们可以准确地描述现实情境。）
6. **外部审计员**——利用局外人（对研究而言）检查并确认研究者的推论符合逻辑并且是根据研究结果得出的。
7. **同行汇报**——让同事或熟悉所研究现象的人审阅对研究结果的描述、分析和解释并提供评论性反馈意见。
8. **审核追踪**——对做过的访谈以及 / 或者在特定时间和日期进行的每一次观察及观察的对象进行追踪；用于记录和证明在现场工作的时间是充分的，以宣称结果可靠、可证。
9. **长期参与现场工作**——反复的、大量的观察；多次深度访谈；检查一系列相关文件；翔实的描述证明了研究的合理性。
10. **翔实、详细的描述**——报告引用的话语和现场记录足够详尽，为研究者解释资料和得出结论提供了证据。
11. **具体化**——以翔实的描述记录案例，以使读者能够确定其在多大程度上适用于自己的情况。

资料来源：Brantlinger, E., Jimenez, R., Klingner, J., Pugach, M., & Richardson, V.(2005). Qualitative studies in special education. *Exceptional Children*, 71, 195-207.

质性研究有一个共同的特征，就是把研究者定位为"局内人"，研究者与参与者有密切的个人接触，既是资料收集者，又是资料分析者。布朗特林格等人承认，他们（质性研究者）在他们的研究中是"工具"，也就是说"要做好质性研究（成为**有效的**工具），我们必须拥有与研究焦点问题有关的经验，博览群书，知识渊博，善于分析、反思和内省"（p. 197）。如果真是如此，质性研究者的定位就会引起人们的担忧，因为资料的收集和报告都带有主观性，这反过来又会影响结果的信度和效度，因为人们几乎不采取观察保障措施（如独立观察）。这种缺乏信度的测量本身就是对结果的内部效度的一大威胁，这种复杂的威胁因素被称为工具（instrumentation）。现场记录、叙事性描述的运用，以及调查者所拥有的"认为何者相关"的自由，都意味着这种方法容易带有主观性，它的结果即使不是无法复制的，也是难以复制的。如前所述，复制是科学方法的核心。如果没有尝试复制研究结果，或者未能实现对结果的复制，那么这些研究结果就不能被认为是可信的或有效的。那么，质性研究为人类行为科学做了什么贡献呢？尽管存在过于主观和缺少复制的问题，质性研究仍然能够提供且确实提供了自然条件下对行为的详细描述，从而引导研究者提出研究问题，或者应用更加客观的、量化的研究方法检验研究假设。

单一被试研究方法

单一被试设计方法在行为科学领域有着悠久的历史，随着时间的推移，在特殊教育和其他领域也日益为人所知（参看图 1.1）。使用单一被试设计的研究曾经被认为是"只有一名被试的研究"，但是后来，当人们参与提供了知情同意书的研究时，**参与者**这一术语就取代了**被试**（Pyrczak, 2016）；在本书中，我们使用当代术语参与者，不过在有些历史文献里还有可能出现**被试**一词。西德曼（Sidman, 1960）在他的开创性著作《科学研究策略：评估心理学中的实验数据》（*Tactics of Scientific Research: Evaluating Experimental Data in Psychology*）中首次描述了单一被试设计研究方法，他用实例说明了该方法在基础实验心理学研究的背景下的应用。1968 年，贝尔等人（Baer et al.）详细介绍了单一被试设计研究方法，以及在应用研究中如何运用该方法评估个体干预的有效性。从那时起，开始有大量的文章、专著和章节介绍单一被试设计方法及其在众多学科中的应用，包括心理学（Bailey & Burch, 2002; Barlow & Hersen, 1984; Johnston & Pennypacker, 1993; Kazdin, 1998; Kratochwill & Levin, 1992; Skinner, 2004）、特殊教育（Gast, 2005; Kennedy, 2005; Richards, Taylor, Ramasamy, & Richards, 1999;

Tawney & Gast, 1984)、"助人专业"(Bloom & Fischer, 1982)、读写教育(Neuman & McCormick, 1995)、沟通科学(McReynolds & Kearns, 1983; Schlosser, 2003)和休闲治疗(Dattilo, Gast, Loy, & Malley, 2000)。

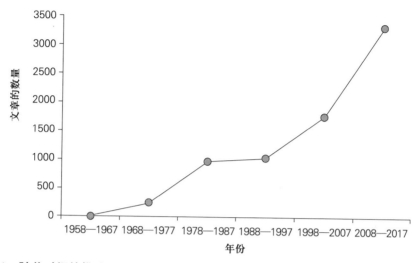

图 1.1 随着时间的推移,使用和单一被试设计研究相关的检索词[如"single subject design"(单一被试设计)或"single case design"(单一被试设计)或"multiple baseline"(多基线)或"multitreatment"(多处理)或"withdrawal design"(撤除设计)或"reversal design"(倒返设计)或"multiple probe"(多探测)或"alternating treatment design"(交替处理设计)]在 PsycINFO[①]中检索到的引文数量的变化。

正如霍纳等人(2005)指出的,已有超过 45 种专业期刊发表过有关单一被试设计研究的文章。关于单一被试设计研究方法的一个常见误解是,它只适合被归入行为心理学模型,这是不正确的。虽然它以操作式条件作用、应用行为分析和社会学习理论为基础,但是基于其他理论模型实施的干预也可以在单一被试设计的背景下进行评估。在这一部分,我们将概述单一被试设计研究方法的基本参数,借此与前面介绍的各种研究方法做一比较。霍纳等人已针对使用单一被试设计实施的研究设定了质量指标,参看表 1.4。这一部分介绍的各个主题,包括实践的支持性证据的评估标准,将在后面的章节中详细讨论。

---

① 编注:PsycINFO 是由美国心理学会创建的心理学期刊文摘索引数据库。

表 1.4　单一被试研究的质量指标

对参与者和情境的描述

1. 对参与者的描述足够详细，以便他人选择具有相似特征（如年龄、性别、残障类型、诊断）的个体。

2. 以可复制的精确度描述选择参与者的过程。

3. 对物理环境的重要特征进行精确的描述，以便他人复制。

因变量

1. 以可操作的精确度描述因变量。

2. 按程序测量每个因变量，生成可量化指数。

3. 对因变量的测量有效，并以可复制的精确度进行描述。

4. 在一段时间内对因变量进行重复测量。

5. 收集与每个因变量有关的信度或观察者间一致性的数据，观察者间一致性水平达到最低标准（例如，观察者间一致性=80%，卡帕系数=60%）。

自变量

1. 以可复制的精确度描述自变量。

2. 在实验者的控制下对自变量进行系统的操纵。

3. 对自变量的实施忠诚度的测量公开透明，结果令人非常满意。

基线

1. 绝大多数单一被试研究都包含基线阶段，它是在没有引入或操纵自变量的情况下，对因变量进行重复测量，并建立一个反应模式，用于预测未来行为表现的模式。

2. 以可复制的精确度描述基线条件。

实验控制/内部效度

1. 研究设计至少提供三个在不同时间点上的实验效果的证明。

2. 研究设计能够控制对内部效度的常见威胁（如允许排除对立假设）。

3. 结果记录了证明实验控制的模式。

外部效度

1. 利用不同的参与者、情境或材料复制实验效果，从而建立外部效度。

社会效度

1. 因变量具有重要社会意义。

2. 干预导致的因变量改变的等级大小具有重要社会意义。

3. 自变量操作方便且具有成本效益。

4. 在典型的物理和社会环境中，由典型的干预者在较长时间内实施自变量，从而提高社会效度。

资料来源：Horner, R.H., Carr, E.G., Halle, J., McGee, G., Odom, S., & Wolery, M.(2005). The use of single-subject research to identify evidence-based practice in special education. *Exceptional Children*, 71, 165-179.

单一被试研究设计的特征

虽然叫作单一被试研究设计，但重要的是要明白，这种研究方法并不是个案研究方法，在个案研究中，只有一名参与者，根据采用质性研究技术（如现场记录、访谈等）收集的原始资料，以文字叙述的方式详细地描述参与者的行为。单一被试设计是一种量化的实验研究方法，研究参与者充当他们自己的对照标准，这一原理被称为**基线逻辑**（Sidman, 1960）。在最简单的单一被试设计研究中，每名参与者既接触"控制"条件（被称为基线），又接触干预条件。与分组设计研究一样，可以对两种处理进行比较；在这种情况下，每名参与者都接触两种干预条件。有多种可以评估和控制内部效度威胁因素的研究设计，研究者在其中一种设计的情境中对目标行为进行重复测量。根据所用的研究设计，基线条件（A）和干预条件（B）随着时间的推移缓慢交替（如 A-B-A-B 设计或撤除设计；第 9 章）、快速交替（如交替处理设计和适应性交替处理设计；第11 章），或者将干预条件以时间延迟的方式引入不同的行为、条件或参与者中（第 10 章）。只有在数据明显趋于稳定之后，才能返回到之前引入的条件或者将新的行为、条件或参与者引入新的条件中。每名参与者的数据都会呈现在他们各自的线图上，研究者依照视觉分析的准则做出维持或者改变当前条件的决定（了解有关视觉分析的信息，参看第 8 章）。基线逻辑与分组设计逻辑有很大区别，在分组设计逻辑中，相似的或经匹配的参与者被分配到两个或更多个研究条件（控制或干预）中的一个。在使用单一被试设计的研究中，每名参与者同时参与所关注的条件（如基线或控制**和**干预）。在分组设计中，根据预先确定的具体时间点（如干预三周后）收集后测数据，并采用统计方法分析比较被分配到某一条件中的参与者的平均表现与被分配到其他条件中的参与者的平均表现。在单一被试设计中，一般要等到参与者达到表现标准或者通过对图表数据的视觉分析发现进步明显，才会终止干预。根据单个参与者的数据绘制图表并进行视觉分析，对于应用研究者和实务工作者而言是理想的方法，他们可以用它来回答和/或评估与改变个体行为的干预有关的内容。

控制对内部效度的威胁

和实验性分组设计方法一样，实验性单一被试设计研究必须充分控制和检测对内部效度的威胁。在单一被试设计中，和在分组设计中一样，有很多程序可以控制威胁因素，包括确保测量的信度和程序的忠诚度。此外，单一被试设计研究者不是通过随机分配参与者来降低威胁的可能性，而是使用系统化的条件排序达到这一目的。第 9 章至第 12 章将详细阐述如何控制对特定单一被试设计的内部效度的威胁因素。

应用研究、实践和单一被试设计

严谨的、内部效度高的研究所支持的循证实践可能更受科学家的青睐，但另外一个术语，即基于实践的证据（practice-based evidence, PBE），同样非常重要。在应用环境中，在常见资源的支持下开展的研究能够识别出基于实践的证据；而单一被试设计可能特别适合用于开展这类研究（Smith, Schmidt, Edelen-Smith, & Cook, 2013）。尽管有些人可能认为研究和实践的基本目的是不一致的，我们仍然希望在我们认为对科学和对教育 / 临床实践都具有基础性质的行为之间找到一些相似之处，与此同时，我们承认差异总是存在的。

研究和实践的相同点

实务工作者必须：

1. 分析个体的表现，确定初始表现水平（假设检验的形式）。
2. 明确教学 / 治疗目标，包括说明标准表现水平。
3. 对教学 / 治疗程序进行操作性定义，以便其他知晓操作性定义的人能够忠实地实施程序。
4. 将概念构建和 / 或任务分析作为为个体学习者开展系列干预项目的一种方法。
5. 始终一致地实施程序。
6. 对每个个体的表现进行重复测量并收集数据。
7. 分析数据，并根据数据做出项目决策。
8. 保存数据记录。
9. 定期和重要他人分享个体的表现情况。
10. 遵循专业 / 伦理准则。

应用研究者必须：

1. 确定行为挑战。
2. 提出研究问题（"如果我这么做，行为会有所改善吗？"）。

3. 说明具体的研究项目目标。

4. 确定研究程序的构成要素：刺激、安排、材料和设备、目标反应形态、后果事件（consequent event）。

5. 编制具体的、可复制的研究程序，并忠实地实施这些程序。

6. 收集直接的、重复的、可靠的表现测量数据。

7. 分析图表呈现的数据，并根据这些数据做出研究决策。

8. 保存数据记录。

9. 和研究团队的成员以及重要他人分享研究进展。

10. 以合乎伦理的方式开展研究。

这一系列行为的相似之处是显而易见的。综合而言，无论是教师／治疗师还是应用研究者，都必须：（1）能够辨识和分析问题；（2）提出创造性的解决策略；（3）以系统化的方式实施干预；（4）记录干预的效果；（5）以合乎伦理的、负责任的方式处理数据。巴洛等人（1984）将从事应用研究的教师和治疗师称为"科学家—实务工作者"，我们认为这个称呼恰当描述了那些把应用研究作为其日常服务活动的一部分的人。

研究和实践的一些不同点

学校、社区项目和诊所很少能够像典型研究项目那样拥有那么多资源。事实上，在社区环境中工作的教师／治疗师—研究者通常必须利用现有的资源，这能够提高他们的研究结果的泛化性。近年来，一直颇受关注的一个问题是，一些正在推广的"应用"研究可能并不那么具有"应用性"，原因是开展这些研究需要某些特殊的资源，而这恰是在日常社区服务和教育环境中工作的大部分教师、治疗师所缺乏的。为了解决这个问题，很多组织除了给这些教师和治疗师分发包含同行评议研究的经典期刊以外，还分发一些便于实务工作者阅读的期刊［例如，国际应用行为分析协会的《实践中的行为分析》（*Behavior Analysis in Practice*）、特殊儿童委员会的《特殊儿童教学》（*Teaching Exceptional Children*）、特殊儿童委员会早期教育分部的《特殊幼儿》（*Young Exceptional Children*）］。

我们想在这里指出的是，典型的教室显然不是斯金纳箱；相反地，它具有复杂的社会环境，包含大量几乎不能测量的潜在额外变量。然而，在特殊教育、言语／语言治疗以及儿童心理学中，大多数教学是在自然活动和日常活动的情境中进行的。如果你计划在这样的情境中开展研究，那么对你而言，重要的是制订详细的数据收集和环境控制计划。这可能不是一件轻松的事，但是你越熟悉测量和设计方案，就越容易做到。下面提供了一些关于开展研究的建议，你要问自己：（1）在自己的教室或诊所环境中，是否计划以主要研究者和服务提供者的身份开展自己的研究项目？（2）是否以合作教师或治疗师的身份向一些充当主要研究者的人开放自己的工作环境？（3）是否以客座研究员的身份敏感地回应合作教师或治疗师提出的要求？如下问题是从教师 / 治疗师的视角提出的（即主要负责确保教学或治疗不受研究进程干扰的人；Eiserman & Behl，1992）。

1. 研究问题是否涉及教育或治疗目标？参与者能否从中获益？

2. 研究是否具备这样的基调，即它能够让你相信你的参与可以改善实践？

3. 研究的目的和程序是否符合当前的机构政策？

4. 你是否有兴趣回答研究问题？

5. 参与研究对你和参与者的日常安排有什么影响？当前的日常安排是否需要改变？

6. 研究使用的干预对当前使用的干预的连续性有什么影响？你是否愿意调整或放弃当前的干预，并在一段时期内以新的干预取而代之？

7. 参与研究是否会干扰参与者通常参加的活动或所做的事情？

8. 你和每名学生每天需要花多少时间参与研究？你愿意承诺用多少天、多少周或多少个月来参与这个项目？这个承诺是合理的、正当的吗？

9. 根据你的判断和经验，参与者会如何回应参与研究这件事？

10. 重要他人（父母、监护人、机构行政人员等）是否认可研究目标并支持参与研究？

11. 能否获得必要的资源（如数据收集者、信度观察者、计算机、软件程序、相机、辅助或适应性设备）来开展研究？如果某个设备发生故障，有没有备用的设备？

12. 你有没有伦理方面的顾虑？

这些问题只是你必须回答的一系列问题中的一部分，在你和其他人参与研究项目之前回答这些问题，非常重要。由于开展单一被试设计研究即使不需要几个月，通常也需要几周的时间，因此，你在研究之初就必须理解，你要通过实践来兑现自己的承诺。我们鼓励你在参与任何研究项目时充分了解其研究基础、潜在贡献、组织管理方面的挑战、程序性要求以及伦理方面的影响。不同的项目在研究要求（数据收集程序、干预程序、研究设计等）上各有不同，你对测量和设计方案了解得越多，就越有可能设计出适合你所处环境的、能够同时推动科学和实践发展的研究。

对内部效度的威胁

研究的内部效度水平取决于研究者控制那些貌似会引起行为改变的因素的程度，而不是控制计划中的实验改变的程度。有两个概念对于理解实验控制和内部效度的语言意涵非常重要。第一个，不可能对每一个威胁内部效度的因素都进行控制。第二个，一个可能的威胁不一定是一个真实的威胁。在设计你的研究和分析他人的研究时，你应该考虑到每一种可能的威胁。在多大程度上对威胁效度的因素进行评估和控制，以及充分地开展直接复制研究的次数，都将决定你对研究结果的信心水平。如同天下没有免费的午餐，当你得知世上没有完美的实验时，你也不必沮丧。相反地，世上有经过精心设计的实验，有严格按照计划实施的实验，有提供用于分析的"充分且恰当的数据"（Campbell & Stanley, 1963, p. 2）的实验。你的任务是描述实验过程中发生的事情，并解释计划内和计划外的结果。下面列出了一份在使用单一被试设计的研究中很可能出现的对内部效度的威胁的不完全清单；其中很多项目也有可能出现在其他实验研究（如分组比较研究）中。

历史

历史（history）指的是在实验期间发生的，但和计划中的程序性改变无关且可能影响实验结果的事件。一般而言，研究的时间越长，历史造成的威胁就越大。当研究在社区环境中开展的时候，历史威胁的潜在来源是他人（父母、同胞、同伴、儿童养护中心的工作人员）的行动或者研究参与者自己（独立在线研究、观察学习、通过媒体偶然接触）。对于那些在重要他人的眼中需要即时关注的行为，可能会试着在正式干预之前就采取一些干预行动。例如，当一名研究者实施代币经济（token economy）以减少问题行为时，家长可能会在研究过程中引入一个单独的（计划外的）惩罚程序。尽管家长可能希望通过额外的程序来增强该研究者的计划内干预的效果（他们有可能这样做！），这个计划外的"历史"效应仍会使他／她的研究结果不那么可信。此外，参与者可能会通过电视学习目标内容，或者通过观察他人的行为后果学习目标社会行为；由这样的学习导致的行为改变也是历史效应。其他针对个人的计划外事件（比如，前一晚癫痫发作、在校车上打架、换药）或社区范围内的事件（比如，学校范围内的政策变化、广泛的社会动荡）可能也会暂时性地改变目标行为的发生；详细的研究记录有助于解释这些由短暂的历史效应导致的变异性。

成熟

成熟（maturation）指的是时间流逝导致的行为改变。在一项"短时"研究（4~6 周）中，如果一个强有力的自变量侧重于提高发育迟缓儿童的语言或动作技能，那么成熟不太可能影响对其有效性的分析。但是，如果这项研究对同一名幼儿持续开展几个月（4~6 个月）的干预，或者采用比较弱的干预，那么成熟在所观察到的行为改变中就很可能扮演重要的角色。一些研究者认为"时段疲劳"（session fatigue）是成熟对效度的威胁。时段疲劳指的是参与者随着干预时段的推进，其表现水平出现下降的趋势（比如，在一个由 40 次尝试组成的时段中，前 20 次尝试的准确率为 80%，后 20 次尝试的准确率为 20%）。我们可以针对时段疲劳是不是一个成熟威胁因素展开讨论，但是我们都认同它确实会对研究结果的效度构成威胁。为了避免时段疲劳，重要的是，要对参与者的年龄和注意时长保持敏感，对于幼儿以及有注意分散行为历史的个体，安排的时段要短一些，并减少尝试次数。在较长的时段中，安排短暂的休息时间（3~5 分钟），有助于参与者恢复注意力，继续参与任务并做出反应。

测验

测验（testing）在任何一项要求参与者对同一测验重复做出反应的研究中都是一种威胁，尤其是在基线条件或探测条件中；它是指重复性评估任务导致参与者的行为改变的可能性。重复性测验可能具有**促进效应**（facilitative effect，在连续的基线或探测测验或观察时段中提高表现水平），也可能具有**抑制效应**（inhibitive effect，在连续的基线或探测测验或观察时段中降低表现水平），这取决于"测验"条件的设计。如果测验条件是重复呈现相同的学业任务，通过纠正程序辅助正确反应，或者提供强化依联于正确反应，那么可能会产生促进效应。持续时间长、需要参与者花费大量精力，且没有或几乎没有对保持注意力和积极参与的强化的测验时段，可能会产生抑制效应。设计好你的基线条件和探测条件很重要，它们可以确保参与者付出最大的努力，这样你就既不会高估也不会低估自变量对行为的影响了。

测验的促进效应可以通过如下方式避免：在各时段中随机安排刺激呈现的顺序；不强化正确反应，尤其是在接受性任务中；不纠正错误反应；不辅助（有意或无意）正确反应。程序性信度检核（procedural reliability checks）有助于检测出可能会影响参与者表现的程序性错误。测验的抑制效应则可以通过采用适当长度和难度的时段来避免（比如，避免时段疲劳；在熟悉刺激中加入陌生刺激，并强化对熟悉刺激的正确反应；强化对表达性任务、理解性任务以及反应链任务的正确反应）。

工具

工具（instrumentation）威胁指的是和测量系统有关的问题；在单一被试设计研究中尤其需要关注这一点，因为人类观察者在进行重复测量时可能会犯错。在使用单一被试设计的研究中，判断对内部效度的威胁是否来自工具的最常用策略是看两名独立观察者的一致性百分比。你可以通过对感兴趣的行为进行严谨界定、采取恰当的记录程序，以及频繁利用次要观察者检查信度来避免出现常见问题。从经验上来说，在应用研究中，一致性百分比达到或超过 90% 是比较理想的，而低于 80% 则是不可接受的。不幸的是，确定观察者间一致性的可接受或不可接受的百分比并不像看上去的那么简单，因为一些行为很容易被记录（永久性产物、持续时间较长的行为、粗大运动反应），而另一些行为则不容易被记录（高比率行为、持续时间较短的行为、发声反应）。此外，数据收集的条件也会影响你认为可接受的百分比。假设清晰界定了行为，观察者也接受了适当的培训，那么和"实时"现场观察相比，你可以期待用永久性产物（录音或录像设备、纸笔记录、设备组件、电脑打印）收集的数据，其测量错误少很多。第 5 章将讨论与测量的信度相关的议题。在此只需说明，你必须关注你所使用的测量系统的细节，以避免工具对内部效度造成威胁。

程序不忠诚

程序不忠诚（procedural infidelity）是指研究实施者未严格实施事先设定的各个条件。如果在不同的行为发生片段、时间、干预者等方面，未按照研究计划或报告中的方法部分所描述的那样，始终一致地实施实验条件的程序（基线、探测、干预、维持、泛化），那么和干预相关的研究结果的可信度就会明显降低。第 6 章将论述如何控制对内部效度造成威胁的程序不忠诚。

选择偏差

选择偏差（selection bias）指的是在选择某项研究的参与者时，采用的方式对参与者的纳入或保留产生了很大的影响，导致样本无法代表研究所关注的"群体"。有一些研究者（Pyrczak, 2016; Shadish, Cook, & Campbell, 2002）讨论了分组比较设计中的选择偏差。在单一被试设计中，"群体"即是满足研究纳入标准的所有个体，他们和参与者具有相似的功能特征（Lane, Wolery, Reichow, & Rogers, 2007; Wolery, Dunlap, & Ledford, 2011）。损耗（attrition）指的是在研究过程中参与者的流失，这会限制研究结果的泛化性，尤其是当具有某些特质的参与者有可能退出的时候（如没有从干预中获益的参与者）。在任何一项单一被试设计研究中，通常建议至少纳入 3 名参与者。但是，由于你无法完全控制那些选择退出研究的参与者，或基于家庭搬迁、被监禁、住院、被学校开除等原因而被迫退出研究的参与者，因此，建议你在研究之初，如果条件允许，选择 4 名或更多名参与者。在有 4 名参与者的情况下，1 名参与者的流失对自变量泛化性的分析影响不大。损耗偏差（attrition bias）指的是参与者流失（损耗）对研究结果产生影响的可能性。当损耗发生时，你应该：（1）实事求是地报告，并提供与损耗发生原因有关的信息；（2）在你的研究报告中提供收集到的任何有关该参与者的数据。这样可以确保研究报告不会系统性地剔除那些"无应答者"的数据，导致关于干预有效性的证据出现偏差。

还有一种选择偏差，即抽样偏差，发生在非随机抽样的分组设计中（即群体中的某些成员比其他成员更有可能被纳入）。在单一被试设计研究中，当研究者以额外的、未加阐释的理由纳入或排除潜在参与者时，就会出现抽样偏差。例如，莱德福、沙赞、哈宾和沃德（Ledford, Chazin, Harbin, & Ward, 2017）在一项研究中选择了 12 名儿童，目的是评估儿童对模块式教学和嵌入式教学的偏好，为此，他们提出了如下纳入标准：（1）具备玩与年龄或发展水平相当的轮流游戏的能力；（2）具备根据线条做选择的能力；（3）具备语言模仿能力。假设莱德福及其同事有 14 名潜在参与者，但考虑到资源有限，决定只向 12 名参与者征询关于是否同意参与研究的意见。于是，他们排除了 2 名在以教师为主导的活动中（模块式教学）有过不服从历史的男孩，以降低损耗的风险。这一决定可能会导致高估不同条件之间的区别，因为有意排除了在一种或两种条件下不可能有出色表现的参与者。当满足纳入标准的参与者数量远远多于可以参与研究的总人数时，通过随机选择参与者，可以降低这一风险。顺便说一下，这一特别的假设情况并没有发生，但由于参与者是从大量符合标准的学生中根据便利条件选出来的，抽样偏差仍有可能存在（比如，我们可能会选择那些认知或语言技能相对高的学生，而那些技能受损较严重的学生需要接受更多的治疗，因此更难参与研究）。

多重处理干扰

当一名研究参与者的行为在研究过程中受到的影响不止来自计划内的"处理"或干预时，就会产生**多重处理干扰**（multiple-treatment interference）。交互效应可能是**顺序混淆**（sequential confounding, 施加于参与者的各种实验条件的顺序可能会对他们的行为产生影响）或者**遗留效应**（carryover effect, 在一种实验条件中使用的程序对相邻条件中的行为产生影响）导致的。为了避免顺序混淆，向参与者引入实验条件时要抵消平衡顺序（比如，参与者 1，A-B-C-B-C; 参与者 2，A-C-B-C-B）。通过视觉分析，可以检测遗留效应；通过持续施加实验条件直到数据稳定，可以使遗留效应最小化（参看第 9 章至第 11 章）。

数据不稳定

不稳定（instability）指的是数据（因变量）随时间变异的程度。正如克劳托奇维尔（Kratochwill, 1978, p. 15）指出的："涉及在一段时间内重复测量一名参与者或一个群体的实验通常会显示出一定程度的变异性。如果这种'不稳定'特别明显，调查者可能会将效果归因于干预，但是实际上，这种有效性不会比数据系列中的自然变化显著。"关注数据系列中的变异量对于确定是否以及何时适合转入下一个实验条件很重要。正如将在第 8 章中讨论的，在对图表数据进行视觉分析时，如果要清晰地证明实验控制，在转换条件之前必须考虑水平和趋势的稳定性。过早地将自变量引入数据系列可能会妨碍这种证明。作为研究的消费者，你应该确定两个相邻条件的数据点之间是否存在高百分比的重叠，如果存在，那么你应该对研究者做出的有关自变量的有效性的任何说明保持怀疑。在你自己的研究中，当观察到数据变异时，最好在数据稳定之前保持相同的条件，或尝试分离变异的来源。只要你在做研究决策时有足够的耐心和洞察力，而不是根据一些预先确定的时间表来决定何时转入下一个实验条件（如每 7 天转换一次实验条件），数据不稳定对内部效度的威胁就是可以避免的。

周期性变异

周期性变异（cyclical variability）是数据不稳定的一种特殊类型，指的是在一段时期内，数据系列中重复出现的、可预测的模式。当各个实验条件的长度相等时（比如，在 A_1-B_1-A_2-B_2 撤除设计中，每个实验条件都实施5天），你的观察有可能和一些会影响数据变异却无法被辨识出来的自然因素重合。例如，如果你的实验条件时间安排和父母的工作时间安排重合（离家5天，在家5天），你可能就会错误地认为行为改变是自变量造成的，但实际上，这个改变可能是父母在家或不在家造成的。为了避免出现这种由周期性变异导致的混淆，建议你在实验期间使条件长度多样化。

均值回归

数据不稳定（也被称为变异）会产生一种特定的威胁，即均值回归（regression to the mean）。**均值回归**指的是处于边缘区域的数据点有可能回到接近平均值的位置。例如，假设你希望实施一项干预来提高行为发生率，前三个数据点的值有些低（如30%），而第四个数据点的值直接降到了0。有些人可能会说，这明显意味着需要干预；但是，就算没有干预，在此之后的数据很可能也会改善。在这个节点改变条件会降低你的干预的可信度，原因就在于此，它和典型变异造成的影响不一样。相反，在这个时候，应继续收集数据，直到稳定性得以建立。

适应

适应（adaptation）指的是在调查开始后的一段时间内，由于收集数据的环境对参与者而言比较新奇，参与者被记录的行为可能和他们的日常行为不同。建议在研究开始之前，通过有时被称为**历史培训**的方式，让研究参与者适应一下不熟悉的成人、环境、形式以及数据收集程序（如录像记录）等，以提高在基线条件的第一天收集的数据代表参与者的"真实"行为的可能性。在应用研究文献中，关于被观察的*"反应效应"*（reactive effect）的报告和讨论由来已久（Kazdin, 1979），因此建议在数据收集过程中尽可能不引人注目（Cooper, Heron, & Heward, 2007; Kazdin, 2001）。

霍桑效应

霍桑效应（Hawthorne Effect）指的是由于参与者知道自己参与了实验，

他们表现出来的行为无法代表他们的自然行为（Kratochwill, 1978; Portney & Watkins, 2000），它是对内部效度的一种特定的适应性威胁。在自我管理研究中，参与者记录自己的行为时特别容易受霍桑效应的影响。正如库珀等人（Cooper et al., 2007）所说："当观察和记录目标行为的人是行为改变计划的参与者时，会对研究造成最大的干扰，而且很可能出现反应性。"（p. 591）和适应一样，在研究开始之前，让参与者熟悉实验条件，特别是数据记录条件，可能会降低出现霍桑效应的可能性。

总结

对科学家—实务工作者来说，如果他/她想为自己正在使用或计划使用的某一特定实践提供证据支持，那么有大量的研究方法可供选择。作为研究证据的贡献者，重要的是，要选择恰当的研究方法，为研究问题提供最佳回答。当你关注的是一组人的平均表现时，采用分组研究方法是恰当的，它也最适合用来检验假设，但对那些不同于干预有效群体的个体而言，其泛化性就很有限了。不幸的是，对作为分组设计研究的消费者和评估者的实务工作者来说，他们很少能够得到有关个体参与者的足够详细的信息，以使他们能够针对自己的学生或服务对象对所研究的干预做出积极反应的可能性做出明智的决定。如果你感兴趣的是对一个人、一项活动或一个事件进行深入的描述性报告，那么质性研究方法（如个案研究、人种志、现象学等）可能是适合的。使用这种研究方法的研究并不试图干预、控制对内部效度的常见威胁因素，或者将研究结果推论到研究之外的情境中。单一被试设计研究方法关注个体的表现，并且由于所有参与者的所有原始数据都以图形或表格的形式呈现，它允许实务工作者和研究者对一项研究或一系列研究的优点进行独立评估。根据科学方法原则，在单一被试设计研究报告中，通常要提供足够的细节，以便独立研究者进行复制。正是通过这样的复制，单一被试研究结果才具有泛化性，才能产生支持某项干预的证据。在后面的章节中，我们试图介绍有关单一被试设计研究方法的各个参数的具体细节，帮助你客观地评估和实施采用单一被试设计的研究。通过你和其他应用研究者的努力，我们有可能加深对人类行为的理解，并积累更多支持有效实践的证据。为此，科学家—实务工作者必须在专业期刊、专业会议上以及在诊所或学校提供服务期间传播他们的研究结果。

第 2 章　研究中的伦理原则和实践

琳达·梅克林（Linda Mechling）、戴维·L. 加斯特和贾斯廷·D. 莱恩（Justin D. Lane）

重要术语

机构审查委员会（institutional review board）、尊重人（respect for persons）、有益（beneficence）、公正（justice）、不当影响（undue influence）、同意（consent）、正式允许（assent）、最低风险（minimal risk）、保密（confidentiality）、匿名（anonymity）

> **应用研究伦理的历史**
> **在应用情境中开展研究**
> 　　获得支持和招募参与者
> 　　基本礼节
> 　　增强参与意识
> **获得机构和组织的批准**
> 　　提高获批的可能性
> 　　特殊群体
> 　　潜在风险
> 　　确定方法和程序
> 　　数据存储和保密
> 　　知情同意和正式允许
> 　　分享信息
> 　　研究者的专业性

出版伦理和报告结果
　　出版信誉：署名权
　　报告结果
　　伦理实践
总结

　　你可能会惊讶地发现，一个经过独立构思、精心设计的研究项目必须通过正式审查才能在人类参与者身上实施。此后，在机构审查的过程中，你可能会更加惊讶地听到人类被试审查委员会的成员提出严肃的质疑，你认为最无害的干预项目在他们看来会带来潜在的有害影响。或者，审查小组成员可能会根据他们理解的研究内容，考虑将要开展的研究带来的益处是否大于风险。有一些干预看上去主要是教育性或治疗性的，因此不需要提交给委员会审查其是否适用于人类被试。但是，任何一种假定会改变研究参与者的社会或学业行为以及假定具有科学价值（即为建立知识库做贡献）的干预，都会引发有关基本伦理和具体程序的问题。根据当前美国联邦法规［经《1993 年国家卫生研究院振兴法》（*National Institutes of Health Revitazation Act of 1993*）修订的《公共卫生服务法》（*The Public Health Service Act*），公法 103-143］的规定，提供资助的机构必须确保研究参与者的权利受到保护。只有在拟开展的研究通过人类被试审查委员会的审查而被置于公众监督之下，且调查者完成了对人类参与者开展研究的培训之后，才能确保人类被试的权利不受侵害。注意，我们在本章中有时会把参与者称为被试，这在术语上和确保以合乎伦理的方式对待的"人类被试"（human subjects）是一致的。

应用研究伦理的历史

　　科学探索的目的是增长知识。精心设计的应用研究允许：（1）在典型环境（基线测量）中系统地研究行为；（2）评估一种新的干预或革新方法；（3）在相似和相异的条件中复制其他研究的结果（Sidman, 1960）。所有形式的科学探究，无论其带来的益处看起来是能够即刻获得、现实可触的，还是需要耐心等待、高深莫测的，它们都被认为具有重要意义。因此，科学家追求知识女神，也探寻任何一条可以找到她的路径；至少，这是人们普遍认同的观点。历史上，有些人歪曲了对科学的追求，侵害了所有人都应该享有的基本人权，犯下了反人类罪，并试图以科学之名掩盖他们不可言说的罪恶［美国国立卫生研究院（National Institutes of Health, NIH），2008］。这类例子包括纽伦堡战争罪审判（纳粹医学战争罪）和塔斯基吉研究（Tuskegee Study, 即未对罹患梅毒的非洲裔美国男性进行治疗；Breault, 2006）。这些罪恶导致了大量规章制度的产生，所有的规章制度都是为了确保研究中的人类参与者获得最高等级的保护（如美国卫生总署，1966），包括成立负责审查研究计划的委员会，即现在的**机构审查委员会**（Institutional Review Board, IRB）。

　　在应用研究中，一个重要的历史时刻是《国家研究法》（*National Research Act*, 公法 93-348）的通过，它促使人们在 1974 年成立了国家生物医学和行为研究人类被试保护委员会（National Commission for the Protection of Human Subjects of Biomedical and Behavioral Research）。1978 年，委员会发表了《贝尔蒙报告》（*Belmont Report*），这一报告为那些开展应用研究的人提供了指南和相应的行动要点。《贝尔蒙报告》主要提出了三项提高应用研究中人类参与者保护水平的重要原则：（1）尊重人；（2）有益；（3）公正。**尊重人**原则强调了自愿参与研究、阐释研究目的和相应程序（知情同意），以及保护弱势群体（如智力障碍儿童）的重要性。**有益**原则的重点是"不造成伤害"以及"收益最大化和伤害最小化"（成本与收益的比例，p. 23194）。最后，**公正**原则强调了公平的重要性，尤其是当从弱势群体或代表性不足的群体中招募参与者的时候。为了进一步保障人类参与者的权利，在 1991 年颁布了《人类被试保护联邦政策》（*Federal Policy for the Protection of Human Subjects*），也被称为《通则》（*Common Rule*），进一步明确了《贝尔蒙报告》中提到的原则在应用研究中的应用。上述例子强调了为保护研究中的人类参与者所做的工作和持续付出的努力。

　　下述内容说明了在应用研究中必须考虑的伦理议题，描述了你作为研究者在撰写论文、报告或者开展独立研究时，为获得机构的批准而必须经历的过程，然后论述了在使用单一被试设计回答那些与教育和治疗计划的有效性相关的研究问题时，你必须遵守的伦理准则。

在应用情境中开展研究

　　在获得本章后面讨论的正式批准之前，你必须先获得在特定场合开展研究的初步许可。很多学校系统有详细明确的程序来批复研究者的申请；一些规模较小的机构可能只要求获得一位董事或董事会的许可。有些机构针对实务工作者（内部员工）和外部研究者有不同的程序。在申请研究许可之前，要谨慎地、尽可能多地了解机构及其程序。研究者应当注意和所有的利益相关人（如参与者、家长、实务工作者、行政人员）保持良好的关系。在研究完成之后，应当向家长、实务工作者和参与者汇报结果。作为允许开展研究的一个条件，学校或机构可能会要求你提供最终报告的副本；在开展项目之前，你应仔细记录你将向利益相关人提供多少信息。在每个阶段，研究者的行为对成功完成项目都是至关重要的。此外，研究者和其他人之间的私人互动可能在很大程度上决定了后继研究者能否进入该系统开展工作。我们假定基本礼节已然成为研究者的综合素养中不可或缺的一部分，因此，我们在此也不打算说教式地论述在学校、诊所和社区机构中应如何行事。

获得支持和招募参与者

每家机构都有一套申请到学校和诊所工作的程序。在某些情况下，大学会把这些申请转交给学院（教育学院、艺术和科学学院、公共卫生学院）里负责实践工作的协调员，然后再转交给相应学区或机构的具体负责人。在规模较小的学校系统或机构中，工作人员可能会直接把申请转交给学校委员会或董事会，如果申请获批，再转交给校长或现场的行政人员。向诊所提交的申请可能需要得到诊所负责人，甚至是开办诊所的学术部门主任的许可。毫无疑问，各个地方的程序非常不同，但每个系统都有明确的申请渠道。例如，在一个氛围活跃的教育学院，就有很多沟通渠道。很多实务工作者都是从项目中毕业的，和以前的教授保持着密切的工作关系，并会公开邀请他们到自己的班级中工作。偶尔，实务工作者会直接向学校寻求帮助，以处理学生的问题行为。当大学教师和校长、其他教职员工有密切的工作关系时，以非正式的方式讨论项目，之后再心照不宣地获得开展研究的许可，这在逻辑上似乎也说得过去。还有一些时候，你可能不仅要通过正式渠道申请，还要通过非正式渠道申请。对于那些跨环境、跨情境开展的研究项目，我们所能提供的建议很少，仅仅是：（1）一旦获得人类被试参与的许可，尽快通过正式渠道提交开展研究的申请；（2）当以非正式渠道被邀请进入学校时，明确询问发出邀请的人向谁告知此次造访；（3）当在非正式接触（比如，当你参加一所学校举办的社区商业活动时）中谈到可能开展的研究时，强调该项目只是一种可能性，描述研究当前的进展，说明什么时候有可能正式提交申请，并清晰地表明正在寻找潜在的兴趣，而不是寻求获得正式的批准。

如果项目强调真实生活和基于社区的经验，那么就不能只在诊所和教室范围内进行。项目可能需要和公共或私人的社区机构和公司合作。研究者应当知道，在社区环境（如当地连锁杂货店）中开展研究，可能需要几周甚至几个月的时间才能获得批准。当地的经理通常需要获得区级经理的批准，在有些情况下，还需要获得公司总部的批准。批准的级别取决于研究的类型和计划实施的形式（如录像记录、公司员工的参与、与企业客户互动）。此外，特定组织（如学校、私人服务提供商）所秉持的宗旨、价值观可能和你的研究兴趣并不一致（比如，关注重度残障人士的年级课程标准；参看 Ayres, Lowery, Douglas, & Sievers, 2011, 2012; Courtade, Spooner, Browder, & Jimenze, 2012）。

基本礼节

研究者应当对研究项目可能造成的干扰保持敏感；然而，他们可能对社区雇主和经理关心的问题不那么熟悉。例如，社区雇主和经理可能会提出如下注意事项：（1）计划在一天中的什么时候开展现场研究（比如，营业高峰期和对员工提出最多要求的时候）；（2）计划在一周中的哪几天开展实验（比如，在带几位特殊成人去见志愿者或为他们提供治疗的那一天）；（3）公司面临的责任风险。如果研究项目有望使学校教职员工、临床工作者或商业经理人的生活变得轻松一些（比如，要开展的教育干预可以为儿童提供教学辅导，从而使教师可以从事其他工作，或者项目包括为公司未来的员工提供工作培训），那么有些情理之中的干扰就有可能被容忍。如果项目只给研究者带来最直接的好处，而对科学进步的影响不那么明显，那么干扰就不那么容易被容忍。研究者要考虑如何为研究场所提供时间、技术方面的支持或所需要的其他资源。例如，在以前的工作中，我们做了如下事情：（1）为研究之外的非参与者或非目标行为者提供咨询；（2）研究完成后提供可用的材料（如留下可在课堂上使用的玩具）；（3）在研究时段之前、之后给教师帮忙（如为即将开展的活动做准备）。

在研究期间泄露信息可能会造成两难困境。实务工作者、家长和参与者可能希望了解事情的进展情况。全面地、公开地、诚实地披露信息是践行伦理和保护参与者权利的基石。然而，在一些研究中，频繁地提供详细的反馈可能会构成另一个自变量。假设在一项采用新的干预塑造理想社会行为的研究中，家长要求获得且确实获得了每天的进步反馈（拉尔夫每天都比前一天多说三次"请"和"谢谢你"），那么如此一来，家长自然会在家里增加机会并且给予强化。行为的改变就可能有两个原因，因此混淆了研究结果。解决这个问题的一个办法是提前确定给予哪种类型的真实和中性的反馈（"事情看起来正如预期的那般发展"）。如果项目进展糟糕，家长要求你终止项目，记住，知情同意书中有一则条款提及：参与者或家长有权利随时退出，而不遭受任何负面影响。

增强参与意识

研究者应当意识到自己对追随他们的人负有责任。承担这一责任并给研究场所留下正面印象的一种途径是主动提供有关研究结果的信息并认可参与研究的人的付出。每天绘制数据图表，研究项目一结束，就可以立即展开讨论。人类被试审查协议中的叙事性材料或与研究计划相关的书面内容为讨论已完成的工作提供了参考框架，而图表则为研究结果提供了参考依据。给家长、实务工作者及其他人提供的即时反馈有可能带来积极的强化作用。如果研究者已经承诺提供书面报告，那么最好在截止日期之前提供。亲自递送，并附上一句感谢他们提供研究机会的话，应该会给他们留下良好的印象，也有助于提高未来研究者受到好评的可能性。在获得知情同意的过程中（见下文），你始终应当告知参与者（和 / 或他们的家长或监护人）你将和谁分享数据。例如，如果你想评估一项改善教师和儿童的积极互动的干预，而你计划和他们的校长分享这些数据，那么这一举措可能会带来潜在的负面影响（比如，校长可能会认为行为改变不够充分，于是决定不和教师续签合同）。因此，始终要非常清楚可以和谁分享数据。

你也应进一步认可参与研究的实务工作者的付出，或者向社区机构或企业公开表达谢意。在一些已发表的文章中，一些作者会以脚注的形式为学校或企业写下"致谢声明"。参与研究的实务工作者和机构还可以获得社区或者州立和国立机构［美国孤独症协会（Autism Society of America）］设立的各种奖项的提名以及颁发的资格证书（如"创造不同"）。人们通常很愿意接受公开的感谢；但是，一定要注意，只有在参与者知情同意的情况下才能这样做。

最后，一些研究者选择通过给参与研究的专业人士提供资金支持来表达谢意。这可以通过在研究经费预算中预留"酬谢金"款项实现，或者在完成研究之际以提供"小"礼物的形式实现（比如，在当地杂货店给参与教授购物技能的研究的人购买礼品卡，在班里举办年终比萨宴会，或者在学校筹募资金时做贡献）。你始终应注意，这些奖励的金额不能太大，否则可能会被人当成一种胁迫，或者产生**不当影响**（undue influence）。这种情况通常被界定为当潜在参与者不愿意参与研究时游说他们参与（Williams & Walter, 2015）。

获得机构和组织的批准

　　研究者选定了研究主题并获得了导师（如果是学生）或研究赞助者的同意后开始实施项目，接下来就可以按照这里概述的流程开展下一步工作了。不同的机构和大学，其审查的流程也各不相同。这里简要概述两类典型的程序：一类要求研究者在机构审查委员会面前针对书面计划书进行答辩（全面审查），另一类则不要求（快速审查）。这个过程是从一个特别普通的行为开始的：查找合适的表格。在大部分情况下，这些表格附有关于准备计划书中的文字内容的指南，值得研究者深入研究（参看图 2.1 的样表）。准备一份描述清晰的书面计划书，及早提交，会提高研究获批的可能性，并赢得充足的时间开展研究。在早期需要注意的事项中，一个必要条件是完成"人类被试研究者培训"，这需要在机构审查委员会审查研究申请之前就完成，并且要达到美国国立卫生研究院提出的人类被试培训要求（www.citiprogram.org）。这种强制性的培训一般通过在线培训的方式进行，在大学研究基金会、资助性项目、研究副主席办公室和国家癌症研究所等机构的网站上，可以获得培训资源。这些免费的、基于网络的指导培训都是以无比重要的《贝尔蒙报告》（国家人类被试保护委员会，1978）为基础设计的，它们为研究者提供了有关研究中的人类参与者的权利和福祉的信息。

表 A　　　　　　　　　　　　　　　　F2.0050

一般信息表：非医疗机构审查委员会

机构审查委员会编号 ＿＿＿＿＿＿＿

此表必须打印

注意：为了以最佳方式打开本文档里的链接，建议你先将本文档保存到你选择的位置，并打开文档，然后用鼠标右键单击链接，选择"打开超链接"。

　　这份申请书是（单选）：

　　☐ A. 新的需要通过机构审查委员会审查的研究计划（未经审查）。

　　☐ B. 先前已获得机构审查委员会批准但目前失效的研究：以前的机构审查委员会编号 ＿＿＿＿＿＿＿

　　请在提交的材料中附上一份书面声明，证明你在批准失效后没有开展任何研究活动（新被试的招募或通知；与目前参与研究的被试进行互动、实施干预或收集数据；数据分析），或附上一份总结，陈述在过渡期所做的事情。

　　☐ C. 对已经获批的研究计划书所做的调整。

1. 审查类型：　　　　　　　　　　审查机构类型：

快速审查＿＿＿＿＿　全面审查＿＿＿＿＿　医疗的＿＿＿＿＿　非医疗的＿＿＿＿＿

2. 主要调查者（Principal Investigator, PI）的名字和地址（主要调查者最有可能收到邮件的地址）：如果研究计划书是提交给外部资助机构或从外部资助机构获得支持的，如美国国立卫生研究院或私人基金会，那么在经费申请项目中列出的主要调查者和下面列出的主要调查者必须是同一个人。如果主要调查者已经完成项目，并达到了肯塔基大学学术项目的要求，那么请同时列出指导教师的名字和学校地址。

主要调查者的名字：＿＿＿＿＿＿＿＿＿＿＿＿＿　　□主要调查者是 R.N.

部门：＿＿＿＿＿＿＿＿＿＿＿＿＿＿＿＿＿＿＿＿＿＿

楼号 & 房间号：＿＿＿＿＿＿＿＿＿＿＿＿＿＿＿＿＿

快速排序编号：＿＿＿＿＿＿＿＿＿＿＿＿＿＿＿＿＿＿

*学生应该列出能够最早收到邮件的地址（即邮件通常能以最快的速度到达的地址）。

3. 主要调查者的超级链接：＿＿＿＿＿＿　学位和等级：＿＿＿＿＿＿
（用于登录肯塔基大学网络账号的"用户名"，即 jdoe）

主要调查者的电话号码：＿＿＿＿＿＿　部门编码：＿＿＿＿＿＿

主要调查者的电子邮件地址：＿＿＿＿＿＿　主要调查者的传真号：＿＿＿＿＿＿

4. 项目名称：（如适用，请使用经费 / 合同申请书里的确切名称。如果适用于你的研究，请务必在题目前面添加如下标记：如果你的研究涉及罪犯，请标记"UK/P"；如果你的研究得到了国防部的支持，请标记"UK/D"。）

＿＿＿＿＿＿＿＿＿＿＿＿＿＿＿＿＿＿＿＿＿＿＿＿＿＿＿＿＿＿＿

＿＿＿＿＿＿＿＿＿＿＿＿＿＿＿＿＿＿＿＿＿＿＿＿＿＿＿＿＿＿＿

＿＿＿＿＿＿＿＿＿＿＿＿＿＿＿＿＿＿＿＿＿＿＿＿＿＿＿＿＿＿＿

＿＿＿＿＿＿＿＿＿＿＿＿＿＿＿＿＿＿＿＿＿＿＿＿＿＿＿＿＿＿＿

5. 请从下述选项中勾选出能准确描述计划书的项目：

□最低风险。

□超过最低风险，但是能为被试个人带来直接的益处。

□超过最低风险，无法为被试个人带来直接的益处，但有可能获得关于被试的残障情况的可泛化的知识。

□以其他方式未获批的研究，有机会了解、预防或缓解对被试的健康或福祉造成影响的严重问题。

6. 研究项目预期开始和结束的日期：＿＿＿＿＿＿＿ / ＿＿＿＿＿＿＿
年 / 月 / 日　　　　年 / 月 / 日

7. 人类被试的数量和年龄：＿＿＿＿＿＿＿ / ＿＿＿＿＿＿＿
数量　　　　　年龄范围

请注明研究被试和研究控制的类型。根据你的研究被试的类型，你可能还需要填写另外一些表格。请勾选出所有可能的选项：

□儿童（17 岁及以下）[附表 W]　　□罪犯 [附表 V]
□受国家监护的人 [附表 W]　　　□非英语使用者 [参看表 H（HTML）]
□独立生活的未成年人　　　　　　□国际公民 [可以应用 DoD SOP]
□同意能力受损的人 [附表 T]　　□学生
□同意能力受损的人 [住在收容所里的][附表 T]　□普通志愿者
□新生儿 [附表 U]　　　　　　　□病人
□孕妇 [附表 U]　　　　　　　　□阿巴拉契亚人
□军人或国防部职员 [可以应用 DoD SOP]

8. 本研究关注的被试是否具有下列极有可能导致同意能力受损或出现波动的临床表现？
□否
□是
如果是，那么研究涉及和被试互动或干预被试吗？
□否，不涉及直接的干预 / 互动（如录像回顾研究、二手资料分析）。
□是，涉及直接的干预 / 互动——完成附表 T 并将其附在机构审查委员会申请书里。

这些表现包括：
· 创伤性脑损伤或获得性脑损伤
· 重度抑郁症或双相情感障碍
· 精神分裂症或其他涉及重度认知障碍的精神疾病
· 中风
· 发展性障碍
· 阿尔茨海默病

> ·中枢神经系统癌症和其他可能涉及中枢神经系统的癌症
>
> ·帕金森病晚期
>
> ·晚期持续性物质依赖
>
> ·缺血性心脏病
>
> ·人类免疫缺陷病毒 / 获得性免疫缺陷综合征（HIV/AIDS）
>
> ·慢性阻塞性肺病
>
> ·肾功能不全
>
> ·糖尿病
>
> ·自身免疫性疾病或炎症性疾病
>
> ·慢性非恶性疼痛
>
> ·药物干扰
>
> ·其他急性医疗危机

图 2.1　肯塔基大学机构审查委员会快速申请表的样表。摘自 www.research.uky.edu/
ori/human/HumanResearchForms.htm.

提高获批的可能性

要想提高首次申请获批的可能性，推荐的最佳方法是清晰地、简洁地阐述那些有可能被严格地审查、容易被误解或敏感的内容。换言之，用于准备呈交给同行评议期刊的文章写作技巧，同样可以被用来准备一份需要通过人类被试审查委员会审查的研究申请书。申请书还应避免使用技术性语言（行话），以使那些来自不同学科的评审委员能够理解。刚进入研究领域的研究者会发现向近期申请成功的人请教很有效。你应当仔细考虑如何描述你的研究程序，以使那些不具备你所在领域的专业知识的人也能够读懂；你的申请评审人应该能够清楚地了解在参与者身上会发生什么、谁来做、做多久，以及在什么情况下终止研究。

特殊群体

研究者应注意到，申请书中提到的特殊群体会受到特殊关注，并且根据干预的性质和参与者的脆弱性，机构审查委员会可能会对申请书进行全面审查。例如，如果你计划对孤独症幼儿开展研究，你可能需要证明将这些参与者纳入研究的必要性；通常，你需要对参与者的特征进行描述和解释，说明他们很有可能从未来的研究中获得益处。出于方便或可获得性的考虑而选择弱势群体，如残障人士、收容所里的人、被监禁的人，是不可接受的。例如，你可能需要说明对于沟通能力有限的人而言，哪些特殊形式的异常行为是可接受的，并说明你的干预时段是否会影响正在进行的治疗。

潜在风险

研究者必须说明参与者面临的潜在风险等级是属于"最低"风险还是属于"超过最低"风险。**最低风险**（minimal risk）被认为与一个人在日常生活中，或者在参加常规的身体或心理测试时会遭遇的风险属于同一等级［美国卫生与公众服务部：伦理条例（United States Department of Health and Human Services: Code of Ethics），2005］。初看时，在以班级为基础开展的学业干预或使用积极后果改变社会行为的项目中，似乎能够轻易地规避这些潜在风险。但是，这些风险可以从广义上阐释。假设研究者让一名学生在本应接受学业指导的时间里接受干预，然后假设这项干预并未取得成功，那么学生的行为没有改变，还失去了学习时间。如果干预持续了很长一段时间却没有取得积极效果，那么学生学习进度落后的责任是否应该由研究者承担？假设给学生交替实施传统教学和实验教学，学生在传统教学方式下表现更好，那么实验教学是否干扰了更为有效的教学，进而对学生造成不良影响？假设干预涉及操纵参与研究的脑瘫儿童的身体（比如，使用如启动开关这种运动反应的肢体辅助），那么对反抗或做出防御反应的儿童来说，存在多大的潜在身体伤害风险？研究者如何判断参与者是否受到了"伤害"，以及将采取哪些替代性方案确保这些风险要素都能够被移除？利用社区环境开展的教学需要参与者穿过马路、使用公共交通设施，或者学会在社区中"迷路"时向成人寻求帮助，这些项目是否存在风险？

我们假定，研究者一般不被允许开展涉及呈现令人厌恶的或有害的刺激的研究。因此，这不是本章关注的主题。然而，假设一项干预涉及针对正确反应的积极后果和针对错误反应的消退，这项干预的风险程度如何？学生表现出来的痛苦程度如何？要回答这些问题，研究者可能需要考虑，干预只能占用学生一小部分在校时间，并且要有办法补偿学生失去的学习时间。此外，可以说明在辅助过程中如何"感受"到身体上的抗拒，或者列出表现痛苦的行为反应的明显迹象。因此，可观察的行为可以充当那些乍一看难以界定的概念的替代物。例如，假设在一个作为课程要求实施的小型项目中，一名教授和一名研究生试图塑造一名有轻度肢体障碍的重度智力障碍儿童用杯子喝水的行为。在对这名儿童进行观察后，他们确定儿童可以完成这个反应链中的所有动作，于是，他们制订了一项计划，使用肢体辅助、消退（看其他地方）并扣留儿童偏爱的饮料，直到儿童做出近似正确的反应，以此塑造连续的、持久的反应。在计划进行到一半时，儿童开始哀诉、哭闹，然后在扣留饮料时发脾气。这时，班级教师介入，终止了这项干预，因为它显然给儿童造成了痛苦（在教师看来）。假设这项干预是一项学生研究项目，并受到了人类被试审查委员会成员的质疑，那么可能就需要对这项干预计划做出如下更改：

1. 目标是在每次进餐时，在没有人帮助的情况下用杯子喝水。

2. 益处——儿童能掌握一项新技能，成人也不必再帮助儿童完成任务。

3. 教学顺序如下：

（1）把杯子放在儿童面前。

（2）把儿童的手和手臂放到正确的位置。

（3）肢体辅助，即把手放在儿童的手上，启动握紧、拿起、倾斜、喝水反应链。

（4）逐步撤除肢体辅助（操作性定义）。

（5）针对每个步骤给予赞扬。

（6）当出现阻抗时：

①从儿童手中取走杯子。

②转身离开5秒。

③如果儿童出现发脾气行为，就继续实施3个时段的干预，或者持续实施干预，直到儿童不再发脾气为止。

④如果实施3个时段的干预后，前面的步骤仍未取得成功，那么就让儿童退出研究，或者（最好是）转而采用调整后的程序。

这一策略的简要提纲包含两个重要因素。它承认消极反应有可能出现，并设定了在移除或调整干预之前行为发生的时间限制。这一策略为研究者将发脾气行为视为典型反应并开发替代性策略奠定了基础。

这里提出这些问题，目的是使研究者对有关风险议题的不同观点保持敏感，提出一些无法明确回答的问题，并在一个实例中提供一种解释强迫可能性的策略。研究者可能会发现，和学生们分享自己的研究计划书以识别潜在的风险来源，并检视参与该项目的理由，很有帮助。即使有些风险不太可能发生，也应当谨慎地识别潜在问题并预先拟订解决方案。

确定方法和程序

要向人类被试审查委员会提供一份简化版的研究计划书（了解有关撰写计划书的内容，参看第 3 章）。我们认为，人类被试审查计划书应当取材于完整的计划书，以确保你在研究过程中能尽早地开始技术性写作任务。人类被试审查委员会关注的是研究的各个程序的具体组成要素。计划书要包含关于程序的完整而简要的描述。之后，要特别关注两个问题："在参与者身上会发生什么？""数据会怎样？"

具有教育学、心理学背景且精通各种治疗技术（言语、职业、物理）的研究者应熟练掌握任务分析技能，应习惯于明确描述研究程序中的步骤或事件序列。你会发现，在撰写过程中"走一遍"程序，并和同事"说一遍"程序，很有帮助。与常见的或易于定义的前提事件（antecedent events）相比，审查委员会更感兴趣的是不常见的或具有潜在风险的刺激。如果学业行为改变研究项目使用的是常见材料（比如，广为人知的基础阅读系列资料），那么依靠出版商、内容领域和日常教学"单元"足以辨识这些材料。而如果学业刺激是实验性的、专门为研究设计的，那么你可能就会被问到，为什么会期待其产生积极效果。如果使用了辅助技术，那么应该介绍设备的规格或外观。如果程序涉及研究者的一系列陈述和行动，那么应该准确描述其发生情况。如果程序涉及肢体辅助，那么应该描述其性质和程度（比如，研究者会说："拉尔夫，把球扔给我。"如果没有出现自发的反应，她会轻柔地扶住他的腰，抬起他的手 / 手臂，把他的手放到球上）。如果儿童挣脱、哭泣，或者显露出其他痛苦的迹象，那么就终止肢体辅助。如果行为后果包括获得喜欢的食物或饮料，那么审查委员会可能会要求研究者陈述理由，并确保将食物的营养和过敏因素纳入考量。介绍目前常见的做法——评估儿童的偏好，向教师、家长、专业人士和重要他人咨询，辨识强化物并列出清单，应用强化程序表等，有助于应对这一挑战。

我们建议研究者在最初的机构审查委员会申请书中，针对所有的研究都附上"B 计划"。因为单一被试设计在本质上是动态的，所以你可以（也应该）在出现无反应的情况下调整或改变干预。如果你需要进行实质性的改变（比如，使用另外一种干预），但是你没有在最初的机构审查委员会申请书中具体说明这一改变，那么你后面就要经历一段可能很漫长的补充性审查过程。因此，谨慎的做法是，研究者假定预先设计的干预可能无法针对所有的参与者都产生最佳效果，并说明在哪些条件下采用调整后的干预或其他干预。

数据存储和保密

对"数据会怎样？"的担心源于三个因素：（1）是不是敏感信息？（2）能否辨识出具体的参与者？（3）是否有计划控制对数据的访问，并在不再需要时将其销毁？

数据存储

研究者应确保所有为研究收集的数据都能得到谨慎的存储。应将数据与身份信息分开存储（比如，将带有参与者名字的同意书和参与者数据存储在不同的位置，后者可以通过身份识别码而不是名字来识别）。如果研究包含敏感性测试（比如，测量儿童的智商或学业水平，这在学校里属于"高风险"测试），研究者应当认真地向参与者（或监护人）报告他们使用或不使用测试的方式（即你是否会和非研究者分享个人的测试结果）。最保险的做法是把收集到的所有数据都当作具有潜在敏感性的数据，并始终使用识别码而不是参与者的名字或其他标识符。注意，在单一被试设计研究中，参与者通常不是**匿名**的——也就是说，研究者通常能够把数据和特定参与者联系起来。在非匿名数据收集中，总是存在非研究者将参与者数据和相应参与者进行匹配的可能性。匿名数据收集的例子包括要求众多教师填写问卷，但不要求他们报告自己的名字或其他任何身份信息。通常，单一被试设计数据不是匿名的，因此，我们必须采取适当措施来确保参与者的信息得以保密。

保密

如何保护参与者的**保密**信息（即确保**只有**研究者可以把个体的反应和具体的参与者联系起来）是单一被试设计研究中的一个潜在问题。为了最大限度地降低泄密的可能性，你应当：（1）描述如何对参与者进行编码（比如，用假名或名字的拼音首字母）；（2）确认研究者是唯一的编码持有方（或研究者和学术顾问）；（3）说明编码存放的位置（比如，在顾问的办公室里的一个上锁的文件夹中）。当研究报告准备发表时，你可以使用参与者的假名的拼音首字母或其真名的拼音首字母。可以用模糊的语言（比如，东北某中等规模城市的一所小学里的一间资源教室）描述开展研究的地点。应当告知参与者所有的数据，包括照片、录音和录像，是如何使用和存储的。你还应当认识到通过网络传播交换电子信息的脆弱性。在学习如何保护数据和保密信息时，听取专家的建议可能是必要的，并应告知参与者以电子方式交换信息的隐私风险和保密性限制（Smith, 2003）。

　　在规模较小的学校或社区里开展研究时，如果参与者是唯一的（比如，学校里只有一名脑瘫儿童），那么会遇到特殊的问题。在这种情况下，审查委员会可能会针对最终报告的处理方式和可查阅报告的人数提出质询。学术审查委员会成员要了解研究报告的处理方式以及谁可以查阅报告。如果准备发表研究报告，那么委员会可能会询问参与者的信息能否得到充分保密，阅读文章的人能否辨认出参与者。不过，专业期刊有自己特定的阅读人群，传播范围有限。因此，当地社区的人接触到这些信息的可能性很低。我们可以假定有机会接触到这些信息的人会以专业的方式对待这些信息，不过，这不在研究者的考虑范围内。

　　保密是一个非常复杂的议题，应用研究者要给予高度重视。《贝尔蒙报告》（国家人类被试保护委员会，1978）、美国心理学会（APA, 2002, 第 5 部分）、行为分析师认证委员会（BACB, 2014, 第 10 部分）都对公认的保密程序进行了说明，这些程序也已经被纳入《残疾人教育法》（*Individuals with Disabilities Education Act, IDEA*）。在研究项目结束时，研究者应将原始数据表存档，并进行匿名编码，同时将编码的密钥放在一个单独的地方保存。至于是否应该销毁这些信息，则是一个需要判断的问题。如果研究报告可以发表，那么要将出色的科学实践项目的原始数据完整地保存起来，这样，如果有其他研究者质疑研究结果或希望检查数据，就可以查阅原始数据。美国心理学会（2009）在《美国心理学会出版手册》（*Publication Manual of the American Psychological Association*）中明确指出，研究报告发表后，原始数据至少保留五年。研究者会极其谨慎地保护研究参与者的保密信息，但是，在极少数情况下，执法系统可能会要求透露信息。不同的研究者和不同的研究项目保存和销毁数据的程序可能有所不同；关键在于，在研究开始之前，你要制订具体的程序，在研究期间和研究结束后，要严格遵守。

知情同意和正式允许

　　必须获得参与者或参与者的家长或参与者的法定监护人的书面**同意**。知情同意书的关键要素包括：

　　1. 必须详细地描述研究程序，包括研究目的和预计完成时间。
　　2. 应说明潜在风险和益处。
　　3. 同意书可以随时撤销，参与者可以自由地退出研究（或者让他 / 她的孩子退出研究）。

4. 应使用简单的语言撰写同意书和研究说明，可参照初二年级学生的阅读水平。

5. 应说明在研究过程中出现问题时和谁取得联系。

如果工作对象是未成年人或在法律上无法确认知情同意的人，包括一些残障人士，那么也必须获得其**正式允许**（assent）和知情同意。正式允许是这类参与者提供的非法定许可证明。例如，你可以请一名高中生在一份说明其了解研究内容并愿意参与研究的简单表格上签字。或者，你给一名年龄很小的儿童读一份简单说明（比如，"我们会在每天的游戏时间结束后做一些事情。如果你不想和我一起做，可以说不。现在你准备好做这些事情了吗？"），你要在简单说明上签字，证明该儿童读过说明，并且同意参与研究。研究者应当允许参与者**不同意**——在任何时间，他们都可以决定不参与，这和他们的监护人撤销知情同意书不是一回事。

信息分享

家长和其他参与研究项目的人可能会对研究结果感兴趣。人类被试审查委员会要求提供这类信息。为了开展研究，你至少要与参与者的老师和治疗师分享信息，有时还要和校长或诊所管理者分享信息。其他专业人士（如言语治疗师、职业治疗师和物理治疗师）也可以从了解研究结果中获益。你应当了解在开展研究的学校系统、诊所或社区商业场所中，哪些研究结果最常出现或被期待出现，并在你提交给机构审查委员会的计划书和知情同意文件中列出你将向哪些人报告你的研究结果。你应当提前决定向那些很少与参与者直接接触的人提供什么样的细节说明。家长、教师和治疗师可能会要求对研究进行逐步回顾，重点集中在日常干预中数据点位置特别高或特别低的时段。而其他人则满足于大概了解研究程序及其取得了什么样的成功。了解和数据存储、匿名、保密以及知情同意和正式允许相关的伦理情境和恰当回应，参看表 2.1。

表 2.1　与研究期间数据存储相关的伦理情境以及对匿名和保密原则的违背

情境 1

乔纳森是特殊教育专业的博士三年级学生，他在当地一所公立学校实施一项针对患有唐氏综合征的学前儿童的研究。根据大学机构审查委员会制定的准则，乔纳森要把数据存放在大学校园里的一间上锁的办公室里的一个上锁的文件柜中。出于日程安排上的原因，乔纳森无法严格遵守机构审查委员会的规定，有时为了方便，会把数据放在家里和车上。一天，乔纳森的家被盗了，他装有电脑和数据的背包被偷了。

回应 1

乔纳森应该根据机构审查委员会制定的准则，将数据存放在大学校园里的一个上锁的房间里的一个上锁的柜子中。只有当他从开展研究的学校返回大学校园时，才可以把存有数据的电脑放在车上。此外，乔纳森需要向机构审查委员会报告保密信息被不明人士窃取，参与者的保密信息以及相关信息被泄露。乔纳森可能还需要重新提交一份申请书，在机构审查委员会将数据失窃情况进行评估并批准其申请后，他才能继续开展研究。

情境 2

科拉是具有一年工作经验的心理学教授，她的研究兴趣是培训教师对那些在学业任务中表现出攻击行为的智力障碍学生实施功能性行为评估。科拉获得了一笔资助，用于开展教师培训研究，帮助教师减少学生的攻击行为。一天晚上，科拉在购买日用品时，偶然遇到了一位教师助手，这位助手在她开展研究的班级里工作。助手询问了一些有关研究参与者的事情，想了解他们的一些个人信息，她还想与科拉聊从其他人那里听说的他们的事情。虽然科拉对要不要讨论参与者有些犹豫，但她不想冒犯这位助手，于是和她谈论了目前班级里的一些事情。

回应 2

科拉不应该在公共场合与他人谈论研究参与者，并把他们的个人信息暴露给其他可能认识他们和/或其家庭的人，因为这可能会违反保密规定。科拉还应该知道，她不应该和没有直接参与研究的人讨论参与者的具体信息。科拉应该告诉那位教师助手，根据保密原则，从伦理角度来讲，她不能谈论参与者。

（续表）

情境3	回应3
马修是一名专门帮助社交能力不足的高中生提升社交互动能力的教授。他正在开展一项研究，培训学生和同伴练习适当的社交互动。在培训过程中，有一名成人给参与者提供辅助，让他们参与适当的社交互动。在培训的第三周，乔恩决定退出研究，因为这项干预让他感到"不安"和"焦虑"。马修告诉乔恩要留下来，因为这"有助于他和同伴互动"。乔恩不同意，但是马修告诉他，他需要社会支持，这项干预有助于提高他的社交技能。马修还告诉乔恩，参与这项研究的同伴在研究结束后想要成为他的朋友。	马修试图强迫乔恩留在研究中，尽管乔恩有权利随时退出研究。乔恩报告说他感到不安，而马修却拿乔恩的各种社交技能评估来回应。在开展研究之前，马修应该在提交给机构审查委员会的申请书中清晰地说明当参与者要求退出研究时如何回应。胁迫从来就不是开展研究的研究者的选择。此外，马修说参与研究会带来友谊，他并未对此进行直接的测量，因此他所说的并不正确。研究者有责任确保给参与者提供的信息是确凿无疑的，而且不能在试图胁迫参与者开始或继续参与项目时再告诉他们这些信息。

研究者的专业性

　　人类被试审查委员会要求研究者确保自己了解他/她正在做的事情，如果是学生开展研究，那么他/她要接受本研究领域的资深人士的督导。具有教学或临床经验的研究者应当列出并说明实践的类型和时长。应当提供证书、执照和认可证明。委员会可能希望实务工作者确保其拥有和儿童一起工作的经历，曾在学校工作，以及/或者了解在学校工作的规程，并拥有实施该研究程序的经验。向实施者解释（和实施）有关具体的研究程序的培训非常有用——例如，在研究开始之前，你可以设定一个培训合格标准，即实施程序的正确率和准确率达到90%。

出版伦理和报告结果

　　完成正式的研究程序后，你还将面临其他挑战，即如何从发表的角度准备和提交书面文稿（也可参看第3章）。

出版信誉：署名权

　　《心理学家伦理规范和行为准则》（*Ethical Principles of Psychologists and*

Code of Conduct)（美国心理学会，2010）指出，根据标准 8.12c，指导教师应在研究关系刚建立时就与学生明确讨论有关出版贡献度的议题，并在整个研究过程中持续讨论。有些机构可能有关于如何确定贡献度以及如何在学生和指导教师之间达成署名协议的正式流程。其他人则可能依靠研究贡献者之间的口头同意或"理解"来达成贡献度协议。标准 8.12b 和标准 8.12c 特别指出，对于那些持续进行概念构建、设计和实施研究的学生，以及分析或解释研究结果的学生，要认可他们的贡献。对于正在做自己的研究项目（如硕士论文、博士论文）的硕士和博士研究生来说，他们就是第一作者，除非有"特殊情况"（标准 8.12c）。及早就与研究任务相关的信息达成一致意见很重要，包括研究贡献度的级别（署名顺序）；让刚介入研究和撰写文章的学生了解美国心理学会（2010）和行为分析师认证委员会（2014，第 10 部分）有关出版贡献度的准则也很重要。

报告结果

研究者通常对准备报告文稿和专业文件的伦理程序非常熟悉，它要求避免抄袭或使用他人的观点和作品而不注明作者或原创者。然而，他们可能没有意识到，这些程序同样适用于他们的研究工作，即使这些工作是在教师的指导下完成的。他们可能对未出版资料中的研究成员的贡献更加陌生，包括在讲座、会议上分享的信息，以及在与导师、其他学生和专业人士的非正式谈话中获得的信息。你的原创观点应得到适当的认可，你的文稿，无论是否发表，都不应被他人用于谋取私利（Sale & Folkman, 2000）。你还应当意识到，你的未发表文稿"从它以有形的形式固定下来的那一刻起——例如，打印出来，就拥有了版权"，版权保护随即生效，直到你把这个权利让渡给接收了文稿的出版社（*Publication Manual of the American Psychological Association*, 2009, pp. 19-20）。最后，你需要在投稿时提交一份声明，说明未将该文稿同时投给其他任何出版社。

研究者应谨慎地报告*所有的*应用结果，包括所有关于因变量和参与者的数据。虽然很少出现期刊编辑要求移除特定参与者的情况（根据我们的经验，通常是因为某名参与者退出或没有对干预做出反应），但是一旦发生，就会提高出现偏差结果的可能性，此外，这也不是符合伦理的实践。

伦理实践

实务工作者在两种情况下可能会使用单一被试设计——作为研究生培训的

一部分，或者作为循证实践的一部分。在第一种情况下，你要遵循本章第一部分描述的程序。在第二种情况下，你要肩负起一些不同的责任。当单一被试设计作为教学或治疗过程的一个组成部分时，你通常不太需要寻求学校或诊所管理部门的批准。但是，如果这项应用研究在某种程度上是一种创新，那么建议你公开说明研究将采用的策略（数据收集、实验设计、基线和干预程序等）。当单一被试设计研究涉及社会行为改变时，必须考虑采用积极行为支持的伦理因素。

在检核干预效果的实验研究涉及的伦理实践中，有一个重要的构成要素，即充分披露信息。根据《残疾人教育法》的有关规定，实务工作者应同家长联系，并和其他专家以及学校行政人员（即个别化教育计划小组）合作，共同制订学生的个人计划。科学家—实务工作者的主要任务是建立数据系统，阐释具体研究设计的逻辑，并说明为什么能从该设计中得出某些结论（即评估对内部效度的威胁）。由于这些做法超出了一般实践的范围，因此应该不会有什么分歧。表 2.2 列出了关于伦理情境的例子，以及针对与方法、结果和数据公开有关的伦理问题的恰当应对方式。

表 2.2　与方法、结果和数据公开有关的伦理情境

情境 1	回应 1
威廉是一名硕士二年级学生，对针对有读写障碍的中学生的阅读教学感兴趣。威廉正在对每天至少有一半时间待在资源教室里的读写障碍学生开展研究，旨在提高他们阅读新文章的流利程度。四名参与者中有两名有困难，他们难以把注意力放在阅读材料上，需要获得多重辅助，以便开始阅读。威廉决定给需要多重辅助的参与者增加一个特定的注意力提示线索，然后再开始阅读干预。他决定拍摄干预片段给同事看，以获得他们关于学生的改变的反馈意见。威廉没有在机构审查委员会申请书以及知情同意表格中报告这些特定的注意力提示线索或录像记录许可的相关事宜。	在改变方法之前，威廉不需要事先向机构审查委员会报告增加了其他注意力提示线索，因为他没有改变主要的干预程序或给参与者带来额外的风险，但是在最终的报告或出版的作品中要提到这些改变。威廉需要就使用录像记录片段事宜向机构审查委员会提交一份申请书的补充说明。如果补充条款获得批准，威廉就需要从参与者和他们的法定监护人那里获得关于拍摄录像的同意书。

（续表）

情境 2	回应 2
谢利亚是一所研究型大学的沟通科学系副教授，她在这所大学工作了 10 年。谢利亚致力于提高孤独症儿童在家庭和学校中使用新词汇的能力。她发表了大量文章，证明了对孤独症儿童实施语言干预能够取得积极效果，她决定将她的研究扩展到失语症学生身上。她通过使用语言干预，完成了对失语症学生的研究，但结果却表明学生之间有很大差异，有些学生在接受 12 周的干预后没有取得任何进步。然而，谢利亚执意认为干预取得了成功，尽管数据显示的情况并非如此。她决定根据自己对数据的理解写一篇文章，并省略或减少和未取得进步的学生有关的信息。	当报告研究结果时，参与研究的人员有责任如实陈述。尽管研究结果可能与期待的结果不同，与对结果的预期和相关领域有关的个人偏见仍不能妨碍清晰地、精准地、诚实地报告研究结果。不诚实地报告结果会产生各种各样的问题，其中一些问题很关键，未来试图复制这项研究的人会浪费经费，而选择使用这种方法对失语症人士进行干预的人则会浪费时间和资源。

总结

　　在本章中，我们介绍了在一系列伦理原则下开展应用研究的背景。我们讲述了在单一被试设计研究方法的框架内开展学业和社会行为改变项目所必需的关于先备行为的假设。我们列出了具体的程序，旨在帮助你获得批准，使你能够以保护参与者权利的方式开展研究。作为结语，我们再次声明，我们提出的这些问题并没有明确的答案，最后，本章提供的指导方针只对那些能够对自己所面临的问题做出成熟判断的人有用。

第3章 写作任务
文献综述、研究申请和最终报告

马克·沃莱里、凯瑟琳·琳内·莱恩（Kathleen Lynne Lane）和埃里克·艾伦·康芒（Eric Alan Common）

重要术语

文献综述（literature review）、同行评议（peer review）、穷举搜索（exhaustive search）、论证式问题（demonstration question）、参数式问题（parametric question）、成分分析式问题（component analysis question）、比较式问题（comparison question）、研究申请（research proposal）、引言部分（introduction section）、方法部分（methods section）、草稿（manuscript）、结果部分（results section）、讨论部分（discussion section）、发表（dissemination）、PRISMA 指南（PRISMA guidelines）

综述文献
    开展文献综述的过程
    应用文献综述
    与综述有关的 PRISMA 指南
研究问题
    寻找研究主题和研究问题
    陈述研究问题
撰写研究申请
    摘要

引言

方法

撰写最终报告

摘要

引言

方法

结果

讨论

发表研究报告

确定署名

海报展示

会议研讨会演讲

网络出版

匿名评议期刊

参与审稿过程

总结

　　书面语言是包括单一被试设计研究者在内的科学家建立自己的工作记录以及和其他研究者、实务工作者交流的主要方式。和其他写作类型一样，技术性的科学论文也有自己的结构、风格和标准。不同学科论文的写作风格和标准不同，但是其内容架构、事实报告体现出了相同的价值观，即要求有最少的推断、有精确简洁的细节描写，以及不冗赘。学习论文写作技能，和掌握其他技能一样，需要尝试使用这些技能，有意识地练习，并从他人那里获得反馈，然后持续地提高这些技能。科学写作如此重要，以至于贝尔、沃尔夫和里斯利（1968）在他们关于应用行为分析的开创性文章中将其作为一个主要维度（即技术性的）来阐述。他们使用的评判技术性写作质量的准则是："评估技术性程序描述，最好的方式［测试］可能是询问一位接受过常规训练的阅读者，在只阅读该描述的情况下，能否很好地复制该程序以获得相同的结果。"（p. 95, 方括号里的内容为本书作者添加。）在应用研究中，技术性描述尤为重要，因为这些程序是在非标准化的情境（而非实验室）中开展的。幸运的是，有大量的资源可供使用，如《美国心理学会出版手册（第6版）》。这本手册提供了有关准备书面材料的指南，大部分心理学、教育学及其他学科领域的期刊也会用到这些指南。其他信息可以在 www.apastyle.org 网站上找到。重要的是，要对最新的 APA 标准或者在其他领域应用的相似标准时刻保持关注。

　　本章写作的目的是：（1）说明准备技术性文件的标准；（2）提出帮助读者理解和应用科学写作风格的建议。本章会介绍有关综述文献、使用 PRISMA 程序进行系统性综述和元分析、提出研究问题、撰写研究申请以供他人评估，以及描述已完成研究的信息。本章最后介绍如何发布研究信息。

综述文献

　　开展研究有很多理由，比如，满足你对自然界如何运作的好奇，解决你服务的对象提出的问题，达到获得某个学位或资助方提出的要求，对一项政策或一项实践提出质疑性的或支持性的意见，说服他人相信某项技能的有效性，等等。无论基于什么原因开展研究，都要从了解已经研究过什么开始，这意味着需要综述文献。综述文献是对时间极其有效的利用。通过综述文献，你可以了解人们对某个主题已经知道的内容，以及人们是如何研究这个主题的（比如，使用了哪些测量方法和设计），它对实践或政策产生了哪些影响，什么因素提高或降低了研究结果的质量，哪些问题已经得到解答、部分得到解答或尚未得到解答。综述文献还可以帮助你合理地拟订研究的具体方案。例如，研究可以证明以某种特定方式实施干预程序产生了理想的效果，但是，如果有人研究这一程序的改良版，即让实施程序变得更容易，那么未来的研究就可以关注改良版的程序。它也可以帮助你从其他研究者取得的成功和遇到的问题中获益。其他研究者如何测量感兴趣的行为，如何控制或未能控制对内部效度的某些威胁，或者如何应用一个自变量，这些都可能为你提供重要的信息，引导你确定自己的研究目的和程序。因此，**文献综述**有三个主要的功能：（1）说明关于某个主题的已知和未知的内容；（2）为一项研究或一系列研究奠定基础和提供依据；（3）识别其他研究者所用的成功的研究程序、测量方式和研究设计，并发现他们遇到的挑战和问题，这有助于你设计出更好的研究。

开展文献综述的过程

　　综述文献涉及几个常见的步骤，包括：（1）选择一个主题；（2）缩小主题范围；（3）查找相关资料；（4）阅读相关报告并编码；（5）从可信度较低的资料中筛选出可靠的资料；（6）整理研究结果并撰写综述。在研究报告（即申请书和文章）中，文献综述可以作为引言出现，也可以作为独立的作品出现，比如，综述文章，或者专著、文章或学位论文里的独立章节。获得这两类成果的过程是相似的，不同之处在于如何描述文献以及如何使用目前已发表的文献。作为研究报告的引言，它包含的细节信息比作为独立作品的文献综述少。在撰写文章的引言时，近期发表的综述很有用；但是，在撰写独立的文献综述时，如果近期已有关于某个主题的综述文章发表，则意味着可能不需要再发表一篇综述。下面会着重论述如何撰写独立的文献综述（通常指系统性的文献综述），但也会针对撰写研究报告的引言部分提供一些信息。除了介绍开展系统性综述的一般策略外，我们还会详细介绍《系统性综述和元分析的首选报告项目》（*Preferred Reporting Items for Systematic Reviews and Meta-Analyses*）——PRISMA 声明（Moher, Liberati, Tetzlaff, Altman, & The PRISMA Group, 2009）。

选择一个主题

选择文献综述的主题并不断缩小主题的范围是一项具有挑战性的任务。选择一个主题的主要原因应当是你对它感兴趣！搜索、总结、评估和描述文献是一件费时费心的事；如果你对主题不感兴趣，那就会很痛苦。如果你不确定什么是你感兴趣的，你可以通过阅读你的研究领域的文献来培养兴趣。在相关期刊上找几个主题，阅读和主题相关的所有文章的摘要。找出你觉得有趣的内容，然后阅读相应的文章。还有一个补充建议是，与在相关领域从事研究的专家交谈。确定他们的研究主题和面临的困境。最后，没有什么能替代你参加所研究专业的活动。这可以通过志愿者工作、实地体验以及和你所在的专业组织中的其他人互动等方式实现。

缩小主题范围

通常来说，感兴趣的主题相当广泛。例如，如何教授阅读，如何使学校教育更富有成效，如何帮助唐氏综合征儿童的家庭，如何将残障儿童纳入普通教育班级，如何确定攻击行为的原因和治疗方案，如何应对青少年的问题行为，如何用内化行为和神经递质对日常功能的影响来支持学生。这些都是有趣且重要的主题，但是，它们很可能且通常散落在整部论著中，而且只得到浮毛略草般的讨论。有时，通过阅读主题更宽泛的文章，更精确或更具体的主题会浮现出来。当然，对于主题范围怎样算太宽或怎样算太窄，并没有统一的标准。对于一些主题，可能只有大约 10 篇文献，而对于另一些，则可能有 90 篇或者更多篇文献（参看 Doyle, Wolery, Ault, & Gast, 1988）。少于 10 篇文献，对于综述来说通常是不够的。

有一个可用于缩小宽泛主题的有用技巧，即提出一系列相关问题。例如，如果有人对将残障儿童纳入普通教育班级感兴趣，那么就可以提出如下问题：

1. 开展融合教育实践的法律和社会原因是什么？
2. 教师认为什么有助于开展融合教育实践？
3. 对教师进行融合教育培训时，哪些策略是成功的？
4. 在融合教育班级中，哪些教学实践是有效的？
5. 融合教育实践的普及情况如何？
6. 什么类型的残障儿童倾向于接受融合教育？
7. 融合教育实践中存在哪些障碍？
8. 开展融合教育对残障儿童有什么影响？
9. 开展融合教育对非残障儿童有什么影响？
10. 特殊教育工作者在融合教育中扮演什么角色？

一旦拟订出这一系列问题，就可以将其中的一两个问题选为特别关注的内容，进一步聚焦。

还有一个缩小宽泛主题的有效策略，即根据不同的研究要素构建出更清晰的概念。常见的要素是自变量（如干预、策略、实践或治疗）、自变量的实施方式、参与者、情境以及涉及的行为。聚焦于自变量通常相当有用。采用这种策略来综述文献的例子包括：

1. 教学反馈（Werst, Wolery, Holcombe, & Gast, 1995）
2. 替代疗法（alternative treatments）（Green et al., 2006）
3. 基于功能评估的干预（Common, Lane, Pustejovsky, Johnson, & Johl, 2017）

此外，还可以根据参与者类型、目标行为或情境进一步缩小综述范围，或者通过应用特定的测量系统或方法来缩小范围。例如：

4. 莱恩（2004）关注针对情绪和行为障碍学生的学业和教学干预。
5. 希契科克、道里克和普拉特（Hitchcock, Dowrick, & Prater, 2003）对有关视频自我示范的文献进行了综述，但是仅限于在学校内开展的研究。

6. 莱德福、莱恩、伊拉姆和沃莱里（Ledford, Lane, Elam, & Wolery, 2012）对在小组活动中采用反应辅助程序（自变量）的研究进行了综述。

7. 舒斯特等人（Schuster et al., 1998）对有关恒定时间延迟（constant time delay）的文献进行了综述，但仅限于特定类型的行为，即链接行为（chained behaviors）。

8. 莱德福和加斯特（2006）对有关孤独症儿童的喂养问题的文献进行了综述。

9. 芒森和奥多姆（Munson & Odom, 1996）关注采用评定量表测量母婴互动的研究。

10. 洛根和加斯特（Logan & Gast, 2001）对确定重度残障学生的强化物感兴趣，他们将综述的范围缩小至偏好评估。

11. 莱恩、罗伯逊和格雷姆—贝利（Lane, Robertson, & Graham-Bailey, 2006）关注在中学开展全校性干预中的方法论问题。

12. 亚历山大、史密斯、马泰拉斯、谢普利和艾尔斯（Alexander, Smith, Mataras, Shepley, & Ayres, 2015）对旨在评估链接任务掌握程度的研究中和基线条件有关的数据进行了综述。

在三种特殊情况下，缩小宽泛主题范围的方法是将综述限定于近期发表的研究文章中。这些特殊情况是：（1）针对某一主题，已发表完整的综述文章；（2）针对某一个重要概念，已发表论文，或者针对某一主题，已发表具有重要影响的论文；（3）在某一特定事件发生后发表的文献以某种方式对该研究领域产生了影响。在第一种情况下，如果一篇有关该主题的综述发表于10年前，那么将该综述限定在自第一篇综述发表以来的研究中是合适的。这样做时，你应考虑到出版滞后的问题。例如，在2000年发表的综述可能是在1998年或1999年完成并投稿的，因此，在1998年或1999年发表的文章可能没有被纳入综述，那么在对主题做新的综述时，就应该搜索这段时间发表的文章。在第二种情况下，某篇重要的概念性论文可能对后续的研究产生了影响。例如，斯托克斯和贝尔（Stokes & Baer, 1977）关于促进泛化程序的综述在应用行为分析文献中具有里程碑意义。回顾有关泛化研究的文章时会发现，在那篇论文之后发表的文章都与其有关。最后，在第三种情况下，可能对研究领域产生影响的事件的一个例子是联邦法案的发布，如《不让一个儿童掉队法》或《2004年残疾人教育促进法》（*the Individuals with Disabilities Education Improvement Act of 2004*）。在个别情况下，作者会将他们的文献检索范围限定于特定的期刊。例如，格雷沙姆、甘斯勒和内尔（Gresham, Gansle, & Noell, 1993）对《应用行为分析杂志》中报告的关于处理完整性测量的研究进行了综述。

查找相关资料

查找相关文献需要坚持不懈并使用系统的搜索策略。撰写文献综述的目的通常是对某一主题的已知内容进行描述；因此，你需要找到所有相关的资料。但是，在开始搜索之前，要确认你试图查找的是什么。这部分取决于如何缩小你的主题范围（见上文）。设定纳入和排除文献的具体标准也是必要的。这些标准用于区分相关文献与无关文献。纳入标准是必须将某篇文章或研究报告纳入你的综述的特定因素或特征；排除标准是不能将某篇文章或研究报告纳入综述的特定因素或特征。在不同的研究中，这些标准会有巨大的不同，它们通常和如何界定主题以及如何缩小主题范围有关。

对于大部分文献综述来说，"数据"指的是研究文章而不是章节、论述性文章或关于主题的其他综述。常见的纳入标准是仅纳入研究文章，而且通常仅纳入特定类型的研究文章（如实验性文章，而不是描述性或因果比较性文章）。涉及主题的章节、论述性文章和综述文章都属于相关文献。它们可以提供和主题相关的有用的背景信息，但它们不是了解研究成果的首要来源。

很多综述者只看发表在期刊上的文章，因为这些文章经过了**同行评议**，这意味着公正的评判者阅读并评估了研究报告，认为它们值得发表。学位论文、会议报告、最终的研究报告以及相似的文件也有可能经过了同行评议，但是评估的过程可能没有那么严格。这些资料通常不太容易获得，有时最终也会发表在期刊上。但是，如果仅仅使用已发表的文献——通常不包括未取得效果的研究，那么使用未发表的资料可能是一种最小化发表偏差的方式（Cook, 2016）。

还有一种策略是仅纳入用英文发表的资料，而排除用其他语言发表的资料。这种方式通常只作权宜之用，主要是出于将其他语言的资料翻译成英文的时间、难度和费用过高的考虑。此外，将综述局限于英文出版物可能会限制对主题的了解，这一点在综述的讨论部分要加以说明。

最后，很多人所具有的人口统计学特征符合纳入 / 排除标准。这些特征可能是人群的年龄（如学前儿童、青少年）、他们的诊断或其他特征（如被监禁、无家可归）。虽然人口统计学特征很有用，但是一些实践并不对其进行区分。例如，一些实践（如提供选择）在幼儿园、小学、中学、大学中开展（比如，Kern et al., 1998; Shogren, Fagella-Luby, Bae, & Wehmeyer, 2004）。如果在开展文献搜索时设置了年龄限制，那么综述者就只能了解这项干预的一部分情况。同样地，很多针对具有特定诊断者的实践可能也曾针对具有其他诊断的参与者开展。在"搜索与主题相关的所有研究报告"和"聚焦特定的综述内容"之间需要取得平衡。根据参与者的功能性特征设置的纳入和排除标准的研究可能更有说服力。例如，只纳入问题行为由关注（或逃避）维持的参与者是一种可行的划分方式。一旦确定了纳入和排除标准，综述者就应该撰写每条标准的说明。这些信息将成为文献综述中方法部分（下文论述）的内容。

建议采用五种可以确保**穷举搜索**（exhaustive search）（比如，确保你已经将所有符合你的标准的研究都囊括在内）的方式：电子搜索、溯源搜索、手动搜索、作者搜索和专家提名。最广为人知的搜索策略可能是使用电子搜索引擎。这并不是指在一般网页的搜索栏中输入一个术语；它其实意味着从大学图书馆中或在与图书馆相连的在线网站上的科学出版物专业数据库中搜索资料。在这些资源中，最常见的例子是 PsycINFO、Medline 和 ERIC，或者从谷歌学术（Google Scholar）网站上获取公共资源①。谷歌学术的一个缺点是搜索过程缺乏可复制性，因为互联网及其搜索算法所能访问的内容一直在变化（如付费端）。隶属于大学图书馆的订阅数据库，如 PsycINFO，通常更稳定。将来还会出现其他电子数据库，但是上述几个数据库目前已经比较完善，在行为科学领域也广为人知。其他学科，如社会学，也有自己的数据库；要选择和你的主题最相关的数据库。

使用电子搜索的一个重要事项是在搜索栏输入术语。大多数数据库都提供了关于选择和输入术语的指导或建议，以便识别出最多的相关资料（如布尔运算符）。数据库通常允许对术语进行组合，这样可以使搜索的重点更精确。阅读并遵循不同数据库的说明十分重要。大多数数据库都有一个显示研究摘要的选项，这在初步判断研究报告是否具有满足纳入标准的可能性时特别有用。一般情况下，使用多个电子数据库搜索是明智的做法，因为有一些研究只能在某个数据库中找到，其他数据库中没有。

坚持记录如下内容：（1）使用了哪些搜索词；（2）每次搜索时找到了哪些资料；（3）找到的资料中哪些符合纳入标准。这些信息通常要在文献综述中报告。每次搜索后，把看上去符合纳入标准的报告挑出来，列个清单。这个清单应当以完整的参考文献的形式列出，并且按 APA 所要求的参考文献写作格式来

---

① 译注：我国常用的专业数据库有"中国知网"（https://www.cnki.net）、"万方数据知识服务平台"（https://www.wanfangdata.com.cn）、"维普网"（https://www.cqvip.com）等。

写。在完成电子搜索并找到入选报告的全文后，就可以采用第二种搜索策略了。这种策略被称为溯源搜索或目录搜索，包括寻找每篇报告后面的参考文献以及与你的研究主题相关的参考文献清单。使用这种策略通常有助于找到其他符合纳入标准的报告。这些报告有可能已发表在期刊上，但是没有被收录到电子数据库中，或者确实与主题相关，但基于某些原因未能通过电子搜索找到。这同样可用于识别对了解主题有帮助但不属于研究报告（如综述或章节）的资料。

还有一种有效的搜索策略是对选定的期刊进行"手动"搜索。通常，与特定主题相关的研究报告都发表在少数几类期刊上。可以根据期刊在业内的声望来选择，也可以通过使用其他搜索方式找到的报告清单上出现期刊的情况（比如，寻找之前搜索时刊登了两篇或更多篇文章的期刊）来选择。当使用手动搜索时，阅读每一篇文章的摘要非常有用，虽然这很耗费时间，但是很重要，因为这样通常能够发现其他相关的报告。

从符合纳入标准或看上去符合纳入标准的参考文献清单中搜索出现多次的作者。如果作者针对某一主题发表过多篇文章，那也是常见的现象，明智的做法是用这些作者的名字进行电子搜索。很多电子数据库允许按作者的名字搜索。使用这种策略能够很好地发现遗漏的相关报告。

完成上述搜索并找到所有可能符合纳入标准的报告后，就要阅读这些报告，并判断最终是否将它们纳入综述。一旦确定了报告清单，就可以找出在主题领域积极开展研究的作者，这很有用。有两种有效的策略。你可以在他们所在的学术机构里搜索，看看是否发布了他们的个人简历。如果个人简历是刚更新的，那么你可以通过浏览他们的作品列表，找出和你的研究相关的文章。你还可以通过发送电子邮件或一般邮件的方式和这些作者联系。给他们发消息，说明你正在就这个主题进行文献综述，并附上已确定来源的参考文献清单。在邮件中，询问他们是否知道其他的报告，是否有已经被期刊录用但尚未刊登的文章（即正在印制的文章），以及是否愿意发给你一份文章副本。不是所有人都会回复你，但很多人会。要对接收邮件的人（如发表了三篇相关文章的人）进行追踪，关注他们的回复情况。这些信息在文献综述的方法部分都会提及。同样地，你也可以联系刊登了相关综述的期刊的编辑，以确定他们手上是否有"正在印制"的主题文章。

在大多数情况下，使用上述搜索策略会帮助你找到所有相关的资料。一般而言，在使用了两种或三种策略后，不会再有新的报告出现。当出现这种情况时，通常就意味着所有的相关资料都已找到。在你的综述报告中，要说明使用每一种搜索策略找到了多少篇报告。我们还鼓励你对搜索程序的可靠程度进行评估，确保检测到了所有的相关文章（更多建议，参看 Kettler & Lane, 2017）。

阅读相关报告并编码

在找到相关报告后，你必须阅读并从中收集信息。应当制作一个编码表（或电子数据库），输入从报告中获得的信息。通常来说，要拟订一系列规则和定义来指导对报告的编码。虽然主题不同，编码表也会有所不同，但是需要包含一些相同的信息：参考文献和研究目的或研究问题。此外，还需要有关参与者（如年龄、性别、诊断、种族、民族），情境，材料，反应的定义，测量程序，自变量和结果的信息。通常，需要记录关于研究方法的严谨度的信息，包括设计、复制的次数和对内部效度的具体威胁。编码表的功能是总结每一项研究的信息，以便更加有效和准确地描述研究。当确定了对哪些内容进行编码时，一种选择是回顾霍纳等人（2005）和特殊教育委员会（2014）最近提出的单一被试设计的质量特征并进行编码。在进行文献综述的过程中，考虑研究的严谨度非常重要；想了解更多关于这方面的内容，参看第 13 章。

整理研究结果并撰写综述

一般而言，文献综述和研究报告具有相同的部分：摘要、引言、方法、结果和讨论。摘要通常是一个独立的段落。**引言**一般也比较短（2~8 页）：明确主题、说明对与主题相关的文献进行综述的基本缘由，结尾处陈述研究目的。研究目的的陈述可以包括一系列与文献有关的问题，不过有时并不把这些问题写出来。列出问题清单对于整理结果部分的内容很有用。

文献综述的第二部分是**方法**。这个部分包括描述采用哪些搜索策略查找文献以及使用每种策略查找的结果。如果使用了电子搜索，那么要列出输入搜索栏的术语。方法部分还应说明每项研究报告的纳入和排除标准。最后，这一部分要描述用于分析研究报告的编码手册和编码程序。理想的情况下，有两人或更多人采用相同的编码定义对研究报告的一部分进行分析，以计算编码者之间的一致性程度（参看第 5 章）。由两人或更多人编码的研究报告所占的比例、计算观察者间一致性（interobserver agreement, IOA）的方法以及计算结果，都要在方法部分进行说明。理想的情况下，有两人或更多人采用相同的搜索程序，看他们是否找到了相同的综述文章；如果做了这一步，那么所查阅文章的一致性也应在此报告。通过随机选择纳入的和排除的研究报告，可以计算出纳入和排除标准的评分者间一致性（inter-rater agreement）。

文章的第三部分是结果部分。这是文献综述中特异性最强的部分；它因研究内容和综述目的的不同而不同。当然，富有逻辑的组织对于读者而言很有助益。有些综述把研究文章一篇接一篇地单独进行描述。这种组织结构是要避免的，因为它不便于作者或读者综合不同研究的结果。相反地，我们建议按照引言末尾部分提出的研究问题来组织结果部分的内容构架。

为了帮助开展综合分析，一种有用的方法是把那些从每项研究中获得的编码信息放到一个表格中。通常，这种表格的横栏是每项研究，纵栏是每项研究的变量。表格通常很长（有很多纵栏），但有助于人们快速地浏览不同研究的多个变量。例如，这可以让你在浏览表格的同时，就大致了解参与者是谁、研究是在哪里开展的、使用了哪些测量方法、在自变量的使用上存在哪些变异，以及其他重要研究要素。这种表格在展现不同研究之间的重大差异方面也非常清晰，例如，你可以快速地浏览表格并识别哪些研究使用了一般的测量方法，或者哪些研究是由了解参与者服务系统的人来施加自变量的，研究使用了哪种设计，等等。这种表格很少出现在最终的书面报告中。相反，它可以帮助研究者了解总体情况，并确定需要描述和讨论的内容。有时，这种表格的部分内容（比如，关于参与者的特征和情境的表格、关于结果的表格）可能会出现在最终的综述中。第 14 章将讲述更多关于如何在综述中综合分析研究成果的内容。

讨论部分是文献综述的最后一个部分。在这一部分，应当重申综述的目的，并总结综述的主要成果。通常来说，讨论研究结果的一种有用的方法是报告每项研究结果的局限或缺陷，同时指出未来研究的方向。说明何时、和谁、在何种条件下会产生该结果（即功能关系），比简单地说明功能关系存在更有用。指出何时、和谁、在何种条件下不存在某种功能关系同样重要。从对结果的报告中可以获得对未来的研究和实践的启示。最后，文献综述要阐明此综述的局限性。例如，如果只纳入了同行评议期刊上刊登的文章，那么从局限性的角度说明该情况是有用的。在讨论部分，还要说明在未来的研究中需要进一步探究的议题。这可以在讨论每个主要结果的部分中写，也可以作为讨论的一个单独部分来写。同样地，对未来实践的启示通常也是讨论部分的重要内容。

应用文献综述

如上所述，文献综述的功能是：（1）说明关于某个主题已知的内容；（2）说明开展一项研究或一系列研究的理由；（3）确定研究程序，使研究更趋完善。

文献综述的后两个功能（说明理由和确定程序）对开展综述研究的人而言非常重要。然而，如果文献综述实现了第一个功能（描述已知内容），那么这篇综述可能就对其他人有用。它可以作为一本书、一篇文章或学位论文的一个章节，也可以作为在专业期刊上正式发表的文章。

与综述有关的 PRISMA 指南

我们推荐两种使用比较广泛的方法，即系统性文献综述（systematic literature reviews）和元分析（meta-analyses），第 13 章和第 14 章会详细讨论这两种方法的正式程序。系统性综述和元分析因其方法论严谨，已成为健康领域、教育领域及其他相关领域对证据进行综合分析的参考标准。系统性综述和元分析的优势来源于其清晰、明确的方法论，包括以可复制的精确度描述搜索过程和分析过程（Maggin, Talbott, Van Acker, & Kumm, 2017）。系统性综述指的是试图使研究概述过程明确化、系统化，以确保作者的假设、程序、证据和结论清晰确切的过程（Lipsey & Wilson, 2001）。元分析指的是采用统计方法，对一系列独立研究进行综合分析并得出跨研究的全面性估计结果（如加权平均效果；Borenstein, Hedges, Higgins, & Rothstein, 2009; 参看第 14 章）。所有的元分析都包括系统性综述，但不是所有的系统性综述都使用元分析程序来描述结果。系统性综述对于识别和总结教育实践的证据基础非常重要（Maggin et al., 2017; Wendt & Miller, 2012）。

针对健康领域的顶级期刊中元分析报告质量不高的情况（Mulrow, 1987; Sacks, Reitman, Pagano, & Kupelnick, 1996），一个国际工作小组编写了一份元分析报告指南，即《元分析报告质量声明》[*Quality of Reporting of Meta-analyses (QUOROM) Statement*; Moher et al., 1999]。2009 年，对这一指南进行了更新，以更广泛地应对系统性综述科学的最新进展，并更名为《系统性综述和元分析的首选报告项目》（Moher et al., 2009）。编制 PRISMA 的目的是帮助作者改进跨系统性综述和元分析的报告，重点在于对干预的评估（Moher et al., 2009）。

PRISMA 声明由一个包含 27 个项目的核查表和一张用来记录系统分析过程中每个步骤的四阶段流程示意图（参看图 3.1）组成，包括：（1）识别潜在文章；（2）筛选可能纳入的文章；（3）评估潜在文章的符合程度；（4）纳入可进一步分析的文章。除 PRISMA 声明之外，PRISMA 核查表还对系统性综述报告或元分析报告各部分的项目进行了详细说明（即题目、摘要、引言、方法、结果、讨论、经费）。可供研究者重复使用的可下载文档，包括 PRISMA 流程示意图（比如，可在 doi:10.1371/journal.pmed.1000097.s001 上查找）和报告核查表（比如，可在 doi:10.1371/journal.pmed.1000097.s002 上查找），均受创新共享署名授权协议（Creative Commons Attribution License）的约束，该协议允许在注明原作者和来源的前提下，不受限制地使用、分发和复制。

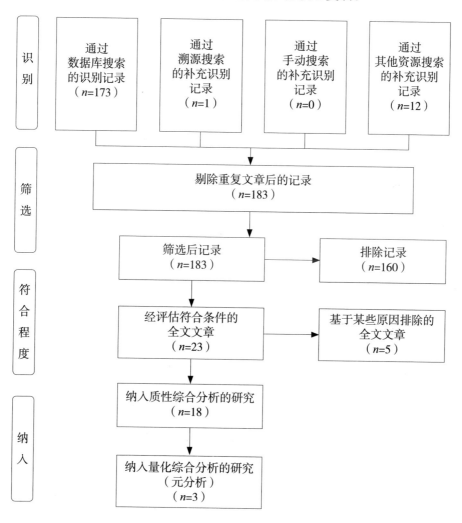

图 3.1　PRISMA 示意图

摘自 Moher, D., Liberati, A., Tetzlaff, J., Altman, D.G., & The PRISMA Group.(2009). Preferred reporting items for systematic reviews and meta-analyses: The PRISMA statement. *PLoS Med*, 6(7), e1000097, doi:10.1371/journal.Pmed1000097

PRISMA 流程示意图

在系统性综述或元分析的每一个阶段，都应把有关研究进程的信息体现在流程示意图中，具体说明研究选择的进展情况（即筛选，评估符合程度，纳入系统性综述，以及在适当的情况下纳入元分析）。应报告有关筛选过程的可信度的信息（如评分者间一致性）。在报告参与者个人的数据时，应报告补充信息，以说明个体和群体水平的数据的可用性和分析情况（Stewart et al., 2015）。我们鼓励有兴趣的读者在准备进行严格的系统性综述或元分析研究之前阅读PRISMA 声明以及相关文章。另外，我们鼓励你阅读几篇近期发表的融合了PRISMA 特征的综述（比如，Royer, Lane, Cantwell, & Messenger, 2017）。

研究问题

这一部分关注与开展研究有关的议题；具体来说，就是你如何找到研究主题以及如何将其转化为研究问题。这一部分会论述研究问题的目的、要素和形式。最后，还会介绍多种类型的研究问题。

寻找研究主题和研究问题

使用文献

如上所述，文献综述通常被用于寻找开展某项研究的缘由，以及确定开启一个或一系列新的研究项目。在文献综述中，从已有研究的局限中可以产生具体的研究思路或可研究的问题。例如，如果针对某种减少挑战性行为的干预程序，只在一个强度水平上（如只在上学期间进行干预）进行过研究，那么如果我们想了解这项干预程序在其他强度水平上（如全天）的表现，就存在困难。在其他强度水平上开展研究有助于弥补已有研究的不足。

有时，研究问题是根据一项研究提出的，而不是在几项研究的综述的基础上提出的。在研究报告的讨论部分，一般会对未来的研究提出及时的、涉及重要领域的建议。在已完成的研究报告中，从方法部分中也可以识别出在何种条件下对干预程序进行了研究。对已完成的研究进行系统复制（参看第4章）是发现新研究的一个理想方法。在系统复制中，调查者试图使用和原始研究相似的参与者、情境、程序、测量方法和设计。复制的研究问题关注的是在尝试保证其他要素与原始研究一致的情况下，改变研究的某一个方面。菲拉、沃莱里和安东尼（Filla, Wolery, & Anthony, 1999）研究了环境安排和成人辅助对增加学前儿童在游戏中与同伴交谈的频率的影响。库内奥（Cuneo, 2007）复制了这项研究，他采用了相同的干预程序，但测量的是儿童间交谈的内容和频率。

其他资源

不是所有的研究问题都来源于文献；事实上，"过于'卑微'地依赖档案文献，将其视为实验问题的来源，这本身就潜藏危险"（Jonhston & Pennypacker, 1993, p. 40）。这些危险包括无法重新审视现象与本质的潜在关系，不能思考关于行为的其他解释，减少了发现有趣关系的机会。

有几种替代方法可以使人不再完全依赖文献，其中一种是观察和你的潜在研究参与者相似的个体在其日常环境中的表现。了解一个生命体及其在生活情境中的行为至关重要；要获得这方面的信息，没有比花时间仔细观察其在日常情境中的行为并与其互动更好的办法了。如果你的潜在参与者是残障学生，那么花时间观察他们在家里、教室里、操场上和社区里的行为，对于制订研究其行为的计划很关键。细致的观察通常会引发人们提出一些问题，并思考环境事件、环境结构和个人行为之间的潜在关系。这些问题往往可以转换成很好的研究问题。

研究问题的其他来源可以是日复一日的工作实践，也可以是遇到的问题和挑战。例如，当最初将恒定时间延迟和链接行为联系起来研究时，研究要安排进行 1∶1（一名教师和一名学生）的教学。教师安·格里芬（Ann Griffen）参与了早期的研究，她认为 1∶1 的安排在教室中无法实现。按照她的观点，研究时，让一名学生学习，同时，另外两名学生在一旁观察，之后对干预效果进行评估。幸运的是，两名观察的学生通过观察学会了直接教授给另外一名学生的内容（Griffen, Wolery, & Schuster, 1992）。因此，这不仅解决了一个实际问题，而且发现了这个更经济的教学安排是有效的。在某些情况下，一种教学程序看起来效果不错，于是就开始对其有效性进行评估。朱利威特、韦赫比、卡纳莱和马西（Jolivette, Wehby, Canale, & Massey, 2001）在教室里开展了一项研究，在该研究中，教师为学生提供选择，让他们决定完成三项规定任务的顺序。这一安排促使学生十分积极地参与任务，同时很少做出破坏性行为。在不同的儿童身上，通过对为其提供选择和不提供选择的系统数据对比，发现了提供选择，让学生决定完成任务的顺序，的确和高水平的任务参与以及更少的破坏性行为有关。

一些研究问题来自从研究中衍生的原理。例如，普雷马克原理（Premack principle）指出，如果高频行为（频繁出现的行为）跟随低频行为（不常出现的行为）出现，那么低频行为的发生频率就会增加（Premack, 1959）。很多残障儿童经常出现重复性刻板行为（摇晃、拍手、在眼前快速翻动物品），这些行为看上去没有什么社会后果。这些刻板行为通常是高频行为。因此，对于这些儿童，如果其他强化物难以获得或者难以利用，那么调查者要问：如果刻板行为是高频行为，那么当使用对其他行为的差别强化依联时，其依联使用是否会导致正确反应增多（Wolery, Kirk, & Gast, 1985）和挑战性行为减少（Charlop, Kurtz, & Casey, 1990; Charlop-Christy & Haymes, 1996）。在这种情况下，和预期的一样，刻板行为（高频行为）作为低频行为的正强化物发挥作用（Charlop et al., 1990; Wolery et al., 1985）。

选择研究问题中的其他因素

文献、实践议题或问题、行为原理可以作为研究问题的来源。此外，还应当考虑两个因素：调查者对问题的兴趣，以及按计划开展研究的可行性或可操作性。对调查的问题和研究感兴趣，并不是开展严谨研究的前提条件，但如果调查者对其所要研究的内容感兴趣，那会更好。

和兴趣不同，评估开展一项研究的可行性是判断其能否回答特定研究问题的关键步骤。再没有比意识到一项精心策划并着手开展的重要研究根本无法推进更令人心碎的事情了。不同的研究，其可行性评估也不同，但可以提出一些共同的议题。你应考虑能否获得足够多的参与者。同样地，你必须确保你可以进入潜在参与者接受教育、治疗或者居住的场所。其他关键的可行性议题主要聚焦于数据收集。大部分单一被试设计研究需要在很多天、很多周，甚至很多个月内重复进行直接观察；观察时间要能够达到研究规划的要求，这一点非常重要。此外，必须经常对观察者间一致性进行评估（比如，对于每名参与者以及在每种条件下，至少要在 20% 的观察时段内做观察者间一致性评估），因此，还需要观察者付出额外的时间收集这些数据。如果数据是用录像机、个人辅助设备或手提电脑收集的，那么需要更多的经费和资源。当然，如果数据不是从现场观察中收集的，那么还需要留出编码的时间。由于这些决定会随着研究的进展（比如，数据是否稳定，什么时候应改变条件）发生变化，因此，必须每天或定期对数据进行归纳总结并制成图表，而且必须考虑对数据进行编码和分析的时间是否足够。你必须考虑实验条件的实施者能否准确地、完整地实施程序，他们需要接受哪些培训、需要花费多少时间，以及是否存在阻碍程序实施的要求。你还必须判断在研究的最后期限到来之前，比如学校放假或学生毕业之前，是否有足够的时间用以开展研究。阅读以前的文献资料是对这个议题进行判断的一种方法，但是总会有一些超出调查者的掌控范围的事情发生，比如，参与者生病、放假和休息、下大雪，等等。因此，明智的做法是，当你拥有的时间是你预计需要的时间的 1.5 倍或 2 倍时，再开展研究。

陈述研究问题

从传统视角来看，单一被试实验调查者所做的是提出实验问题，而不是陈述、检验假设（Kennedy, 2005）。这样做的部分原因是，人们将研究看成一种解释行为为何如此表现的方法，而不是评估一种理论的方法。研究问题的功能是将调查者的关注点聚焦到研究目的或目标上。在确定测量方法、程序、参与者和设计在哪些方面有关联时，研究问题提供了一个宽泛的框架。例如，如果研究问题关注的是某种环境操纵（教学程序）能否导致特定参与者习得特定技能（行为），那么选择的测量方法就必须能够直接测量那种技能。同样地，这也会剔除那些不符合纳入标准的参与者。最后，某些研究设计比其他研究设计更加适合评估教学程序。因此，研究问题会把调查者的注意力聚焦到研究计划的关键要素上。

在研究的书面计划中陈述研究问题，或者在研究完成之后的报告中陈述研究问题，目的是引导读者关注研究的目的和性质。在这类报告的引言部分，应当说明开展该研究的缘由，在最后一段则应当说明研究的目的和研究问题。这可以使读者了解调查者想调查什么，从而使读者能够独立地判断使用该研究方法能否真正为问题提供一个有说服力的答案。

研究问题包含三个要素：参与者、自变量和因变量（Kennedy, 2005）。所有的研究问题都应该包括这三个要素，但是它们呈现的顺序可以有所不同。例如，对于同样的研究问题，可以用不同的方式表述：（1）自变量"X"在参与者"Z"群体中会对因变量"Y"产生影响吗？（2）对于参与者"Z"群体而言，自变量"X"会对因变量"Y"产生影响吗？（3）参与者"Z"群体中的因变量"Y"会受使用自变量"X"的影响吗？这三个要素在每个问题中都出现了，但句子的结构是不同的。

研究问题应当以一种直接的（可被检验的）形式来表述。例如，研究者不应当问使用某种自我监控干预会不会导致孤独症幼儿的挑战性行为的改变，而应当问使用某种自我监控干预会不会导致挑战性行为的*减少*。这和其他研究方法（如分组设计）的研究问题撰写指南是一致的，它有利于读者轻松地辨识出作者的期望，并提供一种评估研究结果是否达到预期效果的方法。然而，这一观点并未得到所有人的认同。例如，约翰斯顿和彭尼帕克（Johnston & Pennypacker）就曾指出，在研究开始之前，提出有关本质的中立问题比陈述可能的结果（研究假设）造成的偏差更少。为了避免出现这种情况，请将你的任务视作回答一个问题而非证明某些干预的有效性。

　　一项研究可以有不止一个研究问题。例如，当开展有关治疗效果的研究时，通常，你会看到：（1）一个问题和干预的引入在多大程度上导致学生在特定变量上的表现的改善或恶化有关；（2）一个问题和处理完整性（考察干预在多大程度上按照先前设计的那样实施）有关；（3）一个问题则和社会效度（考察利益相关人对干预目标的社会意义、干预程序的社会可接受性以及干预结果的社会重要性的看法；Wolf, 1978）有关。当要提出多个问题时，要限制问题的数量（如三个或四个），以确保研究的可控性。研究通常会涉及多个因变量，在这种情况下，针对每个因变量，都可以提出一个单独的问题。为了帮助读者理解，每个问题最好使用相同的句式来表述。例如，一名五年级教师对教师指定座位或学生自由选择座位对学生的行为问题、完成作业的准确性以及专注任务行为的影响感兴趣。与其把这些需要测量的不同变量集中到一个问题中表述，不如针对每一类行为提出相似的问题。

- 对五年级学生来说，与学生自由选择座位相比，教师指定座位会增加破坏性行为的次数吗？
- 对五年级学生来说，与学生自由选择座位相比，教师指定座位会提高解答数学题的正确率吗？
- 对五年级学生来说，与学生自由选择座位相比，教师指定座位会提高专注任务行为的时距百分比吗？

　　通过提出这三个问题，调查者和读者可以关注到方法部分能否对问题一一做出回答。研究问题为研究计划的制订提供了关注的焦点，但并不能够提前说明研究的每个要素是如何运作的。例如，上述问题并没有详细说明观察的持续时间、行为的定义、采用什么记录系统、如何告诉学生哪种条件有效、教授什么内容、教师如何分配座位，或者在教室里如何安排这些座位。

　　在实践中，我们要思考那些能够帮助学生学习并发展出更好的生活功能的教学程序、干预和治疗（自变量）。这些程序和干预是实务工作者能够用来帮助学生改变的手段。在这些问题中，和自变量有关的是：这一程序能发挥作用吗？在教学中，是更多还是更少地使用这一程序效果更好？是它的部分还是它的全部发挥的作用更大？使用这一程序比使用其他程序效果更好吗？每个问题都暗示我们希望改变的行为是什么。有四类研究问题很有价值（Kennedy，2005），而且它们与关于研究程序和治疗的问题是相似的。这四类问题（论证式、参数式、成分分析式和比较式）的例子呈现在表 3.1 中。

表 3.1　研究问题样例

问题类型
　形式
　例子

论证式问题

　　对既定参与者而言，自变量会提高 / 降低他们的行为水平吗？

　　对学前孤独症儿童而言，主观视角的视频示范会提高他们出现假装游戏行为的时距百分比吗？对融合班级中的学前残障儿童而言，在自由活动时间实施依联观察①会减少他们的攻击行为吗？

参数式问题

　　对既定参与者而言，自变量的一个水平比自变量的另一个水平更能提高 / 降低他们的行为水平吗？

　　对学前语言发育迟缓儿童而言，实施每个刺激 3 次尝试的恒定时间延迟比实施每个刺激 8 次尝试的恒定时间延迟更能增加他们达到标准的次数吗？对有内化行为问题的小学生来说，每日反馈比每周反馈更能增加他们在休息时间尝试主动交往的次数吗？

成分分析式问题

　　对既定参与者而言，具有某一既定成分的自变量会提高 / 降低他们的行为水平吗？

　　对于有行为障碍的幼儿而言，伴有强化恰当行为的依联观察比仅有依联观察的干预更能快速地减少他们的攻击行为吗？对有学习障碍的中学生而言，伴有强化作业完成的自我监控比仅有自我监控的干预更能提高他们完成作业的速度吗？

---

① 译注：依联观察（contingent observation）指的是当儿童在她 / 他感兴趣的活动中出现需要减少 / 消退的行为时，可以将其隔离在活动场所之外稍远的地方，使其无法参与活动，但是可以看到其他人参与活动的情况，从而使其不当行为的出现次数减少或程度降低。

（续表）

比较式问题
对既定参与者而言，一个自变量比另一个自变量更能提高/降低他们的行为水平吗？
对智力障碍幼儿而言，最少辅助系统比视频示范更能快速地提高他们掌握数字命名的速度（如显示出更陡的趋势线）吗？对有行为障碍的高中生而言，基于同伴的策略比基于教师引导的策略更能促使他们获得更高水平的自我监控技能吗？

第一类研究问题是**论证式问题**（它能发挥作用吗？），这类问题很常见；它们的形式是："对于一组既定的参与者而言，自变量和行为之间存在什么关系？"论证式问题简单直接；它们问的是自变量的使用是否以及如何改变了参与者的行为。例如，使用某种教学程序是否会提高学生解答数学题的正确率？或者，使用某种针对其他行为的强化程序表是否会降低操场上攻击行为的发生率？这些都是很重要的问题，因为它们问的是特定的环境安排或事件是否和参与者的行为模式有关。

第二类研究问题是**参数式问题**（是更多还是更少地使用这一程序效果更好？）。参数式问题关注的是自变量的数量以及不同的数量对行为的影响。它们的形式是："对于特定参与者的既定行为而言，自变量的一个水平和自变量的另一个水平之间存在什么关系？"例子可能是：对于一名有构音障碍的 8 岁男孩来说，每周对其开展 30 分钟的言语治疗比每周开展 50 分钟的言语治疗更能有效地减少他的构音错误吗？或者是：每 10 分钟实施一次自我监控和自我强化比每 20 分钟实施一次更能快速地减少破坏性行为吗？这些都是很重要的问题，因为它们有助于我们理解，对于既定参与者而言，要获得理想的效果，需要使用多少程序或治疗。

第三类研究问题是**成分分析式问题**（是它的部分还是它的全部发挥的作用更大？）。成分分析式问题认为，我们的程序和干预是由很多不同的部分（成分）构成的；简单地说，很多干预都是治疗集成包（treatment packages）。研究能够证明（采用论证式问题）某个既定的集成包和参与者行为的持续改变有关。然后这个问题就变成了"这个集成包中的所有成分是否都是必需的"；这类问题的形式是："对于既定参与者的某个特定行为而言，当教学程序应用或不应用某个既定的成分时，它们之间存在什么关系？"一个替代性问题是，如果增加另外一个成分，那么这个既定的集成包是否会变得更有效或更无效。例如，我们可能会问："在开展全校性一级预防的积极行为支持计划中实施登入—退出程序，是否会影响最初被鉴定为对一级预防的积极行为计划毫无反应的中学生完成作业的情况？"这类问题很重要，因为它们使我们可以将治疗集成包分解成不同的部分，也可以将它们组合起来建立治疗集成包。

第四类研究问题是**比较式问题**（使用这一程序比使用其他程序效果更好吗？）。虽然这些研究问题存在很多缺陷（Johnston, 1988），但很多时候这些问题是极有价值的（参看第 11 章）。这些问题的形式是："一种教学程序是否比另一种教学程序更能快速地使既定参与者学会某个特定行为？"当我们要给出关于使用哪类实践方法以及在既定情况下使用哪种程序的建议时，这类研究问题非常有用。

结论

研究问题的功能是帮助调查者阐明研究所关注的事项，并为研究决策提供一个大致的框架。研究问题包含三个要素（参与者、自变量和因变量），描述这几个变量的句式很灵活。四种常见的研究问题是论证式问题、参数式问题、成分分析式问题和比较式问题。

撰写研究申请

撰写**研究申请**是为了和他人交流你的研究实施计划。研究申请通常要提交给学生的研究委员会，以评估这些研究项目是否值得作为硕士或博士论文，以及对研究计划做哪些修改以增加成功完成高质量研究的机会。提交给资助机构的资金项目申请通常也要包含研究申请。下面着重讲述如何撰写与硕士和博士论文相关的研究申请。研究申请包含如下几个部分：摘要、引言和方法。

摘要

撰写摘要是一项具有挑战性的写作任务，因为需要把大量的信息归纳为几句话。不同的期刊对摘要字数的要求不同，从 120 个到 250 个单词不等；查阅你想投稿的期刊。聪明的做法是读几篇论文的摘要，了解它们的结构。摘要需要包括：（1）关于研究的总体内容或目的的一句话；（2）研究方法概述，特别要说明参与者、测量的行为、情境和设计类型；（3）关于研究潜在意义的说明。一般而言，摘要不应替代全文来为读者提供信息和指导，但是对于时间紧迫的读者和无法获取全文的读者（如出于需要付费、下载能力低等原因），在摘要部分，必须单独对文章进行简明扼要的介绍（Beller et al., 2013）。

引言

在**引言部分**，作者要完成三项任务。第一项任务是向读者介绍主题，通常在第一段用一般性陈述句来撰写。第二项任务是介绍现存文献的总体情况，同时说明开展本项研究的缘由。这项任务构成了引言的主要内容。表 3.2 中列出了几种组织文献摘要以及陈述理由的写作模式。也可以采用其他模式，但这几个是最常见的。第三项任务是说明研究目的，并列出研究问题，这是引言的最后一段。不同的大学和研究委员会对引言长度的要求不同，通常要写 4~8 页。

表 3.2　研究申请中引言写作的各种模式

模式 1——积累证据

　A. 对主题 / 议题进行一般性陈述

　B. 介绍和主题相关的目前已知的一系列内容

　C. 介绍已知内容之间的差异——引出研究缘由

　D. 提出研究目的和研究问题

模式 2——比较不同选择

　A. 对主题 / 议题进行一般性陈述

　B. 介绍主题中的一类研究内容或选择

　C. 介绍主题中的另一类研究内容或选择

　D. 对两类研究内容或选择进行比较

　E. 说明研究缘由

　F. 提出研究目的和研究问题

模式 3——纵观历史

　A. 对主题 / 议题进行一般性陈述

　B. 介绍和主题相关的证据的形成情况

　C. 确定扩大证据库的下一个步骤

　D. 说明针对特定步骤开展研究的缘由

　E. 提出研究目的和研究问题

模式 4——寻找有关实践的知识缺陷

　A. 对实践进行一般性陈述

　B. 通过讨论支持性研究来描述实践

（续表）

C. 在支持实践的各项研究中找出共同的不足之处，并说明其存在的原因

D. 提出研究目的和研究问题

模式 5——剖析存在矛盾的阐释

A. 对主题 / 议题进行一般性陈述

B. 介绍和主题 / 议题相关的第一种阐释

C. 介绍和主题 / 议题相关的第二种（矛盾）阐释

D. 提出调和矛盾阐释的潜在解决方案——引出研究缘由

E. 提出研究目的和研究问题

模式 6——拓展应用

A. 对主题 / 议题进行一般性陈述

B. 结合应用效果，介绍以前的应用情况

C. 说明拓展应用的缘由（比如，应用到新的人群、新的情境中，应用新的技能，由新的实施者操作）

D. 提出研究目的和研究问题

方法

方法部分是研究申请的主体；它详细地说明了该项研究的计划。因为研究尚未开展，所以应该使用表示将来时 [①] 的句子来写。研究申请中的方法部分应该和在期刊上发表的研究文章具有相同的部分：参与者、情境、材料、反应定义和测量程序、实验设计——还要描述每种实验条件和数据分析计划。其他常见部分包括观察者间一致性评估、程序忠诚度评估程序以及社会效度评估程序。这些都会在下文中进行说明。关于参与者、情境和材料部分的描述通常会按顺序出现在方法部分的开头，而其他部分的顺序在不同的研究中可能有所不同。方法部分应包括关于程序的详细操作说明。如同贝尔等人（1968）所指出的，这部分的描述必须足够详细和精确，以使接受过专业训练的人员能看懂申请书，然后在没有额外指导的情况下按照申请者的意图开展研究。总体而言，研究申请应当比发表的文章中的方法部分更加详细。

参与者

在大部分情况下，当你撰写研究申请时，你还不知道研究的参与者是谁。

---

① 译注："将来时"在语法中指动词所指动作将要发生的一种时态。

但是，你知道你需要多少名参与者。明智的做法是，在开始时寻找多于研究设计中所需最少人数的参与者，可能包括成人和学生。通常，需要了解参与者的三类信息（Wolery & Ezell, 1993）。第一，要了解人口统计学信息，如性别、年龄、诊断、种族、民族以及社会经济地位，还包括他们获得的服务的类型和强度。如果你不知道你的参与者是谁，那么你应在申请报告中说明是否将上述每一项都作为纳入标准，在有些情况下，要给出一个范围（如年龄）或选择（如有行为障碍或学习障碍的儿童）。这些特征并不是做单一被试设计研究的推论的基础（Birnbrauer, 1981），但为了备案，应该对其进行报告。

第二，你要确定用于描述参与者的学业和功能表现的测量方法（如测验）。这些测量方法可能无法用于做出关于纳入或排除参与者的决定，但是可以用于描述参与者的情况。如果使用了正式出版的测验或量表，那么要标注全名和 **APA** 引文。对于有重度残障的幼儿和成人，使用特定的测验和量表可能不如通过重复观察以及与他们的父母和其他了解他们的人进行访谈获得的具体信息多。

第三，你要确定纳入和排除标准以及确定达到标准的方法。虽然可以通过年龄、诊断判断，偶尔还会使用其他类别的人口统计学信息来判断，但是基于功能的标准更为重要。具体而言，这些包括在研究的基线条件下，参与者如何表现行为、哪些事件和想探索的行为有关、参与者是否具有成功回应自变量或在因变量中掌握行为所需的特定行为（Birnbrauer, 1981; Lane, Little, Redding-Rhodes, Phillips, & Welsh, 2007; Wolery & Ezell, 1993）。如果在自变量中使用了强化物，那么你要说明如何辨识出这些强化物。同样地，如果你使用了功能性行为评估来选择具有由特殊因素维持的挑战性行为的参与者，那么你也要在这个部分中进行阐述。使用的评估程序可以在方法部分的后面段落进行说明，但是评估标准要在此处说明。

情境

情境部分描述的是计划中所有的实验程序和条件发生的场所，包括在哪里收集主要的、次要的以及一般性的测量数据，在哪里实施评估程序、在哪里实施自变量。描述这些场所时，要说明它们的物理维度——以度量单位报告，还要说明如何安排空间。在描述场所时，要明确说明在哪个较大的空间开展实验（如在地板上、在桌子上）。安排空间的一个重要方面是说明实施者和参与者的相对位置（如在桌子前面对面坐着）。如果对情境进行了质量测量（如评定量表），那么也应该报告。例如，《小学低年级课堂实践评估》（*Assessment of Practices in Early Elementary Classrooms*; Hemmeber, Maxwell, Ault, & Schuster,

2001）就是对从幼儿园到小学三年级的课堂质量的测量。如果调查者使用这种测量方法并报告了结果，那么读者就会对开展研究的课堂质量有一个大体了解。同样地，如果研究是在一所被州政府评定为不合格的学校中进行的，那么读者也能对研究发生的背景有所了解。

程序

在这一部分，应该对研究程序进行详细描述，首先要说明如何确保获得大学和学区的批准（或其他机构的）。这需要一步一步地详细说明研究如何开展：如何联系实务工作者或机构？如何征求实施者和家长的同意，以及如何征求学生的同意？当撰写这一部分的时候，重要的是要注意，写作的组织构架可以不同，但是内容的细节必须足够丰富，以确保每个阅读申请书的人都能够准确地了解研究程序怎么开展。某些学生委员会还会要求说明所提出的设计如何处理对内部效度的威胁。

应将每一个实验条件都作为一个子部分来描述。这包括说明基线条件和处理条件。有时，尤其在比较研究中，一般程序部分包括描述在所有条件下都要使用的程序。在描述基线条件（在某些设计中被称为探测条件）时，应说明使用的程序以及程序的参数（量化）（Lane, Wolery, Reichow, & Rogers, 2007）。表3.3 列出了基线程序的多个维度。并不是每项研究都要包括这些维度，但是很多个维度和大多数研究相关。还有一些维度可以在方法的其他部分介绍。干预条件应当包含对自变量的描述。和其他程序一样，必须描述实施自变量的程序以及这些程序的参数。理想的情况下，基线条件和干预条件之间的唯一区别就在于所使用的自变量或自变量的水平（Messenger et al., 2017）。但是，如果在不同的条件之间，其他要素也有所不同，那么就要特别做出说明。这一部分的目标是详细地描述谁将对谁做什么（Wolery, Dunlap, & Ledford, 2011）。当重复某个条件时，要说明第二次及后续使用该条件和第一次使用该条件的相似或相同之处。

材料

在这一部分，应当描述研究使用的材料、物品和设备。这包括参与者在实验时段和观察时段中使用的材料。如果使用已出版的课程材料，那么要标注说明。对于任何用来收集材料的设备（如录像机），都要报告其名称、品牌和型号。如果使用有商标的材料，那么要注明商标符号（™）。这一部分还包括个别化材料的选择标准和规则。

表 3.3　如何描述基线条件中需要说明的因素

问题
- 维度
- 谁对谁做了什么？
- 参与者以外的人
- 有多少人在场
- 在研究中的角色
- 和角色相关的准备工作
- 研究开始之前和参与者的关系
- 参与者对那些人的熟悉程度
- 任何与他们参与研究相关的独特因素

程序
- 实施实验程序／时段的人的行为
- 对所研究的行为生效的依联
- 提供的依联的一致性
- 使用的活动、任务、材料或课程
- 参与者熟悉或接触研究规则和程序的情况

参与者
- 对基线程序的熟悉程度
- 对研究实施者的熟悉程度
- 是参与者的同伴也经历基线条件的程序，还是只将这些程序施用于参与者

这些活动曾在哪里开展？
- 情境的规模
- 情境中的设备和材料的安排
- 参与者和研究实施者的相对位置
- 开展辅助测量的情境
- 情境的量化评定
- 参与者对情境的熟悉程度

这些活动发生在什么时候？
- 观察的频率和一致性
- 观察发生在一天中的哪个时段
- 每次观察的持续时间

反应定义和测量程序

在这一部分，应当对因变量进行完整的描述。对于研究中的每一个要测量的行为，都应当在这一部分给出定义。这些定义不应当是对概念的一般性描述，而应当是在观察或对录像记录进行编码期间使用的定义。此外，还应当报告记录数据的规则；应当明确说明观察期间使用的记录系统类型，并且要描述得足够具体、可操作，以使其他人可以复制这些确切的程序。在这一部分，还应明确说明每次观察持续多长时间；隔多长时间观察一次；如果在一天之内开展多次观察，那么什么时候观察，两次观察之间相隔多长时间。采用其他相似研究中使用的定义和测量程序也是可接受和可取的。在合适的情况下，应引用已经发表的文献。如果使用数据收集表，那么应在申请书的附录中列出。

在这一部分，有时也在描述信度的部分，应说明培训观察者的计划以及如何记录他们的培训情况。最后，还应说明观察者间一致性评估的程序。你应明确说明多长时间评估一次观察者间一致性、使用什么公式计算一致性系数的估计值，以及什么水平的一致性是可接受的。

程序忠诚度 [1]

在这一部分，应描述如何测量研究程序的实施情况（Billingsley, White, & Munson, 1980; 参看第 6 章），还应报告多长时间收集一次数据以及如何计算数据。

社会效度

沃尔夫（1978）说明了评估研究的社会效度的重要性。在这一部分，应阐述如何评估研究的社会效度，包括评估社会效度的哪些方面（目标、程序和效果），什么时候开展评估，以及在评估中应用的程序。最后，应指出哪些人可以判断研究的社会效度。

实验设计

这一部分通常包括一段你对将使用的实验设计的描述。一般会指出引用某种设计。但是，重要的是要说明你的研究中实施该设计的方式。我们鼓励同时说明你选择某种实验设计的缘由。

---

[1] 译注："忠诚度"的英文单词是"fidelity"，有时也被译为"依从性"。

数据分析计划

在研究申请中，数据分析计划应放在方法部分的最后介绍。这一部分包括两个子部分：形成性评价和总结性评价。在形成性评价部分，应描述：（1）隔多长时间评估一次观察者间一致性？（2）什么水平的一致性被认为是可接受的？（3）如果一致性系数的估计值不可接受，那么将采取什么行动？（4）隔多长时间评估一次程序忠诚度？（5）什么水平的程序忠诚度被认为是可接受的？（6）如果程序忠诚度太低，那么将采取什么行动？（7）如何绘制主要因变量数据的图表？（8）如何分析图表数据并针对是否改变实验条件做出决定？在总结性评价部分，应描述：（1）如何总结观察者间一致性系数并将其呈现在最终报告中？（2）如何总结程序忠诚度数据并将其呈现在最终报告中？（3）如何总结和呈现因变量数据？（4）将采用什么规则来确定功能关系的存在？建议提供图表呈现和表格样本，以确保评审人（如委员会成员）清楚地了解预期呈现的数据以及分析方式。

撰写最终报告

研究的最终报告有几种形式，如硕士论文、博士论文和**期刊论文**（提交给期刊社进行评审并可能发表的论文）。这些报告通常包括五个部分（摘要、引言、方法、结果和讨论），但是也有一些学位论文采用的是大学特定的结构。

摘要

最终报告中的摘要应和研究申请中的摘要相似。不过，你应添加有关实际结果而不是预期结果的信息，并应明确指出研究带来的任何真正有意义的影响，而不是可能有意义的影响。

引言

最终报告中的引言和研究申请中的引言相似。但是，当你开展研究的时候，你还应当阅读文献，寻找与你的研究有关的新文章。当出现新文章时，应当把它们整合到引言中。

方法

最终报告的方法部分应当包括对你在研究中所做工作的准确的、精确的、具体的、可操作化的描述。这一部分和研究申请中的方法部分一样，但是应当使用"过去时"而不是"将来时"。然而，撰写最终报告中的方法部分，并不是简单地改变研究申请中的方法部分的句子时态就可以了，你需要在其中准确、全面地描述发生了什么，并为其他复制你的研究的人提供足够的信息。以下有关方法部分的补充或调整的建议可能会在撰写最终报告时用到。

　　1. 参与者。描述实际参与的人。它包括的内容和研究申请中的一样（人口统计学信息、能力和纳入标准），但是它报告的是参与了研究的人。通常，将这些信息列在表格中可以节省篇幅，对读者来说也更易于获取信息。在情境和材料部分也要做出改变，要描述实际的研究地点和材料。

　　2. 反应定义。和研究申请中关于反应的定义以及数据收集程序相似。有时，在开展研究的过程中，在观察者接受培训、数据收集开始以后，申请书中的行为定义会发生微小的变化。因此，应确保最终报告中的定义是数据收集过程中实际使用的定义。同样地，也应确保描述的测量程序是实际使用的测量程序。

　　3. 程序。描述实际发生的情况，包括所有的干预调整或意料之外的变化。应增加有关确保计划能够获得批准和活动能够切实开展的内容，包括提交了同意书的儿童和成人的人数。

　　4. 信度。当报告程序忠诚度和观察者间一致性的测量及其结果时，应列出如下信息：具体测量的变量、测量变量的程序、依据参与者和条件进行测量的频率、计算公式，以及依据参与者和条件进行测量的结果。当描述如何教授治疗人员开展干预活动时，要提供有关培训活动的信息（比如，培训了多少次？每次培训多长时间？考察掌握程度了吗？有示范吗？有指导吗？）

　　5. 实验设计。和其他部分一样，在这一部分应该进行修改，描述实际发生的情况，包括对设计类型进行的任何修改。

结果

　　在**结果部分**，通常根据研究问题来组织写作框架。有时，如果在方法部分没有呈现观察者间一致性和程序忠诚度评估的结果，那么在这一部分的开头就要描述这些信息。不过，作者通常会在方法部分介绍观察者间一致性数据的结果，而其他人会将其视为结果部分的内容。

撰写结果部分的目的是描述在实验操纵下，数据路径如何改变或没有改变。在这一部分不讨论研究发现的意义，不解释是什么影响了行为，不为其他研究提供建议，也不试图从实践中提炼启示。它只是用来描述数据模式的地方。组织结果部分的框架，有两种主要方式：依据因变量的测量和依据参与者。如果数据在各个参与者中展现出一致性，那么最好使用第一种方式来构建。如果在切实的改变发生之前，参与者要求对程序进行多次修改，那么可以依据参与者来组织结果框架。

结果部分通常包含描绘参与者在不同实验条件中的数据的图表。文字叙述部分应包括对数据的一般性描述，以及有关数据的稳定性，数据的系统变化（比如，在稳定性、水平、趋势上的变化），随着实验条件的变化而变化的程度和在条件内与条件间表现波动的可能范围的评论。虽然有的作者会报告每个条件下数据的均值和范围，但应避免这么做，除非数据在条件内和条件间既没有呈现加速也没有呈现减速的趋势，而只有水平上的明显变化。这一部分应当描述数据所呈现的模式，以及当实验条件改变时，数据模式发生变化或没有发生变化的情况。因此，描述基线数据（比如，高、低、加速、减速、多变、稳定）和引入干预时数据的变化是关键的要素。这种描述随着时间的推移在不同的条件中呈现的数据模式的方式很适合用来描述单一被试设计。对于特殊的事件（比如，长期缺席、实施者变更），要进行说明，也可以呈现在图表中。

讨论

撰写**讨论部分**的目的是描述研究数据之间的相关性；这一部分可能相对较短（如 3~5 页）。基本原则是："不要比数据说得多。"（Tawney & Gast, 1984, p. 364）第一段应重述研究的目的，并从中指出主要发现。在这段之后，你应在讨论部分完成三件事：（1）将你的研究发现和已有的研究——其中很多是你在引言部分就已经引用过的——联系起来进行描述；（2）指出未来研究的方向；（3）指出研究的局限和不足。在大多数情况下，你还可以说明研究对实践的意义。

讨论部分的组织方式有两种。第一种，如果有多项研究发现，那么可以按顺序讨论每项发现。应和以前的研究进行比对，说明相似点和不同点。将你的研究发现和文献联系起来很重要，这有助于说明你的研究和以前的研究相比有哪些异同。在讨论的过程中，你可以提到未来的研究，特别是对你的程序的调整。你还可以说明基于你实施研究的方式，研究发现存在哪些局限或突破。第二种，分部分讨论内容要素（研究发现及其与文献的相关性、未来的研究、局限以及对实践的意义）。你可能会对指出自己的研究的局限心存顾虑，但是，这是对自己的工作保持质疑的一部分，也是合理的科学行为。科学知识必然有条件上的限制——功能关系存在于其被发现和确认的研究背景中。所有的研究在很多方面都有局限，承认这些局限并不是弱势的象征，相反，这是你对从自己的研究中获得的事实秉持客观态度的证据。此外，阐明研究的局限并对未来的研究提出建议有助于描绘未来研究的蓝图。

发表研究报告

一旦你完成了研究或文献综述，下一步就是发表你的成果报告。在社会科学领域，**发表**（dissemination）通常指的是在经过同行评议的期刊上刊登研究报告，或者在专业会议上阐述研究结果。其他可供发表的平台包括实务工作者大型会议或小型会议（比如，和当地学校分享你的研究成果）、实务工作者阅读的出版物，以及（最近出现的）网站、博客和其他电子媒体。并非每一项研究发现或每一篇综述报告都应发表，但是如果获得了有关功能关系的新信息，那么考虑发表是恰当的。

准确地发表你的工作成果很重要，这基于两个原因。和研究团体以及教学团体分享你的发现可能会影响未来的研究和教育实践。如上所述，阅读以前的调查研究报告有助于研究者了解早期工作的局限，由此，他们得以开展更为严谨的研究，并通过解答早期未能解答的问题来扩充知识库。例如，在很多研究（Alig-Cybriwsky, Wolery, & Gast, 1990; Doyle, Wolery, Gast, Ault, & Wiley, 1990）中，恒定时间延迟对教学前儿童学习技能很有效。然而，在每项研究中，每个程序都是在严格的监控下实施的，从而得以高精度地完成。于是，问题就变成了教师是否真的按计划实施。这就导致了使用实验方法比较程序准确性的两个水平（即高和低；Holcombe, Wolery, & Snyder, 1994）。数据表明，正确实施研究对几乎所有的儿童都很重要。同样地，有远见的实务工作者有能力收集关于"什么起作用"（或什么不起作用）的信息，这进一步改善了实践。例如，一名融合教育班级的教师在帮助有情绪和行为障碍的儿童方面感到困难，那么可以通过阅读关于在相似环境中对相似学生实施功能性干预的文献获得启发（Lane, Weisenbach, Little, Phillips, & Wehby, 2006）。因此，分享研究发现能使他人受益，也能对研究和实践产生影响。有很多方法可以用来传播你的成果，有的是非正式的（比如，和你的同事或学生对话、和实务工作者及家长一起参加信息分享会），还有的是正式的。正式的形式包括在海报上展示、在研讨会上演讲、在网络出版物上登载，以及在匿名评议期刊上发表。这一部分将对这些形式一一进行说明。然而，在讲述发表的所有形式之前，首要的任务是讨论有关作者的署名及其顺序的议题。

确定署名

关于署名的议题很重要，因为它会影响人们为科学发展做出的贡献和生产的效率，而这又会潜在地影响有关聘用、擢升以及终身教职的决定。此外，署名及其顺序可以被概念化为知识产权的表现形式——对研究发现做出实质贡献的人，因享有成果而有权被列为作者。如果没有建立清晰的指导方针来确定谁是作者以及作者名字的排列顺序，那么如何署名可能就会成为贡献者之间争论的焦点。这一部分将说明：（1）不恰当的做法；（2）关于署名的建议；（3）普遍性指导方针。

不恰当的做法

有两种做法违反了关于出版信誉的伦理准则：当列不列（欺诈）和列不当列。当列不列或者欺诈指的是从署名列表中删除对研究或研究成果做出实质贡献的人。简单来说，这可以被视为对应得之人吝于给予的做法。列不当列指的是将那些没有对研究或研究成果做出实质贡献的人列入署名列表。简单来说，这可以被视为对不应得之人过分给予的做法。

关于署名的建议

如果有人对研究或研究成果做出了实质贡献，那么就应当被列入署名列表。贡献可以被界定为**智力贡献**——为研究设计、实施和／或分析提供了想法并做出决策，**材料贡献**——为研究或活动提供了资金、空间和／或资源，**操作贡献**——在他人的指导和督导下开展研究或活动，**写作贡献**——根据实际的研究成果或部分研究成果撰写文章。在表 3.4 中，我们认为在操作贡献中，可以设定也可以不设定实质贡献的门槛。在"非实质贡献"类别之下的各种行为也对研究具有重要的贡献。

表 3.4　具有实质贡献和非实质贡献的行为

实质贡献	1. 参与了研究或活动的概念构建、设计、实施、分析以及撰写成果报告的人有权成为工作成果的作者。但是，对于只参与研究或活动的日常讨论的研究团队成员，如果没有更多的介入研究，则无权成为作者。 2. 构建概念、拟订提纲，或者设计产品、活动或研究属于实质贡献。 3. 开展大量的实验活动属于实质贡献。 4. 每日对实验活动进行督导属于实质贡献。 5. 在概念构建、设计、实施、分析，或者撰写研究、活动或成果报告中保障资金和人员的供应属于实质贡献。但是，只提供资金不属于实质贡献。 6. 对数据进行收集、编码、录入、总结或统计分析，以及参与设计和分析决策属于实质贡献。 7. 根据他人开展的研究或活动撰写成果报告的主要部分属于实质贡献。
非实质贡献	1. 在他人的指导下收集数据、对数据进行编码、汇总数据、维护数据库，或者在他人的指导下进行统计分析但没有参与关于研究或活动的设计、实施或分析，不构成实质贡献。 2. 阅读提交/出版前的初稿并提供反馈不构成实质贡献。 3. 提供寻找参与者的途径不构成实质贡献。 4. 充当参与者或成果的某些方面的评估者（如社会效度、调查问卷的有效性）不构成实质贡献。 5. 为某个人或某个团队就某项研究或成果定期提供咨询不构成实质贡献。 6. 为研究提供资金但不介入研究不构成实质贡献。 7. 为某人提供出成果的机会（如将作者介绍给出版人）不构成实质贡献。

　　一旦确定了将谁列为作者，下一步就是确定作者的署名顺序。换言之，谁是第一作者，谁是第二作者，谁是第三作者？作者的署名顺序应根据对研究、活动或成果的贡献度来排列。贡献度最高的人应被放在第一作者的位置，贡献度最低（但仍有实质贡献）的人应被放在最后。表 3.5 提供了关于如何做出这个决定的建议。无论顺序如何，所有的作者都同意自己被列为作者非常重要。每个人都有权以任何理由拒绝署名，即使对研究、活动或成果做出了贡献。对

于那些对研究或活动没有实质贡献但提供了支持的人，则应在脚注中向他们表达谢意。

表 3.5　关于确定作者的署名顺序的指导方针

1. 智力贡献优先于材料、操作或撰写贡献。
2. 材料贡献优先于操作或撰写贡献。
3. 操作贡献优先于撰写贡献。
4. 这四个贡献的任意组合优先于其他单一贡献（比如，操作和撰写贡献的组合优先于单独的材料贡献）。
5. 如果一篇报告是学生的毕业论文或学位论文，那么学生始终是第一作者，但其他人也应根据贡献（智力、材料、操作和 / 或撰写贡献）被列入其中。
6. 如果一篇报告以学生的毕业论文或学位论文为基础，那么学生有权决定是否投稿、什么时候投稿、向哪里投稿，以及谁是共同作者和作者的署名顺序。不过，如果学生的研究是某位调查者的资助项目的一部分，那么调查者和学生共同享有决定权，并共同负责发表研究报告。
7. 如果一组作者完成了多项成果，且每个人对成果的贡献度大致相当，那么应当平衡各成果中作者的署名顺序。

普遍性指导方针

这一部分将针对如何确定作者的署名顺序提供一些普遍性的指导方针。第一，应根据每个做出实质贡献的人的贡献度来确定署名顺序（将谁列为作者以及排序）。第二，如果出现错误（列不当列或当列不列），那么我们更希望出现的是列不当列的错误，而不是当列不列的错误，因为欺诈是更严重的错误。第三，关于将谁列为作者以及排序的决定，应在产品开发或研究实施的早期做出，而不是在完成之后。在我们的合作中，我们通常会为自己的简历起草一份参考资料，其中包括最初商定的作者排序和拟议的文章题目，以避免日后出现混乱或伤害感情。当然，如果计划中的个人贡献度在研究实施的过程中发生了变化，那么最初的决定也会发生变化。第四，有关署名顺序的事宜，应首先在主要作者和 / 或主要调查者之间进行讨论，然后再和所有的相关人士讨论。第五，保留所有为研究、活动或成果做出贡献的人的名单。这份名单应包括将要成为作者和将要感谢的人的名字。第六，允许每位作者在提交或发表成果报告之前阅读，并要求每个人签署声明，表明他们知道自己是该成果报告的作者并确认其准确性和完整性。第七，如果成果（如图书、章节、手册）成为出版物或供应品，并带来经济收益，那么在最初构思的时候，作者之间就应协商好经济回报如何分配。研究完成后，应重新审核分配的金额，确保其能反映实际的贡献。建议作者签署书面协议。

一旦解决了署名问题（将谁列为作者以及排序），就可以着手推进发表事宜了。我们简单介绍如下几种发表形式：（1）海报展示；（2）研讨会演讲；（3）网络出版物；（4）匿名评议期刊。

海报展示

在会议上做海报展示为传播研究成果提供了一个机会，与正式的演讲相比，这种方式不那么令人紧张。做海报展示时，你要准备好有关研究的视觉展示板，并站在它的附近。视觉展示板的结构和书面研究报告的结构大致相同：题目、引言、方法、结果以及讨论。海报的版面不能满满当当，相反地，它的内容要更少，编号要更多，要使用较大的字号和更多的图表。路过海报的人，看见它，阅读了信息，然后会提出问题。准备好一段时长为 2~3 分钟的研究概述。还可以准备 1~2 页包含图表的研究介绍，将其分发给感兴趣的人。使用这种方式，不仅可以和他人进行简短的交流，还可以和对研究非常感兴趣的人进行长时间的交流。

研讨会演讲

在研讨会上讲演的内容和文稿上呈现的研究要素是相同的。通常，你需要准备一份可视化文件（如幻灯片）来指引你的口头论述。下面是一些关于准备和发表演讲的建议。

准备事项

在提交演讲报告之前，要确保研究足够完整，以便针对有意义的数据展开讨论。此外，还要保证你有足够的时间分析数据。在准备演讲报告时，必须保证每张幻灯片都能被位于房间靠后位置的人看见（如字号为四号或更大）。通常，先简要介绍研究背景，然后概述研究问题、方法以及结果。如果可能的话，请你的一名同伴扮演听众并提出反馈意见，这可以增强你回答问题的信心。还有一个提前练习的理由是，确保你能够在指定的时间内完成演讲。通常来说，在研讨会上，一个小时会安排不同的作者介绍三项或四项研究。如果分配给你的时间是 15 分钟，那么不要超过这个限制，否则你会占用分配给其他人的时间。

发表演讲

到了演讲的时候，要穿得正式，在演讲开始之前找到演讲室，把你的演讲控制在规定的时间内，并且要有礼貌地、谨慎地回答问题。在着装方面，有些会议比其他会议随意一些。如果可能的话，可以向其他参加过会议的人咨询，以确定会议的正式程度。会议通常在大型宾馆举行，这些宾馆有很多可用来演讲的房间。除非你提前找到了你的房间，否则可能会错过演讲的时间。就如上文提到的，要掌握好演讲的节奏，留出足够的时间，既能够讲完计划讲述的内容，又能够回答问题。参加会议的人是来寻找信息的，因此要留出时间回答他们的问题。一些人会提出听起来很有挑战性或引人深思的问题，但也有一些人会提出无聊的问题或评论。在任何情况下都要有礼貌地回应；对于你确实不了解的问题，你可以说"我不知道"，这是可以令人接受的回答。要完整地、坦率地、诚实地讲述你的工作。

在会议结束时，要向所有的相关人士表达谢意。我们通常会向会议举办方发送感谢信，感谢其为组织会议所付出的时间和努力。在我们的研究团队中，有一个传统，即主讲人（海报展示和演讲）向每名参与者发送一份正式的作者排序表，并附上感谢信。这一善举还可以确保每个人的简历中的作者排序是一致的。

网络出版物

很多人可以广泛接触到互联网，这使其成为一种极具诱惑力的信息传播方式。众所周知，几乎每个人都可以在网络上发布任何信息。我们不建议简单地把自己的研究报告放在自己的主页或其他非科研类的网站上。有一些期刊［如《早期和密集行为干预杂志》（*Journal of Early and Intensive Behavioral Intervention*）］只在网络上出版，没有相应的纸质版本。其中一些可以合法地发布科研成果。有说服力的网络期刊和纸质期刊有相似之处：有编辑、有由有声望的科学家组成的编委会、审稿过程明确可述、采用同行评议程序（如下所述）。这类期刊可能会变得越来越常见。尽管在这样的网络期刊上发表文章是可以接受的，我们仍然建议避免在那些没有编委会、不采用同行评议程序，以及发表文章需要付费的期刊上发表。

匿名评议（同行评议）期刊

开展研究并获得了一些相关知识，这是很重要的成就，应当和他人分享研究成果。最权威、最严苛的传播研究成果的方式之一，就是在经过匿名评议的期刊上发表文章。这一部分将说明如何：（1）选择投稿期刊；（2）撰写文章并准备投稿；（3）投稿；（4）参与审稿过程。

选择投稿期刊

不同的期刊在发表文章的类型、读者群、接受的研究方法类型，以及对文章的质量和严谨度的要求方面差异很大。我们建议按照如下步骤选择期刊。首先，确定哪些类型的读者最适合阅读你的文章，并确定哪些期刊的读者群最接近你的读者。例如，如果你希望和其他对严谨的应用行为分析研究感兴趣的学者分享你的行为研究，那么你可以考虑在《应用行为分析杂志》上发表文章。然而，如果你更希望能让研究者和实务工作者同时看到你的文章，那么你可以考虑在《行为教育杂志》（*Journal of Behavioral Education*）或《积极行为支持杂志》（*Journal of Positive Behavior Supports*）上发表文章。其次，在有适当读者群的期刊中找出刊登的文章在自变量、因变量以及研究方法方面和你的文章相似的期刊。最后，在不仅读者群合适，研究方法也匹配的期刊中找出质量最好的那一本。查看你的研究中的参考文献清单，考虑在你引用的作者中，大多数人发表文章的期刊上发表。

撰写文章并准备投稿

一旦选定了期刊，就要查阅最近的一期期刊（或期刊网站），了解关键信息，例如：（1）文稿的理想长度——大部分期刊都有篇幅限制；（2）任何特殊的格式要求或关于表述形式的指导意见；（3）需要提交的份数（如果没有在线投稿程序）；（4）如何提交文稿（电子稿、纸质稿等）。期刊上通常会有一个标题为"作者指南"或"作者须知"的栏目。这一栏目一般刊印在期刊封面的内页。有一些期刊［如《幼儿特殊教育专题》（*Topics in Early Childhood Special Education*）、《语言障碍、矫正和特殊教育专题》（*Topics in Language Disorders, Remedial and Special Education*）以及《积极行为干预杂志》（*Journal of Positive Behavior Interventions*）］刊登主题性文章——这意味着它们征集特定主题的文章，并规定了具体的投稿截止日期。

因为大部分学位论文的长度都超出了期刊要求的长度，所以学生往往需要做出大量的修改，使其达到 APA 和期刊指南的要求。一般而言，可以考虑如下建议：（1）引言部分的篇幅一般为 3~6 页；（2）在方法部分，要足够详细地说明参与者的特征、参与者的选择标准、总体程序、干预程序、测量方法（包括程序忠诚度和社会效度）以及实验设计；（3）结果部分必须简明扼要，只呈现关键的图表；（4）讨论部分应当相对简短（3~5 页），重点讨论研究如何验证或拓展了以前的调查结果、局限性、未来的方向以及教育意义。霍纳等人（2005）和沃莱里等人（2011）提供了关于使用单一被试设计开展研究和撰写报告的建议和指南。

在准备提交文章时，要高度关注 APA 写作手册以及特定期刊的编辑指南（如最长篇幅、考虑的文章类型、期刊的关注点）。所有的作者都应在提交之前阅读文章，提出反馈意见，并明确表示同意自己的名字出现在文章署名中。一个好的做法是在提交之前让和文章不相关的人阅读文稿。这样做的目的是从他人那里获得关于文章逻辑、可读性、表述方式以及文章结构的反馈。目标是提交一份清楚的，没有表述错误的（拼写、格式、语法、标点）文稿。

投稿

投稿包括几个步骤：（1）如果先前已确定作者署名，那么要确认所有作者都同意提交文稿；（2）收集所有必要的信息；（3）撰写投稿信；（4）提交文稿和相关文件。在提交文章之前，最好研究一下期刊的具体要求。例如，期刊通常接受 30 页左右、双倍行距的文稿，但即使是同一领域的期刊，要求也各不相同。在提交之前，你要收集所需的文件，通常包括：（1）包含作者名字和联系方式的标题页；（2）供盲审用的文稿（比如，没有标题页或其他身份信息），通常为微软 Word 文件；（3）图形；（4）表格，除非在盲审中使用的文稿里也有。

投稿信是请求评审文章的信，通常不和其他文件放在一起。有时，编辑希望在投稿信中看到编辑部要求的特定信息（联系方式、从机构审查委员会那里获得的批准信息等）；这些特定信息可以在期刊的网站上查询。投稿信通常是写给编辑的（参看"作者指南"）。信的开头语一般是："请考虑对［文章题目］进行评审并在［期刊名］上发表的可能性。"如果文稿有多位作者，通常，明智的做法是声明所有作者都同意向该期刊投稿。如果文稿包含原始数据，那么要声明在研究开始之前就获得了机构审查委员会的批准。声明你在投稿的期刊对你的文章进行评审期间不会向其他期刊提交同一篇文稿。同时向多个期刊提交相同的文稿会违反研究伦理，在不止一个期刊上或以其他方式发表同一篇文章则会违反法律（侵犯版权）。一般而言，你可以在会议上发表文章（以海报或正式出版物的形式），也可以将文章提交给某个期刊发表。最后，感谢编辑考虑这篇文章。大部分网站设置了自动回复投稿邮件的功能。审稿（通常需要 90 天）结束后，你会收到编辑发的有关是否录用的通知邮件。

参与审稿过程

当编辑收到评审文稿（通常是电子文件）时，他们会将其发送给三至五位审稿人。有时，他们会把文稿转给助理编辑，由助理编辑发送给审稿人。通常会给审稿人规定提交审稿意见的时间，还会给他们提供关于如何审稿的具体指南。编辑收到审稿意见后会做出关于是否录用的决定，通常包括以下几种情况：接受、修改后接受、退稿但可重投、退稿。表 3.6 针对这些情况给出了说明。编辑做出决定后会向作者发送信件，通常会在信件中说明哪些地方需要修改。还会把审稿人的意见发送给作者。很多期刊采用"双盲"评审程序；具体来说，就是不告知审稿人文章的作者是谁，也不告知作者评审文章的是谁。这个程序确保了科学的正义性，也减少了产生偏见的机会；因此，它比非盲评审程序更可取，尽管有些期刊仍采用非盲评审（如《应用行为分析杂志》）。

表 3.6　关于编辑所做决定的说明

决定	说明
接受	很少有文章未经修改就被接受——在学术生涯中会遇到一两次这种情况；除非是应邀针对某一问题发表评论，即便如此，通常也需要修改。
修改后接受	这个决定意味着如果作者能够按要求做出令人满意的修改，编辑就愿意发表文章。编辑通常会详细指出需要修改的地方，但也并非总是如此。即使编辑在信中详细说明了需要修改的地方，你最好也还是查看一下审稿人对文章的评论。当你接到这个通知时，你应该尽快修改，并按要求提交的份数提交修改稿。编辑的信中通常会写明提交修改稿的截止日期。不要把它投给其他期刊。
退稿但可重投（修改 / 重投）	这个决定意味着编辑不准备接受文章，但也不打算拒绝它。一般情况下，编辑会要求你对文章进行大量的修改，有时需要重新分析数据、纳入更多数据、纳入新信息，或者重新组织文章的主要内容。有时，编辑会详细说明哪些需要修改，有时，他们可能只是让你参考审稿人的意见。如果你收到的是这样的审稿决定，那么要谨慎地判断你能否充分回应这些问题。如果你提交了修改稿，那么编辑通常会退回原稿，而后把修改稿发送给两名原审稿人，以及一名或两名新审稿人。如果审稿决定是"退稿但可重投"，你可以将文稿投给其他期刊，或修改后重新投给原期刊（但不能同时投给两家！）。一般来说，重新投给原期刊是更值得努力尝试的。

（续表）

决定	说明
退稿	这意味着编辑不打算发表这篇文章。当出现这种情况时，你可以自由地把文章投给其他期刊，不过，在决定向其他期刊投稿的时候，你应该考虑审稿人的意见。

在收到审稿意见后要仔细地阅读。有时（特别是当审稿意见不那么友好的时候），把审稿意见放在一边，等最初的情绪反应过去以后再读会很有帮助。如果你的文稿被退回或者文稿被退回但欢迎你重新投稿，那么你就不需要给编辑回信了（除非要求你这么做），不过有的作者也会发一封简短的感谢信，对编辑及时、仔细地审稿表示感谢（如果是这样的话）。如果你决定反驳审稿意见，我们建议你与对方礼貌地交流。

如果审稿结果是修改后接受，那么要仔细阅读审稿意见和编辑在信中提到的需要修改的地方。尽快修改，然后将其交回给编辑。很多编辑希望收到一封关于解释修改了什么以及如何修改的信，他们还希望收到关于未修改之处的说明。根据编辑和期刊的不同，修改的次数也会有所不同。此外，由于你的文章是否被接受取决于如何修改，因此，直到编辑对你的修改内容满意了，它才会被真正接受。

一旦文章被接受，编辑通常会发消息通知你文章已被录用。虽然这意味着跨越了一个重要的障碍，但整个过程还没有结束。你会收到文章校样，他们会要求你对最后的一些问题进行说明。但愿你最终提交的文章是经过精心修改的（比如，核对了参考文献、没有语法错误或 APA 提到的错误）。如果不是精心修改的版本，那么编辑会在这一版的基础上提出问题。他们会要求你再次阅读，以确保他们没有误解你的意思，并要求你找出排版错误。在这个阶段，几乎没有编辑会允许你对文章进行重大调整。他们一般只给你 24~48 个小时的返稿时间。这一步很重要，认真阅读你的文章，确保所有的图表都正确无误，确保图／表的引用与你的本意相符。这是你最后一次修改的机会。检查文章，回答编辑的询问，并尽快交回。

通常来说，到了校对阶段，编辑会要求你和其他作者签署一份版权转让协议。版权转让协议是关于作者将文章的版权转让给出版社的法律文件。如果没有签署版权转让协议，期刊就不会刊登文章。有时，只有通讯作者签署协议，但是大多数出版社要求所有的作者都签署协议。期刊不会向发表文章的作者支付稿酬；我们发表文章是为了和同行分享信息。很多有名望的期刊也不要求作者支付版面费，尽管很多网络期刊会这样做，而这种做法被认为会削弱同行评议程序。到了这个阶段，你能做的就是等待。几个月后，文稿会以出版的形式出现在期刊上！现在，庆祝一下吧！

总结

在本章中，我们概述了一些关键标准，涉及科学写作的资料准备工作、撰写文献综述的具体指南、撰写不同类型的研究问题、撰写研究申请，以及介绍已完成的调查。我们还提供了一些关于文章发表的建议。

第4章　复制

戴维·L.加斯特和珍妮弗·R.莱德福

重要术语

复制（replication）、外部效度（external validity）、顺序引入和撤除设计（sequential introduction and withdrawal designs）、时间延迟设计（time-lagged designs）、快速轮替设计（rapid iterative alternation designs）、参与者内直接复制（intra-participant direct replication）、参与者间直接复制（inter-participant direct replication）、临床复制（clinical replication）、系统复制（systematic replication）

复制
直接复制
　　条件排序和直接复制
　　参与者内直接复制
　　参与者间直接复制
　　关于直接复制的指南
临床复制
系统复制
　　关于系统复制的指南
　　建议
复制和外部效度
　　连续泛化
　　N=1 单一被试研究
总结

复制

无论是在应用研究中还是在基础研究中，人们都将**复制**描述为调查者重现自变量对因变量产生的影响。复制在所有的研究范式中都很重要，但是在已经公开的单一被试设计研究中采用复制的比率高于在组间研究中采用复制的比率（Lemons et al., 2016）。西德曼（1960）在他的《科学研究策略》（*Tactics of Scientific Research*）一书中，提出了有关复制的定义。他论述了两类复制：直接复制（direct replication）和系统复制（systematic replication）。虽然他论述的内容大部分是在基础实验心理学领域的实验室研究背景下提出的，但他关于复制的高明见解仍然对应用行为研究产生了深远影响。你几乎找不到一篇专门介绍单一被试设计研究方法或者应用行为分析的文章不提及西德曼（1960）及其对行为科学做出的卓越贡献。他论述了直接复制和系统复制的不同之处，前者对评估研究结果的信度非常重要，后者对评估研究结果的泛化性（generality）非常重要，这为应用研究者提供了评估研究的框架。重要的是要认识到复制是所有科学的核心，只有通过成功的复制尝试，我们才能确信实验结果不仅有内部效度（研究中观察到的结果是由有意安排的各研究条件之间的差异造成的，而不是由其他看似可信的因素造成的），而且有**外部效度**（研究结果在多大程度上可以被泛化至研究之外的情境中，即泛化性）。我们对研究结果的信心和研究之内以及研究之间的一致性有直接关系。本章论述的是你在设计、实施以及评估研究的过程中使用复制时需要参考的参数。

"数据信度的最可靠的实证检验方式莫过于复制。"（Sidman, 1960, p. 70）任何研究都应能在其他探究相同或相似的问题、控制相同或相似的自变量的研究情境中重现。通过完整地评述文献资料，你会清晰地了解到哪些干预有效果、做哪些调整能够使原始的自变量更有效，以及迄今为止的研究存在哪些局限。几乎没有一项研究是完全创新或完全独特的；大部分研究是对先前研究的拓展或调整。这就是说，大部分研究调查都试图在我们已具备的知识的基础上进行拓展。具体做法是找出研究文献中存在的不足，调查以前研究过的干预是否对其他人群、其他行为同样有效，或者是调查以前研究过的干预经过调整是否更有效和 / 或更高效。

很多研究是为了回答简单的问题。假设你在做一项只有一名参与者的研究，数据显示产生了明显的效果。你的反应可能是兴奋无比："我做到了，它成功了！"而科学界的反应可能是："是的，但是……？"你已经证明效果是可靠

的，但是只对一名参与者可靠。那么，下一个问题是："如果针对不同的参与者
开展相似的实验，保持所有其他变量不变，我能得到相同的结果吗？"换句话
说，"我的研究在其他相似的参与者身上是可靠的吗？"这个问题涉及两个要点：
一是效果的信度，二是如果参与者（和条件）有差别，那么多大程度上的差别
才会使研究无效，即效果的泛化性。假设你保持所有的相关条件变量不变，在
三名相似的参与者身上成功地复制了实验。那么，这些数据能够让科学界安静
下来吗？有可能……但不会太久。在一项包含三名或四名参与者的单一被试设
计研究中，如果自变量对他们的行为产生了持续的积极影响，就会引起科学界
的注意，你有可能在有声望的期刊上发表成果报告，前提是控制住了所有威胁
内部效度的因素，清晰地介绍了研究程序，准确地分析了数据，并根据出版要
求报告了研究信息。在阅读过你的研究报告后，科学界还会提出以下问题："在
不同的研究场合、在不同的参与者身上，可以得到相同的结果吗？""在最初的
实验之外，这些结果能在多大程度上进行推论？"复制研究和最初研究的差异
越大，无法得到相同结果的风险就越高，但如果成功了，关于泛化性高的证据
就越多。

　　如果一项干预的结果是虚假的，无法在一次调查中在不同的参与者之间可
靠地复制，那么其他人就不可能再使用这项干预。但是，"复制失败"不应当成
为你放弃研究的理由；相反地，它鼓励你进一步考察失败的原因。作为应用单
一被试设计的研究者，你有责任确保你的研究参与者从他们的参与中获益；因
此，如果你最初实施的干预是无效的，那么你应当对干预做出调整或采用替代
性干预，以带来积极的行为改变。

　　尝试复制一项或一系列研究结果有三个主要原因或目的。

　　　1. 评估研究结果的可靠性（内部信度）。
　　　2. 评估研究结果的泛化性（外部效度）。
　　　3. 寻找例外。

　　我们将在讨论直接复制和系统复制时说明这三个原因。西德曼（1960）简
明扼要地阐述了复制的重要性，他写道：

　　　对于中立的观察者而言，科学显然尚未远离人类的偏见，甚至在评
　估实际效果时也是如此。进一步说，从自然现象的迷宫矩阵中衍生出来

的实验结果是非常脆弱的，从描述现象的数据中产生的结论也不堪一击，以至于人们只能对实验方法论的实际成就感到诧异。在任何一项实验中，我们必须面对什么？不可控制的，甚至是未知的变量；理论或观察偏差造成的选择性知觉的错误；间接测量；与测量技术本身有关的理论；从数据到解释的飞跃所涉及的假设。简言之，我们的错误如此之巨，以致任何真正意义上的进步都可能被当作偶然，研究的假设不过是认真的娱乐，在短时间内产生那么多在假设中提到的实际进步并不真实。

（p. 70）

正是通过复制，我们缩小了错误的范围，增强了信心，相信经过复制检验的研究结果是真实的，而不是偶然的。

直接复制

西德曼（1960）将直接复制界定为"同一实验者重复一个已完成的实验……通过对新被试再次进行实验，或者在几种实验条件下对同一参与者进行重复观察，可以实现复制"（p. 73）。直接复制有两种类型：参与者内直接复制（intra-participant direct replication）和参与者间直接复制（inter-participant direct replication）（以前被称为"被试内"和"被试间"）。无论是参与者内还是参与者间的直接复制，指的都是调查者试图对同一参与者（被试内）再次实施实验，或者是对不同的参与者（被试间）实施同样的实验。在参与者不止一名的单一被试设计研究中，你开展的调查可能同时涉及参与者内和参与者间的重复。在最狭窄和最保守的定义中，直接复制只可能在实验室研究中对非人类被试（老鼠、鸽子等）实施；然而，在使用人类参与者的应用研究中，直接复制的定义更为宽泛。

单一被试设计中的条件顺序和直接复制

在单一被试设计研究中，有三种主要方法可以确保研究内复制（Kratochwill et al., 2010），所有这些方法都涉及两个相邻条件之间的重复变化。**顺序引入和撤除设计**（sequential introduction and withdrawal designs）包括对单个参与者重复实施基础的 A-B 比较（如 A-B-A-B）。**时间延迟设计**（time lagged designs）包括对 3 个或更多个参与者、行为或情境重复实施基础的 A-B 比较。

快速轮替设计（rapid iterative alternation designs）包括对一组 A-B 比较进行复制，即复制单一时段并对其进行比较。图 4.1 提供了在基础的单一被试设计类型中进行复制的例子。通过复制这些事先规定的条件排序类型，可以降低研究结果与额外变量有关，而与你的自变量无关的可能性，从而提高内部效度。当研究者进行了充分的复制并证明了效果具有一致性时，他 / 她就证明了自变量对因变量产生了实验控制。

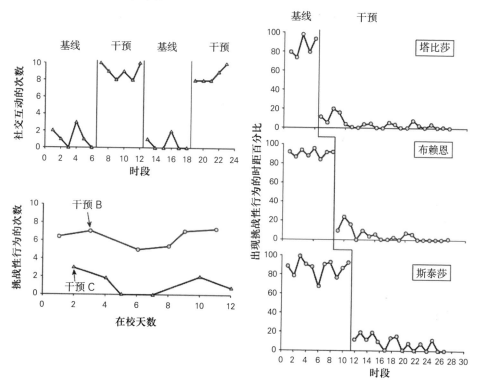

图 4.1　以单一被试设计举例说明三种条件排序的方法：（1）顺序引入和撤除（左上图）；（2）快速轮替（左下图）；（3）延时引入（右图）。

直接的参与者内复制

直接的参与者内复制（以前被称为"被试内复制"）指的是，在同一项研究中，在同一参与者身上不止一次地复制实验效果。例如，当一名调查者采用 A_1-B_1-A_2-B_2 撤除实验设计时，如果在 A_2 阶段移除自变量导致了因变量返回到 A_1 的观察水平，在 B_2 阶段再次引入自变量导致了因变量返回到 B_1 的观察水平，那么这一参与者内复制就取得了成功（即调查者已经能够证明自变量的存在与否可以决定因变量的水平）。如果调查者使用了跨行为多基线设计，即在三个或更多个相似但独立的行为中系统地引入自变量，如果只有在引入自变量时，而不是在引入之前，因变量才发生变化，那么就说明复制成功了。库珀、赫伦和休厄德（Cooper, Heron, & Heward, 2007）描述了参与者内复制过程的四个阶段：预测（A_1）、确认（B_1）、验证（A_2）和复制（B_2）。在 A_1 阶段，数据模式用来预测数据在实验条件没有变化的情况下呈现的模式；在 B_1 阶段，数据模式要确认自变量对行为产生了影响；在 A_2 阶段，数据模式要验证在最简单的水平上自变量和因变量之间存在因果关系；在 B_2 阶段，数据模式要复制或重现自变量对因变量的影响，从而增强对自变量和因变量之间存在功能关系的信心。通常而言，在三种不同的实验条件下出现的这些行为改变（A_1 到 B_1、B_1 到 A_2、A_2 到 B_2）可以被简单地称为三次"效果证明"或"效果复制"。通过参与者内的直接复制过程，你可以确信自己已经证明了"效果的信度"（即内部效度，有一名参与者）。现在，你的目标是证明它在你的研究中的其他参与者身上有同样的效果。

参与者间的直接复制

参与者内的直接复制指的是在同一参与者身上复制效果，**参与者间的直接复制**（以前被称为"被试间复制"）则指的是**在不同的参与者身上复制实验效果**。西德曼（1960）简明扼要地阐述了参与者间复制的重要性："如果一项实验在实施时以一个有机体作为被试，那么一般会被要求开展被试间复制，因为最初的那个被试有可能是个'怪胎'。"他接着写道："被试间复制的目的是确定未控制的和 / 或未知的变量是否强大到能够阻止成功复制的出现。"（p. 74）重要的是要认识到，你对某项研究的信心，无论是你自己的还是他人的，都受限于有且仅有一名参与者。虽然"N=1 研究"在一些有声望的研究期刊中也出现过，但是对这些研究的结果必须谨慎地接受，因为它们在其他个体以及其他条件中的泛化性尚未可知。只有一名参与者的研究报告能够发表，常见的原因是研究者说明自己采用了新异的干预或遇到了不同寻常的挑战，期刊编辑和审稿人希望能够鼓励更多的人对此研究进行复制。尽管在某些情况下，只有一名参与者的研究是可接受的，我们仍然建议你在开始做自己的调查时，无论使用什么样的设计，最少包含三名参与者。

在单一被试设计研究中，研究者必须至少实施三次参与者内或参与者间复制。研究结果的泛化性主要是通过对不同的实验设计进行系统复制建立的。图 4.2 分别列举了采用 A-B-A-B 设计、跨行为多基线设计以及跨参与者多基线设计的三种参与者间复制的例子。在图 4.2a 中，在同一调查者进行的同一项研究中，分别在参与者 1、参与者 2 和参与者 3 身上进行复制并证明了自变量的有效性。图 4.2b 阐明了当采用跨行为多基线设计时，如何说明参与者间复制的情况。在三名参与者中，自变量对因变量的影响在每个人身上都会重复出现。当采用 A-B-A-B 设计的研究时，参与者内和参与者间的复制可以通过对每一名参与者以及在不同的参与者间重复实验效果来实现。在两个例子中（A-B-A-B 和跨行为多基线设计），参与者间的复制是在为每名参与者提供一个单独的实验设计的情境中进行的；在这两个例子中，总共有九次证明了效果（在图中用阴影圈出的数字）。

图 4.2c 展示了一个跨参与者多基线设计的例子。和 A-B-A-B 设计以及跨行为多基线设计不同，这种设计没有明显地显示出参与者间复制。我们将在第 10 章中讨论这个问题，采用这种设计的研究的实验控制（效果的信度）和结果的泛化性程度取决于成功的参与者间复制次数占总复制次数的比率，以及在不同参与者身上呈现的数据模式（水平和趋势）的相似程度。即使不是大部分，也一定有很多行为研究者会认为，和跨行为多基线设计或 A-B-A-B 设计相比，跨参与者多基线设计是一种"比较弱"的评估方法，不太能够证明实验控制的效果，因为它缺乏参与者内复制。从严格的数字的视角来看，图 4.2c 表明在使用与图 4.2a 和图 4.2b 所示人数相同的研究参与者的情况下，它只证明了三次自变量的有效性（圈出的数字），正是出于这个原因，我们建议你使用跨参与者多基线设计时，使参与者人数多于最低要求的人数。

西德曼（1960）讨论了参与者间复制的一个变体，他将其称为"组间"复制。组间复制（inter-group replication）指的是在不同的被试组中重复干预，通过比较集中趋势的量数（平均数、中数、众数）来考察实验效果。和任何采用集中趋势的量数进行比较的研究（包括分组设计研究）一样，它会说明干预有效性的低区间和高区间估计值，但不会报告个体数据的"异常值"，而且有可能出现实施了干预但有些组员的行为没有改变以及有些组员的行为改变大到超过平均值的情况。这种情况和报告个体数据的参与者间复制设计不同，对此，西德曼写道：

> 就信度和泛化性的标准而言，被试间复制是一个比组间复制更有力的工具。就信度而言，组间复制是一个指标，它证明了一个组的集中趋势的变化是可以通过重复实验来实现的。但是，就泛化性而言，组间复

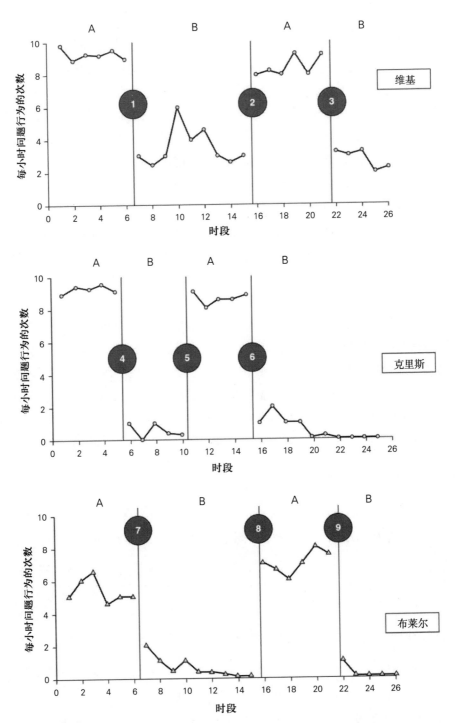

图 4.2a　采用 A–B–A–B 设计，对三名参与者分别进行三次参与者内复制，对效果总共进行九次验证。

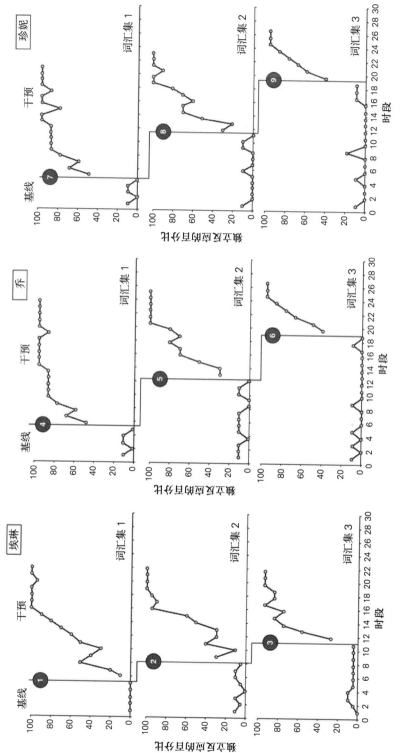

图 4.2b　采用跨行为多基线设计，对三名参与者分别进行三次参与者间复制，对效果总共进行九次验证。

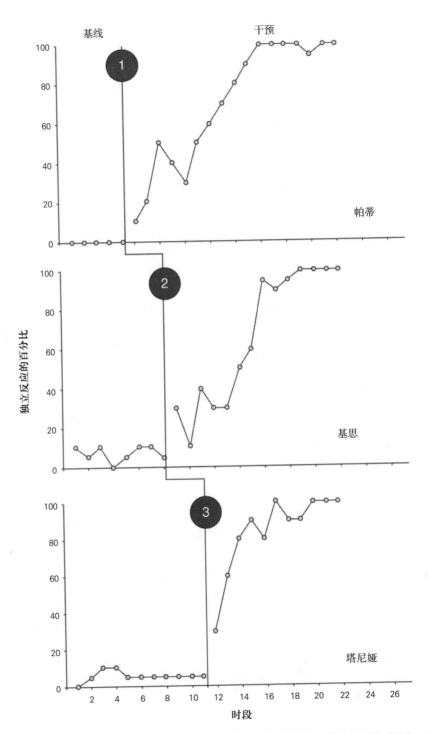

图 4.2c　采用跨参与者多基线设计，对三名参与者分别进行三次参与者内复制，对效果总共进行三次验证。

制并没有说明数据实际上反映了多少个人的情况。另外，通过被试间复制，每增加一次实验都能提高研究结果的代表性。

（ p. 75 ）

研究群体行为以及根据群体的表现而不是个体的表现做出研究判断的应用研究者要考虑到组间复制的局限，因此需要时常对群体中每个成员的数据进行分析和报告。斯廷森、加斯特、沃莱里和科林斯（Stinson, Gast, Wolery, & Collins, 1991）在对四名中度智力障碍学生的观察学习和偶然学习的研究中说明了这一点。他们展示了一张标注有学生的表现水平平均值的图表，绘制了四张分别呈现每个人的表现水平的图表。他们还用两张表格总结了每个人获得的偶然学习和观察学习信息的情况。重要的是要记住，如果根据一个组的集中趋势的测量值做研究决定，那么这一组的数据就应该"占据中心位置"，并以图表的形式将其呈现出来加以分析。通过用个人的数据补充这些主要数据，你可以让读者独立分析数据并得出有关参与者间复制程度的结论。

关于直接复制的指南

以下指南衍生自巴洛和赫森（Barlow & Hersen, 1984, p. 346）的文章，他们在应用行为分析研究中对直接复制进行了说明。

1. 在对同一参与者进行实验复制（即参与者内）以及对同一研究的不同参与者进行实验复制（即参与者间）时，调查者、情境、材料、教学安排、形式等都应该保持恒定。

2. 不同的参与者的因变量（目标行为和测量）应该相似，但不需要完全相同。例如，在一项研究中，你采用最少辅助系统（system of least prompts, SLP）程序教三名中度智力障碍儿童学习链式任务技能，当你想评估这个程序的有效性时，你可以为这三名学生分别设定三种不同的链式任务技能。最少辅助系统程序在不同的学生和不同的行为之间应当保持一致，直到出现原始程序无效的情况，这时你可以调整原始程序。在针对异常行为的研究中，建议采用功能性行为评估（Functional Behavior Assessment, FBA）来识别功能相同的行为（关于行为功能的讨论，参看Cooper et al., 2007）。

3. 在参与者的各种特征中，和功能性纳入标准有关的特征（如可能会影响干预有效性的人格特征）应当相似。人们普遍认为，复制失败很可能是因为参与者之间的差异过大。伯恩布劳尔（Birnbrauer, 1981）以及沃莱里和埃泽尔（Wolery & Ezell, 1993）对个体特征（状态变量）的概念及其重要性进行了阐述，他们还指出在预测和评估某项干预的效果时，个体特征的重要性被忽视了。本章稍后将讨论如何描述关于参与者特征的议题，以及如何根据状态变量匹配研究参与者。在此，我们完全可以说，在教育和临床研究中，潜在的研究参与者很可能来自你的教学或临床任务。也就是说，你很可能会和具有某一特定年龄、某一特定认知水平的个体一起工作，而这些人就是可以和你一起开展研究的人。明确指出参与者之间的相似点和不同点非常重要，尤其是要指出影响干预效果的相似的功能性特征（比如，增加社会性游戏的干预研究应当接收具有相似游戏技能和社会行为的参与者，他们的年龄、种族以及诊断结果反而不那么重要）。

4. 自变量在不同的参与者之间应该相同，除非实现治疗或教学目标的进程停滞不前，这时，你可以调整最初的干预，也可以用新的干预来替代。

5. 一般来说，判断是否存在功能关系，最少需要进行三次直接复制；很多已发表的研究报告不仅包括三次参与者间复制，还包括三次参与者内复制。

当采用单一被试设计时，在进行系统复制尝试之前，至少要完成三次成功的参与者间（或者组间）复制。在判断三次复制是否足够时，你应考虑这些因素：（1）基线数据的稳定性；（2）和研究结果有关的效果的一致性；（3）效果的大小；（4）是否充分控制了内部效度的威胁因素。如果结果不明确，就需要做更多的复制尝试。

临床复制

赫森和巴洛（1976）介绍了第三种复制类型，他们将其命名为"临床复制"，它是直接复制的一种形式，遵循直接复制的原则。根据赫森和巴洛的定义，**临床复制**指的是"由同一调查者或同一调查者团队实施治疗方案，该方案包括两种或更多种明显不同的治疗方式……在特定的情境中，对具有各种相似的行为和情感问题的服务对象进行治疗，这些问题一般可以被归结成同一类别的问题"（p. 336）。他们认为这一过程更先进，是多年"技术开发"研究的结晶。研究发生在临床情境中，他们的参与者是具有多种情绪和行为问题的人，因此，他们在对这一复制研究类型进行命名时，选择了临床的（clinical）这一术语，而不是教育的（educational）。我们在这一语境下，可以分析出他们如何看待与临床心理学领域相关的科学研究过程。这是一个包含三个阶段的过程。首先，研究者和有相似问题的服务对象一起工作，制订了引起行为改变的干预方案。这是直接复制。接着，在临床复制中，研究者（以及助手）将各种技术组合起来，通过对有一组相似的问题行为的参与者（如孤独症儿童）进行干预，证明了干预集成包的有效性。比较焦点式干预实践（focused intervention practices）和综合治疗模式（comprehensive treatment models, CTM）对孤独症谱系障碍人士的影响（Odom, Boyd, Hall, & Hume, 2010），就是临床复制的一个明显的例子。综合治疗模式包括很多成分，这些成分在以前都被单独研究过，被证明能够改善某一特定行为；综合治疗模式把这些成分结合在一起，用于在不同的领域（如沟通、社会行为、适应性技能）改善一系列行为。当今的很多应用研究，无论其本质是临床的还是教育的，都是一个治疗或教育集成包的研究。虽然在理想的情况下，当研究从一个实验条件移至下一个实验条件时（如从基线条件到干预条件），一次只改变一个变量，但是在社区情境（学校、精神卫生诊所、治疗康复项目点）中开展的研究，通常是考察干预集成包的有效性（如视频示范、辅助、强化；Smith et al., 2016）。在这种情况下，应用研究者至少应该做到识别并报告不同的实验条件在程序上以及其他方面有哪些不同。只有通过这样的自我暴露，才有可能发现那些能够引起被观察行为发生改变的变量。在第11章中，我们会讨论如何采用单一被试设计评估干预集成包中任一成分的相关贡献。

系统复制

西德曼（1960, p. 111）指出，科学的基本原则是对所有的研究参与者一视同仁，除非考虑到自变量因素；但是，如果坚持这一原则，那么它就会扼杀"作为建立信度和泛化性的主要方式的系统复制"。他解释说："如果心理学家的经验使他对自己的技术充满信心，那么他就会选择系统复制而不是直接复制作为建立信度的工具。他并不是简单地重复实验，而是将他收集的数据作为基础开展新的实验并获得更多相关数据。"他继续说道："系统复制证明了……在不同于最初的实验中常见条件的情况下可以观察到这一研究发现。"他还建议实验者在得出研究结论时说明他能够在多大程度上远离最初的实验。系统复制是一场冒险，如果成功，"将获得信度、泛化性及其他信息"（p. 112）。

在应用研究中，什么构成了**系统复制**？当研究者着手开展已计划好的系列研究，在研究过程中出现了从一项研究到下一项研究的系统性变化，并且这些变化被确定为一系列复制效果时，显然说明系统复制出现了。如果研究者想尝试其他研究者的程序，并且明确提出想要复制，那么这也是一个例子（尽管这种情况不常出现；Lemons et al., 2016）。假设一名研究者根据某一领域已有的成果，如刺激控制的时间延迟转移（time delay transfer of stimulus control）程序，启动了一项新的研究，并设计了一种包含现有程序若干要素的干预，这是否属于系统复制？这就要看不同的人如何理解系统复制的定义了。假设研究者将三次时间延迟作为新干预的基础，此外，没有什么要素和原来的研究一样，即研究者不一样，研究参与者不一样，研究环境不一样，干预也不一样，有些研究者认为这不是系统复制。虽然这项研究和之前的研究有联系，但是两者之间没有单一共同要素。下面的情况则有所不同：（1）研究者着手开始复制；（2）说明复制的意图；（3）和他／她想复制的内容的作者取得联系，确认研究程序和之前的研究一致；（4）开展研究；（6）报告结果并和最初的研究进行比较。这比西德曼的定义严谨得多。但是，在实验室里，偶然性比在教育或临床情境中发挥的作用更大。基础研究者一直在寻找"如果……，那么会发生什么？"的答案，而应用研究者，特别是在教室和治疗环境中的研究者，寻找的是有关行为改变问题的答案，比如"我怎样才能让 X 起效？"或是"我怎样才能把 X 做得更好？"又或是"如果 X 对一些人有效，那么我怎样做才能产生更好的效果？"

赫森和巴洛（1976）将系统复制定义为"任何试图复制一系列直接复制研究结果的研究，它在情境、促进行为改变者、行为障碍或任何要素的组合方面有所不同"（p. 339）。正如托尼和加斯特（Tawney & Gast, 1984）所指出的，这个定义存在一些问题，它使用了"系列"这个词，在该定义中，要求系统复制是对一系列直接复制研究进行复制。但是，这一限定导致这个定义存在重大缺陷（比如，如果系统观察能够仅跟随一项直接复制研究来完成，那么那些复制其他研究者的单项实验——看起来很有趣且有好的结果——的系列研究又是什么呢？）。这个定义不仅存在这个不足，"任何试图复制"这一说法也显得过于宽泛。为了举例说明这一点，赫森和巴洛（1976）展示了一张关于强化儿童的差别关注（differential attention）的系统复制研究的表格（pp. 346-349）。这 55 项研究由多名调查者完成，发表时间从 1959 年到 1972 年。这些研究是否符合赫森和巴洛关于系统复制的定义，令人困惑。总体来看，这些研究是否属于系统复制研究取决于个人观点。也许琼斯（Jones, 1978）对赫森和巴洛（1976）的分析能够澄清这一点。

> 复制显然是应用行为科学的一项原则，而且经常被讨论，但较少被实施。当然，绝对纯粹的复制极少发生，即使曾经发生过。纯粹的复制要求对某项研究设计进行点对点的重现，除了实施研究的时间不同外，没有任何改变。这样的复制被大部分研究者认为没有必要，而且可能无法发表文章。如果行为干预产生了巨大而显著的效果，而且研究中的实验控制不存在任何问题，那么纯粹的复制就显得并不重要。但是，如果研究者改变了实验程序（单一被试设计固有的灵活性），计划在不同的情境中对不同的被试进行干预，或者期待改变实验设计的任何一个突出的方面，那么纯粹的复制就是不可能实现的。因此，复制就成了通过系统改变来重复研究工作的议题。对于经过修改的程序、被试群体、测量系统等，都要进行测试，看其是否会产生不同的结果。如果从一系列相似的研究中发现了大量的相似或趋于一致的结果，但是它们的程序、技术、测量设备、被试样本等都不一样，那么单一被试实验中复制的价值就显现出来了。最后，根据从大量的复制研究中获得的趋中性结果可以确定这些结果的泛化性。对于应用行为分析领域而言，这是一个要努力达成的宏大目标。

（p. 313）

一言蔽之，今天的应用研究者所讨论的系统复制比赫森和巴洛（1976）下的定义宽泛得多，他们的定义提及：（1）系统复制应该重复一项单一的研究；（2）对于和最初的某项研究或某些研究不同的地方（即系统地调整），需要在研究变量的定义中进行说明，实际上，做出改变是值得提倡的，因为这可以提高实验结果的泛化性。关于系统复制，托尼和加斯特（1984）写道：

> 在教育情境中开展研究时使用的系统复制是研究者重复自己的研究程序的一种尝试，研究者选用相同或不同的被试，并对研究程序做出改

变。或者，它是一系列按计划开展的实验，由一名研究者操作，他在各
个实验中使用的都是相同的基本程序，但是他根据第一项实验的结果进
行系统的调整。或者，它是研究者的一种尝试，他希望再次做出他人已
发布的研究成果，因此，他所做的研究和最初的研究相近。

（pp. 97-98）

写到这里时，我们认为我们的定义反映了这样一个现实，即在教室研究中，
就像在临床研究中一样，每一天、每一项研究，几乎都不相同。这个定义的焦
点是研究者的目的在于重现一项已经取得成功（或者至少看起来有成功的希望）
的程序。或者，从科学家—实务工作者的视角来看，可以问："如果干预 X 能
有效地用在和我的学生相似的学生身上，那么它是不是对我的学生也起作用？"
通过问这样的问题，你可以说清系统复制的三个目标或目的：（1）证明效果的
信度；（2）提高结果的泛化性；（3）辨识例外情况。无论系统复制的结果是什
么，都能加深我们对正在研究的现象的理解。

复制失败不仅能够，而且已经促使人们发现当前干预的局限，并开发新的
干预。复制失败无论是发生在直接复制中还是发生在系统复制中，都应"激
励人们进一步开展研究，而不是一味地拒绝最初的研究数据"（Sidman, 1960,
p. 74）。"科学的进步是通过整合那些看起来自相矛盾的数据实现的，而不是抛
弃它们。"（Sidman, 1960, p. 83）从这一点来看，作为应用研究者，你的责任是
确定对最初的干预做出哪些调整，或者确定采用何种替代性干预能够成功并惠
及参与者。仅仅指出复制失败，然后立即转向其他研究是不可接受的。贝尔、沃
尔夫和里斯利（1968）在描述应用行为分析时，明确指出行为分析师有责任确保
研究参与者或社会从研究中获益。因此，在一种干预失败后，你应该问："我可
以对最初的干预做哪些调整，使它取得成功？"或者"我还可以采用哪些干预来
使行为发生改变？"失败应当激发人们的兴趣，去探寻失败的原因以及如何取得
成功。我们建议先对最初的干预进行修改，而不是抛弃最初的干预，并以一种新
的、不同的干预代替。做出正确决定的可能性直接取决于对文献的熟悉程度。

关于系统复制的指南

不同的应用研究者对系统复制的定义可能会有一些细微的差别（比如，
Hersen & Barlow, 1976, 1984; Jones, 1978; Tawney & Gast, 1984）。但是，关于何
时以及如何进行系统复制的一般性指南是非常相似的。

1. 当通过一项直接复制研究或一系列直接复制研究证明了效果的信度时，就可以开始进行系统复制了。是跟随一项由一名研究者开展的独立研究进行复制尝试，还是跟随历时数年由多名研究者开展的多项研究进行复制尝试，并不重要。决定何时启动对早期研究项目的系统复制的重要因素是，是否相信最初的研究中威胁内部效度的因素已经过评估并得到控制，以及研究结果是否准确（可靠）和真实（有效）。

2. 指出并报告系统研究和最初的研究或研究系列的不同点；不过有可能出现很多作者无法确定某项研究何时变成了复制研究（Lemons et al., 2016）的情况。在跟随一系列研究而做的系统复制尝试中，指出已有研究之间差异的数量和类型（研究者或研究团队、参与者、自变量的变体、因变量测量、实验设计等）很重要。只有通过报告这些差异，我们才能指出早期的研究发现在多大程度上可以推广，以及复制失败的潜在原因是什么。重要的是要记住，泛化并不是"全或无"的现象，而是跨不同变量的程度问题。你的责任就是通过一项成功的系统复制实验明确指出这些变量并进行报告。

3. 复制失败后，首要任务是修改最初的干预，在必要时采取不同的干预，以便带来理想的治疗或教育效果。如果我们能确定失败的原因，并修改或用新的方案取代原来的自变量，我们就可以从中学到很多东西。当然，一名参与者无法做出预期的反应是特例，其他人可能不会出现相似的情况。这不也是特殊教育和临床实践的特殊之处吗？……对那些被认为是常规的方法进行程序上的调整、修改以及采用替代方法，正是研究者的兴趣所在。

4. 系统复制的尝试从不曾结束。除了提高研究结果的信度和泛化性外，"系统复制从本质上说是为了寻找例外的研究"（Barlow & Hersen, 1984, p. 364），因此，无论有多少项研究已经成功说明效果的信度和泛化性，复制都永不会停止。用西德曼（1960）的话说："一个负面例子可能正在角落徘徊。"（p. 132）

复制和外部效度

针对单一被试设计研究方法的常见批评，一般是它的研究结果无法被推论到其他人身上……单一被试设计实验的参与者只有寥寥几人。相反地，随机将大量参与者分配到两组或更多组中（一组作为控制组，其他组作为实验对照组）的分组研究方法被视为构建外部效度的"黄金标准"。很少有人会质疑这一点，即如果未参与研究的大组个体的情况和参与研究的大组个体的情况"相似"，那么来自分组研究的结果就可以较好地被推论到未参与研究的群体中。沃莱里和埃泽尔（1993）指出："两个群体越相似，准确推论的可能性越大，复制研究结果的可能性也越大。"（p. 644）乍一看，这些关于研究方法和外部效度的观点似乎都有道理，但是，如果你的兴趣是将研究结果推论到特殊的个体身上而不是群体中呢？记住，在分组研究中报告的数据都是趋中性数据，因此组内总有人比参与者的平均水平表现得更好或更差。这些研究很少提供有关参与者个体的详细信息，也很少报告参与者个体对自变量的反应情况。它们的关注点是群体，而不是个体。西德曼（1960）曾针对报告参与者个体的数据的重要性，以及报告参与者内复制和组内复制所得研究结果的信度和泛化性的重要性，明确地表达了他的立场。

> 实际上，对于人群中的个体而言，由用两名被试进行的实验复制建构的泛化性比由两组被试构建的泛化性更高，因为组内个体的数据被合并在一起了。
>
> （Sidman, 1960, p. 75）

此外，单一被试设计研究的动态本质有助于将研究结果更好地推广到临床和教育情境中。例如，当在单一被试设计的研究背景下，某个干预条件没有成功时，研究者会不停地修改或更换干预，直到可接受的行为改变出现。因此，在根据数据修改干预的背景（如教育或临床情境）下，随着情况变化的研究程序更有可能产生泛化性更高的结果。

关于分组研究的局限性，最后一点是它很难尝试参与者间复制。在一项典型的分组研究调查中，实验组中的每个人都会接触到自变量，但并不试图通过对不同的行为交错引入自变量，或通过移除并再次引入自变量来复制其效果。很多行为分析师都认同，参与者内复制比参与者间复制更能令人信服地证明其信度，参与者间复制设计的特征和局限在很多（如果不是大多数）分组研究设计和一些单一被试设计（跨参与者多基线设计和多探测设计；参看第 10 章）中是常见的。

单一被试设计研究方法历史悠久，它主要关注的是个体。即使当研究调查的焦点是改变群体的行为时，也会报告群体成员的个人数据。在行为研究者之间有一个普遍共识，即如果你的兴趣在于设计和实施针对个体有效的干预，而他们中的很多人和普通人不一样，那么你研究这些个体的行为就非常有必要。正如前文探讨的，直接的参与者内复制是单一被试设计研究者首选的方法，他们可以通过实验建立研究结果的信度，也可以通过考察参与者之间的差异程度说明研究结果的泛化性。单一被试设计研究的外部效度主要是通过一系列系统复制研究来建立的，系统复制研究的一些特征（如调查者、参与者、情境）和以往的研究不同，但是能够得到相同的结果。当你尝试做系统复制研究，或者考虑对一名学生或服务对象采用某种干预时，你要思考的问题是："在判断这种干预能否成功的时候，我需要考虑哪些个体特征或变量？"

当试图确定研究群体和"服务"群体之间的异同时，你可以思考几个变量，其中最常见的是状态变量（status variables）。状态变量描述的是参与者的特征，包括性别、实足年龄、种族、智商、学业成绩等级、年级、教育安置形式以及地理位置；在开展参与者少于 10 人的研究时，这些描述被学习障碍委员会研究分会（Research Committee of the Council for Learning Disabilities）视为"最低限度的"描述（Rosenberg et al., 1992）。这类描述性信息很常见，在研究论文中要报告，但是这些信息足够用来判断一项干预能否在状态变量相似的个体身上取得效果吗？

沃莱里和埃泽尔（1993）认为根据状态变量判断外部效度时，它只是"图片的一部分"，并且"如果在后续的研究复制或在临床和教育情境中失败，毫无疑问，这和其他变量有关，而和精确地描述被试的特征无关"（p. 643）。通过对恒定时间延迟研究的简要回顾，他们得出结论：虽然几项研究的结果具有一致性，虽然研究参与者在状态变量上相似，但是干预程序的成功和状态变量无关，而可能和对研究程序的调整有关，这些调整是根据学生不同的学习历史做出的（p. 644）。你要做的只是阅读已发表的文献综述和元分析文章，对单一被试设计研究预测和确认的信度和泛化性进行鉴赏。但是，如果状态变量并非泛化性最好的预测指标，那么什么变量才是呢？

单一被试设计研究者认为外部效度和基线条件的表现水平直接相关，在相同或相似的环境中，两名参与者的反应模式的相似性可用来预测干预的有效性。伯恩布劳尔（1981）在总结他的立场时写道："我们应该寻找基线条件的相似性、在治疗之前呈现出来的看上去可操纵的功能关系，以及在实施了为以前的被试设计的治疗方法后发生的功能性变化。这些是单一被试研究能够进行泛化的关键。"（p. 129）这并不是说你在撰写研究报告时应该弱化对状态变量的描述。就如第 3 章中探讨的那样，详细地描述参与者非常重要，包括报告他们的状态变量，但是，一旦要预测能否成功泛化，就要把重点放在沃莱里和埃泽尔（1993, p. 645）所命名的功能变量上（即"特定环境—参与者的交互作用的影响"）。具体来说，你应当描述基线条件的特征（如反应依联、反应机会的数量），以及研究参与者呈现出的行为模式，以便更有把握地预测你的干预能否奏效。在预测参与者间复制研究成功的可能性时，无论是直接复制还是系统复制，都与你对基线条件数据的关注、对自变量的熟悉程度，以及视觉分析技能的关系更大，而不是根据状态变量匹配参与者。例如，在一次班级开展的大型集体活动中，幼儿有很多口头回答问题的机会，回答正确能获得社会性赞扬，假设两名幼儿（胡安和肯顿）经常回答问题而且答案正确，另外两名幼儿（基松和迈尔斯）很少回答问题。在这个例子中，参与者都是四岁男孩，但基松和迈尔斯的基线反应始终不同，这可能意味着需要开展干预。然而，这还不足以确定**同样的**干预能够引发行为改变。例如，在与教师面谈的时候，你可能会发现基松的学业技能很强，但是他的动因很弱（这意味着可能需要开展基于强化的干预），而迈尔斯在大型集体活动中很难习得以掌握学业技能为目标的内容（这意味着可能需要关注学业干预）。因此，研究者能够而且应当从多种渠道收集有关参与者的基线表现的信息，并利用这些信息确定参与者在可能影响干预成功的关键变量上的相似程度。要确定哪些是关键变量，你必须为你的自变量确定一套判断变化的系统框架（参看第 6 章）。

连续泛化

泛化并不是一个全或无的命题。实验结果的泛化性可以被视为一个连续体，不同研究之间发生变化的变量的数量将决定泛化的程度。图 4.3 举例说明了这一点：水平线的左端是直接的参与者间复制。我们说过，在同一项调查中由同一名调查者在同一个时间段开展研究，参与者之间的条件变量几乎没有变化。研究参与者各不相同，但是他们的年龄、认知能力、入门技能、对行为干预的需求等都趋于相似。从状态变量上看，他们也非常相似。如果你愿意，那么泛化结果和研究结果是"很相近"的，它受限于参与者之间的差异程度，而通常来说，差异并不大。水平线的右端是系统复制，它和以往的研究大有不同。系统复制，从极端情况来看，它的调查者不同、研究地点不同、参与者在各个状态变量上不同、单个或一组目标行为不同、因变量的测量不同、单一被试设计类型不同、自变量的变体不同，等等，不同之处很多，而相同之处几乎没有。除了自变量对因变量的影响和之前的调查"相似"外，几乎可以将复制研究看成一项新的研究。在这两个端点上，复制研究的风险相当不同，直接的参与者间复制与那些对先前研究的变量做出很大改变的系统复制相比风险更小。然而，大多数复制尝试都介于这两端之间。在各自独立的研究中，发生变化的变量的数量和类型将会决定风险的等级以及泛化的程度。因此，研究者有必要详细描述他们的研究和先前研究之间的每一处不同。

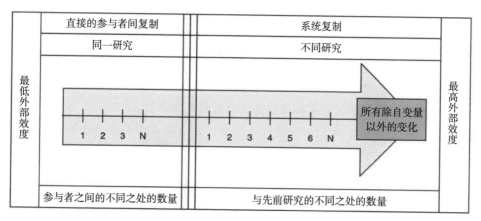

图 4.3 外部效度连续体

"N=1"单一被试研究及其贡献

有一些期刊刊登只对一名参与者开展单一被试设计研究的论文，尽管随着时间的推移，这种现象越来越少。这些研究是真正的"N=1"的研究，因此，它们本身对于研究自变量的外部效度几乎没有贡献。它们"独一无二"的贡献在于对干预有效性的量化评估和证明，在进行直接的参与者间复制时，由于它们对威胁内部效度的因素进行了充分评估和控制，因此，它们可以证明处理新的或少见的挑战性行为的干预有效。通过出版这些研究报告，鼓励人们开展系统复制，反过来，又提高了人们对干预的信度和泛化性的理解。但是，作为研究的使用者，你对你的服务对象或学生采用只对一人开展实验的干预之前，要非常谨慎。作为应用研究者，你应当尝试去复制效果。重要的是，不要忽视研究结果，你要充分地了解它们的局限，并通过复制建立对研究结果的信心。就这个议题，西德曼（1960）写道：

通常来说，特别是在一个年轻的科学领域，实验的实施只有一个目的，即判断有无可能发现某种特定的现象。在这样的实验中，在一个有机体身上证实了这种现象的存在，那么必须做的事情就是通过被试间复制建立信度。这些研究是进一步发展的动力。

（p. 93）

开启系统复制的一般性建议

如果你想着手实施一项系统复制研究，这里有一些关于如何开展的建议。

1. 阅读和你的研究兴趣或问题有关的报告。寻找近期发表的和你选择的议题有关的文献综述和元分析报告，因为它们可以提供一份和你的研究问题相同或相似的由实证调查者所做的参考资料。

2. 制作两个表格，一个列出你参考的各个报告中相似的要素，另一个列出不同的要素。

3. 分析被列入表格的数据，确定不同研究的相似点和不同点。

4. 阅读并列出研究者就此议题提出的关于未来研究的建议。这个通常在研究报告的讨论部分可以看到。

5. 写下你的研究问题，如果你还没有准备好问题，那么考虑一下研究者提出的建议和你的研究情境中存在的实际限制（比如，和参与者接触、每日日程、材料和设备的可获得性、对意外事件的控制，等等）。

6. 明确说明这项研究是一项复制研究，详细地报告你计划开展的研究和之前做过的研究之间有哪些不同。

一旦开始你的研究，就要注意是在全部参与者身上还是在部分参与者身上出现了自变量的复制效果。无论你的复制尝试是"成功的"还是"失败的"，针对那些对干预有积极反应和没有积极反应的参与者，你都能够辨识出他们之间的不同，这一点很重要。在"复制失败"的例子中，你能够实施最初的干预方案中的某种成功方法，或者实施替代性方案，这会增进你对干预的信度、泛化性以及干预的局限性的理解。在你分析你的研究结果时，这些收获又将进一步拓宽你的讨论范围，包括讨论那些和成功干预或失败干预有关的、和先前研究中的参与者比较而得的功能变量和状态变量。

总结

　　无论是对内部效度还是对外部效度而言，复制都是至关重要的。通过直接的参与者内复制，可以建立研究结果的信度。通过对同一项研究中多名参与者的调查，研究者可以将研究结果泛化到不同的人身上，泛化程度根据参与者在状态变量和功能变量上的不同而定。在单一被试设计研究中，研究结果的泛化性主要是通过在几年时间内开展的一系列系统复制建立的，在这些研究中，在调查者、目标群体、行为、因变量测量等方面都与最初的研究不同。系统复制一直在进行，永远不会结束，而失败的复制可能即将来临。当证实了"复制失败"，并确认出现了与先前研究不同的结果时，干预的局限性就显现出来了。应用行为研究者将这样的失败当成一项挑战，并试图调查失败的原因，同时对最初的干预方案提出修改意见，这些终将带来理想的行为改变。通过复制的过程，人类行为科学不断发展，我们设计有效的教学和治疗方案的能力也得到了提升。

第5章 因变量、测量和信度

珍妮弗·R. 莱德福、贾斯廷·D. 莱恩和戴维·加斯特

重要术语

可逆的（reversible）、不可逆的（non-reversible）、连续记录（continuous recording）、非连续记录（non-continuous recording）、启动（onset）、结束（offset）、计数（count）、持续时间（duration）、潜伏期（latency）、反应间隔时间（inter-response time）、事件记录（event recording）、计时事件记录（timed event recording）、自由操作（free-operant）、基于尝试（trial-based）、部分时距记录（partial interval recording）、全部时距记录（whole interval recording）、瞬间时间抽样（momentary time sampling）、构念效度（construct validity）、观察者漂移（observer drift）、观察者偏差（observer bias）、盲观察者（blind observer）、观察者间一致性（interobserver agreement）、差异讨论（discrepancy discussion）、发生一致性（occurrence agreement）、未发生一致性（non-occurrence agreement）、总一致性（gross agreement）

> 选择、界定行为并描述行为特征
> 选择一种数据记录程序
>   用事件记录和计时事件记录测量计数
>   基于尝试
>   自由操作
>   转换计数
>   百分比
>   比率

用持续时间和潜伏期记录测量时间
  每次时长
  总时长
用时距系统估计持续时间和计数
  部分时距记录
  全部时距记录
  瞬间时间抽样
  基于时距记录系统的准确性
  报告基于时距记录系统的使用情况
  穷尽和未穷尽的编码方案
与因变量测量有关的潜在问题
  无效
  不准确
  不可信
确保数据收集的信度
数据收集的资源
附录：数据收集表格

测量（measurement）可以被界定为根据一套规则对物品、事件或行为进行系统的、客观的量化。在接下来的两章中，我们会讨论对因变量和自变量的测量，主要关注如何确保测量程序和目标行为的准确性、可信度和有意义。

选择、界定行为并描述行为特征

选择行为

作为应用研究者，你决定测量的内容直接取决于你的研究问题和研究对象。有一些方法可以帮助你确定测量什么。除了利用个人观察，你还可以向重要他人（比如，父母、教师和治疗师、心理学家）咨询，并考察以前的评估情况。你也可以了解当前的个别化教育计划（individual education program, IEP）、个别化家庭服务计划（individual family service plan, IFSP）或治疗计划。在应用研究中，通常会有一个明显的问题需要解决，这个问题是针对一个人（比如，科学家—实务工作者有一名报告自己有特殊需要的服务对象）或一群人（比如，通过对一定范围内的文献开展综述研究，发现对非孤独症幼儿使用社会叙事干预的支持性研究不够充分；Zimmerman & Ledord, 2017）的。

在选定目标行为后，你要确定自己对行为的哪个维度感兴趣（Barlow & Hersen, 1984）。有两个主要维度：时间和数量。例如，你可以帮助儿童减少每日在学校发脾气的次数，或者你可以帮助儿童减少每日发脾气的时间。与此相似，对于有发脾气行为的儿童，你可以增加他们和同伴互动的亲社会行为的次数，也可以增加他们每日在学校以恰当行为参与游戏的时间。一般而言，时间或计数的变化会引起其他方面相应的变化，不过也并非总是如此。每种测量和估计方法的程序、困难以及益处各不相同；因此，在界定行为出现和选择测量程序之前，谨慎地选择你所好奇的维度很重要。

界定行为

和行为学方法一致，在进行教学和临床实践时，你要用可观察和可测量的术语来定义目标行为（Barlow & Hersen, 1984）。界定行为时，不能使用模糊不清的总括性词汇，如"破坏性的""无聊的"或者"消极的"，来描述行为，而要用具体的词汇。例如，教师经常观察到一名学生不经允许就下座位、在课堂展示时和同学说话，还有他的笔和书总掉到地上，你要更清楚地了解教师是怎么看待这些破坏性行为的。当撰写行为的操作性定义时，你应该列举与行为有关和无关的例子，确保编码时能够纳入所有相关的行为、排除所有不相关的行为。和行为有关的例子应包括最贴近行为定义的例子，无关行为的例子（即巴洛和赫森提到的"有问题的例子"，p. 112）也是如此。例如，破坏性行为的例子包括离开座位 1 米以上并持续至少 3 秒，和破坏性行为无关的近似例子是在教师发出指令或允许后离开座位 10 秒。对行为描述得越详细清晰，你就越能有效地做观察记录并和参与者、使用者或其他利益相关人（如父母）分享记录。与行为有关和无关的例子都要写出来，这是用来澄清问题的，而不是充当冗长的例子清单。表 5.1 列出了几个定义的例子，以及与行为有关和无关的例子，这些例子来自一项旨在评估基于操场活动的干预对体育活动行为的影响的研究（Ledford, Lane, Shepley, & Kroll, 2016）。

描述行为特征

为了在单一被试设计研究的情境中测量因变量，你需要确定因变量是可逆的还是不可逆的（不易逆转）。**可逆**因变量是指那些如果移除干预就有可能恢复至基线水平的行为。这样的例子包括：问题行为（如攻击行为）、专注任务行

表 5.1   编码的定义以及与行为有关和无关的例子

编码	定义	与行为有关的例子	与行为无关的例子
社交互动	直接指向一名同伴的中立性或积极性的言语或非言语的发起或回应。	叫一名同伴的名字。以注视回应同伴的发起。一次召唤多名同伴（如"大家好！"）。	任何直接指向一名成人的互动。任何消极互动（攻击、威胁以及其他让同学觉得"不友好"的动作或言辞，如"闭嘴"或"我恨你"）。
参与	以恰当的方式玩某种物品或和同伴玩耍，或进行有意义的体育活动。	玩追赶游戏。用球拍击球。跑向滑梯。	无目的地游荡。来回走。坐在滑梯上超过 2 秒。
接近游戏	(1) 在距离一名儿童不到 5 英尺*的地方玩同样的材料或活动；(2) 和他人一起选择同样的物品、玩同样的游戏，或者相互靠近。	站在同伴身边，两个人一起看泡泡。把球推向同伴。在同一建筑物中玩耍（假如距离不超过 5 英尺）。	一边摇摆一边做动作。在同一建筑物的两侧玩耍。跑步时的间距超过 5 英尺。

*编注：英尺是英美制长度单位，1 英尺合 0.3048 米。

Ledford, J.R., Lane, J.D., Shepley, C., & Kroll, S.(2016). Using teacher-implemented playground interventions to increase engagement, social behaviors, and physical activity for young children with autism. *Focus on Autism and Other Developmental Disabilities*, 31, 163-173.

为、学生的积极反应和社会交往。不可逆因变量的变化并不真的是永久性的，但这种变化有可能在没有干预条件的情况下得到维持。这样的例子包括：大多数学业行为（如看图读单词、图片命名）、一部分功能性行为（如学习如何用 iPod 玩游戏）和运动行为（如学习如何骑自行车）。表 5.2 列出了适用于可逆行为和不可逆行为的恰当设计。

除了根据可逆性描述行为特征外，你还应当根据行为是否短暂发生或行为是否每次至少持续十几秒来描述你感兴趣的行为的特征。有些行为持续的时间相当短暂（微不可计），比如，击打或打伤同伴、咒骂、模仿另一个孩子说话、从四个选项中指出一个选项，或者回答一道多选题。这些行为出现的时间不足 1 秒，那么这些行为的持续时间通常不是研究者感兴趣的内容。我们将这类行

表 5.2　在干预可逆行为和不可逆行为时，为证明功效或比较干预采用的设计类型

	可逆的	不可逆的
证明	A-B-A-B 多基线 变标准（changing criterion）	多探测
比较	交替处理（alternating treatments） 多处理（multitreatment） 同步处理（simultaneous treatments） 多因素（multielement）	适应性交替处理（adapted alternating treatments） 平行处理（parallel treatments） 重复获得（repeated acquisition）

为称为短持续时间（short duration）行为或瞬间持续时间（trivial duration）行为（Yoder, Ledford, Harbison, & Tapp, 2017）。其他行为每次出现的持续时间通常至少几秒。长持续时间（long duration）行为的例子有脱离任务行为（off-task behavior）、发脾气行为（tantrum behavior）、参与行为、平行游戏以及体育运动。有些行为是短持续时间行为还是长持续时间行为，取决于其发生的情境——例如，对比：测量三岁孤独症儿童的话轮（conversational turns）和他们有限的语言技能（短持续时间）与测量典型发育青少年参与者的话轮（长持续时间）；或者，对比：测量对视觉词的正确反应（短持续时间）与测量儿童阅读一篇文章的时间（长持续时间）。一旦你决定了要测量的行为的类型，你就能够选择数据记录的程序。

选择一种数据记录程序

在确定了要测量的行为后，要以可观察的术语界定它，并判断它是否可逆，你就必须考虑采用某种方法量化行为。对于单一被试设计研究者来说，有很多种记录程序可以选择，每一种都有它的优点和不足。你必须确定值得关注的行为特征是什么（比如，隔多久发生一次、持续多长时间，或者正确行为出现机会的百分比），然后选择一种能捕捉到这些被关注特征的记录程序，考虑使用它的可行性以及准确性。你需要考虑的变量包括：（1）目标行为；（2）干预项目的目标；（3）研究情境的实际限制，要测量的行为正发生在这一情境中；（4）对记录行为改变的敏感性。

单一被试设计研究中最常见的因变量评估类型是直接的、系统的观察和记

录（direct, systematic observation and recording, DSOR，以下简称"直系观察"）。也就是说，研究者根据一套有规则约束的、系统的方式来观看他们的研究参与者的所作所为并对其进行测量（Wolery & Ledford, 2013）。我们将用本章余下的篇幅来讨论直系观察。不过，还有两种测量行为的方式值得一提。首先，自动记录设备的使用，包括生物—行为记录仪，如脑电图（EEG；参看 Au et al., 2014），以及身体活动追踪仪（Ledford et al., 2016）等，可能会变得越来越普遍，因为实践中越来越多地使用这些设备进行测量，而且使用的可行性也有所提高（如花费减少）。另外，还需要研究这些测量设备在多大程度上和观察行为有关，不过，对人为数据收集的资源需求的降低使得这些自动测量设备更具吸引力。其次，永久性产物有时也可以用来测量行为，尤其是和获得学业技能有关的行为（Tawney & Gast, 1984）。例如，你不需要观察儿童在任务中的表现，只需对数学试卷准确判分。这种永久性产物在教育和临床情境中很常见，但是在单一被试设计研究中并不常用，部分原因是测试的效果具有一定的风险（参看第1章）。尽管如此，仍然有理由、有可能选择使用永久性产物来测量参与者的行为。

在使用直系观察时，有两种方式可以用来记录行为的发生：连续记录和非连续记录（Johnson & Pennypacker, 2009）。连续记录量化行为的发生情况；非连续记录则估计行为的发生情况。**连续记录**要求对行为的每次发生进行计数或计时。例如，你可以计算儿童每次正确朗读的单词有多少个（计数）或者计算他用了多长时间读完一段既定长度的文章片段（计时）。**非连续记录**要求以抽样的形式统计行为的发生，进而估计出真实的次数或事件。一般来说，非连续记录包含选择一定时长的时距（如30秒），确定哪些规则用于对某一时距内发生或未发生的行为进行编码，以及根据规则估计行为的发生情况。连续记录通常比非连续记录更有优势，因为它不依赖于行为抽样，避免了由抽样带来的误差。然而，实践证明连续记录通常不可行，或者无法调用足够的资源（比如，教室里的教师在教学时无法对学生的发脾气行为进行计时），或者实在太难（比如，对学生的专注任务行为进行定义时，要求观察者能够准确地辨识出行为的**启动**和**结束**）。行为的启动是行为即将发生的时刻，行为的结束是行为停止的时刻。

在选择程序之前，应当明确指出主要考察的因变量（如目标行为）的维度。最常见的两个测量维度是**时间**和**数量**。如果主要关注的是数量，那么应当基于**计数**数据（行为出现的次数）来选择测量系统。和时间相关的测量包括**持续时间**（行为出现的时间，或者从行为启动到行为结束的时间；Johnson & Pennypacker, 2009; Wolery & Ledford, 2013）、**潜伏期**（从出现信号或线索到行为启动的时间；Johnson & Pennypacker, 2009; Wolery & Ledford, 2013），以及**反应间隔时间**（从一个行为结束到下一个行为启动的时间；Johnson & Pennypacker, 2009; Wolery & Ledford, 2013）。表 5.3 列出了在应用研究中使用计数测量、持续时间和潜伏期测量的例子。反应间隔时间虽然有时会在行为定义中出现，但是很少作为一个独立变量使用（比如，如果上一个行为结束至少 2 秒后，下一个行为启动了，那么就可以被视为行为又发生了一次）。

表 5.3　使用计数、持续时间和潜伏期测量的应用研究的例子

引用文献	行为	记录系统	因变量
计数			
Kamps et al., 2014	社交行为	自由操作的计时事件记录	每个时段内发生的次数
Shepley, Lane, & Shepley, 2016	正确分类行为	基于尝试的事件记录	正确百分比
Chazin, Bartelmay, Lambert, & Houchines-Juarez, 2017	完成做饭任务的正确步骤	基于尝试的事件记录	正确完成步骤的百分比
Sutherlan, Alder, & Cunter, 2003	回应的机会、正确反应，以及破坏性行为	自由操作的事件记录	每分钟的次数（比率）
时间测量			
Leatherby, Gast, Wolery, & Collins, 1992	碰触开关以获得玩具	每次行为出现的持续时间	秒数 + 发生次数
Green et al., 2013	同伴互动	总持续时间	秒数
Kamps, Conklin, & Wills, 2015	专注任务行为	总持续时间	时段百分比
Wehby & Hollahan, 2000	对低概率命令的服从	每次行为出现的潜伏期	服从的秒数
计数数据估计			
Zimmerman, Ledford, & Barton, 2017	问题行为	部分时距记录（10 秒）	每个时段的次数估计

（续表）

引用文献	行为	记录系统	因变量
时间估计			
Reichow, Barton, Good, & Wolery, 2009	参与行为、问题行为	瞬间时间抽样（10秒）	时距百分比
Luke, Vail, & Ayres, 2014	专注任务行为	瞬间时间抽样（15秒）	时距百分比

用事件记录和计时事件记录测量计数

也许测量行为最简单的方式是计算行为出现的次数，这是一个直观的测量尺度，经常在典型的非研究情境（比如，计算测验中正确反应的次数、社交互动的次数，或者某个孩子违反纪律的次数）中使用。如果使用计数，那么你必须注意：（1）对行为的界定要非常谨慎，要让两位观察者在各自判断是否记录行为的某一可能的表现形式时能够做出一致的判断；（2）在何种条件下行为再次出现。如前所述，认真考虑与行为有关和无关的例子，在界定行为的第一项任务中会有所帮助。行为再次出现的条件可能很简单（比如，每次击打都计为出现一次自伤行为；在完成练习题时，每做对一道题都计为出现一次正确回答），但也有一些相对复杂（比如，如果社交互动之间出现了至少2秒的间隔，或者同伴对社交互动的反应有所不同，那么这样的互动就计为两个独立行为）。

对比：事件记录和计时事件记录

测量事件最简单的方式是看事件发生了多少次（如总数），这也被称为**事件记录**（Tawney & Gast, 1984）。当你对**次数**而不是**时间**更感兴趣的时候，下面讨论的步骤和变量可能会很适合你。一种更复杂的测量，即**计时事件记录**，包括记录事件的发生次数以及发生的时长（Yoder & Symons, 2012）。电子数据收集的应用使得这种以前很少使用的数据记录类型变得更加普遍。具体来说，录像记录的简单操作方式和/或电子数据收集应用设备的使用，使得很多研究可以采用计时事件记录。计时事件记录的益处包括：（1）有关行为出现时间的信息可能很重要［例如，如果儿童出现挑战性行为的时间接近每个时段的开头而不是结尾，那么可能意味着在时段开始之前，儿童会从依联回溯（contingency review）中获益］；（2）更有可能做出精准的一致性计算（Yoder & Symons, 2010; 参看"确保数据收集的信度"）。

当无法进行计时事件记录时，可以采用事件记录的一种变体。在这种情况下，研究者可以使用事件记录，不过要根据时间来记录"群"事件。为此，你需要：（1）确定可用于测量的最短周期（比如，10 秒或 1 分钟时距）；（2）设置计时器或其他设备，在特定时距提示数据收集者；（3）在两次提示期间计算行为出现的次数（比如，从计时器启动到 1 分钟，从 1 分 1 秒到 2 分钟，等等）。使用这样的数据收集方式比单独使用事件记录收集更加精确，但是比使用计时事件记录收集的精确性低一些。使用时距划分计数并不等于采用非连续的、基于时距的记录方式。它只是一种简单的用来提高数据收集精确性的策略——举例来说，和计时事件记录一样，在时距内进行事件记录可以帮助你识别出行为的时间特征（即它们大概什么时候会发生），并且可以对评分者一致性进行很好的评估。当采用这一类事件记录时，要报告行为出现的总次数（参看 Barton, Pribble, & Chen, 2013）。

基于尝试的事件和自由操作事件

一些行为可能会在测量过程中随时发生（比如，在自由游戏中发起社交互动的次数），而另一些行为则依赖特定的前提事件而发生（比如，在读词任务中正确回答的次数）。在任何时刻自由出现的事件被称为**自由操作**事件（Yoder & Symons, 2010）；我们将具有特定前提条件的事件（比如，研究者任务指导、同伴发起）称为**基于尝试的**事件。一般来说，当我们对基于尝试的事件感兴趣时，可以采用事件记录，因为每一个事件都有一个锚点（比如，第一个反应和第一个单词的呈现相关联）。对每个机会而言，行为的出现和不出现通常都要被记录下来（详尽编码信息，见下文）。自由操作事件可能更难测量，因为没有一个有关行为应该什么时候发生的规范；如果使用事件记录的方式来收集关于自由操作行为的数据，那么就只记录行为反应出现的数据，而不记录行为反应未出现的数据。这是因为用事件记录来收集自由操作反应的数据更加困难，研究者通常要使用基于时距的系统来估计行为的发生（参看本章中的"用时距系统估计计数和持续时间"）。

转换计数

当使用计数来测量行为的发生时，可以转换其数据呈现形式，从而更容易地对行为测量的结果进行比较。具体来说，通常将其转换成百分比或比率。

百分比

通常将基于尝试的计数数据转换成机会的百分比。例如，研究者可能会报告在尝试中出现学生独立且正确回答乘法计算题的百分比，或在朗读文章时正确读出单词的百分比。如果测量机会不同（比如，段落中的单词量不同），使用百分比可以对不同时段进行合理比较。此外，百分比在研究情境外应用得也很普遍，广为人知（比如，学校成绩单、饭馆卫生评分）。百分比的使用也促进了合理比较，因为使用它时几乎不需要了解测量情境（Cooper, 1981; Gentry & Haring, 1976）。例如，如果在图中正确反应的数值是 10（次），那么阅读者就要确定正确反应的最大值是多少（比如，10÷10 和 10÷20 之间的区别相当大）。百分比的计算方法是用行为的次数（或者正确行为的次数）除以总机会数或尝试次数，再乘以 100%。注意，没有区辨刺激（即表示行为将要发生的线索）的自由操作行为是无法被转换为百分比的。

比率

可以用简单的计数数据来报告自由操作行为，但是如果每次测量的时间长度不一致，那么通常要将这些数据转换成比率。比率指的是在一个特定的时段中行为出现的次数。例如，你可以报告每分钟阅读单词的数量，或者每小时问题行为出现的次数。与百分比一样，即使每次测量的持续时间一致，比率也能够帮助人们快速理解，而不需要考虑时段长度（Gentry & Haring, 1976）。比率的计算方法是用行为出现的次数除以测量机会出现的持续时间（比如，时段）；如果在 5 分钟的时段内出现了 11 次问题行为，那么比率就是每分钟出现 2.2 次问题行为。基于尝试的行为不能用比率来报告，因为它是由一名非参与者（比如，研究者、实施者、同伴）来控制尝试呈现的速度的，而这会限制反应的速度。

用持续时间和潜伏期记录测量时间

有时，特定行为出现的时间比其发生的次数更重要。例如，假设有两名儿童，劳伦和安德鲁，在一项时间较短的数学活动中分别参与了 3 次任务。如果不知道他们专注任务的**持续时间**，只知道次数，那么几乎没有什么帮助（比如，劳伦可能参与了 3 次时长为 1 分钟的任务，安德鲁可能参与了 3 次时长为 5 分钟的任务）。无论是研究持续时间还是潜伏期，都有两种关于测量时间的选择：每次行为出现的时长和总时长。

每次时长

每次时长是通过使用计时设备来计算行为每次发生时持续的秒数来测量的。从历史上看，每次时长的使用很烦琐，因为对每次行为的发生，研究者都要在行为刚开始的时候启动计时器，在行为结束时关闭计时器，并记录时间。免费或便宜的电子计时设备的应用使人们可以相对容易地记录每次时长。例如，有时，你可以在行为刚发生的时候按"开"键，在行为中断时按"关"键；电子程序可以自动计算出行为每次发生时持续的秒数（比如，iPhone 中的计时应用软件）。无论是手工收集还是通过电子设备收集，每次时长的数据都会提供大量可能有用的统计数据：行为出现的次数、每次发生的平均持续时间以及总持续时间。

总时长

总时长的记录包括每次行为启动时开始计时，每次行为终止时停止计时，但是并不计算每次发生的时间。直到可以用来测量的时机（比如，时段、上课时间）过去，才会统计出总时长。和每次时长不同，它无法提供关于行为出现的次数或每次平均时长的信息。但是，如果无法采用或获得电子计时设备，那么这种方式足以用来确定行为出现的总时长。

转换持续时间

如果采用计数的方式，持续时间的测量可以而且通常被转换成百分比来统计。你可以用行为出现的秒数除以你在测量时段内经历的总秒数（比如，10 分钟时段内的 600 秒），再乘以 100%，获得百分比。因此，如果在 10 分钟的时段内脱离任务行为出现的时间为 60 秒，那么你可以说这一行为占观察时段的 10%［（60÷600）×100%］。

用时距系统估计计数和持续时间

虽然直接测量次数和时间变量一般能够实现，但有时也很难或无法测量，特别是在某些应用情境中。在这种情况下，研究者一般会选择用时距系统估计行为出现的情况。使用该方式的前提假设是估计系统和持续测量系统有平行一致的地方，它可以代表情境中某一既定行为的真实情况。所有的非连续记录系统在测量之前就预先确定了时距，也设定了在时距之间统计行为出现情况的系统规则（Powell, Martindale, & Kulp, 1975）。对于不同的时距系统，时距的设定一般在 5 秒到 30 秒之间（Lane & Ledford, 2014）；总体而言，你要考虑已有的资源情况，然后尽可能选取最小的时距。在使用这些系统的时候，需要使用计时器（比如，可以定期提示的计时设备），很多电子设备就具备定时功能（比如，定时器；Deltaworks, 2016; 简易定时器，Kazarova, 2017）。机械定时器也可以从运动类物品商店以及在线零售商处（比如，GymBoss®, MotivAider®）获得。

我们下面要讨论的时距系统不包括一类间隔式"记录"时距（Barlow & Hersen, 1984）；也就是说，你是一个时距接着下一个时距记录的，中间没有停顿。对于间隔式记录时距，也可以这样使用。例如，在第二个时距开始之前，在第一个时距结束后有 5 秒的停顿时间，你要在这段时间里记录行为出现或未出现的情况。这些记录时距在某种程度上经常被使用，它们可能是现场记录中最有用的方法。比起使用全记录时距的时距系统，使用这种记录变体得到的数据比较少；当然，较少的数据更适合用来做*不那么准确*的记录，因此，应该根据对准确性的要求选择不同的时距记录方法。

我们提醒研究者，只有在没有办法或没有可能开展连续测量的时候，才能考虑使用这些非连续记录系统，因为所有的记录系统都和误差估计（比如，采用这些系统估计时间或数量会导致*不准确的测量*）有关。如果你必须采用其中一种系统，那么请遵循以下建议，以确保你可以选择最佳的系统进行估计，选择最合适的参数，并能够进行必要的纠正以提高估计的准确性。对于所有的时距系统，如果*数量*是研究关注的维度，那么也要报告估计的*计数*（比如，用行为出现的时距数量估计行为出现的总数量），如果*持续时间*是研究关注的维度，那么也要计算行为出现的*时距百分比*（比如，用行为出现的时距百分比估计行为出现的时间占总时长的百分比）。我们注意到研究者大多不报告行为出现的时距百分比，即使研究的行为具有断断续续出现的特征（正因如此，研究者不太可能对持续时间感兴趣）。下面，我们先阐述三种时距系统的使用程序、不足以及推荐原因；接下来，我们会讲述与使用这几种时距系统有关的问题。

部分时距记录

部分时距记录（partial interval recording, PIR）是时距系统中应用最为广泛的方法（Lane & Ledford, 2014; Lloyd, Weaver, & Staubitz, 2016; Mudford, Taylor, & Martin, 2009）。当使用部分时距记录时，观察者（数据收集者）要记录在时距内的任何时间发生的目标行为。因此，只要在时距内出现行为，就要记录下来，无论它是在整个时距内都发生，还是在时距内发生了一小会儿，也无论在时距内行为是发生了一次还是发生了多次。

优点和不足

部分时距记录的优点包括使用方便、有先例。如上所述，部分时距记录在行为科学中被广泛用于估计行为的发生已有四十多年的历史。此外，部分时距记录可能比连续记录更易于使用，因为一旦行为在一个时距内发生，就不需要采用其他观察方式了，而且只需要记录行为在时距内是否发生，无论发生了多少次。部分时距记录的明显不足在于，无论是对计数的估计还是对持续时间的估计，都是不准确的，而且需要在时距很短的情况下进行，这样才能在统计上将这些不足最小化。

使用部分时距记录的步骤

如果你决定使用部分时距记录来估计计数或持续时间，我们建议你遵循下述指导方针。

1. 对"行为发生"进行操作性定义。

2. 根据测量要求和资源限制，选择尽可能短的时距（如 5 秒）。

3. 建立一个数据收集系统，以便在每个时距内对行为发生（或未发生）进行编码。

4. 设置一个时距计时器，在每个时距结束时通过铃声或震动提示你。

5. 记录发生和未发生的情况。

（1）如果行为**在时距内的任何时间**发生了，那么计为一次行为发生。只记录每个时距内行为是否发生，无论其发生多少次。

（2）如果行为在时距内完全没有发生，那么计为一次行为未发生。

6. 在观察时段结束后，总结数据。

（1）如果你感兴趣的是**数量**，那么计算行为发生的时距数量。采用泊松矫正（Poisson correction）系数来减少误差（见下文）。将此次数作为**估计计数**进行报告。

（2）如果你感兴趣的是**时间**，那么计算行为发生的时距数量，再用它除以时距总数，得到行为发生的时距百分比。将此百分比作为**估计持续时间**进行报告。

对应用的建议。我们建议在如下情况下使用部分时距记录系统：（1）可以使用很短的时距；（2）行为的持续时间很短；（3）研究关注的维度是计数；（4）可以使用估计计数而不是时距百分比来报告。还有两个部分时距记录的可能变体：跨时距计数（counting across intervals）和行为迸发时距计数（counting onset only）。第一种变体是以前使用的记录方式，如果行为跨了两个时距，那么对这两个时距都要计数。更多的人使用的是第二种变体；在这种变体中，只有在时距中迸发的行为 ① 才会被记录下来（比如，如果在时距内行为迸发，那么就计为一次行为发生）。

全部时距记录

全部时距记录（whole interval recording, WIR）是应用范围最小的时距记录系统（Lane & Ledford, 2014; Lloyd et al., 2016; Mudford et al., 2009），这可能是因为人们普遍认为它在很多情况下表现不佳（Ledford, Ayres, Lane, & Lam, 2015）。当使用全部时距记录时，如果目标行为在整个观察时距内都出现了，那么观察者（数据收集者）就将其记录为发生一次。因此，只有在观察时距之前或刚开始的时候出现并持续到时距结束的行为才会被记录下来。

优点和不足

全部时距记录没有明显的优点，因为它比简单的计时或计数记录占用更多的资源，而且非常不适合用来估计计数和持续时间。

使用全部时距记录的步骤

尽管我们不推荐使用全部时距记录，了解它的使用步骤仍然很重要，这可以帮助我们更好地理解采用这种测量系统的研究的数据，因此，我们将这些步骤列在下面。

1. 对"行为发生"进行操作性定义。
2. 根据测量要求和资源限制，选择尽可能短的时距（如5秒）。
3. 建立一个数据收集系统，以便在每个时距内对行为发生（或者未发生）进行编码。
4. 设置一个时距计时器，在每个时距结束时通过铃声或震动提示你。
5. 记录发生和未发生的情况。

---

① 译注：在时距中迸发的行为即不是从上个时距延续而来的行为。

（1）如果行为**在整个时距内**都发生了，那么计为一次行为发生。

（2）如果行为在整个时距内没有发生，那么计为一次行为未发生。如果行为在整个时距内断续发生（包括行为在时距内的大部分时间里都发生了，但是并未在整个时距内发生），那么计为一次行为未发生。

6.在观察时段结束后，总结数据。

（1）如果你感兴趣的是**数量**，那么计算行为发生的时距数量。将此次数作为**估计计数**进行报告。

（2）如果你感兴趣的是**时间**，那么计算行为发生的时距数量，再用它除以时距总数，得到行为发生的时距百分比。将此百分比作为**估计持续时间**进行报告。

瞬间时间抽样

瞬间时间抽样（momentary time sampling, MTS）和部分时距记录一样，在单一被试设计研究中被广泛使用（Lane & Ledford, 2014; Lloyd et al., 2016; Mudford et al., 2009）。当使用瞬间时间抽样时，如果目标行为发生在每个时距结束的瞬间，那么观察者（数据收集者）将其记录为发生一次。在时距内的其他时间里，无论行为发生与否，都不记录。瞬间时间记录的一种变体被称为PLA-CHECK，它测量的是一组参与者的行为，在每个时距结束的瞬间，统计参与者中有多少人参与了活动（Doke & Risley, 1972）——在这个变体中，"个案"指的是一组参与者。

优点和不足

瞬间时间抽样可能是最容易使用的基于时距的记录系统，因为它只要求在每个时距的某个时间点记录目标行为发生或未发生的情况；不过，当时距特别短的时候（如 5 秒），它才是最准确的记录方式，这可能把它的优点最小化了。瞬间时间抽样在估计持续时间（Ledord et al., 2015）方面是最准确的记录系统。瞬间时间抽样不能用来估计计数，除非这些行为有明显的启动和停止表现，或者这些行为是长持续时间行为（非瞬间持续时间行为，见上文）。

使用瞬间时间抽样的步骤

如果你决定使用瞬间时间抽样来估计持续时间，那么请遵循以下指导方针。

1. 对"行为发生"进行操作性定义。

2. 根据测量要求和资源限制，选择尽可能短的时距（如5秒）。

3. 建立一个数据收集系统，以便在每个时距结束的瞬间对行为发生（或者未发生）进行编码。

4. 设置一个时距计时器，在每个时距结束时通过铃声或震动提示你。

5. 记录发生和未发生的情况。

（1）如果行为在**时距结束的瞬间**发生了，那么计为一次行为发生。

（2）如果行为在时距结束的瞬间没有发生，那么即使在时距内的其他时间发生了，也计为一次行为未发生。

6. 在观察时段结束后，总结数据。

（1）如果你感兴趣的是**数量**，那么计算行为发生的时距数量。将此次数作为**估计计数**进行报告。

（2）如果你感兴趣的是**时间**，那么计算行为发生的时距数量，再用它除以时距总数，得到行为发生的时距百分比。将此百分比作为**估计持续时间**进行报告。

基于时距记录系统的准确性

大量的研究讨论了基于时距记录系统的不准确性（Ary & Suen, 1983; Harrop & Daniels, 1986; Ledford et al., 2015; Powell et al., 1975; Rapp et al., 2007; Yoder et al., 2017）。尽管有这些研究，基于时距的记录仍然持续出现在应用行为文献中，尤其是那些测量亲社会行为、交往回应或挑战性行为的研究文献。此外，很多研究还提供了一些常见的建议，包括时距的长度要和行为每次发生的平均时长大致相同，或更短一些（Kazdin, 2010; Cooper, Heron, & Heward, 2007），不过这些建议也并不总能带来准确的测量。还经常有报告称部分时距记录会高估行为的发生率，全部时距记录则会低估行为的发生率，而瞬间时间抽样不仅会高估也会低估行为的发生率。所有基于时距系统记录下来的行为都比简单的低估或高估更为复杂。例如，行为每次被低估或高估的程度和如下情况有关：（1）是否对计数或持续时间进行估计；（2）时距长度和行为每次发生的平均时长的关系；（3）估计的是短持续时间行为还是长持续时间行为；（4）每个观察时段内行为发生的次数。我们会在图5.1和图5.2中举例说明这些问题；在大量的经过同行评议的出版物中，也可以看到更加复杂的基于时距系统的分析案例。

以秒计时

				5 秒									3 秒										16 秒					
PIR（2 秒时距）	-	-	-	-	-	+	+	+	-	-	-	-	+	+	-	-	+	+	+	+	+	+	+	+	+	-	-	-	-
WIR（2 秒时距）	-	-	-	-	+	+	+	-	-	-	+	+	+	-	-	+	+	+	+	+	+	+	+	+	+	-	-	-	-
MTS（2 秒时距）	-	-	-	+	+	-	-	-	-	-	+	+	+	-	+	+	+	+	+	+	+	+	+	+	+	-	-	-	-

以秒计时

		5 秒							3 秒						16 秒					
PIR（5 秒时距）	-	+	-	-	+	+	+	+	+	+	+	+
WIR（5 秒时距）	-	-	-	-	+	+	+	+	+	-	-
MTS（5 秒时距）	-	+	-	-	+	+	+	+	+	-	-

以秒计时

	5 秒				3 秒			16 秒			
PIR（10 秒时距）	+	+	+	+	+
WIR（10 秒时距）	-	-	-	-	-
MTS（10 秒时距）	+	+	+	+	-

持续	计数	持续时间 （百分比）
持续	3	24 秒（40%）
PIR	14	47%
WIR	10	33%
MTS	12	40%

持续	计数	持续时间 （百分比）
持续	3	24 秒（40%）
PIR	7	58%
WIR	3	25%
MTS	3	25%

持续	计数	持续时间 （百分比）
持续	3	24 秒（40%）
PIR	6	100%
WIR	1	12%
MTS	3	50%

图 5.1　样本数据描述了 3 次长持续时间行为（用灰色表示）的发生，并说明了分别采用 2 秒、5 秒和 10 秒时距的部分时距记录、全部时距记录以及瞬间时间抽样的估计值。

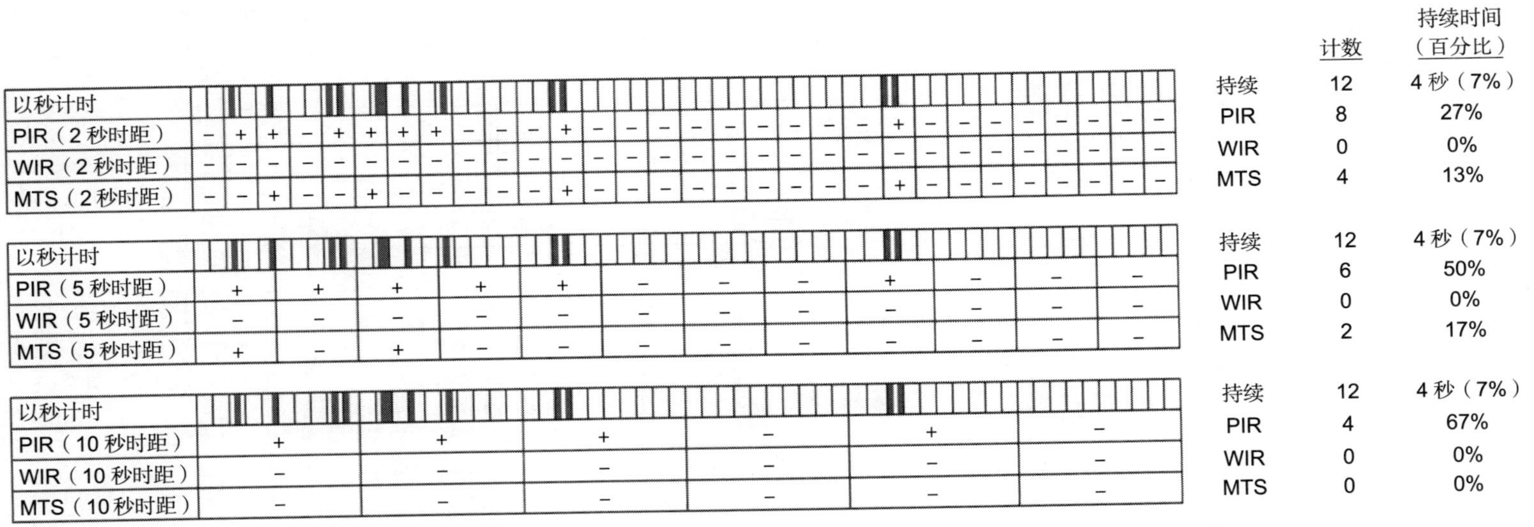

	计数	持续时间（百分比）
持续	12	4 秒（7%）
PIR	8	27%
WIR	0	0%
MTS	4	13%
持续	12	4 秒（7%）
PIR	6	50%
WIR	0	0%
MTS	2	17%
持续	12	4 秒（7%）
PIR	4	67%
WIR	0	0%
MTS	0	0%

以秒计时
PIR（2 秒时距）
WIR（2 秒时距）
MTS（2 秒时距）

以秒计时
PIR（5 秒时距）
WIR（5 秒时距）
MTS（5 秒时距）

以秒计时
PIR（10 秒时距）
WIR（10 秒时距）
MTS（10 秒时距）

图 5.2 样本数据描述了 12 次短持续时间行为（用灰色表示）的发生，并说明了分别采用 2 秒、5 秒和 10 秒时距的部分时距记录、全部时距记录以及瞬间时间抽样间隔采样的估计值。

关于非瞬间持续时间行为的准确性估计的例子

图 5.1 呈现了时长为 1 分钟的"时段";这并不是一个典型的时段长度,但是从这个短时段例子中得到的结果可以代表单一被试设计研究中常见的时段长度(Ledford et al., 2015; Yoder et al., 2017)。最上面一行的每个格子代表一分钟内观察的每一秒;灰色的格子代表在这个观察时段内"发生"的行为。因此,你可以看到,在一分钟的观察时段内出现了 3 次行为,总持续时间是 24 秒。第二行到第四行描述的是被分为 30 个 2 秒时距的时间段。格子中的"+"表示行为的发生已被编码,"-"表示行为的发生未被编码,这是根据每个时距系统来统计的。接下来的两张图显示的是同一行为的发生情况,但用的是 5 秒(中图)和 10 秒(下图)的时距。这张图中的数据包括每次发生至少持续几秒的行为(即长持续时间;非瞬间持续时间),如哭泣、专注于任务,或者和同伴一起玩平行游戏。当测量非瞬间持续时间行为时,我们最关注的通常是它们的持续时间(行为出现的时段占整个时段的百分比),对于这些行为,我们还是会根据时距系统的准确性估计行为的次数和时间。

在图 5.1 的所有比对数据中,行为发生的准确计数是 3 次(即在 1 分钟的时距中,行为在不同时间点出现了 3 次)。如图中右侧的数据所示,部分时距记录没有准确地记录次数——在行为出现的 3 个时距中,用部分时距记录估计的发生次数是 6~14 次,最少是精确计数的 2 倍,最多则达到精确计数的 5 倍。在 3 个时距中,全部时距记录产生了 1 次准确的估计、1 次高估、1 次低估。使用瞬间时间抽样,准确反映了 3 个时距中的 2 个的情况。因此,当使用 2 秒时距时,三种记录系统都导致了高估计数;当使用 5 秒时距时,部分时距记录导致了高估计数;当使用 10 秒时距时,部分时距记录导致了高估计数,而全部时距记录导致了低估行为计数。

在图 5.1 的所有比对数据中,行为发生的准确持续时间是 24 秒,或者说是时段的 40%。如图中右侧报告的数据所示,在时距很短的时候,这三种时距记录系统产生的数值准确性比较高(33%~47%),但是,如果时距比较长,那么在估计行为发生的持续时间时,部分时距记录会出现高估的情况,全部时距记录会出现低估的情况,而瞬间时间抽样在时距小于 5 秒时会出现低估的情况,在大于 10 秒时会出现高估的情况。出现这些模式的原因是,全部时距记录会"遗漏"一些并未在整个时距内都发生的行为(比如,假设时距是 10 秒,任何持续时间小于 10 秒的行为发生),而部分时距记录会重复计算任何一个持续时间超过时距长度的行为(比如,如果时距是 2 秒,那么一个持续时间为 3 秒的行为就会被记录为发生了 2 次）。另外，瞬间时间抽样会出现随机错误——也就是说，时距越短，对行为发生持续时间的估计的准确性越高。

关于瞬间持续时间行为的准确性估计的例子

和图 5.1 一样，图 5.2 呈现了时长为 1 分钟的"时段"，也用格子显示了行为的发生和时距系统数据。然而，在图 5.2 中，行为每次发生的持续时间都非常短暂（为了更好地说明问题，假设每次发生的时间是 1/3 秒）。在单一被试设计研究中，经常测量这些类型的行为——例如，学步儿的呢喃、有自伤行为的孤独症儿童击打自己的头部、成人模仿儿童的游戏行为的次数。当测量瞬间持续时间行为时，计数通常是人们感兴趣的统计量（比如，在 10 分钟时段中，一名儿童打了自己 50 次，但所测量的打人行为的总持续时间还是相对较短）。

在图 5.2 的所有比对数据中，行为发生的准确计数是 12 次。如图中左侧的数据所示，基于时距的记录系统中没有一个能够记录下准确的计数；所有的记录系统都低估了计数。对于瞬间持续时间行为，甚至是当使用极短的时距时，无论是瞬间时间抽样，还是全部时距记录，都不适合用于记录。部分时距记录会导致低估计数，时距越长、行为发生得越频繁（比如，一个行为紧接着另一个行为发生），低估越严重。对于通过部分时距记录的可预测的、合乎规则的行为，我们可以用一个统计系数，即泊松矫正系数，来提高估计计数的准确性（Yoder et al., 2017）。只有在对记录了**行为发生**的时距数量进行估计时，这个系数才有用。计算方法是用"未发生"的时距数量除以总时距数量，再将商数进行自然对数转换；得出结果后，再乘以用时段长度除以时距长度（用秒表示）得到的数字，最后得到的数字就是估计计数的矫正值。在 http://tinyurl.com/Poisson-Correction 网站可以查询到能够进行必要计算的电子数据表（Yoder et al., 2017）；计算方式如下：

$$-\ln\left(\frac{\text{未发生行为的时距数量}}{\text{总时距数量}}\right) \times \left(\frac{\text{时段长度}}{\text{时距长度}}\right)$$

一般认为，使用泊松转换系数可以提高非瞬间持续时间行为估计值的准确性（Yoder et al., 2017）；因此，我们建议当研究关注的是行为的计数时，使用这个系数。即使使用了矫正系数，要得到更准确的计数，也要使用更短的时距（Yoder et al., 2017）。例如，在图 5.2 提供的例子中，所有的计数估计值都比真实值多了 1~2 次，使得估计值和后续的计数（初始估计值越准确，矫正值越准确，例子中采用 2 秒时距的计数最准确）更为接近。

我们在图 5.2 中也展示了持续时间的数据；对这类行为来说，这些估计的持续时间几乎都不是研究者感兴趣的内容。虽然从时距非常短的瞬间时间抽样中可以得到相对准确的估计值，但是任何一种基于时距的记录系统都无法使我们得到准确的计数。在测量瞬间持续时间行为时，我们不建议使用基于时距的记录系统；表 5.4 按维度（计数、时间）和类型（连续的、非连续的）列出了关于使用测量系统的建议。

表 5.4　关于根据关注的维度和类型实施测量的建议

	次数	时间
连续记录	事件记录 定时事件记录	总持续时间记录 行为每次发生的持续时间记录
非连续记录	部分时距记录，对瞬间持续时间行为（如击打、模仿、发声）采用泊松矫正系数。将时距的**数量**作为**计数**估计值进行报告。	瞬间时间抽样，对非瞬间持续时间行为（如参与活动、平行游戏、发脾气行为）采用短时距。将时距**百分比**作为**持续时间**估计值进行报告。

注意：我们不建议采用部分时距记录系统来估计时间，不建议采用瞬间时间抽样来估计计数，不建议采用全部时距记录来估计时间和计数。

使用时距记录系统的报告

当使用基于时距的记录系统时，研究者应当谨慎地报告所有的参数（记录系统的类型、时距的持续时间、每个时段的时距数量），明确说明记录系统采用的是行为发生的估计值，对估计的行为维度进行命名（如次数、时间），还要讨论出现误差的可能性。如果估计的是时间（如持续时间、潜伏期、反应间隔时间），那么要提供行为发生的时距数量占时距总数量的百分比，这个百分比就成为时段内行为发生总持续时间的估计百分比。如果研究关注的维度是次数，那么就将行为发生的时距数量作为总数量的估计值，再使用前文描述的针对部分时距记录的泊松矫正系数公式来计算。在图 5.3 中，我们提供了一个流程图，你可以根据自己是使用连续记录系统还是使用非连续记录系统，研究关注的维度（时间、次数）以及行为的类型（长持续时间、短持续时间）来选择一个测量系统。

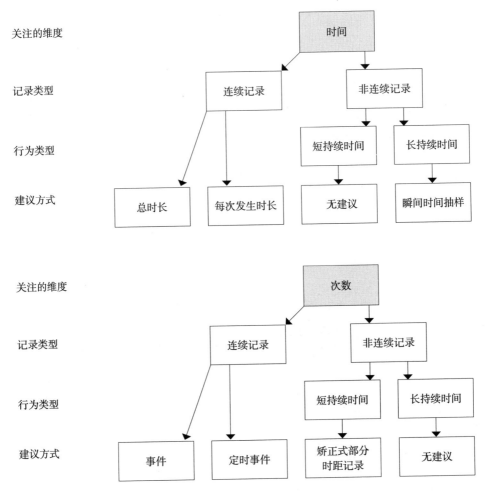

图 5.3　当研究关注的维度是时间（上图）或次数（下图）时，确定使用哪种测量系统的流程图。

收集多个行为的数据

作为单一被试设计研究者，我们经常会对多个行为的改变感兴趣。为了完成实验判断，你必须确定一个主要因变量。通过对这个行为进行分析，能够推动做出有关条件改变（在第 9 章至第 12 章中可以看到更多有关条件改变的具体设计）的决策。但是，在单一被试设计研究中，通常也会测量其他行为。例如，你可能会同时测量儿童参与者的参与持续时间和社交互动次数（Ledford et al., 2015），或者同时测量成年参与者实施研究程序的忠诚度（正确率）和儿童参与者参加活动的持续时间（Ledford, Zimmerrman, Harbin, & Ward, 2017）。无论变量是针对同一参与者，还是针对不同参与者，都应将其中一个变量确定为主要变量。

　　有时，我们会对一组彼此相关的变量进行编码。例如，在评估一项关于幼儿课堂参与的干预效果的研究中，我们可能会对该幼儿是否参与了与材料或人物有关的活动、未参与的情况、是否以刻板的方式参与或恰当等待的行为感兴趣。由于采用录像记录，我们能够对每个行为进行独立编码，可以采用行为每次发生的持续时间或瞬间时间抽样来记录。但是，如果行为**非常多**（即包括所有可能发生的行为），或者行为**相互排斥**（即无法同时发生的行为），我们依然可以同时对所有的行为进行编码，尤其是在采用瞬间时间抽样的情况下。这就是说，在每个时距的末尾，不是记录"发生"或"未发生"，而是记录**参与、未参与、刻板**或**等待**。尽管这些行为会发生共变（比如，如果参与行为增多，那么其他行为就会减少），仍然应当指定某个单一行为作为主要的研究行为，并基于这个行为做实验决策。采用穷尽性编码和互斥性编码（包括简单的发生／未发生编码）可以使关于信度数据的分析变得更有灵活性（有关"计算一致性"的内容，见下文）。

数据收集

　　直接观察是单一被试设计研究的特色。它和实践中出现的（或者应该出现的）数据收集类型完美契合。一般而言，单一被试设计研究者测量的是近距离的、受限于情境的内容（比如，直接测量我们在情境中教授的目标行为的改变；Yoder & Symons, 2010）。这和那些远距离的、普遍性的测量不同。例如，在课堂小组中，教一名儿童说出数学常识，然后在考试情境中通过标准化测量评估他掌握的情况，这就涉及测量近距离的、受限于情境的内容。而教儿童说出数学常识，然后在临床情境中通过对数学成绩的标准化测量来考察他的进步情况，得到的则是远距离的、普遍性的结果。这两种概念并不是完全对立的，单一被试设计研究所要测量的因变量或多或少和附近的事情相关，或多或少受限于情境。在任何情况下，几乎所有的单一被试设计数据都是通过研究者设计的测量工具收集的，一部分原因是缺乏适合重复使用的标准化工具，另一部分原因是研究者设计的测量工具通常能够敏锐地捕捉到参与者的行为中微小但有意义的变化。下面，我们就介绍一下应该收集的信息类型，以及如何利用技术来提高数据收集和分析的质量。

计划和开展信息收集

信息收集不仅包括收集研究关注的关于具体行为的信息（表现信息），还包括收集对解释和组织数据具有关键作用的其他信息（环境信息；即参与者人数、实施者姓名缩写、日期、时间；McMormack & Chalmers, 1978）。此外，和研究本身相关的具体信息，如教学阶段或调整情况，也都要记录下来，这样，你就有了关于研究过程中所做决定的历史记录。最后，总结性信息也要记录下来，包括总结性统计数据（如百分比校正值、时距总数量），考虑是否有关于观察者间一致性（IOA）和程序忠诚度（PF）的数据，如果有的话，最终的分数也要收集。如果你在主要数据收集和次要（IOA）数据收集中使用完全相同的表格，那么很重要的一点是在表格中留出一个部分，说明你是主要观察者还是次要观察者。在附录 5.1、附录 5.2、附录 5.3 和附录 5.4 中，你可以看到数据收集表的示例，包括基于尝试的事件记录、自由操作的事件记录、时距记录和持续时间记录。

使用技术

尽管数据收集的关键性质和测量的基本要素在时间的长河中基本保持不变，技术的进步仍然引起了数据收集过程的变化。大多数变化是有益的（如可行性提高、分析质量提高、自动计算）。但是，技术也带来了一些潜在的麻烦，由于信息是存储在电子设备中的，无形中增加了数据泄露的风险，电子设备的故障也增加了数据丢失的风险。不过，总体而言，数据收集技术的使用推动了该领域的发展，提高了测量日益复杂的行为的可能性。虽然与图书出版的更新速度相比，技术更新的速度更快，但是有两项重要的技术进步和我们讨论的内容相关：录像记录的使用和电子应用程序的使用。

用录像记录实验过程并不是什么新鲜事；然而，由于便携式电子设备具有操作相对简单、所收集的信息易传播的特性，在社会上被广泛使用，这提高了在应用情境中使用这些设备的可能性和社会可接受性。用录像记录实验过程有几个突出的好处：（1）它使得研究者可以按照计划开展研究，然后再收集数据；（2）它使得研究者可以就矛盾问题进行更详细的讨论（见下文）；（3）可以进行盲测（即请不了解实验任务的人收集数据）。尽管具有这些相当重要的积极特性，录像记录仍然可能会给参与者带来顾虑，包括涉及隐私和保密的问题（即它可能会增加非研究者看到研究活动的机会）。使用录像时，应告知参与者（或者签署同意书的法定监护人）使用这种技术的潜在弊端（参看第 2 章）。使用录像时，应通过纸笔方式、电子方式收集上述提到的所有信息。

　　用于数据收集的电子应用程序主要分为两类：可用于对录像信息进行数据编码的计算机程序（比如，ProCoderDV, Tapp, & Walden, 1993）和手机或其他便携式电子设备上的移动应用程序。当对参与者的信息进行编码时（如使用假名或参与者编号而非真名），使用这些电子产品并不一定会增加隐私或保密方面的担忧。此外，它们会带来更为精确的测量（如定时事件记录），并且能够进行基本的计算（如时距百分比）。这些应用程序一般是免费或低收费的（参看表 5.5；注意，应用程序的实用性、可获得性以及价格经常变化）；也有一些高收费的产品在实践中广为应用。在判断一个电子应用程序是否适合某项单一被试设计研究时，你应当考虑：（1）是否允许使用设备，是否有获得设备的可能，以及是否需要具有连通性，因为这很可能是一个问题；（2）设备是否能够帮助或允许你输入所有你需要的相关信息；（3）所有的数据收集者是否都能方便地使用与数据收集软件或应用程序兼容的设备；（4）在考虑到产品的种种限制的情况下，你是否还能充分地管理、分析并存储数据。

表 5.5　低收费或免费的数据收集应用程序

名称	设计者 / 开发商	费用
Behavior Tracker	NexTechnologies	0.99 美元
Countee	Peic, D., & Herandez, V.	免费
Intervals	elocinSoft	4.99 美元

注：所有的应用程序在 2017 年都可以在 http://itunes.apple.com 网站搜索到。

与因变量测量有关的潜在问题

　　在单一被试设计研究中，随着时间的推移，数据不断地被重复收集，而且几乎总是通过观察记录的方式收集。因此，人们观察和记录行为（通常是基于研究者设计的系统），并根据这些观察做出决策。马克·沃莱里是一位在幼儿特殊教育领域具有巨大影响力的单一被试设计研究者，他曾说："人类是最糟糕的数据收集者，但比起其他选择，通常又是首选。"（2011）有的问题，如无效、不准确和不可靠，并非单一被试设计或重复观察测量所独有，但是单一被试设计测量的性质确实带来了一些与分组设计研究者通常面临的问题不同的问题。

无效

效度有很多种类型，到目前为止，我们已经讨论了**内部效度**（结果由自变量导致的可信度）和**外部效度**（泛化性）。在下一章中，我们将要讨论社会效度。现在，我们讨论的是和单一被试设计研究情境中与因变量的重复测量最为相关的效度类型——**构念效度**（construct validity），它指的是你的测量程序是否准确地反映了你在测量中所关注的概念（Crano & Brewer, 2002）。虽然我们在单一被试设计研究中测量的是具体的、可观察的行为，但我们这么做，是因为它们代表了重要的社会性构念，如社交能力或学业能力（Shadish, Cook, & Campbell, 2002）。然而，要将定义明确、测量可靠的行为与定义宽泛、具有重要社会意义的构念进行匹配，有一定难度。例如，假设你给问题行为下的定义包括未经允许碰触他人。根据这个定义，如果在排队时拍别人的后背或不小心碰到别人，都要被计为问题行为——因此，如果这些行为不是问题行为，那么你的构念效度可能就会很低。虽然具体的、可观察的操作性定义可能会带来较高的信度，但并不一定能确保利用这些定义就足以对你感兴趣的行为进行测量。尤其是在测量如"互动"或"参与"等比较宽泛的社会性构念时，你应当确保你所界定的具体的、可观察的行为与它们衍生的概念是一致的（Barlow & Hersen, 1984）。

不准确

不准确指的是测量系统无法完美地反映行为实际发生的情况，包括：（1）已发生的行为未被编码；（2）未发生的行为被编码。不准确的原因包括人为的错误，以及定义不具体导致的信息缺失或信息有限，难以判断情境中的行为是否属于该定义下的行为。不幸的是，准确性并不是一个容易测量的构念；也就是说，行为的"真实"值取决于人类观察者（有时取决于计算机或其他机械化计数），但是这些转换值永远不会被视为"真实"值。相反，我们通过评估可靠性来增强对测量准确性的信心（Kazdin, 2010）。

不可信

为了提高准确测量的可能性，我们需要衡量测量的**信度**或两名观察者以同样的方式记录行为发生情况的一致性程度。当观察者对于行为发生的看法存在分歧时，可能存在以下三种常见问题中的一种：偏差、漂移或误差。

观察者偏差

偏差指的是数据收集者有意识或无意识地持有一些信念，这些信念以一种可预见的方向影响他们的数据收集。通常，当研究者相信他 / 她的干预能够对行为改变"起作用"时，偏差就会出现（参看 Chazin, Ledford, Barton, & Osborne, 2017），当然，它也有可能出现在研究者认为干预不太可能起作用的时候。例如，如果一位行为研究者将一项基于行为的干预和一项基于感觉的干预进行比较，他 / 她很可能会倾向于反对感觉干预，而欣赏行为干预。偏差并非只包括有意识的决策、恶意或违反伦理的意图，认识到这一点非常重要。通过收集观察者间一致性数据、经常绘制图表并分析数据、使用盲观察者，可以觉察到偏差并防止它出现。

观察者漂移

观察者漂移（observer drift）指的是随着时间的推移，数据收集者出现偏离准确使用行为定义的倾向。这个问题在单一被试设计研究中尤为突出，因为它的本质特征就是对单个参与者进行重复的、全面的数据收集。通过收集观察者间一致性数据、经常绘制图表并分析数据、鼓励持续地参考编码定义，以及针对不同的见解展开讨论等方式，可以觉察到观察者漂移并防止它出现。

误差

偏差和漂移是引起可预测误差的特定要素。然而，一些由观察者不正确地应用行为定义造成的错误，则属于非系统误差，包括：（1）观察者疏忽，通常会导致低估行为发生率；（2）在新的条件下很难调整编码（比如，在新的条件下，行为发生次数出现戏剧化的变化，增加了数据收集任务的复杂性）；（3）误解定义；（4）出现了意料之外的含混行为。通过如下方式可以减少误差：在开始收集数据之前，按照设定的标准对观察者进行培训，并在不同的情境中训练他们（比如，在研究过程中可能遇到的情况、不同的实验条件）；在短时间内限定数据收集的数量；熟悉研究参与者和他们可能做出的行为；针对不同的见解展开讨论。

确保数据收集的信度和效度

当计划和实施单一被试设计研究时，最重要的是确保你能收集到关于你所关注的因变量的有效和可靠的数据。这么做能够提高研究的内部效度，因为它增强了你的信心，使你相信数据反映出来的不同实验条件下的任何改变都代表参与者行为的真实改变，而非计划之外的或无关的因素造成的影响。

使行为可操作化

当撰写与行为无关的例子时，要清晰地说明那些看上去与研究所关注的行为相似但无法代表研究构念的例子（比如，如果你研究的是同伴之间的语言社交互动，那么要确保不具有社会功能的物品命名行为**不会**被计为一次行为发生），这样可以减少含混行为发生的可能性。不应只是简单地把和行为无关的例子看作和行为有关的例子的反例并列出来；相反地，可以把它们当成辨识相似但不被计为目标行为的练习例子。如果可能的话，最好在开始研究之前对儿童进行观察，并在此基础上根据个体情况，使行为的定义可操作化。

试用数据收集程序

在开展研究时，很重要的一点是确保你精心拟订的行为定义和精心设计的测量程序准确无误，并且适合用来收集你所关注的因变量的有关信息。在收集数据之前，要谨慎地开展这项工作。因此，如果有可能，研究者应当在实施第一个研究条件之前试用数据收集系统。可以在目标参与者、与目标参与者相似的个体或同盟者身上进行预试验，并收集数据。表 5.6 列出了在不同人群中开展预试验的优点和不足。注意，**不需要**在研究报告中报告这些数据，一般来说，机构审查委员会批准书中也不要求列出这些数据。但是，通常而言，你在获得服务对象或家长 / 监护人的许可后才能收集数据，尤其是当个人身份可被辨认出来的时候（如通过录像）。在预试验的数据收集过程中，要问你自己，在使用了你的定义后，所有的观察者是否：（1）捕捉到了和你的定义相匹配的所有相关行为；（2）未捕捉到看上去相似但和你的定义不匹配的行为。随着预试验程序的实施，你应当对信度和效度进行评估，修改定义，并相应地修正与行为定义有关和无关的例子。

训练观察者

在开发并测试了你的数据收集系统（定义、有关的例子、无关的例子、测量程序）之后，训练所有主要和次要（即观察者间一致性）的数据收集者。为此，我们建议：（1）以书面形式提供定义、有关的例子、无关的例子和程序；（2）和数据收集者一起练习编码、回答问题，并解决冲突；（3）针对不同的见

表 5.6　在不同的参与者身上进行预试验的优点、不足和例子

	优点	不足	例子
目标参与者	如果参与者容易找到，那么在最初设计时就不需要考虑是否会出现异质性行为。	参与者可能在基线阶段呈现出相似的行为水平，但在干预条件下行为发生改变后，数据系统可能无法良好运行。	当计划开展一项旨在改善玩玩具行为的研究时，珍通过观察她所在的普通班级幼儿参加活动的行为来练习使用数据收集系统，她也想从这个班级里招募研究参与者。
与目标参与者相似的个体	如果参与者不容易找到，那么相似的个体在数据收集过程中也能呈现出一些需要解决的问题，如潜在的含混行为。	同上；选择几名呈现出不同行为水平的个体有助于解决这一问题。	在计划开展一项旨在提高一所公立学校的学生阅读速度的研究时，戴维通过观察他经常拜访的一所实验学校的几名幼儿来练习使用数据收集系统。
同盟者	同盟者可以设计出不同的情境，促使不同水平、不同类型的行为发生。	同盟者可能不会表现出和研究参与者相似的行为。	当计划开展一项旨在改善同伴之间的社交互动的研究时，贾斯廷招募了几名本科生，让他们自己设计了一些假想游戏场景，其中有的需要高频互动，有的只需要低频互动。

解展开讨论，在适当的时候修改书面指南；（4）主要和次要观察者独立对第二个时段进行编码（比如，在同一时间或者对同一录像进行编码），计算他们的编码和你的编码的一致程度；（5）针对任何不同的见解展开讨论，在适当的时候修改书面指南；（6）重复上述过程，直到受训者的水平达到你的标准。一般而言，可接受的训练标准是主要观察者与其他所有的观察者之间的一致性达到90%。后面列出了计算一致性时需要考虑的具体事项。

使用盲观察者

盲观察者（blind observers）指的是对正在收集的数据产生影响的条件

一无所知的数据收集者，使用盲观察者可能会造成成本和可行性方面的困难（Wolery & Gartinkle, 2002）。例如，沙赞及其同事（2017）开展了三类实验，以确定在大型集体活动中——在座位上的活动、旨在激发从中度到剧烈运动的活动以及典型的课堂活动，体育活动是否会对后续行为造成影响。在每天实施了三种实验条件中的一种后，课堂大型集体活动开展的情况被录像记录下来。在录像记录中，看不到在大型集体活动开始之前实施的是哪一种实验条件，因此，观察者可以在不产生与结果测量有关的潜在偏差的情况下对数据进行编码（Chazin et al., 2017）。虽然在单一被试设计研究中很少使用盲观察者（Tate et al., 2016），但是在实验条件不明显的情况下，盲观察者可以起到降低出现观察者偏差的可能性的关键作用（近年受到关注但早年就已经提出的某种假设；参看 Bushell, Wrobel, & Michaelis, 1968）。对于某些研究问题，不太可能使用盲观察者（比如，在有关使用视觉支持的研究中，研究者可以明显看出这些支持是否存在）。不过，我们还是可以招募那些对研究目的和假设一无所知的观察者（比如，训练观察者收集因变量数据，但是不向他们提供任何有关实验条件变化以及这些变化可能对测量产生什么影响的信息）。

收集和呈现观察者间一致性数据

单一被试设计研究者最常评估的是两名观察者同时独立观察和记录行为的信度，并以百分比的形式报告他们的一致性程度，这通常被称为**观察者间一致性**（interobserver agreement, IOA），也可以被称为评分者间信度或评估者间一致性。为了收集观察者间一致性数据，需要有两名独立的数据收集者在某个测量情境中同时在各自的数据收集表上观察并记录行为。当在现场而非通过录像收集数据时，观察者应该做到真正的独立；这可能需要考虑观察者的身体位置和数据收集表的位置。例如，两名观察者可能需要在房间的两侧面对面坐着，这样他们就不太可能看到对方的数据收集表或设备。另外，当采用基于时距的系统或基于尝试的事件记录时，观察者应当收集有关行为发生和未发生的数据，以避免凸显观察者的判断（即一名观察者无法确定另一名观察者做的记号表示的是行为发生还是未发生）。如果采用基于时距的记录，那么要注意把各个记录设备调成同步记录，以避免由不同的时间设置导致不一致的测量结果。

观察者间一致性数据的形成性分析

收集数据后，研究者应当分析观察者间一致性数据。即时分析在本质上应当是形成性的，并且每次实施观察者间一致性测量后都应进行分析。形成性分析（formative analysis）可以用来告诉研究者他们的定义和程序的清晰明确程度，并提醒研究者何时要开展更多的培训。为了达到形成性分析的目的，研究者应将两名观察者的数据绘制在一张图上（Artman, Wolery, & Yoder, 2010; Chazin et al., 2017; Ledford, Artman, Wolery, & Wehby, 2012; Ledford & Wolery, 2013），这样可以对两名观察者之间的差异进行视觉分析，并让研究者辨识出潜在的观察者漂移或偏差。例如，在图 5.4 的上图中，一致性的平均百分比处于可接受的范围内（见下文），你可以看到盲观察者在统计行为发生次数时，有时比主要观察者多，有时比主要观察者少。这意味着没有出现系统性的偏差，也不可能出现漂移。图 5.4 的中图显示了具有相同的一致性百分比（81.7%）的数据，但是基线期间所有的误差使得盲观察者在基线中记录了更多的积极结果（更多的发起次数），而在干预期间记录了更少的积极结果（更少的发起次数）——这说明存在观察者偏差的可能性很高。在图 5.4 的下图中，你可以看到盲观察者的数据慢慢远离主要观察者的数据。这意味着存在漂移，尽管尚不能确定哪名观察者（如果不是两名观察者都出现漂移的话）在应用定义时准确性越来越低。

将数据绘制成图表后，对于观察者之间的任何差异，都要展开讨论，并就每种情况达成共识（比如，什么是正确反应？），这就是上文提到的**针对不同的见解展开讨论**。在就编码达成共识后，可以对主要观察者收集的数据进行调整，使其更符合编码定义并减少错误，但还应报告原始的计算结果（即可以重新绘制数据图表，这样，最终阅读报告的人就不会被错误数据干扰，但是**已经记录的观察者间一致性百分比绝不能更改**；见下文）。如果有可能存在偏差，那么应当让盲观察者对所有剩余的时段（如果是录像记录，还应包括之前的时段）进行编码。如果有可能存在漂移，那么应当对观察者进行再培训。

计算一致性

除了绘制用于形成性分析的观察者间一致性数据图表外，研究者还应使用百分比或卡帕系数来计算一致性，用以对数据进行形成性评价和总结性评价。在形成性评价中，研究者应分析不一致的情况，并判断是否需要进行更多的培训。在总结性评价中，研究者应报告一致性系数以支持数据收集的信度。

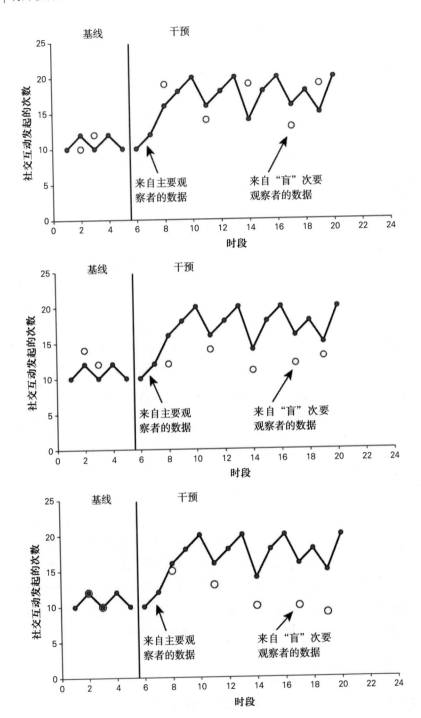

图 5.4 绘制了主要观察者和次要观察者的数据的三张图。上图显示了很高的一致性，但在两个方向上存在不一致的情况。中图显示了很高的一致性，但存在潜在的观察者偏差。下图显示了很高的一致性，但存在观察者漂移的迹象。

百分比一致性

百分比一致性的计算很简单，属于直接计算，应用很广。虽然具备这些优点，但是百分比一致性会受到机会一致性、行为比率和使用的测量系统的影响（参看 Kratochwill & Wetzel, 1977）。一般来说，百分比一致性指的是在所有可能达成一致的机会次数中，两名观察者实际达成一致的次数。百分比一致性的计算和解释会因使用的测量系统的不同而有所不同。

在基于尝试的行为记录系统和基于时距的记录系统中使用的点对点一致性

在实施基于尝试或基于时距的测量时，可以通过使用逐一尝试（逐一时距）比较来计算一致性（**点对点一致性**）。要采取这种方式进行计算，可将一名观察者的每个时距（或尝试）的编码和另一名观察者的相应时距（或尝试）的编码进行比对。要注意编码是相同的（一致）还是不同的（不一致）。在确定了时距编码一致或不一致的数量后，计算总的百分比一致性（Tawney & Gast, 1984）：

$$\left[\frac{\text{一致性次数}}{\text{一致性次数} + \text{不一致性次数}}\right] \times 100\%$$

从历史上看，平均一致性达到 80% 或更高才被认为是可接受的（Kazdin, 2010），这也是判断一致性是否达到研究要求的常见标准（**What Works Clearinghouse**, 2014）。对研究来说，一致性达到什么程度是合适的，取决于几个因素，包括行为和情境的复杂性以及不同的实验条件之间行为改变的程度。例如，在考察一名儿童命名可视单词的正确率的研究中，80% 的平均一致性会被认为过低，因为它只是对简单任务进行正确和不正确的编码，这样的任务通常非常简单；而如果是在典型的课堂自由游戏的情境中对儿童的社交互动进行研究，那么平均一致性达到 80% 就相当不错，因为编码相对复杂，研究情境也相对复杂。此外，如图 5.4 所示，当条件之间的改变很小时，80% 的一致性会导致改变是由干预而非偏差引起的这个说法的可信度降低。对于任何观察者间一致性低于 80% 的时段，都应在文中加以说明。图 5.5 中的上图列出了使用时距记录时计算点对点一致性的例子。

在基于尝试的行为记录系统和基于时距的记录系统中计算发生和未发生的一致性

由于机会一致性适用于行为发生率很低（比如，如果在几乎所有的尝试或时距中行为都没有发生）的情况，一些研究者建议使用**发生一致性**（Tawney & Gast, 1984）。为了计算发生一致性，你只能在至少有一名观察者注意到行为发生的时距中（我们将其简称为"发生尝试"或"OT"）对记录行为发生与否的一致性和不一致性进行编码（如前所述）。因此，计算方式如下：

部分时距记录（5秒时距）

秒数		5秒			3秒				16秒			
主要观察者记录的行为发生	-	+	+	-	+	+	+	+	+	+	-
次要观察者记录的行为发生	+	+	-	+	+	+	+	+	+	-	-
一致性或不一致性	A	A	D	A	A	D	A	A	A	D	A

计算点对点一致性：
一致性次数：9
不一致性次数：3
[9÷（9+3）]×100%=75%

计算行为发生一致性：
一致性次数：4
不一致性次数：3
[4÷（4+3）]×100%=57%

计算行为未发生一致性：
一致性次数：5
不一致性次数：3
[5÷（5+3）]×100%=63%

计时事件记录（2秒一致性时间差）

行为发生的时间差
01:23
01:28
01:59
03:32
03:49
04:59

总持续时间：217秒

行为发生的间歇
01:23
01:26
03:36
03:49

准确的一致性：2
在限定的时间差以内的一致性次数：1
在限定的时间差以外的不一致性次数：1
关于行为发生的不一致性次数：2
[（2+1）÷（2+1+1+2）]×100%=52%

行为每次发生的持续时间记录

发生的秒数
23
92
46
3
10
43

总持续时间：217秒

发生的秒数
21
84
52
29

总持续时间：186秒

点对点计数一致性：
一致性次数 =4 不一致性次数 =2
[4÷（4+2）]×100%=67%

持续时间的毛一致性：
（186÷217）×100%=86%

图 5.5 基于尝试或基于时距数据的一致性计算示例（上图）、计时事件记录（中图），以及持续时间记录（下图）。

$$\left(\frac{\text{OT 的一致性次数}}{\text{OT 的一致性次数 + OT 的不一致性次数}}\right) \times 100\%$$

同样地，也可以计算未发生不一致性，但仅在至少有一名观察者注意到行为未发生的尝试（我们将其简称为"未发生尝试"或"NOT"）中可以使用。

$$\left(\frac{\text{NOT 的一致性次数}}{\text{NOT 的一致性次数 + NOT 的不一致性次数}}\right) \times 100\%$$

未发生一致性和发生一致性可能高于总一致性，也可能低于总一致性，这主要取决于在实验时段中出现的不一致的类型。我们建议在正式使用一致性数据之前，评估发生一致性和未发生一致性是否适用于该研究领域，不过，很少有人在正式发表的报告中提到这些。

在使用计时事件记录的自由操作行为测量中计算点对点一致性

在使用计时事件记录收集你所测量的行为数据之前，你应该制作一个时间列表，如果两名观察者都标记了行为发生，你就可以在这个列表中记录下他们取得的一次相同意见。例如，在图 5.5 中，中图显示 1 号观察者在 1:28 标记了一次行为发生，2 号观察者在 1:26 标记了一次行为发生。虽然时间戳不完全相同，但是看起来不太可能出现这样的情况，即 1 号观察者在记录一次真实的行为发生时遗漏掉另一次真实的行为发生，2 号观察者同样如此。更可能出现的情况是一名观察者的反应时间稍短一些。一般来说，几秒钟的时间差（比如，根据编码和环境的复杂程度，最大时间差可以为 2~5 秒）是可以接受的。在计时事件记录中，由于不记录行为未发生的情况，因此总一致性的计算和基于尝试或基于时距的行为记录的计算相似。首先，你把发生的行为一一列出，确定在限定的时间差中一致性记录出现了多少次。然后，你记录在时间差之外行为发生的不一致性次数（比如，如果你的时间差为 2 秒，那么 1 号观察者在 3:32 记录了一次行为发生，2 号观察者在 3:36 记录了一次行为发生），并记录一名观察者记录行为发生一次而另一名观察者什么也没有记录的情况。因此，一致性记录包括两名观察者在同一时间记录行为发生，以及两名观察者在限定的时间差中记录行为发生。不一致性记录包括两名观察者在时间差之外同时记录行为发生，以及只有一名观察者在限定的时间差中记录行为发生。那么，一致性的计算方式如下：

$$\left(\frac{\text{在限定的时间差中记录行为发生的一致性次数}}{\text{一致性次数 + 不一致性次数}}\right) \times 100\%$$

当行为发生的次数很少的时候（在基线条件或干预条件中，根据干预目标的不同，这种情况确实经常发生），一次不一致性记录就有可能造成非常低的一致性。在这种情况下，有必要报告不一致性低的原因，并收集额外的观察者间一致性数据（比通常情况下的最低水平高）。

在使用事件记录或总持续时间记录的自由操作行为测量中计算一致性

和前面提到的例子不同，当使用事件记录或总持续时间记录时，无法测量点对点一致性。取而代之的是计算**毛一致性**（总一致性）：

$$\left(\dfrac{较小的测量值}{较大的测量值}\right) \times 100\%$$

例如，如果一名观察者记录的行为发生总持续时间是 220 秒，另一名观察者记录的总持续时间是 242 秒，那么一致性就是 90.9%〔（220÷242）×100%〕。这种类型的一致性比较低级，因为它无法识别出差异（比如，缺少关于在什么时间点出现了不一致记录的信息），也无法用证据说明所有的"一致"（比如，上面例子中的 220 秒）实际上指的是在同一时间点由两名观察者记录下相同的编码。因此，这是最冒险和最不可取的一致性计算方式。如果对于行为的每次发生，都测量了它的持续时间，那么可以根据发生的情况计算点对点一致性（比如，事件数量一致性），也可以根据持续时间估计毛一致性（比如，持续时间一致性），如图 5.5 中的下图所示。

卡帕系数

如前所述，当行为发生率很低或很高时，有可能出现机会一致性较高的情况（即一名非观察者可能会把所有的时距都标记为行为发生或未发生，这样，他和一名观察准确的观察者之间的一致性就很高）。虽然我们不认为很多数据收集者会有意伪造数据，但这种机会一致性仍然有些令人担忧，因为它意味着一致性和准确性不一定高度相关。与百分比一致性相比，卡帕系数（Kappa coefficient）是更高级的系数，因为它通过数学计算矫正了机会一致性（Cohen, 1960）；随着时间的推移，很多研究者都认为应该用卡帕系数来取代使用更为广泛的百分比一致性（Hartmann, 1977; Kratochwill & Wetzel, 1977; Watkins & Pacheco, 2000），尽管在与基础比率有关的方法论问题上有不同的看法（了解更全面的论述，参看 Yoder & Symons, 2010）。当使用基于时距或基于持续时间的记录时，可以计算卡帕系数，但在使用事件记录或计时事件记录时，无法计算卡帕系数，因为你必须获得有关行为发生和未发生的信息。要计算卡帕系数，你要用百分比一致性减去机会一致性，再除以机会一致性；这样余下的部分就和机会一致性没有关联了。机会一致性的计算方式如下：

$$\frac{1\text{号观察者记录的 OT 数} \times 2\text{号观察者记录的 OT 数}}{\text{尝试总次数}^2} +$$

$$\frac{1\text{号观察者记录的 NOT 数} \times 2\text{号观察者记录的 NOT 数}}{\text{尝试总次数}^2}$$

注意，我们在例子中使用的是"尝试"，但它也可以指时距（用于基于时距的系统）或时间（用于持续时间测量）。由于卡帕系数的计算有些复杂，因此可以通过使用几种在线计算器来获得卡帕系数。由于卡帕系数排除了机会一致性，因此它的可接受值也比百分比一致性低一些（一般来说，最低的可接受值是 0.6 而不是 0.8）。

总结

在选定了要研究的行为后，研究者要遵循系统的步骤以确保对单一被试设计研究的成果进行有意义的评估。这些步骤包括：谨慎地界定行为并列举与行为有关和无关的例子，根据行为的可逆性和持续时间类型说明行为的特征，确定关注的维度，选择一个测量系统，对测量系统进行预试验，训练观察者，必要时修改实验程序。在开始收集数据后，还要采取其他步骤以确保数据收集的信度，包括收集观察者间一致性数据并对其进行形成性和总结性评价。遵循本章概述的步骤开展研究，根据你对研究结果中的因变量的评估，能够得出关于实际行为的发生和改变的有意义的结论。

附录 5.1
基于尝试的事件记录

数据收集者姓名：＿＿＿＿＿＿　　日期：＿＿＿＿＿　　环境描述：＿＿＿＿＿＿＿＿

圈出：主要观察者　　　　　次要（IOA）观察者

参与者人数：＿＿＿＿＿＿＿＿

尝试	刺激 / 参与者	反应
1		
2		
3		
4		
5		
6		
7		
8		
9		
10		
11		
12		
13		
14		
15		
16		
17		
18		
19		
20		

可能的行为和定义：

备注

正确的百分比：＿＿＿＿＿＿＿（正确）÷＿＿＿＿＿＿＿（尝试总次数）=＿＿＿＿＿

该时段的观察者间一致性系数（附上完整表格）：＿＿＿＿＿＿＿＿＿＿＿＿＿

该时段的程序忠诚度（附上完整表格）：＿＿＿＿＿＿＿＿＿＿＿＿＿＿＿＿

附录 5.2
自由操作计时事件记录

数据收集者姓名：＿＿＿＿＿＿　日期：＿＿＿＿＿＿　环境描述：＿＿＿＿＿＿＿＿＿

圈出：主要观察者　　　　次要（IOA）观察者

参与者人数：＿＿＿＿＿＿＿＿＿

事件	时间戳	行为	可能的行为和定义：
1			
2			
3			
4			
5			
6			
7			
8			
9			
10			
11			备注
12			
13			
14			
15			
16			
17			
18			
19			
20			

行为 A 的发生次数（＿＿＿＿＿＿）：＿＿＿＿＿＿

行为 B 的发生次数（＿＿＿＿＿＿）：＿＿＿＿＿＿

该时段的观察者间一致性系数（附上完整表格）：＿＿＿＿＿＿＿＿＿＿＿＿＿＿

该时段的程序忠诚度（附上完整表格）：＿＿＿＿＿＿＿＿＿＿＿＿＿＿＿＿＿

附录 5.3
时距记录

数据收集者姓名：_____　日期：_____　环境描述：_____

圈出：主要观察者　　　　次要（IOA）观察者

参与者人数：_____　时距记录类型：MTS PIR

时距	行为	累积时间	时距	行为	累积时间
1			26		
2			27		
3			28		
4			29		
5			30		
6			31		
7			32		
8			33		
9			34		
10			35		
11			36		
12			37		
13			38		
14			39		
15			40		
16			41		
17			42		
18			43		
19			44		
20			45		
21			46		
22			47		
23			48		
24			49		
25			50		

可能的编码和定义：

备注

附录 5.4

行为每次发生的持续时间记录

数据收集者姓名：_____　日期：_____　环境描述：_____

圈出：主要观察者　　　　次要（IOA）观察者

参与者人数：_____

事件	开始	结束	行为的定义和开始 / 结束的规则：
1			
2			
3			
4			
5			
6			
7			
8			
9			
10			
11			备注
12			
13			
14			
15			
16			
17			
18			
19			
20			

发生的次数：_____　总持续时间：_____　（增加秒数）

每次发生的持续时间 = 总持续时间 ÷ 发生的次数 = _____

该时段的观察者间一致性系数（附上完整表格）：_____

该时段的程序忠诚度（附上完整表格）：_____

第6章　自变量、忠诚度和社会效度

埃琳·E. 巴顿（Erin E. Barton）、赫达·米亚丹—卡普兰斯基（Hedda Meadan-Kaplansky）和珍妮弗·R. 莱德福

重要术语

变化理论（theory of change）、程序忠诚度（procedural fidelity）、剂量（dosage）、控制变量（control variables）、自变量（independent variables）、实施忠诚度（implementation fidelity）、处理完整性（treatment integrity）、核查表（checklist）、自我报告（self-reports）、直接系统性观察（direct systematic observation）、社会效度（social validity）、盲观察者（blind observers）、常模比较（normative comparisons）、维持（maintenance）、持续使用（sustained used）、参与者偏好（participant preference）

计划和实施研究
忠诚度的测量
　　界定实验条件
　　实施忠诚度
　　一致性和差异性
　　忠诚度的类型和测量
　　形成性分析
　　总结性分析
社会效度
　　社会效度的维度

目标
程序
结果
社会效度的评估
典型的主观测量
不易受偏差影响的测量
总结
附录：数据收集表

计划和实施研究

在单一被试设计研究中，人们可以对研究者操纵的一个或多个自变量（干预或治疗）和一个或多个因变量（行为）之间的因果关系进行评估。单一被试设计研究的过程包括系统地提出研究问题、设计和界定自变量、按计划实施研究以及重复测量因变量；这个过程使实验控制得以建立，功能关系得到检测（Horner et al., 2005）。实验控制是参与者、因变量和自变量之间的一种特定的关系。在单一被试设计研究中，建立实验控制意味着证明功能关系的存在，功能关系通常出现在以下情况下：（1）在非常严格的控制下实施研究，在该研究中，如果实验符合当前单一被试设计研究的标准，那么会提高研究结果的可信度（第 9 章至第 12 章；Horner et al., 2005; Kratochwill et al., 2013）；（2）有明确的记录表明自变量的实施导致因变量在三个不同的时间点上都发生了变化；（3）明确界定了研究内容，辨识出了内部效度的威胁因素并将其最小化。

要在单一被试设计研究中辨识出因果关系，需要精心地计划和实施数据的收集（因变量）和实验（自变量）。一旦准确地界定了因变量，就可以计划和设计出能够引起假定变化（hypotheses change）的自变量（Kennedy, 2005）。你应该利用已有的实验研究来设计自变量；可以设计新的研究来回答与以前研究过的自变量有关的新问题，或检验调整后的自变量，还可以对一些根据广为人知的变化理论（theory of change）选取的全新的自变量进行考察。**变化理论**指的是一种概念性框架，它阐述了为什么一项干预会导致特定的目标行为发生变化。你可以使用假定变化来说明研究问题并澄清研究目标（即检验假设）。然后，你可以根据你的研究问题选择合适的单一被试设计（参看第 9 章至第 12 章中关于单一被试设计的描述），并操作化（界定）、计划、排列和实施所有的研究条件，从而检测功能关系（Kennedy, 2005）。

在不同的复制情境中持续出现的行为改变是功能关系分析的关键和主要特征。在计划单一被试设计研究时，你应当仔细地安排实验条件的顺序，以便有机会验证和重复行为改变。根据设计，研究条件可能包括基线条件、干预条件、泛化条件和维持条件（参看第 9 章至第 12 章中关于具体的单一被试设计的描述）。所有的实验程序——由特定的研究条件所界定的——都是可操作的，以便对结果进行有效的解释，并促进未来的复制研究的实施。考虑到研究条件是由人类重复操纵和实施的，随着时间的推移，人们开展的复制研究可能变化很快，因此，恰当地记录所有按计划实施的研究条件和实验程序非常有必要（Horner et al., 2005; Ledford & Wolery, 2013a; Wolery, 2013）。

忠诚度的测量

程序忠诚度旨在说明在所有的实验条件中按设计意图实施研究程序的程度（Ledford & Wolery, 2013a; Wolery, 2011）。程序忠诚度的测量被认为是单一被试设计研究的必要组成部分，无论是出于形成性评价还是出于总结性评价的目的，它都可以辨识出研究者在实施过程中产生的误差（例如，Billingsley, White, & Munson, 1980; Wolery, 2011）。认真地收集和报告了程序忠诚度的数据后，就可以利用这些数据完成以下任务：（1）就在日常环境中充分实施的可能性做出决定；（2）确定程序忠诚度较低的干预能否取得效果（例如，一位实务工作者只在 70% 的时间里正确地实施干预，这样的干预是否有效？）（3）当结果出现变异，而且这些变异和干预实施中的不一致有关时，对其进行解释（Fettig, Schultz, & Sreckovic, 2015; Wood, Ferro, Umbreit, & Liaupsin, 2011; Wood, Umbreit, Liaupsin, & Cresham, 2007）。相反地，缺乏忠诚度数据会导致研究结论受限，因为是否恰当地、充分地（即是否每次都按照应该实施的程序开展研究，实施的时间是否达到要求的时长）实施研究非常重要，这一点对分组研究和单一被试设计研究来说是一样的（Kratochwill et al., 2013; Ludemann, Power, & Hoffman, 2017）。要证明因果关系，就需要对程序忠诚度进行充分的测量，并对不同的实验情境中按计划实施研究的情况进行记录。无论是在分组研究中还是在单一被试设计研究中，程序不忠都是一个主要的偏差风险因素（Ludemann et al., 2017; Wolery, 2013）。偏差风险（risk of bias）指的是研究的"可信度"或内部效度的威胁因素得到控制或最小化的程度（Reichow, Barton, & Maggin, 2017; 参看第 1 章中关于单一被试设计研究中内部效度的讨论，以及第

13 章中关于偏差风险的更多信息）。经过充分测量并报告了程序忠诚度的研究，其偏差风险很低；对于其他研究成分（如因变量的信度），应单独评估。

界定实验条件

操作化实验条件需要对实验条件的实施程序、参数和实施过程进行精确界定。程序是成分（要做什么），参数与剂量（成分的数量）有关，过程可以被认为是实施研究所需开展的训练。有的程序在不同的研究条件中是相同的（**控制变量**）；还有的在不同的研究条件中是不同的（**自变量**）。控制变量不同于自变量，它在任何研究条件（包括基线条件）中不是以相同的程度出现，就是以相同的程度缺席，当自变量被操纵时，它也不会发生任何变化。控制变量通常包括背景变量、设置变量以及时段完成变量。表 6.1 列出了在两种常见的干预中应当测量的自变量和控制变量的例子。对于自变量和控制变量，必须设计、测量和报告其复制精确度。在所有的实验条件中都应该测量和记录自变量和控制变量的信度（Ledford & Wolery, 2013a）。控制变量确实未发生变化、自变量确实发生了变化，以及因变量发生的相应变化，等等，所有这些都要清晰地记录下来，用以建立实验控制。你应当持续测量控制变量和自变量，以确保在不同的研究条件中发生的变化由且仅由自变量引起。

表 6.1　在两种常见的干预中出现的控制变量和自变量

计划的步骤	变量类型	实施条件
教授离散性学业技能的时间延迟程序（CTD，PTD）		
呈现刺激	控制变量	基线、干预
指出任务方向	控制变量	基线、干预
提供辅助	自变量	干预
等待间距	控制变量	基线、干预
强化正确反应	控制变量	基线、干预
提供 10 次尝试	控制变量	基线、干预
在自由游戏中实施对其他行为的差别强化（differential reinforcement for other behaviors，DRO）以减少攻击行为		
提供 10 种偏爱的游戏材料	控制变量	基线、干预
提供 5 个等距任务指令	控制变量	基线、干预
强化非攻击行为	自变量	干预
10 分钟后结束实验时段	控制变量	基线、干预

实施忠诚度

当非研究者在单一被试设计研究情境中实施研究程序时，会产生两个潜在的忠诚度"水平"。第一个，我们和往常一样，必须记录在研究条件（如基线、干预）中按计划执行的研究任务——程序忠诚度。第二个，它的重要特征是**研究者**是否按计划开展了培训。例如，如果你想培训一名教师来实施一系列辅助程序，那么你需要为教师制订一项系统的培训计划，并设计在基线和干预时段内系统实施研究的程序。然后，你要考察是否按计划实施了培训和实验条件。**实施忠诚度**，即实验者在多大程度上按计划培训实施者，以前在单一被试设计研究中并不报告这项数据（Dunst, Trivette, & Raab, 2013; Fettig & Barton, 2014）。不过，由于这些培训数据提供了有关实验程序的可行性和可复制性的重要信息，因此，对于任何为实施者提供的讲演式培训（如工作坊）、持续性训练（如在每个时段内进行现场反馈）的忠诚度，都应精心计划和测量，并作为实施忠诚度进行报告。为了确保研究能够得到复制，你还应当让有经验的、接受过培训的、具有一定人口统计学特征的本地实施者来操作（Dunst et al., 2013; Sutherland, McLeod, Conroy, & Cox, 2013）。附录 6.1 提供了一个表格示例，可用于测量常见的各类讲演式培训的实施忠诚度；表 6.2 说明了培训、自变量和控制变量之间的差异。

表 6.2　忠诚度测量

类型	描述	测量
实施忠诚度	培训变量的测量。（是否按计划培训了实施者？）	当研究者培训实施者时，应该进行测量；当专家型研究者实施实验时，通常不进行测量。
程序忠诚度	在基线条件和干预条件中测量自变量和控制变量。（是否按计划实施了所有的实验条件？）	在所有的研究中都应该进行测量。
处理完整性（也指处理忠诚度）	仅在干预条件中测量自变量。（是否按计划实施了干预？）	由于对差异的分析有限，因此不进行测量。

遵从度和差异度

在分组研究设计中，程序忠诚度对确定干预组的参与者是否按照预期接受了干预以及控制组的参与者是否未接受干预具有关键作用（Wolery, 2011）。同样地，在单一被试设计研究中，程序忠诚度提供了关于在基线条件或控制条件中，自变量是否按计划实施和实施是否到位（或实施力度大小）的证据。程序忠诚度应该提供两类证据：遵从度（adherence, 你按计划实施了干预）和差异度（differentiation, 你在每个研究条件中执行了不同的步骤；Ledford & Woler, 2013a; Sutherland et al., 2013）。与研究计划相关的遵从度提供了关于干预是否按计划实施的证据，它指的是实施者的行为在多大程度上反映了预先设计的程序。差异度指的是不同的实验条件（通常是基线和干预）之间的差别，它可以证明在不同的条件下实施的程序彼此不同。或者更具体地说，它证明了控制变量是以同样的方式实施或呈现的，并且在实验条件中仅对控制变量进行了操作。在所有的实验条件中，都必须对变量进行测量，一是为了确定在干预期间是否正确使用了自变量，二是为了确定在基线条件和干预条件之间没有发生其他变化。这对于提高研究结果的可信度至关重要，它们可以证明结果是由计划和控制的条件之间的变化产生的。应用例子 6.1 描述了一项报告了遵从度但未报告差异度的研究（Barton, 2015）；应用例子 6.2 描述了一项在所有的研究条件中同时测量了遵从度和差异度的研究（Ledford & Wolery, 2013b）。

应用例子 6.1

Barton, E.E.(2015). Teaching generalized pretend play and related behaviors to young children with disabilities, *Exceptional Children*, 81, 489-506.

在这项研究中，巴顿考察了学前教师使用最少辅助系统与 4 名残障幼儿依联模仿、获得、维持和泛化装扮游戏行为及其他相关行为之间的关系。她测量并报告了在实施干预之前、期间和之后，授课教师培训的实施忠诚度以及教练员的反馈情况。她采用直接系统性观察记录教师使用干预程序的情况。虽然她报告了教师在干预条件中实施干预的忠诚度，但她没有提供教师在探测条件中与行为有关的信息。因此，这一研究只提供了遵从度数据，而未清晰说明探测条件中的差异度数据。这降低了对存在功能关系的信心，增加了产生偏差的风险。

应用例子 6.2

Ledford, J.R., & Wolery, M.(2013b). Peer modeling of academic and social behaviors during small-group direct instruction. *Exceptional Children*, 79, 439-458.

在这项研究中，莱德福和沃莱里（2013b）考察了在小组情境中使用渐进性时间延迟（progressive time delay）与残障儿童和非残障儿童的学习和社交行为的关系。研究者使用直接系统性观察来测量和报告程序忠诚度。他们在所有的条件中——探测、指导和泛化——都测量了研究程序的实施情况。这样就可以对遵从度和差异度进行分析，功能关系的可信度会很高，而产生偏差的风险会比较低。

忠诚度的类型和测量

近年来，对忠诚度的测量有所增加，但报告忠诚度数据的文章百分比差异很大（Barton & Fettig, 2013; Ledford & Wolery, 2013a）。例如，在不同的研究中，测量的程度和时机各不相同。类似的术语**处理完整性**用于仅在干预期收集数据（有关自变量或控制变量）的情况，这样就有可能评估遵从度，但无法评估差异度。因此，我们建议在所有的条件中都对忠诚度进行测量，包括实施者培训期间（即程序忠诚度和实施忠诚度）。在所有的条件中，都要由一名独立的观察者频繁地（20%~33% 的时段）收集程序忠诚度的数据。

形成性分析

程序忠诚度的形成性分析可用于评估持续出现的需求，以及确定什么时候为实施者提供额外的培训。通过形成性分析，你还可以发现并尽量减少由不准确或不一致的实施导致的对内部效度的威胁。不过，采取什么类型的测量方式测量程序忠诚度，对于确保评估的实施至关重要；常见的类型包括直接系统性观察、核查表和自我报告。这些都是常用的，但要注意，**核查表**（即对每个时段内可能多次出现的行为进行是 / 否的二分测量）可能对那些由实施者造成的间断性误差（intermittent errors）不够敏感。因此，核查表的使用对象应限于二分变量或程序，以及预计每个时段内只发生一次的行为。**自我报告**（即实施者对自己的实施情况进行测量）已经被认为在测量忠诚度方面效度较低，因为实施者往往会高估自己的行为的准确性（Lane, Kalberg, Bruhn, Mahoney, & Driscoll, 2008; Martino, Ball, Nich, Frankforter, & Carroll, 2009）。因此，对实施者的行为进行**直接系统性观察**是最可取的，也是最值得推荐的做法（即统计实施者是否按预期的方式和频率使用行为）。核查表、自我报告和直接系统性观察也可以结合使用。例如，在附录 6.1 所示的实施忠诚度表格中，同时采用了核查表和直接系统性观察。应用例子 6.3 和应用例子 6.4 描述了在不同的研究条件中对实施者的行为进行直接系统性观察以测量程序忠诚度的研究。在一篇讨论程序忠诚度的特征的综述中，莱德福和沃莱里（2013a）发现，只有 40% 的研究使用了这一类型的测量，而且随着时间的推移，直接计数的使用实际上在日益减少。应用例子 6.4 描述了采用直接系统性观察来记录单一被试设计研究的程序忠诚度的情况（Barton, Pokorski, Sweeney, & Velez, 2017）；附录 6.2 是该研究中使用的数据收集表。附录 6.3 是一个在测量恒定时间延迟程序的程序忠诚度时使用的数据收集表的例子。附录 6.2 和附录 6.3 囊括了使用核查表和直接系统性观察时的设置、背景和重复使用的变量。每张表格都有助于分析在不同的实验条件中完成的遵从度和差异度。无论你使用哪种测量系统，都应该仔细地考虑到底应测量哪些变量（比如，哪些因变量在不同的条件中会有哪些不同，哪些会对

应用例子 6.3

Pennington, R.C., Stenhoff, D.M., Gibson, J., & Ballou, K.(2012). Using simultaneous prompting to teach computer-based story writing to a student with autism. *Education and Treatment of Children*, 35, 389-406.

彭宁顿、斯滕霍夫、吉布森和巴卢（Pennington, Stenhoff, Gibson, & Ballou, 2012）考察了通过计算机同步辅助教一名孤独症儿童学习故事写作的方法。他们对所有的研究条件（即基线、干预、维持）进行了操作化，并测量了所有实施者的程序和行为。收集了各个条件下的二分（是 / 否）反应数据和通过直接系统性观察获得的实施者行为的数据。虽然他们将这种测量称为"处理完整性"（p. 398），但他们测量的仍然是我们所说的"程序忠诚度"。他们测量并报告了忠诚度，以便能够记录对研究程序的遵从度和不同条件之间的差异度。不过，如果每个条件中均有超过 20% 的时段测量了程序忠诚度，那么是否会对结果的可信度产生影响，尚未可知。

应用例子 6.4

Barton, E.E., Pokorski, E.A., Sweeney, E.M., & Velez, M.(2017). The use of the system of least prompts to teach board game play within small groups of young children. *Journal of Positive Behavior Interventions*.

巴顿等人（2017）考察了使用最少辅助系统教有残障和无残障的学前儿童玩桌面游戏的情况。他们对所有的研究条件（即基线、干预、维持）进行了操作化，并测量了所有实施者的程序和行为。附录 6.2 呈现了他们在各研究条件中使用的数据收集表。它们可以用来测量对研究程序的遵从度和不同条件之间的差异度。此外，他们还对 4 名参与者在每个条件中至少 25% 的时段进行了忠诚度测量。记录功能关系的可信度很高，偏差风险很低。

因变量产生潜在影响的变量在不同的条件中应保持恒定）。此外，如果出现程序不忠诚的情况，你应该对实施者进行系统的再培训，并密切监测其忠诚度。

总结性分析

对程序忠诚度进行总结性分析可以提高研究的内部效度（降低偏差风险），还可以描述因变量的变异性（Wood et al., 2011）。应针对研究中的每一名参与者实施程序忠诚度的总结性分析，以确认研究实施的准确性在不同的参与者之间没有差异（Moncher & Prinz, 1991），或判断儿童得到的结果与研究实施的差异有无关联（比如，与入选标准更宽松或实施得不那么准确的研究相比，儿童获得了最佳结果的研究是否实施得更准确？）。通过总结性分析，你可以记录干预是否按计划实施，并准确描述出在哪些条件下干预是有效的。这是为未来的研究提供建议的基础，它说明了自变量在什么情况下可以发挥作用，并提高了实验复制的可行性。例如，程序忠诚度测量可作为参数比较（即考察程序忠诚度高和低的研究）、成分比较（如建构和解构多成分干预）或可行性研究（如辨识本地实施者最有可能准确实施的行为）的基础。

报告忠诚度

即使对所有的实验程序和变量都进行了充分的评估，研究者也可能无法提供足够多的信息来帮助读者分析数据。你应当分别报告在每个步骤（实施者的行为）上收集的数据。这些数据可以以表格的形式来呈现，或者，在始终保持高忠诚度的情况下，你可以明确列出每一种行为，并指出每种行为的实施都达到了足够高的忠诚度。此外，你还应当准确地报告在哪些条件中收集了哪些参与者的忠诚度数据，以及在每个条件中针对每名参与者收集数据的程度如何（比如，在多少个时段内收集了数据）。按设计方案，要对实施者行为的改变（自变量）进行测量，也要对在不同的条件中保持恒定的行为（控制变量）进行测量（Ledford & Wolery, 2013a）。研究者还应测量并报告每个实验条件中的物理和社会条件。描述条件时，至少应包括实施条件的步骤和规则、测量的时间和频率，以及环境特征（位置、物理空间的大小和布置、社会环境）。对实施者的描述应包括角色（任课教师和研究者）、教育和经验、具体的干预训练，以及年龄、性别等人口统计学数据。应用例子 6.5 描述的研究测量和报告了程序忠诚度，并充分介绍了实施者的情况。

应用例子 6.5

Ledford, J.R., Zimmerman, K.N., Chazin, K.T., Patel, N.M., Morales, V.A., & Bennett, B.P.(2017). Coaching paraprofessionals to promote engagement and social interactions during small group activities. *Journal of Behavioral Education*, 26, 410-432. doi:10.1007/s10864-017-9273-8

　　莱德福及其同事（2017）考察了三名学前班实习教师在使用环境安排、辅助和赞扬时使用现场指导和基于表现的反馈的情况。他们对所有的研究条件（即基线、干预、维持、增强维持和泛化）进行了操作化，并测量了所有的实施者（即教练员）的程序和行为。附录 6.4 呈现了各个研究条件中使用的数据收集表。它们可以用来测量对研究程序的遵从度和不同条件之间的差异度。他们测量了干预时段内对训练的遵从度，以及在基线和泛化期间缺乏训练的情况。此外，他们测量了所有的参与者在每个条件中至少 40% 的时段的忠诚度。他们还描述了教练员（研究者）的经验和人口统计学特征。记录功能关系的可信度很高，偏差风险很低。

　　总体来说，我们给出如下建议：（1）对所有的实验变量、条件、参与者以及实施程度（如程序忠诚度）都进行测量；（2）采用直接系统性观察（在直接

观察中计数）；（3）准确地报告（比如，对收集到的与变量、条件和参与者有关的数据进行命名）。图 6.1 提供了一份任务分析单，可用来设计完整的程序忠诚度测量系统。

设计程序忠诚度测量系统时，可以按照如下步骤实施。

1. 界定所有实验条件的程序［考虑具体的程序成分（行动）和参数（频率）］。确定对每个时段内预计不止出现一次的程序或行为进行了计数（而不是简单地记录为"存在"或"不存在"，不是二分测量）。辨识如下变量：

  （1）准备期和完成期变量（可能是二分变量）。

  （2）情境变量。

  （3）重复使用的控制变量。

  （4）重复使用的自变量。

  （5）实施者培训（当有本地实施者时）。

2. 确定每个行为发生的预期频率（可能是参与者行为发生次数的范围或依联于参与者行为）。

3. 开发系统的和可操作的测量系统。

  （1）对二分行为或程序采用**核查表**。

  （2）对重复应用的行为采用**直接系统性观察**系统。

  （3）测量自变量（在不同的条件中有所不同的变量）和控制变量（在不同的条件中保持不变的变量）。

  （4）当有本地实施者时，测量实施者培训变量。

4. 制订计划，对不同的条件和不同的参与者（以及层级）的程序忠诚度数据开展形成性评价；收集程序忠诚度数据。

  （1）当使用本地实施者时，收集和监控实施忠诚度数据（比如，收集有关是否按照计划培训实施者的数据）。

  （2）定期收集有关程序发生情况的数据——针对所有的条件和所有的参与者（*针对每个条件和每名参与者，收集 20%~33% 的时段的数据，尽可能收集更多时段的数据*）。

5. 和计划中的成分及参数进行比较；计算百分比。

  （1）计算正确使用每个变量和每名参与者的百分比。

  （2）计算正确实施变量和条件的百分比。

6. 在形成性评价中使用数据。

  （1）如果低，通常需要再培训实施者。

  （2）找出实施不正确的地方。

  （3）监控不精确的实施。

（4）强化正确的实施。

7. 在总结性评价中使用数据。

（1）如果低，与因变量中的变异性进行比较。

（2）记录自变量的使用水平，以确定在什么条件下观察到了哪些效果。

（3）对未来的研究或在实践中应用自变量提出建议。

图 6.1 用于设计完整的程序忠诚度测量系统的任务分析单

社会效度

贝尔、沃尔夫和里斯利（1968）在他们的一篇富有新意的论文中讨论了行为研究的重要维度。其中一个重要的质量指标是这样的研究工作可以得到应用——期待发生改变的目标因变量应当具有社会重要性。在该文发表近 20 年后，他们更新了相关的行为研究（Baer, Wolf, & Risley, 1987），认为社会效度就是"某种干预的消费者与这项研究的参与者相似的程度"（p. 322），这是行为科学中有效性的次要测量指标。卡兹丁（Kazdin, 1977）将社会效度定义为"具有临床意义或对服务对象的生活产生实际影响的行为改变"（p. 427），沃尔夫（1978）认为主观反馈数据在应用研究中占有一席之地。最近，霍纳等人（2005）将社会效度列为单一被试设计研究的质量指标之一，并指出可以通过如下方式提高单一被试设计研究的社会效度：（1）选择对社会具有重要意义的因变量；（2）证明在典型的环境中本地实施者可以忠实地应用自变量；（3）证明本地实施者所报告的干预是可行且有效的，并将得到维持；（4）证明干预是有效的。

对社会重要性的评估应由不同的利益相关人来完成。施瓦茨和贝尔（Schwartz & Baer, 1991）描述了四类可以评估某项干预或项目的社会效度的利益相关人，分别是：（1）直接消费者——干预的接受者（如儿童、教师、父母、行政人员）；（2）间接消费者——可能受干预影响，但不是直接接受的人（如参与者的父母和同伴）；（3）直接社区成员——经常和直接及间接消费者打交道的人（如参与者的邻居）；（4）延展社区成员——可能不认识直接接受者，但住在同一个社区的人（如当地图书馆的图书管理员）。

我们建议你从不同的利益相关人那里收集数据，以便从不同的角度了解干预的社会效度。例如，假设你设计了一项干预来提高一名有特殊学习障碍的中学生马克斯的阅读流畅性。你可以从马克斯（直接消费者）以及他的父母、老师和同伴（间接消费者）那里收集社会效度数据，还可以从其他老师和中学生父母（直接社区成员）以及建议为该学校项目拨付额外经费的纳税人（延展社区成员）那里收集数据。

社会效度的维度

沃尔夫（1978）提出，研究者要说明社会效度的三个方面：目标、程序和结果。应用例子 6.6 描述了一项同时测量了这三个维度的研究。

应用例子 6.6

Weng, P.L., & Bouck, E.C.(2014). Using video prompting via iPads to teach price comparison to adolescents with autism. *Research in Autism Spectrum Disorders*, 8, 1405-1415.

温和鲍克（Weng & Bouck, 2014）考察了利用视频辅助教三名孤独症初中生学习比价技能的有效性。为了评估干预的社会效度，研究者在研究前和研究后对孤独症学生（**直接消费者**）和他们的老师（**间接消费者**）进行了**访谈**。两名学生以口头和点指图片的方式回答了访谈问题，第三名学生则使用他的辅助与替代沟通设备回答问题。访谈问题主要涉及**目标**（教授比价的社会重要性）、**程序**（视频辅助的可接受性）以及**结果**（干预对提高学生技能的有效性）的社会效度。虽然这项研究完整地评估了干预的社会效度，但是测量的主观性可能会导致回答出现偏差。其他一些偏差较小的测量方法可能会增强人们对干预的社会效度的信心。下文将对这些方法进行讨论。

目标

目标是否具有重要的社会意义？换言之，我们教给参与者参与活动的行为是不是社会所重视的行为？增加或减少特定行为对参与者及与其交往的人的生活质量重要吗？有些目标被很多人认为具有重要意义（如一些亲社会行为；Hurley, Wehby, & Feurer, 2010）。其他目标的社会效度，如向重度残障青少年传授学业技能，最近在关于有效性的争论之外也备受争议（比如，Ayres, Lowery, Douglas, & Sievers, 2011, 2012; Courtade, Spooner, Browder, & Jimenez, 2012）。我们注意到，虽然教授具有社会价值的技能通常更为合适，但有时，教授那些难以即刻产生效用的行为也是必要的，它可以控制内部效度的威胁因素（比如，如果一位研究者发现一名儿童在学习字母名称方面很吃力，但也知道儿童所在班级明确要求学习字母名称，那么他可能会决定改教儿童学习字母的发音，以避免产生潜在的历史效应）。例如，回答一种教学程序是否比另一种教学程序更有效这个问题，对儿童来说可能非常重要（即具有产生有益结果的可能）。但是，要比较不同的教学程序，就要辨识出儿童在其他场合（如学校、家庭）不太可能接触到的行为，以防产生历史效应。因此，有时教授的技能在某种程度上和社会效度无关，而只是为了更好地了解兴趣方面的问题。

程序

程序是否具有社会可接受性？社会效度的这个方面通常被称为"治疗可接受性"（treatment acceptability）。换言之，有没有可能按照研究设计来实施干预？从经费、时间、精力、伦理以及外显形式上看是否可以被接受？如果程序无法在预期的情境中使用、需要花费太多时间，或被认为不合伦理，那么本地实施者可能不会启动或使用这些程序。此外，有些人认为具有社会可接受性的程序更有可能被本地实施者正确实施（比如，Baer et al., 1987; Perpletchikova & Kazdin, 2005）。

结果

结果是否具有社会重要性？社会效度这一维度和人们对干预有效性的感知以及消费者对结果的满意度有关。换言之，干预结果对消费者而言，其意义和重要性如何？例如，把一名高中生在每节课上发言的次数从20次持续降低到15次，这种改变在实验上可能是有意义的，但对于保障教学的有效进行来说，每节课发言15次可能仍然过高（比如，社会重要性缺乏、没有社会效度）。

社会效度的评估

研究者采用不同的方法和工具来评估社会效度。不同的方法侧重于社会效度的不同方面，我们建议采用多种方法或工具来评估干预的社会效度；表6.3列出了评估社会效度的不同维度的不同方法。

表 6.3 单一被试研究中社会效度测量的描述和类型

	目标的社会重要性	程序的可接受性	结果的社会重要性
参与者或利益相关人的判断（潜在的主观偏差）			
目的	收集利益相关人关于他们所重视的技能的观点	评估利益相关人关于程序可行性和恰当性的观点	评估利益相关人关于行为改变是否重要的观点
评估	深入访谈、调查问卷、评分表	深入访谈、调查问卷、评分表	深入访谈、调查问卷、评分表
时间安排	干预前	干预前、干预后	干预后
常模比较（主观偏差较少）			
目的	确定目标儿童不同于具有相似人口统计学特征的同伴的行为	确定对具有相似特征的儿童使用的程序，锚定相同或相似的行为	通过比较目标参与者和其同伴的行为评估干预结果
评估	正式评估、行为观察	文献综述	正式评估、行为观察
时间安排	干预前	干预前	干预后
盲评（主观偏差较少）			
目的	请不了解研究目的的评分者确定目标儿童不同于具有相似人口统计学特征的同伴的行为	调查不了解研究目的的评分者对程序的可接受性和可行性的看法	评估不了解研究目的的评分者对行为改变是否明显的看法
评估	对干预前视频进行评分	对干预视频进行评分	对干预前和干预后视频进行评分
时间安排	干预后	干预后	干预后
维持或持续使用（主观偏差较少）			
目的	评估干预结束后持续出现的目标行为	评估干预结束后程序的使用情况	评估干预结束后持续出现的目标行为
评估	行为观察	行为观察	行为观察
时间安排	干预后	干预后	干预后

（续表）

	目标的社会重要性	程序的可接受性	结果的社会重要性
参与者偏好（主观偏差较少）			
目的	机会不足	评估参与者偏爱何种条件	机会不足
评估	机会不足	访谈、调查问卷、选择/偏好评估	机会不足
时间安排	机会不足	干预前、研究过程中（部分设计）	机会不足

典型的主观测量

主观测量用于收集不同的利益相关人对干预的目标、程序和结果的社会重要性的看法。你可以使用**访谈、调查问卷**和**评分表**来收集有关社会效度的主观评估数据。我们建议由没有直接实施干预的人来收集主观测量信息（如开展访谈），以减少社会期待偏差。人们意识到了这种社会效度测量可能存在的潜在问题和主观性，多年来，也一直在展开讨论；然而，研究者也认识到，这并不意味着社会效度不重要（比如，Wolf, 1978）。一些数据表明，社会效度的评分和实施忠诚度以及干预使用者的自我报告有关；因此，这些数据可能会对实施者在研究结束后是否继续实施干预产生长期影响（比如，Carter & Pesko, 2008; Perpletchikova & Kazdin, 2005; Wehby, Maggin, Partin, & Robertson, 2012）。斯特兰、巴顿和邓拉普（Strain, Barton, & Dunlap, 2012）回顾了几项不相关的研究的结果，认为社会效度的结果不一定是可预测的，也不一定和结果测量中的改变有关。但是，社会效度的测量所提供的额外信息可以帮助读者更好地了解干预的整体情况。钟、斯诺德格拉斯、米亚丹、阿卡姆奥卢和哈利（Chung, Snodgrass, Meadan, Akamoglu, & Halle, 2016）描述了行为观察数据和来自访谈的社会效度数据，并强调要重视干预研究中的图表观察数据和社会效度的主观测量。

虽然对社会效度进行客观量化也是有可能的，但我们分析社会效度时主要还是采用主观测量，而不是根据观察数据进行测量（比如，Kamps et al., 1998, Snodgrass, Chung, Meadan, & Halle, 2017）。不过，人们更喜欢通过客观测量得到社会效度数据，因为"主观数据可能和真实事件没有任何关系"（Wolf, 1978, p. 212）。虽然社会效度分析从理论层面来说很重要，但在应用研究中可能并不普遍（Carr, Austim, Britton, Kellum, & Bailey, 1999; Snodgrass et al., 2017），因为就效果而言，主观测量可能不够敏感（Kennedy, 2002）。例如，如果你每天在家里对一名儿童进行为期六周的干预，那么家长可能会因为想要取悦你而针对治疗的目标、程序和结果都报告说取得了可喜的改变（关于主观报告问题的讨论，参看 Hurley, 2012 或 Garfinkle & Schwartz, 2002）。虽然存在这个不足，但一篇综述研究发现，社会效度主要是通过自我报告的满意度来评估的，很少从客观角度进行评估（在 90 项综述研究中，只有 1 项进行了客观评估；Hurley, 2012）。

主观偏差较少

至少有四种社会效度的测量方法的主观偏差较小，我们推荐使用它们：（1）常模比较（Rapoff, 2010; Houten, 1979）；（2）盲评（Meadan, Angell, Stoner, & Daczewitz, 2014）；（3）维持或持续使用的测量（Kennedy, 2005）；（4）参与者偏好测量（Hanley, 2010）。虽然这些方法并不新鲜，但我们相信录像记录的拓展应用以及对在典型环境中开展研究的重视，可以提高这些测量程序的关联性。

常模比较

当使用**常模比较**时，要对参与者的目标行为（即因变量）与常模或"典型"群体的可接受的行为进行比较。同时收集并比较目标参与者和常模群体的行为数据。常模比较有助于确定：（1）哪些干预目标具有重要社会意义；（2）参与者接受干预后，其目标行为是否达到了一般人或可接受的水平。例如，史密斯和范霍滕（Smith & Van Houten, 1996）比较了发育迟缓儿童和典型发育儿童的行为。所有的儿童都表现出了一些刻板行为；这些数据可用于在后续的研究中确定刻板行为的社会可接受水平。应用例子 6.7 报告了一个除采用了其他社会效度的测量方法外，还采用了常模比较的例子。

维持或持续使用数据

维持或**持续使用**数据被用来评估某项干预的程序和结果在研究结束后是否继续使用（Kennedy, 2005）。虽然很少采用，但这一重要的测量方法和行为的维持及泛化的可能性有关，尤其是在培训了本地实施者如何使用干预程序的情况下。如果一项干预有效地改变了参与者的行为，但一旦研究结束，本地实施者就不再继续使用它，那么维持行为改变的可能性就会很低。因此，在典型环境中对实务工作者和照顾者的持续使用情况进行测量是社会效度的重要测量方式，它说明了利益相关人对程序的可接受性（和可行性）的评估结果。虽然对治疗可接受性的测量（如评分表）经常被用来替代直接测量，但至少有一项研究表明，使用这两种测量方法并不一定会得到相同的结果（Farmer, Wolery, Gast, & Page, 1988）。

应用例子 6.7

Hochman, J.M., Carter, E.W., Bottema-Beutel, K., Harver, M.N., & Gustafson, J.R.(2015). Efficacy of peer networks to increase social connections among high school students with and without autism spectrum disorder. *Exceptional Children*, 82, 96-116.

霍克曼（Hochman）及其同事（2015）考察了在午餐时间实施同伴网络干预对四名孤独症青年学生的社会参与和同伴交往的影响。为了评估干预的社会效度，研究者让孤独症学生（直接消费者）和他们的家长（间接消费者）完成一项包括李克特式问题和开放性问题（主观测量）的调查。作为网络促进者的成人也被要求完成一项包括李克特式问题和开放性问题的调查。在研究结束时完成了所有的调查，调查主要聚焦于研究目标、程序和结果的社会效度。此外，研究者还为每名孤独症学生选择了三名非残障男同伴，并在整个午餐时段内对他们进行观察。对同伴的直接观察可用于确定典型社交互动的范畴（常模比较）。

盲评

盲评的主观性较低，它是让不了解研究条件对他们所观察的时段（如干预前或干预后、基线条件或治疗条件）产生什么影响和 / 或不了解研究目的的人，对参与者的行为在干预前后或在基线条件和干预条件中产生"差异"的程度进行评分（具有重要社会意义的结果）。这些评分也可用于确定一种条件下的程序是否比另一种条件下的程序更易被接受（社会可接受的程序）。在一项研究中，研究者比较了在有音乐和没有音乐的条件下教残障学步儿学习手语词汇的情况。请不了解条件类型的研究生观看两种类型（有音乐和没有音乐）的静音视频，并对参与者看起来是否开心进行评分。虽然在两种条件下得到的结果相似，但有一名参与者在有音乐的条件下看起来更开心；这一发现表明，音乐干预可能同样有效，而且对某些幼儿来说更具有社会可接受性（Koutsavalis, 2011）。应用例子 6.8 和应用例子 6.9 报告了除采用了其他社会效度的测量方法外，还采用了盲评分者测量的例子。

应用例子 6.8

Meadan, H., Stoner, J.B., Angell, M.E., Daczewitz, M., Cheema, J., & Bugutt, J.K.(2014). Do you see a difference? Evaluating outcomes of a parent-implemented intervention. *Journal of Developmental and Physical Disabilities*, 26, 415-430.

米亚丹及其同事（2014）开发了一项由父母实施的沟通策略干预项目，并考察了干预对父母的行为（实施忠诚度）和儿童的行为（反应和发起）的有效性。为了评估研究目标、程序和结果的社会效度，父母在干预前和干预后填写了一份由研究者编写的李克特式问卷，并在项目结束时接受了一位没有参与项目的外来评估者的访谈（主观测量）。此外，研究者还从干预前和干预后的情境中随机选择了两分钟时长的父母—儿童互动的录像片段。三组对参与者和干预情况都不了解的成人评分者（盲评）参与了评估：（1）残障幼儿的父母；（2）为残障幼儿工作的特殊教育教师；（3）治疗残障幼儿的言语语言病理学家。每位评分者都观看了随机出现的干预前和干预后的录像片段，并对父母和儿童的行为进行了评估。

应用例子 6.9

Bailey, K., & Blair, K.S.(2015). Feasibility and potential efficacy of the family-centered Prevent-Teach-Reinforce model with families of children with developmental disorders. *Research in Developmental Disabilities*, 47, 218-233.

贝利和布莱尔（Bailey & Blair, 2015）对在三个残障幼儿家庭实施的以家庭为中心的预防—教学—强化（Prevent-Teach-Reinforce, PTR）模式的可行性和效果进行了研究。研究者使用了三种方法来评估目的、程序和结果的社会效度。研究者要求父母（直接消费者）完成一份自评表，以测量他们感知到的干预有效性和可接受性（《预防—教学—强化自我评价：社会效度表》修订版）。还要求父母在干预结束时参加一项访谈，以了解他们对程序和结果的满意度，以及他们是否计划继续使用该模式（主观测量）。此外，两名不了解研究目的和目标的参与者评议了行为干预计划，观看了三段基线条件和干预条件的随机录像，并对父母和儿童的行为进行了评分（盲评）。

参与者偏好

一般采用评分表或干预后调查问卷来测量**参与者**对干预的**偏好**。在干预实施过程中对参与者偏好进行客观测量不仅是可能的，而且是可取的，即使对幼儿或有明显语言或认知损伤的人来说，也是如此（Hanley, 2010）。这可能是最重要的测量，它可以确定主要消费者（即干预的接受者）能否接受干预程序。例如，在同步处理设计的情境中，可以通过实验评估的方式来了解参与者偏好。同步处理设计是在两种或更多种干预条件下，通过对实验时段的比较，了解参与者的选择或偏好（了解更多有关同步处理的内容，参看第 12 章）。与其他利益相关人（如父母、教师）的评分相比，以参与者的可接受性评分作为社会效度的测量值不太常见（Hurley, 2012），但是当不同的干预策略对参与者来说同样有效时，对干预的偏好对干预者而言就显得非常重要（Ledford, Chazin, Harbin, & Ward, 2017; State & Kern, 2012）。例如，希尔和汉利（Heal & Hanley, 2011）测量了参与者对三种基于游戏的干预的偏好，他们让参与者在每个时段中都选择出自己希望接受的干预类型：（1）在游戏中嵌入教学；（2）先示范再游戏；（3）先直接教学再游戏。先直接教学不仅可以使参与者更好地获得目标信息，而且还被参与者选为最受欢迎的干预类型。类似的客观偏好程序可以使社会效度测量结果更加有效，尤其是对年轻的参与者或者有认知或语言障碍的参与者来说。

总结

本章描述了单一被试设计研究的两个主要成分：程序忠诚度和社会效度。这两个成分都提供了有关自变量的使用和可行性的信息。程序忠诚度对于降低偏差风险也非常重要。虽然从研究历史上看，很少有人充分地报告程序忠诚度数据，但是使用恰当的测量方法完成程序忠诚度评估对于记录功能关系非常重要。社会效度测量能够提供有趣且重要的信息；然而，采用主观偏差较少的测量方式（如常模比较）可能能够提供更有效的证据，说明目标、程序和结果在多大程度上具有社会可接受性。此外，应当使用严格的方法（如对访谈数据进行质性分析）分析社会效度数据，并将其纳入研究的讨论部分，清晰地介绍它们。如果要了解使用哪些类型的社会效度测量方法可以得到相似的结论，以及每种社会效度与结果测量、程序忠诚度和持续使用程序之间的相关程度，那么还需要开展更多的研究。

附录 6.1
实施忠诚度——教师培训

日期：_____　数据收集者：_____　培训师：_____　地点：_____

初期学员总数		结业期学员总数	
开始时间		结束时间	
说明时间安排	是　否	培训师自我介绍	是　否
明确培训目的	是　否	培训师介绍学员	是　否
分发培训手册	是　否	培训师介绍培训手册	是　否

培训目标 / 技能	描述技能 / 目标	展示手册	示范技能	辅助技能练习	提供反馈意见	评估技能掌握情况
目标/技能 1:	是　否	是　否	是　否	是　否	是　否	是　否
目标/技能 2:	是　否	是　否	是　否	是　否	是　否	是　否
目标/技能 3:	是　否	是　否	是　否	是　否	是　否	是　否
目标/技能 4:	是　否	是　否	是　否	是　否	是　否	是　否
目标/技能 5:	是　否	是　否	是　否	是　否	是　否	是　否
目标/技能 6:	是　否	是　否	是　否	是　否	是　否	是　否
目标/技能 7:	是　否	是　否	是　否	是　否	是　否	是　否
目标/技能 8:	是　否	是　否	是　否	是　否	是　否	是　否

学员问的问题的数量		正确回答问题的数量	
		错误回答问题的数量	
		重新 / 延迟回答问题的数量	

培训师提供休息时间	是　否	培训师回顾培训目的	是　否
培训师询问学员是否有其他问题	是　否	培训师确定下一个步骤	是　否
培训师辅助学员制订行动计划	是　否	学员制订的个人行动计划总数	

实施忠诚度分数	
（a）正确步骤总数	
（b）错误步骤总数	
a ÷（a+b）×100%	

　　实施忠诚度记录表通常用于测量从开始对本地实施者进行培训以来的培训师的行为。注意：这种教学式培训结合使用了行为技能培训方法（Miltenberger, 2012）和基于实践的训练（Snyder, Hemmeter, & Fox, 2015）。

附录 6.2
棋盘游戏研究程序忠诚度

日期：		时段：		同伴：	
游戏：		实施者：		PF：	

欢迎儿童并提供指导	是　否　机会不足	示范一个轮次（游戏启动）	是　否　机会不足
准备好游戏所需的所有材料	是　否　机会不足	游戏结束后的收尾时段 / 移开计时器	是　否　机会不足
在说"我们开始玩！"之后开始计时	是　否　机会不足	每个游戏时段持续 5 至 15 分钟	是　否　机会不足
回顾具体的游戏规则	是　否　机会不足	感谢儿童参与游戏并送他们回班	是　否　机会不足
在视觉化时间表上回顾 4 个步骤	是　否　机会不足		

	最少辅助系统				教师行为			
轮次	步骤 1*	步骤 2*	步骤 3*	步骤 4*	赞扬轮流行为[1]	赞扬亲社会行为[2]	叙述[3]	食物类强化[a]
1								
2								
3								
4								
5								
6								
7								
8								
9								
10								
11								

　　*用 C（正确）或 IN（错误）记录在每个轮次中对每名目标儿童使用最少辅助系统的情况（如果儿童独立完成且没有用到最少辅助系统，就记录为正确）。

1 用 C（正确）或 IN（错误）记录在每个轮次中或完成之后对**两名儿童**进行 1~2 次赞扬的情况。

2 用 C（正确）、IN（错误）或 NA（机会不足）记录在每个轮次中，在目标儿童接受同伴指导而做出亲社会行为后立即给予赞扬的情况（在轮次 / 行为结束后 1~7 秒内给予赞扬即为正确）。

3 用 C（正确）、IN（错误）或 NA（机会不足）记录每分钟针对游戏行为叙述 1~5 次（**两名儿童一起**）的情况。

a 记录——每 2~3 分钟做到十几次，可以记录为 C。

注意：一个轮次是指每名儿童都下了一次棋。

计分

时段前 / 后：［是 ÷（是＋否）］×100%

最少辅助系统——不同条件下的分数：C ÷［（C+IN）×100%］

基线 / 泛化 / 追踪：

· 时段前 / 后：NA 表示回顾了具体的游戏规则、视觉化时间表，并做了一个轮次的示范（启动）。

· 如果在任一轮次的任一步骤中，都没有提供最少辅助系统，那么记录为 C。

· 如果在任一轮次的任一步骤中，都提供了最少辅助系统，那么记录为 IN。

· 如果在任一轮次中赞扬了轮流行为，那么记录为 IN。

干预：

· 在每个步骤中，如果出现以下情况，那么将最少辅助系统记录为 C：（1）儿童没有启动或不恰当地尝试下棋步骤，实施者在 2~5 秒内提供初始辅助；（2）儿童在第一次辅助后没有启动或不恰当地尝试下棋步骤，实施者在 2~5 秒内提供控制性辅助。

· 在每个步骤中，如果出现以下情况，那么将最少辅助系统记录为 IN：（1）没有实施上述程序；（2）实施者在儿童独立完成该步骤时实施上述程序。

赞扬轮流行为：C ÷［（C+IN）×100%］

赞扬亲社会行为：C ÷［（C+IN）×100%］

食物类强化：C ÷［（C+IN）×100%］

叙述：C ÷［（C+IN）×100%］

总计：［正确的总数 ÷（C+IN 的总数）］×100%

程序忠诚度 $C \div (C+IN) \times 100\%$				
	C	IN	总计	%
时段前／后				
最少辅助系统步骤1				
最少辅助系统步骤2				
最少辅助系统步骤3				
最少辅助系统步骤4				
赞扬轮流行为				
赞扬亲社会行为				
食物类强化				
叙述				
总计				

附录 6.3
程序忠诚度（表达性任务）4 秒 CTD

学生：_____　指导者：_____　日期：___/___/___

时段：_____　开始时间：_____　停止时间：_____　时段总时长：_____

延迟时距：4 秒

条件 / 阶段：_____　行为：_____　观察者：_____

指导：当观察教师的时候，请记录在每个实验尝试的教学程序中教师做出的行为。

教师欢迎学生	是　否
展示恰当的教学材料	是　否
教师阐释教学期待	是　否

说明：（+）= 发生；（-）= 未发生

尝试	刺激	教师呈现刺激	教师给出注意线索	教师确保参与者关注	教师给出教学线索	教师等待4秒	学生反应			教师正确地提供后果	教师等待尝试的时距
							正确	错误	无反应		
1											
2											
3											
4											
5											
6											
7											
8											
9											
10											
11											
12											
13											
14											
15											
忠诚度百分比											

评论：

附录6.4
程序忠诚度教学训练

在培训时段内用于收集并反馈给实施者的程序忠诚度数据收集表

日期：___　时段#___　时段类型：___　成年参与者：___　儿童参与者：___

观察者：_____

训练时段是否发生在观察当天：**是　否**　训练时段的时长：

训练前：_____　　训练后：_____

训练如何开展：**通过一对一电话指导** n/a

在训练那天为参与者提供参训表：**是　否**

正确呈现材料：**是　否**

实施总时长		仅训练
训练＋参与	**仅参与**	

询问是否需要示范：**是　否**

需要时提供指导或示范：

是（总计）	否（总计）

教练每分钟至少赞扬一次（每格代表1分钟）									
是	否	是	否	是	否	是	否	是	否

教练/学员	浏览目标	浏览数据	询问他们是否有问题	回答问题	至少给出两个积极表述	记录反应	要求教师尽力获得成功	记录反应	要求教师应对挑战	记录反应	询问他们是否有问题	回答问题	至少给出一至两个目标	要求教师保持专注	为下一时段确定目标	记录反应	询问他们是否有问题	回答问题

说明：

第7章　数据的视觉表现

埃米·D. 斯普里格斯（Amy D. Spriggs）、贾斯廷·D. 莱恩和戴维·L. 加斯特

重要术语

图表呈现（graphic display）、横坐标（abscissa）、纵坐标（ordinate）、原点（origin）、刻度（tic marks）、轴标签（axis labels）、阶段（phase）、条件标签（condition labels）、图表标题（figure caption）、线图（line graph）、条形图（bar graph）、累积图（cumulative graph）、半对数图（semi-logarithmic chart）、刻度中断（scale break）、区块化（blocking）

数据的图表呈现
图表呈现的类型
　　线图
　　条形图
　　累积图
　　半对数图
选择和建构图表呈现的指南
　　选择图表
　　建构图表
数据呈现
使用计算机软件建构图表
表格
总结

用图表来描述复杂信息时不应歪曲事实，应明确地体现绘制图表的目的（Tufte, 2001）。它们应该"引导读者思考实质内容而不是思考绘制方法、图表设计、绘制技术或其他东西"（Tufte, 2001, p. 1）。在最大限度地发挥你的数据的影响力的同时，让读者最小限度地关注"其他东西"，可以通过遵循来自专业机构（如美国心理学会）、前辈学者和实证知识（即研究）的指导来实现。在单一被试设计研究中，图表呈现（graphic display）不仅是和你的研究用户（这在组间研究中也很常见）分享研究成果的一种方式，而且能够让你在整个研究过程中做出正式的决断。因此，精心设计的图表对一项良好的单一被试设计研究而言至关重要。

图表呈现（如线图、条形图、累积图）和表格有两个基本用途。第一个，它们有助于在数据收集过程中组织数据，这有利于对研究进行形成性评价。第二个，它们提供了对一段时间内出现的行为的详细总结和描述，从而使读者能够分析自变量和因变量之间的关系。图表呈现还有一个潜在的目的或功能，即交流。对于数据收集者来说，图表是一种工具，可以有效地对参与者在一段时间内的行为进行组织和总结。这使得研究者可以一点一点地分析某个特定事件对参与者行为的影响。在单一被试设计研究中，视觉分析是数据评估的主要方法；因此，恰当地绘制图表非常关键。除了用图表呈现的数据进行交流和分析外，实务工作者可能会发现绘制图表非常经济，换言之，可以节省很多时间，因为在做出项目决策前不必浏览每日数据表，也不必继续开展无效的干预项目。

独立分析各个变量之间的关系是单一被试设计研究的众多优点之一。通过报告所有的数据，读者可以自行判断某一特定的干预是否可信以及是否对参与者的行为产生了"显著"的影响。图表作为一种精炼且详细的数据报告形式，不仅可以使研究者开展独立分析，还可以使用户开展独立分析。你也可以用文字叙述的方式报告数据，不过这样的方式可能会带来不便，而且难以开展令人信服的分析。

数据的图表描述为研究者和用户提供了一份有效、精炼和详细的总结参与者表现的报告。一个建构良好的图表可以告诉读者：（1）实验条件和阶段的顺序；（2）每个条件下所用的时间；（3）自变量和因变量；（4）实验设计；（5）变量之间的关系。因此，应用研究者在很大程度上依赖图表呈现也就不足为奇了。

数据的图表呈现

利用图表将信息传达给读者时要遵循四项基本原则：清晰、简洁、明确和设计精良（Parsonson & Baer, 1978）。此外，图表应让用户"用最短的时间从在最小的空间里用最少的笔墨所绘制的内容中领会到最多的意图"（Tufte, 2001）。一个建构良好的图表具有如下特点：（1）采用易于辨识的数据点和数据路径；（2）清晰地区分不同的实验条件；（3）在图表中用最少的点代表行为数据以避免凌乱；（4）提供简短的描述标签；（5）使用合适的比例。此外，选择合适的图表呈现方式来描述数据是你的任务。根据收集数据的类型和交流的目的来确定呈现的类型。一般而言，单一被试设计研究者会采用一种或多种类型的图表来展示所有的数据（如基线、干预、探测和回顾数据）。通过展示所有的数据，你可以让读者独立分析数据模式。

应用研究者使用三种基本的图表呈现方式：（1）线图；（2）条形图；（3）累积图（也称累积记录）。本章仅讨论这三类图表各自最简单的形式，但你应当意识到，它们还有很多变体。

在一一讨论这三类图表之前，你应该熟悉图表描述中基本的组成部分和符号。图 7.1 列出了简单线图和简单条形图的主要组成部分。如图所示，这两类图表有几个共同的成分，包括：

· **横坐标**：水平线（x 轴）通常用于表示时间变量（如时段、天、日期）。一般来说，单一被试设计数据会在横坐标上按顺序排列（比如，时段 1 在时段 2 的前面，时段 2 在时段 3 的前面；但是时段 1 和时段 2 之间与时段 2 和时段 3 之间的时间不一定相同）。

· **纵坐标**：垂直线（y 轴）通常用于表示因变量（如百分比、数量、持续时间、每分钟反应数）。

· **原点**：横坐标和纵坐标的交点。

· **刻度**：横坐标和纵坐标上用来表示数值的点（比如，0%、10%、20%；时段 1、时段 2、时段 3）。

· **轴标签**：与刻度相对应的数值。

· **条件**：程序上相似的时段（如基线、干预）。不同的条件在图表中应该用实线（条件改变线）分隔。

· **阶段**：条件内变量（如干预条件内的不同程序）。不同的阶段在图表中

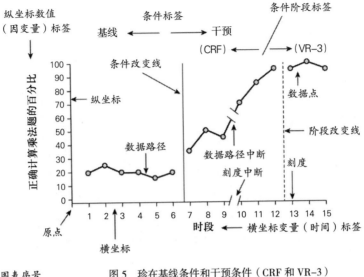

纵坐标数值（因变量）标签

条件标签

条件阶段标签

基线 → 干预（CRF） ← / → （VR-3）

条件改变线

正确计算乘法题的百分比

纵坐标

数据点

数据路径

阶段改变线

数据路径中断

刻度中断

刻度

原点

横坐标

时段 ← 横坐标变量（时间）标签

图5　珍在基线条件和干预条件（CRF 和 VR-3）中正确计算乘法题的百分比

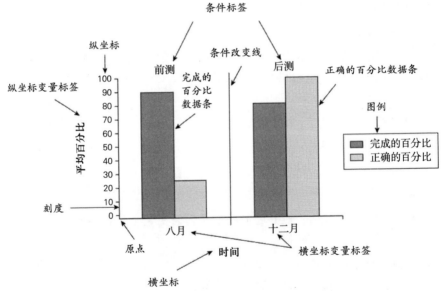

条件标签

纵坐标

纵坐标变量标签

前测

完成的百分比数据条

条件改变线

后测

正确的百分比数据条

图例

平均百分比

完成的百分比
正确的百分比

刻度

原点

横坐标

八月

时间 ← 横坐标变量标签

十二月

图7　自我监控教学之前（前测）和之后（后测）完成和正确答题的平均百分比

图7.1　简单线图和简单条形图的基本组成部分（楷体字部分）

应该用虚线（阶段改变线）分隔。参看图 7.1，了解实验条件内的阶段改变的例子（即强化程序表从 CRF 转换到 VR-3）。

· **条件标签：**用于标识不同实验条件的一个或两个描述词或者常用缩写（如基线、社会性强化）。

· **图表序号**和**图表标题：**图表序号用于在文字叙述中引导读者注意相应的图表，图表标题要简洁明了地描述自变量和因变量以及任何其他相关的信息，包括定义图表中使用的缩写词。

线图

线图是单一被试设计研究以及其他更广泛的研究中最常用的图表呈现方式（Tufte, 2001）；它表示随时间变化的数据。图 7.2 显示了一个简单线图，图中测量了一名参与者在不同完成水平（100%、50% 和 0%）上表现出服从行为的尝试百分比。考虑到简洁度和明确度，很少有人会在单一的图表上绘制 3 个以上的数据路径。如果有几个次要的行为需要监控，如在监控某项干预对非目标行为（即反应泛化）的影响的案例中，那么可以用其他图表来表示这些结果。图 7.3 显示了同时监控几个非目标行为的数据呈现方式。

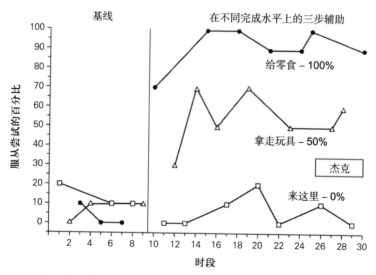

图 7.2　图表显示了在一个简单线图上，一名学生在不同完成水平上的因变量（服从尝试的百分比）测量结果。

资料来源：Wiler, D.A., Atwell, J., & Wine, B.(2006). The effects of varying levels of treatment integrity on child compliance during treatment with a three-step prompting procedure. *Journal of Applied Behavior Analysis*, 39, 369-373.

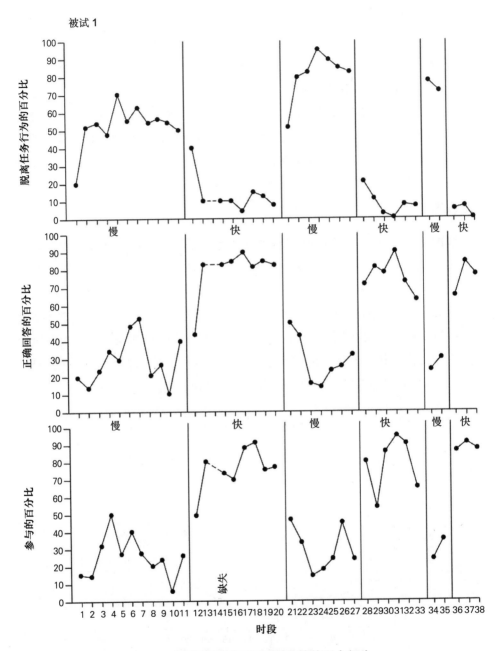

图 7.3 简单线图显示了同时监控的三个行为。

资料来源： Carnine, D.W.(1976). Effects of two teacher presentation rates on off-task behavior, answering correctly, and participation. *Journal of Applied Behavior Analysis*, 9, 199-206.

线图有几个优点，其中最重要的是它为大多数读者所熟悉，因此易于阅读和理解。此外，它易于绘制，研究者或实务工作者可以持续地评估某项干预对因变量的影响，这有助于开展形成性评价，并决定维持或调整干预。线图一般用于呈现单一被试设计研究中随着时间的推移而变化的主要变量。

条形图

应用研究者传统上会使用**条形图**来呈现离散数据和比较信息；长方条的高度表示数据的大小。条形图的多样性体现在它的多种变体上。一般来说，条形图应该用于呈现总结性数据，而不是随着时间的推移而变化的数据（这类数据应该通过线图呈现；了解有关线图和条形图的解释，参看 Shah & Hoeffner, 2002）。条形图还有助于呈现与单一被试研究述评有关的分类数据（比如，在先前研究中，某一特定年龄范围内参与者的人数）。如图 7.4 所示，条形图可用于概述在单一被试设计的情境中，在引入改善同伴间社交互动的干预前后，学生在一般能力倾向的前测和后测中的表现或行为。

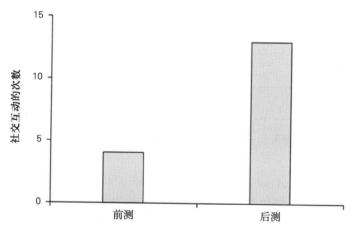

图 7.4　简单条形图显示了在学校中改善同伴间互动的研究中，学生在一般能力倾向的前测和后测中的行为（社交互动的次数）。

简单条形图的一种变体是切分式条形图。图 7.5 采用切分式条形图来表示孤独症谱系障碍儿童在操场上久坐、轻度运动、中度运动和剧烈运动的平均百分比。运用这种绘制方法，可以在一个长方条上呈现出目标行为的数量，有助于快速、轻松地比较数据，还能够节省空间。

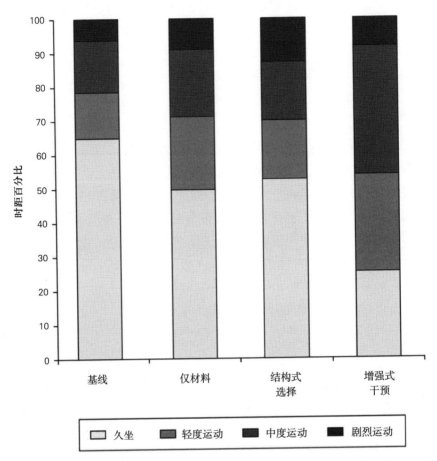

图 7.5 用切分式条形图表示一名孤独症谱系障碍儿童在不同水平的运动量上分配的不同时间。

资料来源：Ledford, J.R., Lane, J.D., Shepley, C., & Kroll, S.M.(2016). Using teacher-implemented playground interventions to increase engagement, social behaviors, and physical activity for young children with autism. *Focus on Autism and Other Developmental Disabilities*, 31, 163-173.

　　条形图能够简洁明了地概括出易于理解和分析的数据形态。虽然不建议用它来呈现连续数据，但是在最终的研究报告或文献综述中，它仍然可以出色地呈现和传达重要的比较结果。在建构条形图时，要注意保证每个长方条的宽度一致，以免在视觉上误导读者。另外，设计精良的条形图不仅简洁、清晰，而且易于绘制。在和利益相关人（如参与者、服务对象、家长）交流研究的进展情况时，条形图被证明是非常有用的。

累积图

相比于线图和条形图，应用研究者较少使用**累积图**（也称累积记录）。在实证应用研究文献中几乎没有相关研究的例子，尽管有几个研究团队考虑到参与者的偏好而采用累积图来呈现数据（参看 Heal & Hanley, 2007; Ledford, Chazin, Harbin, & Ward, 2017）。累积图可以很好地直观展示参与者在目标掌握或条件选择方面的进步情况（参看第 12 章中有关同步处理设计的讨论）。"绘制累积记录时……将在每个观察期内记录的反应数与在之前所有的观察期内记录的反应总数相加（因此使用累积这一术语）。在累积记录中，y 轴上的任意数据点代表的是从数据收集以来记录的反应总数。"（Cooper, Heron, & Heward, 2007, pp. 135-136）因此，在累积记录中，平线表示在各个时段中没有出现反应，而增长式的数据路径则代表一定程度的反应。由于反应是累积的或不断增加的，因此在累积图上不可能出现随着时间的推移而下降的趋势。

当在累积图上绘制数据并达到预定标准时，累积数量就会归零（图 7.6 显示了达到标准的累积图）。第二阶段的正确反应数要从零开始累积。如果累积数量达到了 y 轴的上限，同样会归零（Cooper et al., 2007）。如图 7.6 所示，通过

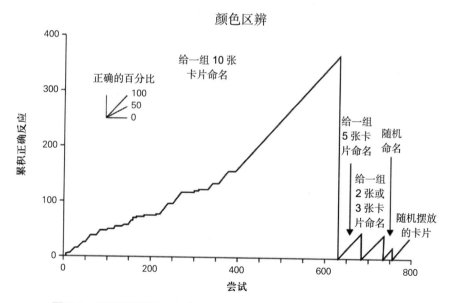

图 7.6　累积图显示了在达到某个阶段的标准后如何继续记录数据。

资料来源：Williams, G., Perez-Gonzalez, L.A., & Queiroz, A.B.(2005). Using a combined blocking procedure to teach color discrimination to a child with autism. *Journal of Applied Behavior Analysis*, 38, 555-558.

这种方式绘制数据可以让读者看到在第一阶段结束后，参与者在后续阶段达到标准所用的尝试越来越少。在这个例子中，由于参与者的累积数量达到了 y 轴的上限而归零，因此将这些数据简单相加就可以计算出累积数量、比率，等等。图 7.7 举了一个在 A-B-A-B 撤除设计中使用累积图的例子。在这个例子中，护目镜的使用减少了戳眼睛的行为。以这种方式使用累积图可以清晰地显示干预对行为的影响。

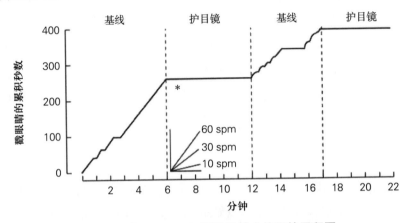

图 7.7　在 A-B-A-B 撤除设计中使用的累积图

资料来源：Kennedy, C.H., & Souza, G.(1995). Functional analysis and treatment of eye poking. *Journal of Applied Behavior Analysis*, 28, 27-37.

　　根据库珀等人（2007）的研究，在下述情况下应先考虑累积图，再考虑简单线图或条形图：（1）对于实现特定目标而言，总数很重要；（2）向参与者提供反馈；（3）反应的机会是持续的；（4）采用累积图可以更准确地反映行为改变模式。当参与者在每个测量时机或时段中都有一次反应机会时，累积记录通常可用作次要的测量记录方式（比如，当参与者能够在特定的日子里选择何种干预条件起效时；Ledford et al., 2017）。

半对数图

　　当行为的绝对变化（这点已经专门讨论过）并非研究焦点时，可以采用**半对数图**。如果使用等时距方式记录行为的绝对变化，那么图表的刻度上标识的数之间也是"等距"的。与之不同的是行为的相对变化的记录，在刻度上标识的距离是成比例相等的。"例如，在半对数图上，反应比率从每分钟 4 次翻倍为每分钟 8 次，与每分钟的反应数从 50 个翻倍为 100 个的变化量相同。"（Cooper et al., 2007, p. 139）图 7.8 采用半对数图呈现了一名学生在区辨任务中的表现

（每分钟计数），举例说明了行为教学方法和精准教学（precision teaching）方法在对孤独症谱系障碍学生实施干预过程中的互补性。林斯利（1992）开展了一项有关精准教学的综述研究，为了让那些对精准教学短暂的发展历史有兴趣的读者了解相关内容，研究还采用了半对数图来展示精准教学在行为研究项目中的变化情况，并详细地描述了半对数图的每个构成要素。在半对数图上绘制反应数和在分组研究中经常采用的以自然对数来转换结果数据的情形相似。

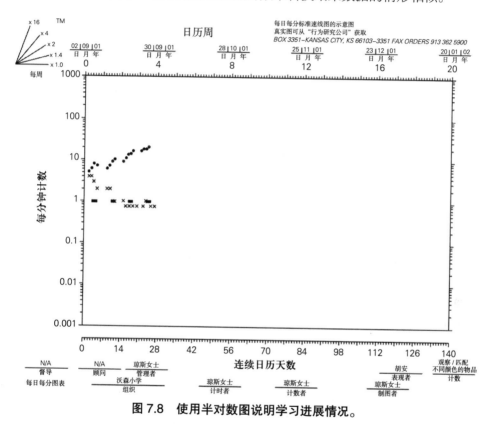

图 7.8　使用半对数图说明学习进展情况。

选择和建构图表呈现的指南

在分析图表呈现的数据之前，评估该图表是否适合用于呈现你的数据很重要。图表的首要功能是在没有文字说明的情况下进行交流。这就需要你：（1）选择恰当的图表呈现方式（线图、条形图或累积图）；（2）尽可能清晰、完整、简洁地展示数据。数据的展示方式以及图表的建构方式直接影响读者评估自变量和因变量之间的功能关系的能力。虽然几乎没有固定的规则来规范图表的选择、图表的建构或数据展示的方式，但还是有一些建议可以用来指导如何准备图表呈现（APA, 2009; Parsonson & Baer, 1978; Sanders, 1978）。遵循以下指南有助于对图表呈现的数据进行客观评估。

图表选择

在绘制时间序列数据时，一般应该采用线图；在绘制总结性数据时，一般应该采用条形图。当实验时段仅代表一次反应机会，或者达到某个累积数至关重要时（对非人类被试进行实验分析时通常如此），采用累积图很有帮助。测量两个或更多个变量以简化呈现方式时，有时会将条形图和线图结合起来使用（参看 Shepley, Sprigg, Samudre, & Elliot, 2007），即使所有的数据都是在一段时间内连续收集的（比如，当我们建议采用线图时）。例如，如果两个数据路径在整个研究过程中具有相似的数值，研究者可能会决定用条形图显示一个数据路径，而将线图叠加在条形图上来显示另一个数据路径。虽然这和上面提到的不用条形图来表示时间序列数据的建议相悖，但在某些情况下，它可以促进读者对数据的理解，并减少困惑。如前所述，将绘制在一个图表中的行为数量保持在最低水平以避免构图凌乱，是建构良好图表的关键要素；如果一个图表中的数据路径超过3个，那么"过多的视觉'噪声'可能会分散注意力，绘制另外一个比较图表是更好的做法"（Cooper et al., 2007, p. 132）。

图表建构

从研究传统上看，纵轴（y轴）和横轴（x轴）的比例以2∶3、3∶5或3∶4为宜（Kubina, Kostewicz, Brennan, & King, 2017）。研究者认为这是能够有效降低知觉扭曲程度的比例。在图7.9中，按照2∶3的比例（图7.9中的上图）以及更大和更小的比例（图7.9中的中图和下图）绘制了相同的数据。当图表中的数据点相对较少时，采用2∶3的比例可能比较合适。当数据点较多时，采用1∶3的比例（参看图7.10中的上图）可能更为合适。采用更大和更小的比例绘制图7.10中的数据会发生变形（图7.10中的中图和下图）。这清晰地说明了根据不同的高度和宽度的比例绘制出的数据图表看起来会有极大的不同；但是，目前尚不清楚在什么情况下采用由经验总结而得的比例更为合适。例如，研究认为数据的密度（如 x 轴上*每厘米数据点数*）会影响数据分析决策（Shah & Hoeffner, 2002）。这个结果并非专门针对单一被试设计图表；还需要其他研究来指导时间序列数据图表的建构。最近的一篇研究综述表明，大多数设计类型的平均比例大概是4∶10，相比于更大的比例（11∶20、13∶20、3∶4），专

业的单一被试设计研究者更喜欢采用 1 ∶ 4 的比例（Ledford, Barton, Seveini,
Zimmerman, & Pokorski, 2019）。我们的建议是：

1. 使用不会使数据失真且可以清晰地区分数据点的比例（比如，对
于数据点较少的图表，采用 2 ∶ 3 的比例，对于数据点较多的图表，采用
1 ∶ 3 的比例）。

2. 图表的文字说明部分，包括图表标题、条件标签和轴标签，使用
和叙述性文字所用的字体一致的字体。

3. 确保作为 *x* 轴标签的数字清晰可读，轴标签之间的刻度值用于帮
助读者识别中点。例如，如果每两个时段标注一个（如 2、4、6），那么

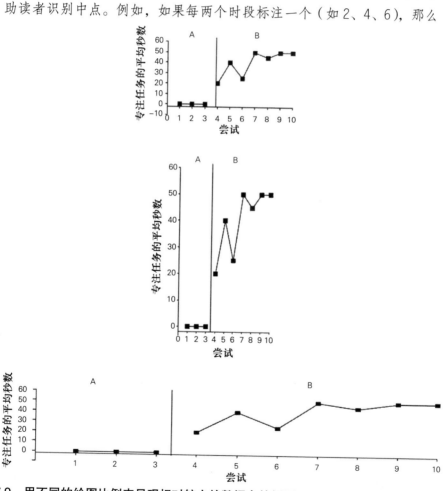

图 7.9　用不同的绘图比例来呈现相对较少的数据点的例子：上述图表采用不同的横轴 /
纵轴比例显示同一批数据。上图采用 2 ∶ 3 的比例；中图采用 3 ∶ 2 的比例，它的斜线更
陡，这就夸大了数据路径的变化；下图采用约 1 ∶ 5 的比例，这使数据路径看起来更平，
不易展现数据的变异性和数据随着时间的推移而发生的变化。

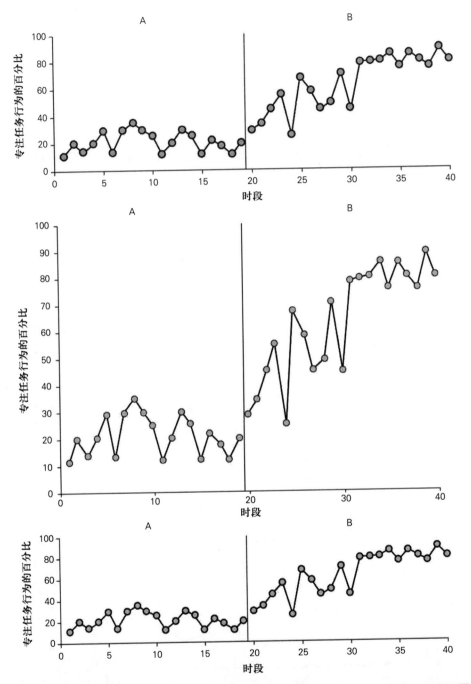

图 7.10　当数据点的数量较多时，可以采用各种不同的绘图比例：上述图表采用不同的横轴／纵轴比例显示同一批数据。上图采用 1∶3 的比例；中图采用 3∶2 的比例，它的斜线更陡，这就夸大了数据路径的变化；下图采用约 1∶5 的比例，这使数据路径看起来更平，不易展现数据的变异性和数据随着时间的推移而发生的变化。

你应该在每个时段的中间标上刻度值；如果你绘制的图表有很多个时段，采用每十个时段标注一个（如 10、20、30），那么每到第五个时段就要标上刻度值。

4. 确保作为 y 轴标签的数字清晰可读且在空间上彼此分离。例如，在用百分比表示因变量的图表（如 y 轴最大值为 100 的图表）中，可以标注的数值是 0、20、40……

5. 如果在同一个图表中绘制了多个数据路径，那么要使用不同形状的标记（如三角形、圆形、正方形）。采用实心（黑色）标记第一个数据路径，采用空心（白色）标记第二个数据路径。如果有第三个数据路径，你可以使用灰色来标记，但是一定要确保这些标记都足够大，可以将其与黑色实心标记区分开来。

6. 采用细线绘制数据路径，以免占用标记的位置（如微软 Excel 中的 1.0 粗细的线），标记要足够大，以便彼此区分，但又要足够小，以使读者准确地找到 y 轴上相应的数值。

7. 在同一份研究报告中绘制相同测量单位的各个图表时，它们的纵轴上标识的刻度和最大值也要相同（Kennedy, 1989）。

8. 使用文本框和箭头标注数据路径（参看图 7.6）。

9. **不要**使用彩色、网格线、图例或标题。

当未能完整地显示横轴或纵轴时，有时会使用**刻度中断**（scale break）。应将横轴的刻度划分成间隔相等的时段、天、时间，等等。如果数据不是连续收集的，那么应在两个不连续的数据点之间插入刻度中断（参看图 7.1，以及 Mayfield & Vollmer, 2007）。尽管已发表的一些论文在纵轴上标注了刻度中断（参看 Maglieri, DeLeon, Rodriguez-Catter, & Sevin, 2000），我们仍然提醒研究者不要采用这种方式，因为这会在无意中扭曲数据（Dart & Radley, 2017）。

横轴上如果有数据值为 0，标注在纵轴上的原点最好稍高于横轴（即"漂浮"于零点之上）。在建构线图或条形图时，特别重要的一点是，不要误把零水平当作缺失的数据点。如果线图中没有零水平的数据，那么原点就不需要高于横轴。巴顿和赖肖（Barton & Reichow, 2012）说明了在一般的绘图中如何制作漂浮零点以及其他程序，范泽洛和布雷（Vanselow & Bourret, 2012）开发了在线视频教程，同样用于讲解绘图方法。我们在这里提醒一下，考虑到数据值的相对灵活性，在常用的微软程序中，最好使用散点图（有标记的点）而不是线图（比如，与数据值对齐，可以添加一条精确的条件改变线；Vanselow & Bourret, 2012）。

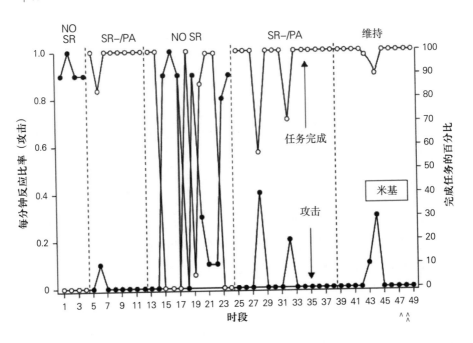

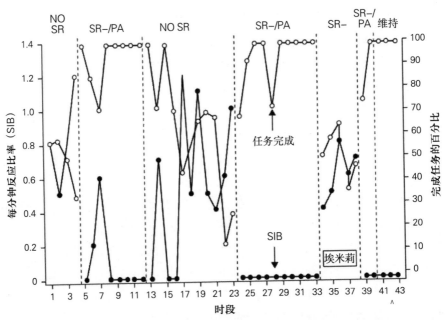

图 7.11 图表说明、实验条件标签和数据路径标签应简明扼要且能说清情况。它们应提供足够的信息，以便读者辨识自变量和因变量以及实验设计类型。对于图表中出现的任何缩写词，都要在图表说明中加以解释（比如，BL= 基线）。

资料来源：Hoch, H., McComas, J.J., Thompson, A.L., & paone, D.(2002). Concurrent reinforcement schedules: Behavior change and maintenance without extinction. *Journal of Applied Behavior Analysis*, 35, 155-169.

因变量测量值应沿着纵轴清楚、精确地标注。在绝大多数情况下，单一的因变量测量值沿着左侧纵轴标注。当因变量测量值不止一个时，也可以使用右侧纵轴。图 7.11 举例说明了使用左侧和右侧纵轴在同一个图表中绘制两个不同的测量值的情况；左侧纵轴显示的是比率，右侧纵轴显示的是百分比。不建议使用缩写词和符号（如 %、#），而应使用描述性标签。应沿着线图的横轴标注数据收集的频率（如时段、日、周）。

数据呈现

用实线连接两个点的数据路径意味着数据收集过程是连续的。虚线或省略式数据路径用于标识非连续数据。虚线偶尔用于连接未收集数据值的数据点（如参与者缺席时连接两个数据点）。用虚线连接两个不同的实验条件或条件阶段的数据点则不合适（即数据路径不应跨实验条件和实验阶段的分割线）。

在不同的图表中绘制相同的行为时，确保纵轴刻度一致很重要。图 7.12 展示了当纵轴刻度不一致时，结果是如何被歪曲的（Dart & Radley, 2017; Kennedy, 1989）。

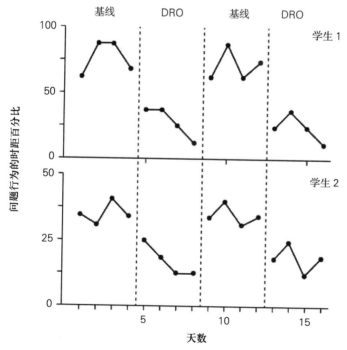

图 7.12a　图表显示了使用刻度一致的纵轴与使用刻度不一致的纵轴的结果。

资料来源：Kennedy, C.H.(1989). Selecting consistent vertical axis scales. *Journal of Applied Behavior Analysis*, 22, 338-339.

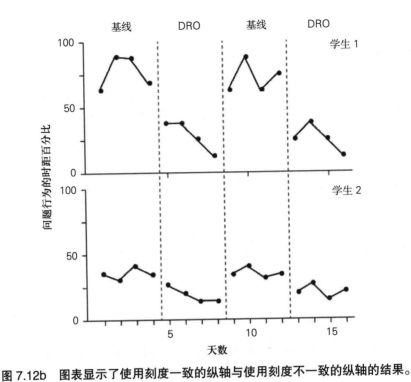

图 7.12b　图表显示了使用刻度一致的纵轴与使用刻度不一致的纵轴的结果。

资料来源：Kennedy, C.H.(1989). Selecting consistent vertical axis scales. *Journal of Applied Behavior Analysis*, 22, 338-339.

　　如果逻辑上可行，单一被试设计研究者要呈现所有的数据。但偶尔，当数据收集时间较长时，可能有必要压缩数据，从而使它们可以呈现在一个图表中。压缩数据的程序通常被称为"**区块化**"（blocking），很少用于减少图表中绘制的数据点数量。这个程序需要计算两天或两天以上连续数据的行为表现平均数或中数，因此可以使横轴变短，这样分布在图表中的数据点也会变少。采用区块化的时候要谨慎。只有在不会掩盖数据的变异性的情况下才适合使用区块化数据。这个程序的危险之处在于研究者可能会利用它来歪曲真实数据的趋势，因此很少使用。如果数据点已经被区块化，那么你应当：（1）注意到数据已被区块化；（2）详细说明在每个条件下有多少个连续的数据点被区块化（不同条件下被区块化的数据的数量应当一致）；（3）说明区块化的缘由，让读者相信区块化并非为了掩盖数据的变异性，而是为了突出数据的趋势和 / 或由于实际限制而缩小图表尺寸（比如，复印的时候，如果不进行数据区块化会导致图表不清晰）；（4）每个条件或阶段最少有 3 个区块化数据点，以便读者评估每个条件下的数据趋势。这么做时要遵守一项规定，即区块化要等研究结束后再实施；

在研究期间，所有的数据都要绘制在图表中。只有在研究全部结束并收集完所有的数据后，你才能评估出是否适合实施区块化程序。实施区块化时，通常要遵循的规则是：尽可能不实施；如果必须实施，谨慎行事，并让你的读者相信区块化数据不仅和未区块化数据的趋势一致，而且准确代表了未区块化数据。

有些研究者会在图表中添加趋势线、中数线和平均数线等辅助线来更好地说明线图中绘制的点对点数据；但是它们不能被当成绘制实际数据点和数据路径的替代品。要慎用这些总结线，一般来说，我们不建议使用它们。它们的作用是突出同一条件下和不同条件之间的数据趋势和平均数。当这些线条出现在图表中时，审稿人并不乐意让它们干扰他们对每日实际数据的理解。这些线条可能会分散读者对同一条件下和不同条件之间的数据路径的潜在趋势和变异性的注意力，还会使图表呈现出不必要的复杂状态。

当你收集了多名参与者的数据，并且要绘制他们的反应的统计集中量数（平均数、中数或众数）时，你应当绘制或在文中说明反应的范围。有时，图表中会出现一组参与者的反应范围，绘图时在数据点上沿着纵轴画一条有高点和低点的垂直线段，线段表示所有参与者的反应值都落在这个范围内。当绘制集中量数时，范围对于读者来说是一个非常重要的统计量。它可以帮助读者评估每个条件下个体或群体行为的一致性或稳定性。

使用计算机软件建构图表

大多数研究者依靠计算机软件绘制图表，不过，实务工作者有时会用手绘制图表。有几位作者努力帮助实务工作者和应用研究者使用软件，尤其是个人计算机通常会配置的微软办公软件（Barton, Reichow, & Wolery, 2007）。洛、康拉德、卡尔和伯克霍尔德（Lo, Konrad, Carr, & Burkholder, 1998）概述了用微软 Excel 来创建多种单一被试设计研究图表的步骤，希尔曼和米勒（Hillman & Miller, 2004）说明了如何用微软 Excel 制作多基线图表。除了在电子表格（如微软 Excel）中创建图表这种方法外，还可以使用微软 Word（Grehan & Moran, 2005）和微软 PowerPoint（Barton et al., 2007）创建。有了各种各样的绘制图表的软件之后，重要的就是要坚持遵循上文提到的选择和建构图表的各项指南。

表格

还有一种报告数据的形式是表格。使用表格报告的数据通常包括参与者的人口统计学信息、条件变量、带有例子和非例子的反应定义，以及第二层级的数据（比如，信度统计值、社会效度数据、泛化结果、尝试的次数或为达标出现的错误）。使用表格报告补充性或总结性数据有以下几个好处。考虑到期刊文章的篇幅有限，以表格形式来呈现较多的信息可以有效地压缩篇幅。表 7.1 显示了一张包含相当多信息的表格；以表格形式呈现的数据条理清晰，对读者来说更容易理解。表格还便于对数据进行简单的比较。读者可以轻易地比较表 7.2 中显示的不同刺激集和不同参与者的达标尝试的数量以及错误。偶尔，表格也用于展现数据的大小。表 7.3 通过展示中度智力障碍高中生在学习货物装袋时对观察信息和额外信息（营养成分）的获得和维持情况来说明这一点。插入实线会吸引读者关注干预对学生的行为产生的即时影响，而且这种影响在跨配对被试的多探测中得到了复制。表格经常用于呈现通过李克特式量表收集的数据。表 7.4 中的信息是对一些经过选择的社会效度问题的总结（参看 Hammond, Whatley, Ayres, & Gast, 2010）。读者不需要看每一个问题和答案，通过表格就能确定对列出的每个干预成分的反应。虽然表格能够相当高效地总结信息，但很少用于呈现点对点数据；相反地，表格主要用于报告单一被试设计研究中的补充性数据或第二层级的数据。表格为总结某些类型的数据提供了极好的形式，但很少被当作图表的替代品。当在研究综述里使用表格时，它应当被用来总结和综合变量，以帮助读者更好地确定研究之间的关系；一般而言，文字用于补充说明信息，而不是重述表格中的信息。

表 7.1　组织大量的信息

每名学生的教学数据和达标的训练集								
学生 / 数据集	训练时段的数量	训练尝试的数量	训练错误的数量	训练错误的百分比	训练时长	日常探测时长	探测错误的数量	探测错误的百分比
埃罗尔								
1	15	45	0	0%	135 分 18 秒	45 分 5 秒	17	37%
2	11	33	0	0%	99 分 16 秒	33 分 8 秒	9	27%
3	5	15	0	0%	45 分 44 秒	15 分 12 秒	5	33%
合计	31	93	0	0%	280 分 18 秒	93 分 25 秒	31	33%
尤努斯								
1	16	48	0	0%	144 分 1 秒	58 分 23 秒	13	27%
2	8	32	0	0%	96 分 55 秒	24 分 1 秒	8	25%

（续表）

3	5	15	0	0%	45 分 22 秒	15 分 15 秒	4	26%
合计	29	95	0	0%	286 分 18 秒	97 分 39 秒	25	26%
亚塞明								
1	12	60	0	0%	96 分 36 秒	48 分 36 秒	21	35%
2	16	80	0	0%	128 分 19 秒	64 分 42 秒	39	48%
3	5	25	0	0%	40 分 5 秒	20 分 23 秒	11	44%
合计	33	165	0	0%	265 分 0 秒	133 分 41 秒	71	43%
总计	93	353	0	0%	831 分 36 秒	324 分 45 秒	127	35%

资料来源：Birkan, B.(2005). Using simultaneous prompting for teaching various discrete tasks to students with mental retardation. *Education and Training in Developmental Disabilities*, 40, 68-79.

表 7.2　三名学生为达标所用的尝试和错误的刺激集样表

参与者和行为集	刺激	为达标使用的尝试数量	为达标出现的错误
科林			
行为集 1	蓝色、6	40（5）	7.5
行为集 2	粉色、9	24（3）	0
行为集 3	黄色、1	24（3）	0
行为集 4	红色、3	24（3）	0
德里克			
行为集 1	从、用	32（4）	0
行为集 2	向下、一次	32（4）	0
行为集 3	小的、预尝试	24（3）	0
行为集 4	向左、走路	32（4）	0
达斯廷			
行为集 1	3×4、0.5×6	36（5）	0
行为集 2	4×7、0.6×10	64（5）	12.5
行为集 3	7×3、8×4	88（11）	13.6
行为集 4	6×7、3×8	—	—

资料来源：Wolery, M., Anthony, L, Caldwell, N.K., Snyder, E.D., & Morgante, J.D.(2002). Embedding and distributing constant time delay in circle time and transitions. *Topics in Early Childhood Special Education*, 22, 14-25.

表 7.3　从对额外信息的观察性学习中获得的对观察信息和
额外信息的正确反应百分比样表

配对组	学习者	探测时段和数据							
		1	2	3	4	5	6	7	8
		8月30日	9月13日	9月26日	10月11日	10月23日	11月1日	11月8日	11月15日
1	亚当	0%	20%	20%	40%	20%	20%	40%	40%
	皮特	0%	100%	100%	100%	100%	100%	100%	80%
2	罗伯特	0%	0%	60%	60%	40%	60%	20%	20%
	芭芭拉	0%	0%	60%	60%	60%	60%	60%	20%
3	埃玛	0%	0%	0%	100%	100%	100%	100%	100%
	丹尼	0%	0%	0%	60%	60%	60%	40%	40%
4	多特	0%	0%	0%	0%	100%	80%	100%	80%
	吉姆	0%	0%	0%	0%	60%	60%	20%	20%
5	马里	0%	0%	0%	0%	0%	100%	80%	100%
	辛迪	0%	0%	0%	0%	0%	80%	60%	0%
6	迈克尔	0%	0%	0%	0%	0%	0%	40%	40%
	凯西	0%	0%	0%	0%	0%	0%	100%	80%

FRIO 探测中的平均正确反应百分比 =73.3%（范围：20%~100%）

探测 8 中的平均正确反应百分比 =51.6%（范围：0%~100%）

实线表示提供教学指导和接触额外信息。每个配对组竖线后的第一个探测表示，在杂货店包装货物的项目中，只要每个配对组达到 FRIO 标准，就立即收集数据。当每个配对组达到 FRIO 标准时，就开始陆续实施探测时段。探测时段 8 那一栏表示，在第 6 个配对组达到杂货店包装货物技能 FRIO 标准的时候，每名学习者都已经历为期 1 周的探测。

注意：插入的线条表示干预之前（左）和干预之后（右）实施的测量。

资料来源：Wall, M.E., & Gast, D.L.(1999). Acquisition of incidental information during instruction for a response-chain skill. *Research in Developmental Disabilities*, 20, 31-50.

表 7.4　组织李克特式社会效度数据样表

教师对经过选择的社会效度议题的反应 [a]						
干预成分	重要性	*n*	难度	*n*	适宜度	*n*
创造交流机会	非常重要（6~7）	9	非常重要（6~7）	0	非常重要（6~7）	9
	中等重要（3~5）	9	中等重要（3~5）	3	中等重要（3~5）	0
	不重要（1~2）	0	不重要（1~2）	6	不重要（1~2）	0
示范期望掌握的技能	非常重要（6~7）	9	非常重要（6~7）	0	非常重要（6~7）	8
	中等重要（3~5）	0	中等重要（3~5）	1	中等重要（3~5）	1
	不重要（1~2）	0	不重要（1~2）	8	不重要（1~2）	0
提供具体指南	非常重要（6~7）	7	非常重要（6~7）	0	非常重要（6~7）	9
	中等重要（3~5）	2	中等重要（3~5）	1	中等重要（3~5）	0
	不重要（1~2）	0	不重要（1~2）	8	不重要（1~2）	0

注：*n*=9

a 从 7 点式李克特式量表中选择的教师反应

资料来源：Johnston, S., Nelson, C., Evans, J., & Palazolo, K.(2003). The use of visual supports in teaching young children with autism spectrumdisorder to initiate interactions. *Augmentative and Alternative Communication*, 19, 86-103.

《美国心理学会出版手册（第 6 版）》（*Publication Manual of the American Psychological Association, 6th edition*）提炼出了表格建构的参数。在这里，我们讨论和单一被试设计研究最相关的要素，并将其列在表 7.5 中：（1）表格应按照文章中提到的顺序用数字编号；（2）表格标题应简洁明了；（3）应使用表头简明扼要地列出你想分享的信息；（4）必要的时候，可以在表头下面添加次级表头；（5）所有的表头都应有助于读者找到相关信息；（6）表格中的线条应只用于分隔表格的不同部分，以帮助读者更好地理解信息（比如，在表头上下添加线条，而非在表格主体部分添加）；（7）不使用竖线。表格的大小取决于信息量的多少；应仔细考虑如何在文章中恰当地嵌入表格。

表 7.5　一个表格的基本组成部分

第一作者	因变量	自变量	功能关系
安德森	CI, RI	MM	存在
巴克利	CI	IT	存在
德拉	RI	MM	不存在
汉弗莱斯	RI	NTD	不存在
琼斯	CI	NTD	不存在
罗德里格斯	RI	IT	存在
史密斯	CI, RI	IT	不存在
威廉斯	CI, RI	NTD	存在

表1 ←—— 表格编号　　表格标题　　表头
文献检索所得文章汇总

注：CI =发起对话；IT =随机教学；MM =提要求—模式程序；NTD =自然时间延迟；RI =对发起的反应

表格主体　　表注　　水平线

总结

在本章中，我们讨论了图表和表格的基本组成部分和类型，这些图表和表格可以帮助你以视觉化的形式组织研究中收集的数据。遵循本章概述的指南，你能够通过图表呈现的信息对数据进行视觉分析（参看第8章）。尽管图表显示的信息看起来可能有些繁杂，但是准确地收集数据、组织数据是你必须做的，这样才能确保数据分析的结果可信。选择不恰当的图表呈现方式或图表数据不准确有可能导致教学计划出现不合理的改变、对自变量和因变量之间的关系做出错误推断，或者干预的效果不明确。

第8章 图表数据的视觉分析

埃琳・E. 巴顿、布莱尔・P. 劳埃德（Blair P. Lloyd）、埃米・D. 斯普里格斯（Amy D. Spriggs）和戴维・L. 加斯特

重要术语

形成性视觉分析（formative visual analysis）、行为改变（behavior change）、总结性视觉分析（summative visual analysis）、功能关系（functional relations）、相邻条件（adjacent conditions）、条件内视觉分析（within condition visual analyses）、水平（level）、水平变化（level change）、水平稳定性（level stability）、趋势（trend）、趋势方向（trend direction）、上升（accelerating）、下降（decelerating）、零变化（zero celerating）、斜率（steep）、渐变（gradual）、趋势稳定性（trend stability）、变异性（variability）、重叠（overlap）、即时性（immediacy）、稳定性（stability）、条件间视觉分析（between conditions visual analyses）、一致性（consistency）、效果的可能性证明（potential demonstrations of effect）、效果证明（demonstrations of effect）、量级（magnitude）

图表数据的视觉分析
使用视觉分析确定行为改变和功能关系
　　形成性视觉分析：条件内分析
　　　　水平
　　　　趋势
　　　　变异性
　　　　稳定性
　　形成性视觉分析：相邻条件分析

图表数据的视觉分析

　　在单一被试设计研究中，复制用于通过重复证明行为改变与条件间的改变具有一致性来构建因果推论。在恰当的单一被试研究情境中，通过重复地收集数据、绘制图表和分析数据来评估自变量（即干预）的有效性（Wolery & Harris, 1982）。与对数据进行统计分析不同，图表数据的视觉分析是单一被试设计研究中最基础和最常用的数据分析方法，尤其是在判断某项研究是否具有实验控制的时候（Horner & Spaulding, 2010; Kratochwill et al., 2013）。研究者应当定期分析数据，以确保研究参与者能够体验到成功并获得进步；在开展单一被试设计研究期间，应当重复地收集数据、定期绘制图表，并经常分析数据。视觉分析的动态性和形成性促进了研究进程的迭代，进而辨识山与有价值的结果相关的有效干预（Parsonson & Baer, 1978）。

视觉分析包括用于评估数据模式的具体特征和评估功能关系是否存在的系统化程序。它可以对跨时间、跨条件的数据进行缜密检核，因此有助于对干预有效性进行形成性评价。视觉分析有几个优点。第一，它可用于根据研究问题中的具体分析单元评估个体或小群体的数据。第二，它是一个动态的过程，在这个过程中要重复地收集数据、绘制图表，并经常对图表数据进行分析。形成性地绘制图表和浏览数据有助于做出基于数据的决策（如条件改变、干预调整），以确保参与者从活动中获益（Barton et al., 2016; Gast & Spriggs, 2014; Wolery, 2013）。第三，视觉分析侧重于分析个体数据模式，因此有助于促进个体化而非基于群体的干预。第四，图表数据的视觉分析使发现潜在的、有意义的结果成为可能，这些结果和最初的研究问题或项目目标也许没有直接关系（Barton et al., 2016; Wolery, 2013）。由于"主要"数据是通过定期收集、绘制图表并分析而得到的，计划外或偶然的结果（Sidman, 1960; Skinner, 1957）也有可能出现；因此，形成性分析对于单一被试设计研究的动态本质而言非常重要。第五，数据的图表呈现使研究者得以对结果进行独立分析和解释（Parsonson & Baer, 1978）。这种透明度使其他人能够自行判断干预是否有价值，结果的等级是否有社会效益。基于上述缘由，我们认为对单一被试设计研究者而言，对图表数据进行视觉分析是首选策略。它也被证明不仅具有可操作性，而且很可靠；因此，我们推荐使用它。

使用视觉分析确定行为改变和功能关系

视觉分析包括形成性评价和总结性评价。在研究过程中，**形成性视觉分析**可以在条件内和条件间进行，用以辨识行为改变。对相同的变量来说，当在同一条件下的数据模式和在按顺序出现的相邻条件下的数据模式不同时，就发生了**行为改变**。**总结性视觉分析**是在研究完成后开展的，它通过多次展示行为改变来确定自变量和因变量之间是否存在**功能关系**。因此，视觉分析可用于做出实验决定（形成性的，关于行为改变）、确定是否存在功能关系（总结性的），以及评估效果的等级大小（总结性的）。正如其他章节（第 9 章至第 13 章）所述，最近的单一被试设计标准提倡在建立实验控制和确定功能关系时，至少呈现三个与时间相关且一致的行为改变（比如，Horner et al., 2005; Krotochwill et al., 2013），而近期的研究表明，视觉分析应符合这个标准（Wolfe, Seaman, & Grasgow, 2016）。在单一被试设计研究中，要在条件内和**相邻条件**之间考察数据模式；当一个条件下的数据和根据之前条件预测的数据不同时，就可以证明行为发生了改变。形成性分析分两个步骤进行：（1）条件内和相邻条件之间的分析；（2）对具体数据特征的系统性考察。这些将在后面的部分中详细说明。

形成性分析：条件内分析

在单一被试设计研究中，在收集数据的整个过程中，都会绘制图表并进行分析（Parsonson & Baer, 1978）。这个过程是动态的，实验决定是根据数据模式做出的。**条件内视觉分析**（within condition visual analyses）是研究过程中在同一条件下进行的分析，目的是发现数据模式。在同一条件下分析数据的水平、趋势、变异性/稳定性，对于确定什么时候改变条件、决定是否做调整，以及提供和研究问题相关的信息非常重要。做出基于数据的决定后，可能会产生新的、未曾料及的或重复性的研究结果，这些研究结果可用于了解当前的干预情况。

从初始条件——通常是基线条件——开始，到改变条件之前，你应当至少在三个或五个时段内观察数据的稳定性。你应当事先确定改变条件的标准，但是，这个标准应根据条件内的数据模式来设定，而不是根据一系列或数量最多的数据点来设定。例如，你将条件改变的标准设定为在干预开始前至少有三个连续的数据点呈现出达到或接近最低水平的稳定反应。同样地，你也可以设定一个掌握标准，即在90%无辅助的正确尝试中出现了三个稳定的数据点，这表示可以从干预条件转入维持条件。应根据假设的数据模式事先设定条件改变标准。这些标准将指导研究者做出有关实验控制的形成性和总结性决策。

图8.1描述了由休斯、阿尔贝托和弗雷德里克（Hughes, Alberto, & Fredrick, 2016）开展研究时使用的两个图表；他们考察了听觉辅助系统的应用对减少智力障碍高中生在社区工作场所中的脱离任务行为的影响。在对初始基线条件进行条件内分析时发现数据处于稳定水平——高于75%——变异性较低，这意味着有必要开展干预（即脱离任务行为多到令人无法接受）。因此，这时适合引入干预。虽然研究者没有详细说明，但是对这项研究而言，在稳定水平上至少有三个数据点可能是恰当的条件改变标准。不过，考虑到第一组和第二组数据点之间的水平变化，需要更多的数据来建立稳定水平（比如，第一组和第二组数据点之间的行为改变可能是持续下降趋势的开始，这表明可能出现了成熟这一威胁因素）。因此，条件内形成性分析会对条件改变产生潜在的延迟作用。

图8.1b显示了韦罗妮卡出现不服从行为的时距百分比。在最初的**无辅助**条件下，不服从行为的时距百分比处于较高水平，达到或超过75%时距；而在最初的**提醒**条件下，不服从行为的时距百分比处于较低水平，仅为15%时距或更低。在随后的条件下显示出相似的稳定水平。

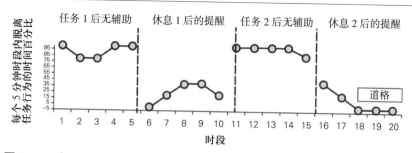

图 8.1a　在使用条件内分析做出形成性决策时，变量在各基线条件中呈现高水平状态。

资料来源：Hughes, M.A., Alberto, P.A., & Fredrick, L.L.(2006). Self-operated auditory prompting systems as a function-based intervention in public community settings. *Journal of Positive Behavior Interventions*, 8, 230-243.

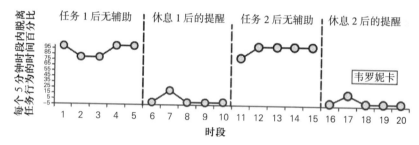

图 8.1b　在使用条件内分析做出形成性决策时，变量在各基线条件中呈现高水平状态。

资料来源：Hughes, M.A., Alberto, P.A., & Fredrick, L.L.(2006). Self-operated auditory prompting systems as a function-based intervention in public community settings. *Journal of Positive Behavior Interventions*, 8, 230-243.

　　当数据水平不稳定的时候，研究者偶尔也会改变条件，尽管条件内水平改变可能会对关于行为改变和功能关系的决策产生不利的影响。例如，图 8.2 中的数据来自邓拉普及其同事（1994）所做的一项研究；他们考察了使用选择策略对有情绪和行为障碍的小学生的任务参与行为和破坏性行为的影响。图 8.2 展示了三名参与者之一温德尔的数据。温德尔在基线条件的两个因变量上都显示出低稳定水平：破坏性行为（范围 =10%~45% 时距）和任务参与（范围 =40%~95% 时距）。在最初的干预条件下，他的任务参与稳定水平达到或接近 100% 时距，破坏性行为达到或接近 0% 时距。

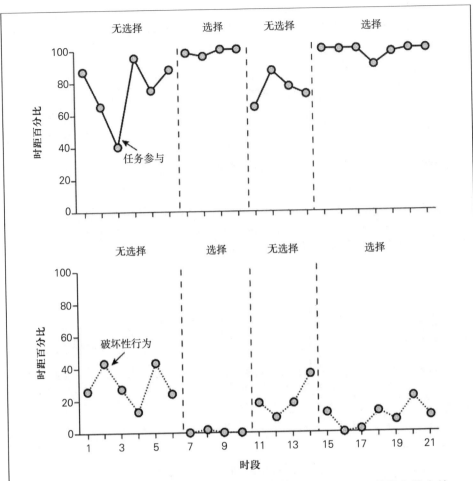

图 8.2　在各个基线条件中两个因变量的水平的变异性；如果基线条件中的数据变异性是可预测的，那么对形成性条件改变决策而言，稳定性就不是必需的，尽管这会影响与功能关系相关的总结性决策。

资料来源：Dunlap, G., DePerczel, M., Clarke, S., Wilson, D., Wright, S., White, R., & Gomez, A.(1994). Choice making to promote adaptive behavior for students with emotional and behavioral challenges. *Journal of Applied Behavior Analysis*, 27, 505-518.

　　图 8.3 来自齐哈克、法伦科、艾尔斯和史密斯（Cihak, Fahrencog, Ayres, & Smith, 2010）开展的一项研究；他们考察了使用 iPad 上的视频示范来改善孤独症谱系障碍学生的转换行为。数据显示，在基线条件期间，正确表现的水平较低，从 0%~10% 的独立转换到 0%~30% 的独立转换不等。

　　如图 8.3 所示，在最初的**视频示范**条件下，乔斯、艾达和戴夫的行为呈现非常稳定的上升趋势，这也是研究预期改变的模式。

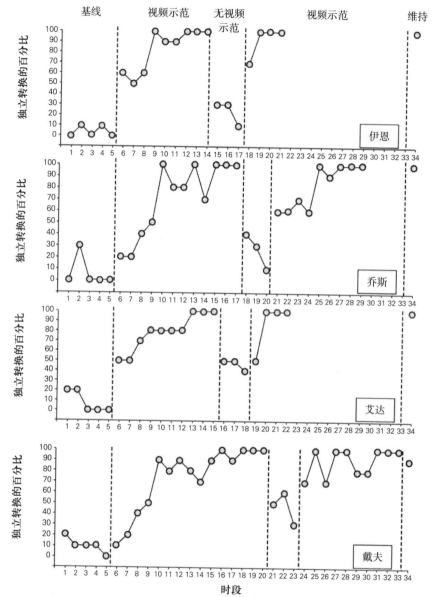

图 8.3　在使用条件内分析做出形成性决策时，变量在各基线条件中呈现低水平状态。

资料来源：Cihak, D., Fahrenkrog, C., Ayres, K.M., & Smith, C.(2010). The use of video modeling via a video iPod and a system of least prompts to improve transitional behaviors for students with autism spectrum disorders in the general education classroom. *Journal of Positive Behavior Interventions*, 12, 103-115.

图 8.4 是琼斯、莱尔曼和莱查戈（Jones, Lerman, & Lechago, 2014）开展的一项研究中的图表；他们利用视频示范教孤独症儿童学习社交反应。在干预条件期间，不同参与者的正确反应百分比都呈现非常稳定的上升趋势。

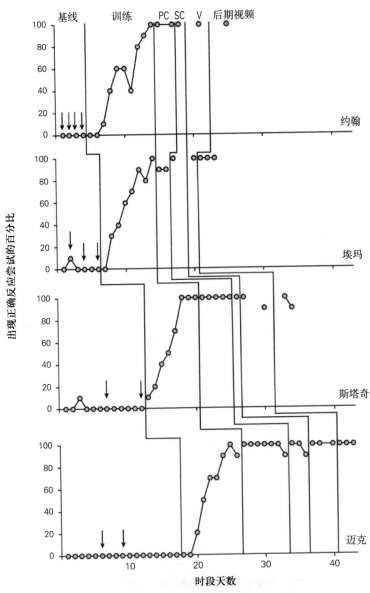

图 8.4　在训练条件期间呈现上升趋势

资料来源：Jones, J., Lerman, D.C., & Lechago, S.(2014). Assessing stimulus control and promoting generalization via video modeling when teaching social responses to children with autism. *Journal of Applied Behavior Analysis*, 47, 37-50.

图 8.5 展示了威尔斯和梅森（Wills & Mason, 2014）所做的一项研究的图表；他们考察了技术辅助式自我监控干预对两名残障高中生的专注任务行为的影响。在图 8.5a 中，在最初的基线条件期间，一名参与者的专注任务行为出现了下降的、反治疗的趋势；不过，最后的 5 个数据点显示了更高的稳定性。

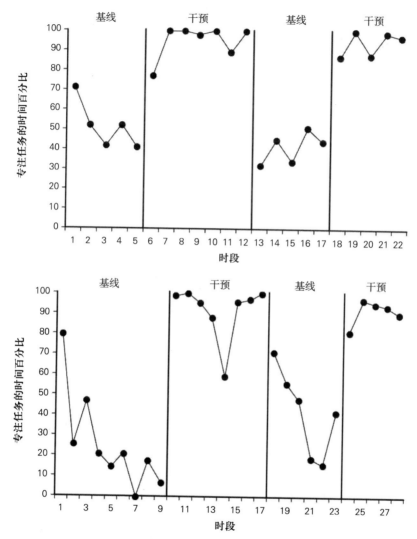

图 8.5a–b　在基线条件期间呈现反治疗趋势

资料来源：Wills, H.P., & Mason, B.A.(2014). Implementation of a self-monitoring application to improve on-task behavior: A high-school pilot study. *Journal of Behavioral Education*, 23, 421-434.

水平

水平这一术语指的是行为发生的数量，由纵轴数值标示（Kennedy, 2005）。水平通常是行为改变中最令人感兴趣的特征，一般用低、中、高来描述。你也可以通过在同一个条件中说明因变量数值的变化范围来描述水平（比如，10% 时距或更少，90%~100% 的准确率）。偶尔也会使用中值描述水平。尽管使用均值 / 平均数描述水平更为普遍（如在分组研究中和在研究情境外），我们仍然不建议用其概括水平，因为相对较少的数据点会导致均值很容易受极端值的影响（即均值结果很难代表水平）。

趋势

趋势是数据系列的倾斜程度和方向或数据随时间变化的方向（增多、减少或保持不变；Kennedy, 2005）。当对数据进行视觉分析时，要描述三个特征：趋势方向、趋势等级和趋势稳定性。**趋势方向**指的是**上升**（纵轴数值随时间变大）、**下降**（纵轴数值随时间变小）或**零变化**（数据系列和横轴平行）。趋势还可以用等级来描述，通常被描述为**陡峭**或**平缓**，并且和方向配对出现（比如，陡峭上升趋势或平缓下降趋势）。你还应当根据你所关注的行为说明趋势的方向是改善（治疗）还是恶化（反治疗）[比如，在干预期间出现陡峭上升趋势是令人欣喜的，它表示掌握了目标行为，但如果目标是减少问题行为的出现，那么同样的趋势就令人沮丧了（反治疗）]。为了增强功能关系的信服力，数据的趋势方向和稳定性应和假设的数据模式一致。

反治疗趋势代表了单一被试设计研究中常见的一类数据模式，它可能会出现在某一条件内，特别是在引入自变量之前。反治疗趋势指的是与假设的改善趋势相反的趋势，出现这种趋势说明有引入干预的需求。虽然在基线中出现的反治疗趋势似乎提供了需要立即开展干预的证据，但由于数据存在向均值回归的可能性（即数据在没有干预的情况下，受随机波动的影响，有可能出现改善的倾向；Kazdin, 2011），因此最好还是继续收集数据，直到建立起稳定性。

变异性

变异性（variability）是指从一个数据点到下一个数据点的波动，与稳定性相反；在无趋势（即零变化）的数据中，变异性可被概括为在某一条件下的数值范围或落在某个特定的稳定区间内的数据点的百分比（Franklin, Gorman, Beasley, & Allison, 1996; 参看下文提到的工具）。在有趋势的数据中，可以通过分布在中位趋势线周围的数据计算变异性（Lane & Gast, 2013; 参看下文提到的工具）。不过，它无法用具体的数值来描述，一般用"稳定的"或"多变的"来笼统地描述数据（Kennedy, 2005）。变异性可能是由意外事件（如健康问题、碎片式睡眠模式、更换照顾者）造成的，这些事件可能是暂时的，也可能是永久的。数据一般被报告为高变异性、中等变异性或稳定；没有什么方法可用于对变异性的等级进行量化。当数据模式呈现出高变异性或中等变异性时，通常建议延长实验条件。不过，数据变异性高，也可能说明有必要引入能够产生稳定反应水平的干预。换言之，变异性可能是基线条件下预期会出现的因变量数据模式，在这种情况下，如果预期的行为改变模式是变异性降低，那么就可以继续进行条件改变。总体而言，即使人们预期数据会出现变异性，也意味着有必要在某一条件中收集更多的数据（比如，超过三个数据点；Kennedy, 2005; Parsonson & Baer, 1978）；在没有干预的情况下，更多的数据点很可能还是会展现出变异性。

图 8.6 是从一篇介绍多项研究的文章中截取的图表（Barton et al., 2016）；这里的图表显示的是在使用和未使用最少辅助系统（system of least prompts, SLP）的情况下，评估环境安排（environmental arrangement, EA）对幼儿的社交互动比率的影响。在初期，基线数据是非常不稳定的（尽管最后三个数据点相对稳定），引入环境安排这一条件后，数据同样不稳定。因此，在第三个条件期间进行了调整，这使得数据的变异性大大降低。

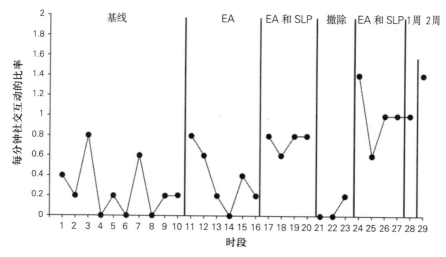

图 8.6　展示了基线和初始干预条件中较高水平的变异性，通过条件内分析对是否调整研究条件做出形成性决策。

资料来源：Barton, E.E., Ledford, J.R., Lane, J.D., Decker, J., Germansky, S.E., Hemmeter, M.L., & Kaiser, A.(2016). The iterative use of single case research designs to advance the science of EI/ECSE. *Topics in Early Childhood Special Education*, 36, 4-14.

稳定性

稳定性（stability）是指在某一条件内数值可预期且一致（Hersen & Barlow,
1976），或相邻数据点之间未见波动（即缺乏变异性）。对稳定性的理解可能会
受 y 轴的刻度和范围的影响（Parsonson & Baer, 1978; 参看第 7 章）。数据稳定
性是指在环境没有变化的情况下，当前的数据模式不发生改变。数据可以表现
出水平稳定性或趋势稳定性（或两者兼而有之）。计算稳定性波动区间是一种量
化稳定性的方式；后面会介绍计算稳定性波动区间的方法。

图 8.7 来自巴顿、富勒和施尼茨（Barton, Fuller, & Schnitz, 2016）的一项研究；
他们考察了通过电子邮件发送基于学生表现的反馈来增加职前教师采纳教学建议的
行为。在基线条件期间，贾丝明的三个目标行为——情绪命名、选择和促进社交互
动——呈现出稳定的低水平状态，这意味着适合引入干预。在电子邮件反馈期间，
她的选择（范围 =10~21）和促进社交互动（范围 =15~18）水平相对稳定。

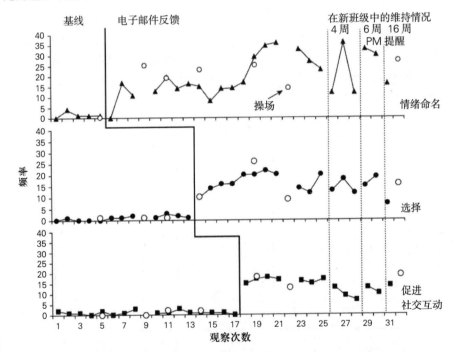

图 8.7 展示了稳定的基线数据，通过条件内分析做出形成性决策。

资料来源：Barton, E.E., Fuller, E.A., & Schnitz, A.(2016). The use of email to coach preservice early childhood teacher. *Topics in Early Childhood Special Education*, 36, 78-90.

图 8.8 来自阿达莫（Adamo）及其同事（2015）所做的一项研究；他们使用多成分干预集成包（包括示范、辅助和赞扬）来增加唐氏综合征幼儿的身体运动。在初始基线条件期间，拉莫娜在无辅助的情况下进行中－高强度身体运动（moderate to vigorous physical activity, MVPA）时表现稳定（范围 =0%~11% 时距），这表明适合引入干预。在初始干预条件期间，拉莫娜的 MVPA 稳定在中等水平（范围 =20%~32% 时距）。在第二个基线条件期间又稳定在较低水平（范围 =3%~12% 时距）。在第二个干预条件期间，拉莫娜的 MVPA 稳定在中等水平（范围 =26%~31% 时距）。

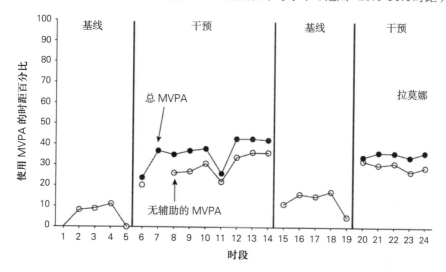

图 8.8　展示了稳定的基线数据，通过条件内分析做出形成性决策。

资料来源： Adamo, E.K., Wu, J., Wolery, M., Hemmeter, M.L., Ledford, J.R., & Barton, E.E.(2015). Using video modeling, prompting, and behavior-specific praise to increase moderate-to-vigorous physical activity for young children with Down syndrome. *Journal of Early Intervention*, 37, 270-285.

形成性视觉分析：相邻条件分析

视觉分析可以在研究全程中使用，用于做出研究决策或改变研究设计和研究变量，同时维持实验控制并不断产生有质量的研究成果。**条件间视觉分析**（相邻条件分析）的目的是确定行为是否发生了改变。在单一被试设计研究中，某一特定的条件（B）会被引入和重新引入一个（如 A-B-A-B 设计）或多个（如多基线设计）数据系列，以评估自变量和因变量之间是否存在功能关系。**功能关系**（functional relations）是一个自变量（干预）引起一个因变量（目标行为）产生可靠、一致变化的确凿证明。单一被试设计研究的目的是确定当引入干预时行为是否发生了改变，以及行为改变是否可以被可靠地复制。当实施条件间分析时，重要的是要记住，只有相邻条件之间的数据可以直接比较。在研究过程中，通过考察数据的水平、趋势以及变异性，并将假设的变化和实际的数据模式进行比较，可以做出形成性改变条件决策。一般来说，一旦数据的水平或趋势按照预期的方向、等级或模式呈现出稳定状态，你就可以引入下一阶段计划实施的条件或结束研究了。对相邻条件之间的数据进行分析时，需要确定：（1）数据模式（水平、趋势以及变异性）的变化；（2）变化的即时性；（3）相邻条件之间重叠的数据数量；（4）相似条件中数据模式的一致性。

数据模式的变化

当对两个相邻条件之间的数据进行比较时，应当考察条件改变之前和之后的数据模式。通常来说，研究者对数据水平和/或趋势方向上的变化最感兴趣。例如，在研究不同条件下的问题行为时，研究者很可能会对数据水平感兴趣，而在研究阅读速度时，则可能会对趋势感兴趣。

> 在图 8.4 中，在初始基线条件期间，数据呈现稳定的低水平状态以及零变化趋势。相反地，在干预条件期间，数据呈现陡峭上升的趋势，而且趋势稳定性很高。可以看出，数据模式发生了变化，而且在不同层级中出现了一致的变化。

变化的即时性

相邻条件之间**变化的即时性**（immediacy of change）指的是一引入干预行为就发生改变的程度（Horner et al., 2005）。当引入一个新的条件时，水平立即发生巨大变化，这可以用水平"突变"来描述，表明干预立即"有力"或立即生效（Parsonson & Baer, 1978）。通常来说，随着条件的改变，因变量出现即时和突然的改变，可以明确表明行为发生了改变。效果越迅速（或者立即出现），越能令人相信结果测量中的变化源自对自变量的操纵。不过，也有可能出现延迟变化，因此不必排除存在功能关系的推论；功能关系的可信度在如下情况下会得到提高：（1）事先预测到会出现延迟（比如，在考察某些学业技能的情况下）；（2）在不同条件或层级之间出现变化之前（变化前的数据点数）都有一段潜伏期；（3）在不同条件或层级之间，变化在水平或趋势上的等级是一致的（Lieberman, Yoder, Reichow, & Wolery, 2010; Parsonson & Baer, 1978）。

重叠

重叠（overlap）指的是一个条件中的数据的数值和随后相邻的条件中的数

据的数值范围相同（Kennedy, 2005）。在报告重叠的情况时，可以用一个条件中的数据占相邻条件中的处于相同水平的数据的比例来表述（比如，重叠数据的百分比）。行为改变的可信度和功能关系的存在与相邻条件之间重叠数据的比例成反比（Parsonson & Baer, 1978）。通常来说，数据群分隔较大且重叠比例较低可以更有效地证明效果。

图 8.9 来自费蒂格、舒尔茨和斯雷科维奇（Fettig, Schultz, & Sreckovic, 2015）所做的一项研究；他们考察了训练父母实施基于功能的干预来减少孩子的挑战性行为的效果。在初始基线条件期间，父母实施干预策略的百分比在所有孩子那里都呈现出稳定的低水平，这表明父母没有采用基于功能的干预。然而，在训练开始后，所有孩子的水平都立即提高了，并且在辅导开始后立即再次提高。父母实施干预策略的百分比最终稳定在最高水平（100%）。

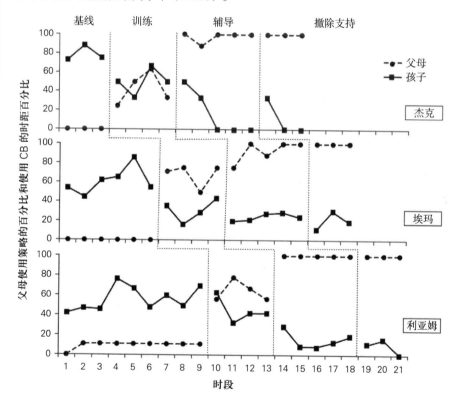

图 8.9 展示了基线条件和训练条件之间即时和近即时的变化。

资料来源：Fettig, A., Schultz, T.R., & Sreckovic, M.A.(2015). Effects of coaching on the implementation of functional assessment-based parent intervention in reducing challenging behaviors. *Journal of Positive Behavior Interventions*, 17, 170-180.

在图 8.1a 中，相邻条件之间没有出现不服从行为的重叠（第一个和第三个条件中的最小数值比第二个和第四个条件中的最大数值大）。因此，出现无重叠的即时变化提高了功能关系的可信度。

图 8.10 来自普拉夫尼克、麦克法兰和费雷里（Plavnick, MacFarland, & Ferreri,

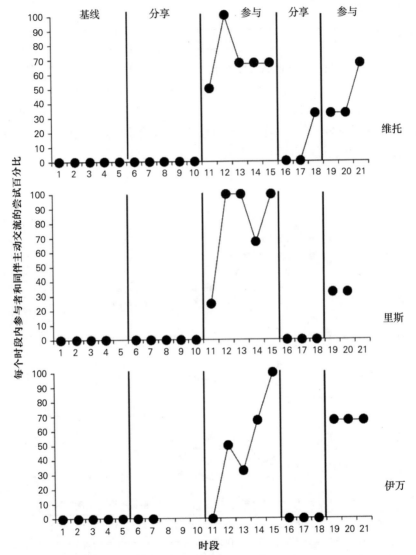

图 8.10 对里斯来说，条件之间无重叠（分享和参与），对维托和伊万来说，条件之间出现了从低度到中度的重叠。

资料来源：Plavnick, J.B., MacFarland, M.C., & Ferreri, S.J.(2015). Variability in the effectiveness of a video modeling intervention package for children with autism. *Journal of Positive Behavior Interventions*, 17, 105-115.

2015）所做的一项研究；他们采用视频示范教授三名孤独症儿童主动和同伴交流。每名参与者在基线条件和分享条件期间没有与同伴主动交流（即稳定的低水平）。在引入参与条件后，所有儿童的数据模式都展现出了即时变化。维托和里斯的数据在水平上出现了即时变化，而且在前后两个相邻条件中没有重叠。伊万的数据呈现即时上升趋势，并且有一个重叠的数据点（即前后两个相邻条件中参与数据点的20%重叠）。在第二个干预条件期间（即参与），里斯和伊万的数据和前一个条件中的数据没有重叠。但是，在维托那里，和前面的分享条件相比，三个数据点中有两个重叠（67%）。

一致性

一致性（consistency）指的是一个条件中的数据模式和其他条件中的数据模式相似的程度（Parsonson & Baer, 1978）。要有力地证明功能关系的存在，需要在同一条件（如基线 1 和基线 2）重复出现时，数据模式呈现一致性，在不同但相邻的条件（如基线 1 和干预 1）之间，数据模式呈现不一致性。在不同的条件下也可以用一致性考察行为改变。例如，每次出现相同的条件改变时，行为改变的即时性和等级大小应该一致。

总结性视觉分析

确定功能关系

总结性视觉分析用于对功能关系的存在和变化的等级进行总结。在如下情况下可以确定功能关系：（1）有充分的**潜在效果证明**（即至少有三次机会证明条件改变时行为也相应发生了改变）；（2）在你已经选择一个在方法上无懈可击的设计（参看第 9 章至第 13 章），所有威胁内部效度的因素也已经得到恰当控制的情况（参看第 1 章）下，视觉分析表明在所有效果的可能性证据中，数据都发生了一致的变化（即至少有三个真实的**效果证明**）。当相似的条件在不同的研究者、研究项目、参与者、行为和条件（复制，参看第 4 章）下产生相似的效果时，研究结果的泛化性就会进一步增强。

比较相似条件之间的数据模式以确定实验的相似条件是否对因变量产生相似的影响。在相似条件下出现的一致的数据模式对于在特定情况下建立可复制的、可预期的行为模式非常关键。相似条件下的行为模式与先前预期的一致会提高确定功能关系的可能性；一致性越高，数据体现功能关系的可能性越大。

在如下情况下可以确定功能关系存在：（1）成功地复制了某一条件下的效果；（2）相似的条件产生了相似的参与者内（参与者内复制）和跨参与者（跨参与者复制）的水平和趋势。在相似的条件中建立一个明确的反应模式，并在条件改变时呈现一致的行为改变模式，可以更有力地说明自变量对因变量产生了影响。要建立实验控制，至少要有三个行为改变的证据。

评估变化的等级

如果存在功能关系，那么行为改变的**等级**或数量可能就会成为关注的焦点。在建立功能关系后，通过比较不同条件中变化的数量和一致性，以及研究中干预造成直接影响的案例，可以评估效果的等级大小。数据重叠的比例越小，越有可能证明功能关系的存在和更大的变化等级。同样地，出现即时效果更有可能证明功能关系的存在和更大的变化等级，尽管在假设（预期）会出现渐进的或微小的和在各个层级都一致的变化时就可以证明功能关系的存在。一般来说，一致性变化的等级或数量可以被评定为小、中或大。在评定等级时，应该考虑引入自变量之前行为的水平、趋势和变异性，以及在干预条件期间发生的后续变化。因为变化的一致性是得出关于功能关系的结论时首先要考虑的要素，所以涉及功能关系的研究可能包括小、中或大的效果等级。因此，行为改变的等级可能是社会效度评估中的一个关注点，尽管通常和内部效度无关（参看第6章）。

图8.2显示了在引入干预、撤除干预和再次引入干预时的三个行为改变的参与者内复制结果。在跨参与者多基线设计中，需要进行三次参与者间复制以建立实验控制。图8.9举例说明了在三名参与者（即埃玛、杰克和利亚姆）身上的复制效果。

在图8.8中，在基线条件期间，具有MVPA的时距百分比稳定在11%或低于11%的水平。引入干预后，两个干预条件中的数据都呈现即时上升状态，水平稳定在30%左右；在相似条件下，无论是条件内还是条件间，数据都是可预测的。相似条件内的一致性对拉莫娜来说代表功能关系的存在。在时间延迟设计中，数据在相似条件之间（如跨参与者、行为和情境）也应当呈现出一致性。

麦基西克、斯普纳、伍德和迪格尔曼（McKissick, Spooner, Wood, & Diegelmann, 2013）考察了"加速式计算机辅助明确教学（Cai）集成包"对三名孤独症小学生做出正确反应的影响。如图8.11所示，迈克和德西蕾（即三名参与者中的两名）的数据的水平和趋势都发生了很大的变化。但是，泰里在基线条件和干预条件中的数据出现了大量重叠和变异性，这就排除了功能关系存在的可能。

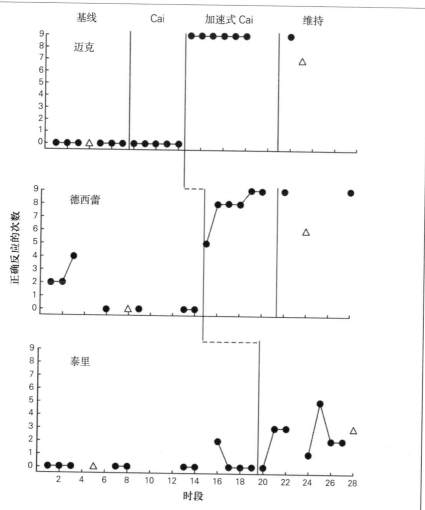

图 8.11　展示了三次潜在效果证明，其中两次清晰地呈现了效果，一次效果不明显。

资料来源：McKissick, B.R., Spooner, F., Wood, C.L., & Diegelmann, K.M.(2013). Effects of computer-assisted explicit instruction on map-reading skills for students with autism. *Research in Autism Spectrum Disorders*, 7, 1653-1662.

图 8.8 中的数据显示了在三个不同点上发生的清晰、一致的行为改变，这表明存在功能关系（假定对内部效度的威胁已被降至最低，数据收集的程序也符合最低设计标准）。但是，不同条件之间的变化等级很小；研究者可能会根据之前对幼儿的身体活动的研究，以及有关唐氏综合征幼儿的运动和身体活动能力的信息，提出有关变化等级小的假设。

　　相反地，图 8.3 中的数据显示了在三个不同点上发生的清晰的行为改变，这表明存在功能关系，但不同条件之间的变化等级很大。在基线期间，参与者的独立转换水平很低，甚至没有，而在干预结束时，独立转换水平达到了 100%。同样地，研究者可能会根据对参与者、因变量以及之前的研究的了解提出有关变化等级大的假设。

　　如图 8.12 所示，赫米特、斯奈德、金德和阿尔特曼（Hemmeter, Snyder, Kinder, & Artman, 2011）采用跨参与者多基线设计考察通过电子邮件反馈教师表现对教师使用描述性赞扬的影响。通过实施四次潜在的参与者间复制，获得了四次行为改变的机会。在引入干预后，教师 A、教师 B 和教师 C 的描述性赞扬的数据水平发生了即时的、微小的变化，而且频率和之前的数据没有重叠。此外，这几位教师在基线条件和干预条件中都呈现出稳定的数据模式。教师 D 在引入干预后也发生了即时变化，但在三个时段后，描述性赞扬行为降低到了基线水平。考虑到在不同条件之间数据的重叠数量以及干预条件中数据的高变异性，无法做出有关行为改变的清晰论断。在将一项标准纳入干预后，教师 D 的水平开始提高。因此，尽管有三名参与者在三个不同的时间点上复制了行为改变，由于第四名参与者的行为未发生改变，仍然降低了功能关系存在的可信度。

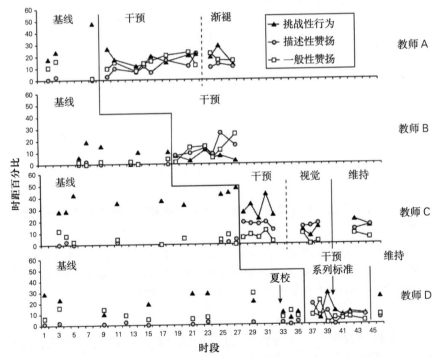

图 8.12 展示了四次潜在的效果证明，其中三次清晰地证明了效果的存在，一次在调整标准后显现出效果。

资料来源： Hemmeter. M.L., Snyder, P., Kinder, K., & Artman, K.(2011). Impact of performance feedback delivered via electronic mail on preschool teachers' use of descriptive praise. *Early Childhood Research Quarterly*, 26, 96-109.

在总结性评价中还应对行为改变的机会（潜在的效果证明）和行为改变的发生次数（实际的效果证明）进行比较。考虑到可能出现的损耗，或者根据你研究的现象，你设计的研究可能需要包括三次以上行为改变机会。例如，在一个跨参与者多基线设计中，四名参与者拥有四次参与者间复制机会。如果有明显的行为改变和四次参与者间复制，那么就可以说实验控制得以建立，并确定了功能关系。然而，如果有明显的行为改变和三次参与者间复制，而第四名参与者未出现行为改变，那么对存在功能关系的信心就会减弱。在这种情况下，你可以考虑从研究情境或参与者特征的角度来解释为何第四名参与者没有出现行为改变。

总之，开展总结性评价时应考虑相邻条件间促使行为改变发生的每一次机会和显现方式。当视觉分析引发有关实验控制的问题时，你必须找出实验证明力度减弱或受损的原因。通过这样的事后分析，你能够为以前未得到控制的变量重新设计实验控制。此外，这些分析为提出未来的研究问题提供了很好的资源。这再次展现了单一被试设计研究在辨识和改进干预以确保治疗效果方面的灵活性和实用性。

实施视觉分析的系统程序

你应对图表进行如下视觉检视：（1）条件内用于建立数据模式的数据点是否足够；（2）条件内模式在水平、趋势或稳定性上的清晰情况；（3）相邻条件之间的行为改变在水平、趋势和/或变异性上的情况；（4）相邻条件之间的数据模式的重叠程度和变化的即时性；（5）在不同条件和不同情况下变化的一致性；（6）变化的预期模式；（7）在不同条件和不同情况下变化的等级大小。下文说明了开展视觉分析的系统过程，图 8.13 也对其进行了描述。

1. 查看图表，检查坐标轴的刻度是否相等、是否合适，确定数据系列、条件、时间呈现方式以及分析单元（如参与者、行为和情境）。
2. 检查研究问题以了解因变量的预期变化模式。
3. 查看每个条件内数据点的数量。评估每个条件内数据的稳定性，判断是否有足够多的数据用于在每个条件内建立预期模式。
A. 如果是，那么实施步骤 4。
B. 如果不是由于假设基线条件中变异性高的数据在引入自变量后会稳定下来，那么实施步骤 4。
C. 如果不是因存在变异性而无法在一个以上条件内建立预期模式，

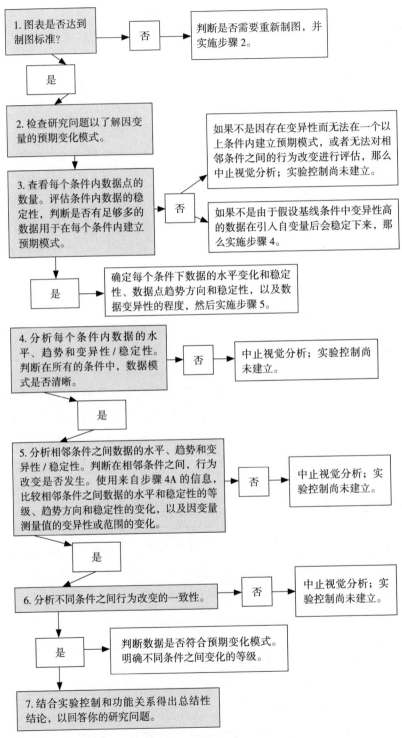

图 8.13　视觉分析流程图

或者无法对相邻条件之间的行为改变进行评估，那么中止视觉分析；实验控制尚未建立。

4. 分析每个条件内数据的水平、趋势和变异性/稳定性。判断在所有的条件中，数据模式是否清晰。

A. 如果是，那么确定每个条件内数据的水平变化和稳定性、数据点的趋势方向和稳定性，以及数据变异性的程度，然后实施步骤 5。

B. 如果否，那么中止视觉分析——实验控制尚未建立。

5. 分析相邻条件之间数据的水平、趋势和变异性/稳定性。判断在相邻条件之间，行为改变是否发生。使用来自步骤 4A 的信息，比较相邻条件之间数据的水平和稳定性的等级、趋势方向和稳定性的变化，以及因变量测量值的变异性或范围的变化。

A. 如果是，在相邻条件之间发生了行为改变，那么实施步骤 6。

B. 如果否，那么中止视觉分析——实验控制尚未建立。

6. 分析不同条件之间行为改变的一致性。对于时间延迟和顺序引入以及撤除设计（参看第 9 章、第 10 章）而言，当在三个不同但时间相关的时间点上引入自变量后数据模式发生变化时，就可以确定实验控制建立、功能关系成立。对于使用快速轮替的设计（参看第 11 章）而言，当一个条件内的数据模式和其他条件内的模式不同时，就可以确定实验控制建立、功能关系成立。考虑数据中的异常情况或异常值。判断功能关系是否存在。

A. 如果是，那么判断数据变化和预期模式是否一致。

B. 如果是，那么明确不同条件之间变化的等级。

C. 如果否，那么中止视觉分析——实验控制尚未建立。

7. 结合实验控制和功能关系得出总结性结论，以回答你的研究问题。

计划和报告视觉分析

和很多实验数据的量化分析一样，开展视觉分析也需要制订计划。虽然计划的具体内容应当根据研究问题和实验设计的特征来确定，但仍然有必要说明视觉分析的几个关键成分。这些成分包括：（1）决定多长时间绘制一次图表；（2）考虑如何以图表的形式呈现数据；（3）确定在条件内和条件间开展分析时重点关注数据的哪些特征；（4）辨识出哪些与设计相关的标准会影响视觉分析。在很多情况下，当出现预期之外的数据模式（比如，干预之后没有发生行为改变）时，辨识出先验模式的变体也非常重要。下面，我们会详细阐释在不同的设计类型中，视觉分析计划的每个成分的具体内容。第 9 章至第 12 章会说明和设计类型有关的具体指导原则。

确定建构数据图表的时间表

虽然绘制数据图表的做法适用于各种研究方法，但是在单一被试设计中，绘制数据图表的时间和频率是独一无二的。在分组实验、准实验以及相关设计中，可以在收集完所有研究数据后再绘制图表来进行描述。与之相反，开展单一被试设计数据的视觉分析，需要在研究全程中定期地、频繁地绘制数据图表。基于这个原因，决定多长时间绘制一次图表是计划过程中的一个重要部分。在确定绘制图表数据的时间表时，要确保定期绘制以便做到如下几点：（1）为是否按计划开展研究提供决策依据；（2）辨识出能通过视觉检测到的威胁内部效度的相关因素（如历史、成熟、测验）。一般来说，我们越频繁地绘制数据图表，就越能够对数据进行形成性分析。然而，是否有必要在每个时段或数据收集结束后都绘制数据图表，则需要根据实验设计的相关标准来判断。如果在跨参与者多基线设计的情境中，确定什么时候从基线条件转换到干预条件要看是否达到水平稳定性的特定标准，那么可能就有必要在每个时段结束后绘制数据图表。相反地，交替处理设计通常要求在每个序列化条件内纳入随机化元素。这意味着在每个条件序列内，时段出现的顺序是随机确定的。一旦确定下来，无论观察到的数据模式如何，都会按照随机顺序依次完成一系列时段。因此，在这种情况下，在一个或多个系列时段结束后更新数据就可以了。即使在无法判断是否要变换实验条件的情况下，更频繁地绘制图表也可以帮助你检测内部效度的威胁因素，并采取措施加以控制。

考虑图表呈现方式

为了更好地开展形成性和总结性视觉分析，还必须考虑图表呈现方式的其他方面。正如第 7 章所述，图表应能代表纵轴（y 轴）的全部范围，以评估条件内数据的水平和变异性，以及条件间数据的水平和／或变异性的变化。同样重要的是，要确保横轴（x 轴）精准地反映数据收集的时间和顺序。这对跨层级时间延迟设计（time-lagged fashion across tiers）（即多基线设计和多探测设计）以及条件从一个时段快速轮替到下一个时段的设计（即交替处理和适应性交替处理）而言尤为重要。延迟引入干预设计要求同时测量不同参与者、不同行为或不同情境中的目标行为；因此，数据必须精准地描述出不同层级的时段实施的相应顺序（参看第 10 章）。在比较设计中，自变量是快速轮替出现的，很容易对内部效度造成特殊的威胁，即顺序效应。保持快速轮替条件顺序恒定有助于检测和解释这种威胁。无论设计类型如何，x 轴都应当准确地反映数据收集过程中的意外中断或长期中断。也就是说，如果参与者每天参与实验并完成了时段 1 至时段 10，但是在准备从时段 10 转到时段 11 时，参与者向学校请了一周假，那么对于时段 10 与时段 11 之间的空档，图表应能反映出这一中断。

　　随着数据路径数量的增加，视觉分析会变得更加困难——尤其是当这些数据路径重叠时。因此，当研究需要测量多个因变量时，要谨慎地决定是否将它们绘制在同一个图表中。看似微小的形式上的调整也会使这些图表变得不同，比如，选择使用视觉上明显不同的条件系列标签，确保线条和代表不同条件的符号足够精美和小巧以区分重叠的数据路径。也可以在第二个 y 轴上绘制其他因变量以尽量减少数据路径之间的重叠。即使研究包含多个因变量，也必须选择一个因变量作为与设计相关的决策的依据，并优先用图表清晰准确地呈现这个主要的因变量。有时，由于版面有限，需要在一个图表中绘制多个因变量，但可以在不同的图表中对数据进行形成性分析，以尽量减少复杂性。

　　最后，我们不建议在对单一被试设计数据进行视觉分析时过于依赖平均数、中数或趋势线。虽然这些工具型数据可以作为判断的辅助依据，但它们只能提供有关数据的某个特征的估计值，可能会干扰对观察到的数据模式的分析。当把工具型数据作为形成性数据分析的一部分时，我们建议使用基于中数的估计值，而不是基于平均数的估计值，因为后者容易受到极值或离群数据点的不良影响。此外，我们建议在开展总结性分析之前，以及在报告中或在刊物上公布数据时，删除中数或趋势线。我们认为，在图表中添加平均数、中数或趋势线容易导致读者出现 I 型错误（即在不存在功能关系的情况下认为存在功能关系）。

辨识相关数据特征

　　将哪些数据特征确定为条件内和条件间分析的重点，是视觉分析计划的一个重要组成部分。虽然可以考虑所有的数据特征，但确定预期的行为改变类型可以提高研究的内部效度。可以用"详述"预设这一术语来描述这种明确性："在数据支持预设的情况下，对预设阐述得越详细，其他看似合理的解释就越少。"（Shadish, Hedges, Horner, & Odom, 2015, p. 19）通过细致地思考研究问题和相关变量，我们可以假设如果干预达到预期效果，我们所期待观察到的条件内和条件间行为改变模式是怎样的。例如，当评估一项有关阅读流畅性的学业干预的效果时，我们可能会预设干预开始后阅读流畅性会呈现逐渐提高的趋势。或者，当我们评估利用差别强化程序减少破坏性行为的效果时，我们可能会预设干预开始后破坏性行为的水平会陡然下降。在其他情况下，干预的目标可能是提高行为的一致性或稳定性。例如，可以预设从基线条件转到干预条件时，课堂出勤率的变化会减少。最后，还有一些干预，我们预测延迟一段时间后才会引起行为改变。当我们做出具体的预设，我们的数据也支持这些预设时，我们就可以相信观察到的变化是由干预引起的。然而，值得注意的是，意料之外的数据模式并不一定妨碍得出结论；相反地，和我们预设不一致的数据模式提供了重新考虑干预如何影响行为以及在什么条件下影响行为的机会。

确定与设计有关的标准

支持你的预设的相关数据特征对视觉分析计划的另外一个要素也有重要意义：确定与设计有关的标准。其中两项标准是为了确定：（1）每个条件下时段的最少数量；（2）改变条件的精确标准。这些标准的设定需要遵循当前单一被试设计的标准（比如，CEC, 2014; Kratochwill et al., 2013），也需要遵循你预期的条件内和条件间数据模式。例如，有效教育策略资料中心（What Works Clearinghouse, WWC）的标准要求每个条件下至少有 5 个数据点，以便"毫无保留地达到标准"（Kratochwill et al., 2013）。然而，在某些情况下，数据点少于 5 个，也足以建立稳定的模式。例如，假设你正在评估采用一种系统辅助程序向发展性障碍学生讲授 10 个常用词的效果。如果正确反应的百分比一直为 0%，那么基线条件下仅有 3 个时段也足够了。而如果因变量是花在学习上的时间的百分比——一种很容易逆转的行为，在不同的时段中可能有所不同——那么每个条件下最少要有 5 个时段。一般来说，数据的变化越大，条件的持续时间越长。虽然数据越多越适合用于评估实验控制，但是在确定条件的持续时间时，还应该考虑实际情况和伦理方面的问题。当干预指向高危行为时，如身体攻击或自伤行为，可能需要缩短基线条件，以便尽早开展干预——尤其是当基线数据清楚表明需要立即开展干预时（如高比率或反治疗趋势行为）。设定选择改变条件的标准时，还应考虑研究问题以及自变量和因变量。总体来说，聚焦于获得不可逆行为的研究更有可能要求其达到绝对标准后再改变条件（如连续 3 个时段反应正确率超过 90%），而聚焦于获得可逆行为的研究则更有可能要求其达到相对标准后再改变条件（如连续 5 个时段中有 4 个时段的反应正确率低于平均基线水平）。

报告视觉分析结果

视觉分析计划的每一个关键要素都应该是透明的。总结性分析应采用视觉分析术语来报告，而且报告方式要和所使用的实验设计的逻辑相匹配。你应避免报告每个条件的平均数，因为无法从平均数中得出有关功能关系的结论。相反地，总结性分析应关注如下方面：（1）条件内数据模式的稳定程度；（2）检测假设的条件间数据模式的变换情况；（3）这些变换和条件中的每个变化同时出现的程度。

视觉分析的应用

在下文中，我们会根据已经公开的单一被试设计研究的例子来呈现总结性视觉分析的内容。每个例子都反映了不同的条件排序方法（即设计类型）：顺序引入和撤除自变量（A-B-A-B 或撤除设计）；在各个层级中陆续引入自变量（多基线设计）；在各个时段以快速轮替方式引入自变量（交替处理设计）。这些例子之所以被选用，是因为它们用图表清晰地描述了实验设计和支持功能关系存在这一结论的证据。

总结性视觉分析的应用：A–B–A–B 撤除设计

Wills, H.P., & Mason, B.A.(2014). Implementation of a self-monitoring application to improve on-task behavior: A high-school pilot study. *Journal of Behavioral Education*, 23, 421-434.

图 8.5 中的图表描述了一项研究的结果，该研究评估了实施自我监控干预对两名接受特殊教育服务的高中生专注任务的时间百分比的影响。研究采用 A-B-A-B 撤除设计，按顺序引入和撤除自我监控干预，这样就提供了 3 次证明效果的机会。研究者选择每个条件下最少实施 5 个时段，如果专注任务行为呈现出某种趋势或变异性，则增加时段数。图 8.5b 中的结果显示，除了第一个基线数据点以外，专注任务行为的初始基线百分比显示出较高的**水平稳定性**，范围为 41%~51%。在引入自我监控干预后，可以观察到学生的专注任务行为的**水平立即升高**，并且没有与初始基线条件**重叠**的数据点，在 7 个时段中，5 个时段内的专注任务行为具有较高的**水平稳定性**，达到或接近 100%。在撤除干预后，可以观察到专注任务行为的**水平立即降低**，与之前的自我监控条件下的数据点没有重

叠，其范围与初始基线条件下观察到的水平接近（32%~51%；即相似条件下行为的**一致性**）。当再次引入自我监控干预时，专注任务行为的**水平立即**升高，而且与之前的基线条件下的数据点没有**重叠**。水平的**即时**和突然的变化一直和条件的变化同步，而且相邻条件之间没有**重叠**，这支持了干预与专注任务行为的增加之间存在功能关系的结论。

总结性视觉分析的应用：跨参与者多基线设计

Lambert, J.M., Bloom, S.E. & Irvin, J.(2012). Trail-based functional analysis and functional communication training in an early childhood setting. *Journal of Applied Behavior Analysis*, 45, 579-584.

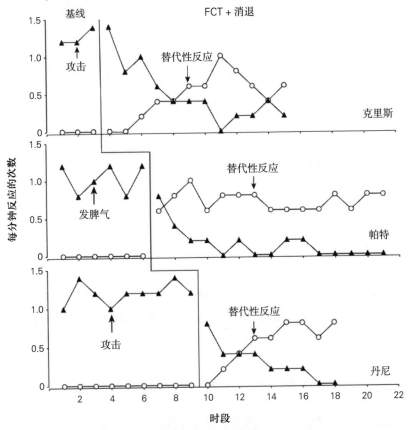

图 8.14 跨参与者多基线设计的视觉分析应用

资料来源：Lambert, J.M., Bloom, S.E. & Irvin, J.(2012). Trail-based functional analysis and functional communication training in an early childhood setting. *Journal of Applied Behavior Analysis*, 45, 579-584.

图 8.14 中的图表来自一项研究，该研究评估了实施包含消退的功能性沟通训练（functional communication training, FCT）对三名发育迟缓幼儿的问题行为发生率和替代性沟通的影响。研究采用多基线设计，对三名参与者以延迟方式引入 FCT+ 消退干预。每个数据路径代表一个不同的目标行为，实心三角形代表问题行为，空心圆形代表替代性沟通反应。这三名参与者的问题行为的基线**水平**都比较高（大约为每分钟 0.75 次到 1.5 次）。当开始对每名参与者实施干预时，可以观察到**趋势**的**即时**变化，一名参与者的问题行为**水平**降至每分钟 0.5 次以下，另外两名参与者降至 0。只有在对参与者进行干预时，这些**趋势**和**水平**上的变化才会出现，在其他时间则不会出现。在基线条件下，所有参与者的替代性沟通的**水平**都很**稳定**并且为 0。随后引入 FCT+ 消退干预，所有参与者在 1~3 个干预时段内都出现了**上升趋势**。其中一名参与者（帕特）不仅出现了上升**趋势**，其**水平**也**立即**提高。在三个时间点上（即在给每名参与者引入干预时）出现了三次问题行为的减少和三次替代性沟通的增加，表明对这三名参与者来说，FCT+ 消退干预与两个目标行为之间确实存在功能关系。

总结性视觉分析的应用：交替处理设计

Rispoli, M., O'Reilly, M., Lang, R., Machalicek, W., Davis, T., Lancioni, G., & Sigafoos, J.(2011). Effects of motivating operations on problem and academic behavior in classrooms. *Journal of Applied Behavior Analysis*, 44, 187-192.

图 8.15 中的图表展示了一项研究的结果，该研究评估了在每个时段开始之前获得自己喜爱的物品对随后的教学时段内的学业参与水平的影响。研究采用交

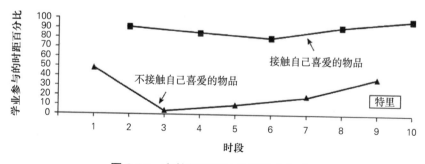

图 8.15　交替处理设计的视觉分析应用

资料来源：Rispoli, M., O'Reilly, M., Lang, R., Machalicek, W., Davis, T., Lancioni, G., & Sigafoos, J.(2011). Effects of motivating operations on problem and academic behavior in classrooms. *Journal of Applied Behavior Analysis*, 44, 187-192.

替处理设计，一种方式是让参与者在上学日中，在每个时段开始之前接触自己喜爱的物品，另一种方式是不让他接触，两种方式快速轮替进行。在这个图表中，每个数据路径都代表不同的条件，但反映了相同的因变量（学业参与的时距百分比）。参与者的学业参与**水平**在每个时段之前**接触**喜爱物品的条件下比在**不接触**喜爱物品的条件下高。重要的是，这种反应上的**差异**在不同时段中是**一致的**，一共出现了五次效果证明机会（即在每一对条件中都有一次效果证明）。在两个条件之间的**水平变化的一致性**，以及在每个条件内的**水平**的相对**稳定性**，可以说明在时段开始之前让参与者接触喜爱物品和其学业参与的时距百分比之间存在功能关系。

视觉分析工具

在这一部分，我们会介绍三个可以在形成性和总结性视觉分析中作为判断辅助的工具。我们认为中分法（split middle method）可用于估计趋势，稳定性波动区间可用于估计变异性，非重叠数据百分比可用于估计重叠情况。我们不会逐一介绍现有的视觉分析工具，而会着重介绍这三个工具，因为它们已被广泛使用，而且每个工具都能说明数据的一个显著特征。我们会介绍每个工具的使用步骤，说明每个工具在哪些条件下有可能提供最多的信息，并提醒人们不要过于依赖任何单一工具，因为是人而不是判断辅助工具来对功能关系下定论。

用中分法估计趋势

中分法（White & Haring, 1980）是一个可用于估计条件内趋势和比较条件间趋势的工具。使用中分法的步骤如下（如图 8.16、图 8.17、图 8.18 所示）：

1. 在每个条件内，画一条垂直线，将数据点按数量分成两半。如果数据点的总数是偶数，那么垂直线会穿过两个数据点之间（参看图 8.16 中的基线条件）的数据路径；如果数据点的总数是奇数，那么垂直线会穿过一个数据点（参看图 8.16 中的 DRO 条件）。

2. 在每半个条件内，再画一条垂直线，将数据点按数量再次分半。然后，在每半个条件内，在数据点的中间值位置画一条和垂直线相交的水平线（参看图 8.17）。

3.在每个条件内,在步骤 2 中画的垂直线和水平线的交点处画一条线,将数据点连接起来(参看图 8.18)。

4.调整步骤 3 中画的线,使一半数据点在线上,另一半数据点在线下。如果线上和线下的数据点的数量已经相等,那么就不需要进行调整。这条线就是中分趋势线。

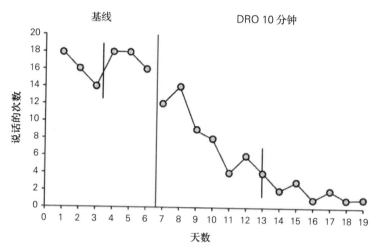

图 8.16 中分计算示意图。步骤 1:在每个条件内,画一条垂直线,将数据点按数量分成两半。

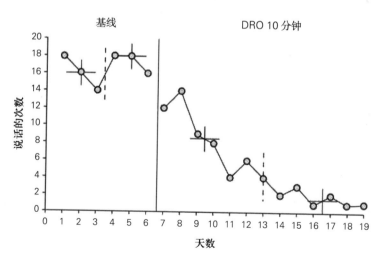

图 8.17 中分计算示意图。步骤 2:在每半个条件内,再画一条垂直线,将数据点按数量再次分半。然后在数据点的中间值位置画一条和垂直线相交的水平线。

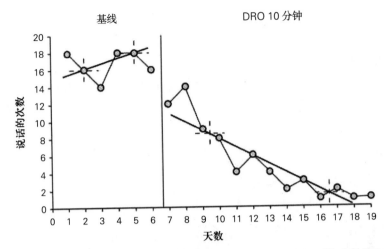

图 8.18　中分计算示意图。步骤 3：在每个条件内，在步骤 2 中画的垂直线和水平线的交点处画一条线，将数据点连接起来。必要时，调整每一条线，使一半数据点在线上，另一半数据点在线下。

当条件内趋势或条件间变化趋势是研究的主要关注点，且数据在条件内呈现出中等变异性或高变异性时，中分趋势线是最有用的工具。此外，虽然这种方法要求至少有四个数据点，但是用中分法估计趋势的准确性会随着每个条件内数据点数量的增多而升高。当使用趋势线作为判断辅助时，你应当谨慎地考虑它对确定功能关系所产生的影响的程度。如前所述，为了尽量减少出现 I 型错误偏差的可能性，我们建议在进行总结性分析时移除趋势线，优先使用图表数据进行独立分析。

用稳定性波动区间估计水平或趋势稳定性

稳定性波动区间可用于估计条件内水平或趋势的稳定性。使用稳定性波动区间的主要优点是确保在做出和稳定性有关的实验决策时能保持一致。稳定性波动区间由两条围绕中值线或趋势线绘制的平行线构成。虽然稳定性波动区间也可以围绕均值线绘制，但我们还是建议根据中值来画线，因为中值很少受极端值的影响。围绕中值线绘制稳定性波动区间的步骤如下（如图 8.19 所示）：

1. 计算条件内所有数据点数值的中数水平。如果所有数值都是从低到高排列的，那么数据系列的中数水平就是这些数据点的中数值。如果数据点的数量是偶数，那么两个中数值的平均数就是中数。

2. 画一条和横坐标平行且和中数值相交的中值线（参看图 8.19 中用

实线表示的中值线）。

3.选择一个用于确定水平稳定性的百分比（如 30%），然后将该值乘以中数值，结果代表稳定性波动区间。

4.在中值线的上方和下方画两条平行线，形成稳定性波动区间；这两条线之间的距离必须和步骤 3 中的计算结果一致。向上或向下调整平行线，以捕获尽可能多的数据点（参看图 8.19 中的虚线）。

5.计算落在稳定性波动区间内的数据点的百分比，将其和做实验决策所要达到的稳定性标准进行比较。

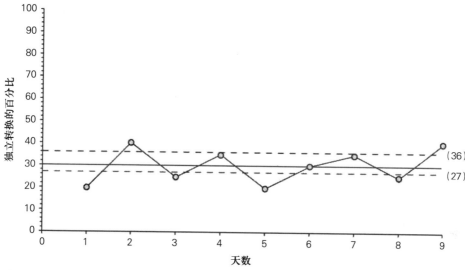

图 8.19　举例说明围绕中值线绘制稳定性波动区间的步骤。实线表示中值线，两条虚线构成稳定性波动区间。

用于计算稳定性波动区间的百分比的选择，取决于各种因素，如反应机会的数量，或所关注的行为是基于尝试的还是基于自由操作的。一般而言，较大的稳定性波动区间用于估计自由操作行为，而不是基于尝试的反应，而当反应机会较少的时候，可用于估计基于尝试的反应。对于一个行为，稳定性波动区间应只计算一次，并在原始条件的中值线或趋势线旁边进行绘制，而后再给这个行为引入其他条件。如果这个行为在初始基线条件期间没有出现，那么可以根据第一个干预条件的中数值来计算稳定性波动区间。稳定性波动区间也可用于评估趋势稳定性，方法与上述步骤相同，但区间线应与趋势线平行，而不应与中值线平行。虽然区间线必须和趋势线保持平行，但可以通过上下调整区间线来尽可能多地捕获数据点。在分析单一被试数据特征的时候，还需要开展更多的研究来判断是否合理地使用了稳定性波动区间。

用非重叠数据百分比估计条件间水平变化

非重叠数据百分比（percentage of non-overlapping data, PND; Scruggs & Mastropieri, 1998）可用于估计两个相邻条件间的水平变化。计算非重叠数据百分比的步骤如下（如图8.20所示）：

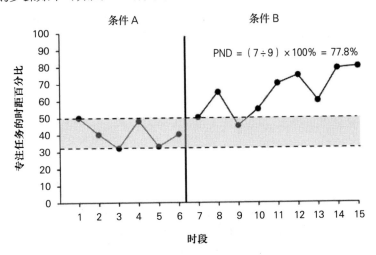

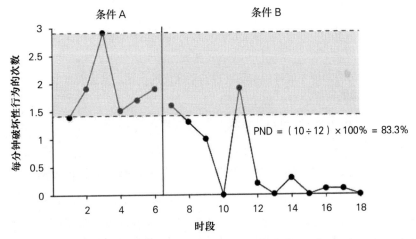

图8.20　举例说明计算非重叠数据百分比的步骤。上图表示预期目标行为的水平随着条件的变化而升高，下图表示预期目标行为的水平随着条件的变化而降低。

1. 确定第一个条件（条件A）下数据点的数值范围。
2. 统计第二个条件（条件B）下落在这个范围之外的属于预期方向的

数据点的数量。

　　3. 将条件 B 中落在条件 A 范围之外的数据点的数量除以条件 B 中数据点的总数量。

　　4. 将商乘以 100%，得出百分比。

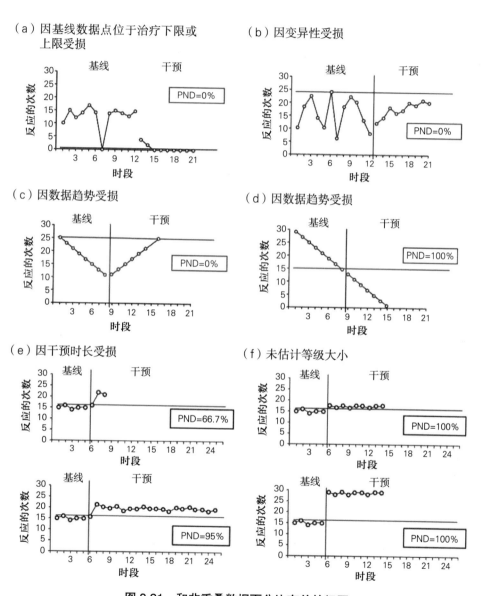

图 8.21　和非重叠数据百分比有关的问题

资料来源：M. Wolery, personal communication, January 15, 2008.

非重叠数据百分比越高，相邻条件间的水平变化越一致、越突然（注意：这和水平变化的程度无关）。非重叠数据百分比为 100% 意味着两个相邻条件间的数值范围没有重叠。虽然在研究主要关注条件间水平差异的情况下，计算非重叠数据百分比可能很有用，但不应将其单独用于确定条件间的行为改变。在一些情况下，包括当在一个或多个条件下数据呈现出上升或下降趋势时，只依赖非重叠数据百分比可能会导致得出错误的结论。例如，当一个或多个基线数据点位于治疗下限或上限时（图 8.21a），或者当基线数据点多变时（图 8.21b），非重叠数据百分比就会受损。此外，当两个条件中数据的趋势方向发生明显变化时（图 8.21c），非重叠数据百分比为 0%，表明行为没有改变。或者，当数据在不同条件下出现持续上升或下降趋势时（图 8.21d），非重叠数据百分比为 100%，表明行为发生了改变。由于非重叠数据百分比也受干预条件下的数据点数量的影响（图 8.21e），因此，随着数据点数量的增多，估算结果的说服力也会增强。和非重叠数据百分比有关的最后一个提示是，它无法反映出条件间行为改变的等级大小（图 8.21f）。无论正确拼写单词的数量是从基线条件的 0 到干预条件的 10，还是从基线条件的 1 到干预条件的 100（即 100%），非重叠数据百分比都是一样的。它只反映条件间的重叠情况，只能用于这一特定目的。

视觉分析规程

在考虑自变量对因变量的影响时要注意，只有在系统、客观地完成了数据分析，并且分析方法在不同个体身上产生了可靠、一致的结果的时候，才能进行推论（Kratochwill & Levin, 2014; Shadish, Cook, & Campbell, 2002）。对视觉分析的批评越来越多，其中提到未经标准化的分析程序会导致主观地判断行为改变和效果的等级大小，进而导致产生关于功能关系的不一致的看法（kazdin, 2011; Lieberman et al., 2010）。最近的数据表明，单一被试设计研究者没有一致地报告视觉分析程序或使用标准的视觉分析术语来描述研究结果（Barton, Fetting, & Meadan, 2017）。不同的视觉分析师得出的结果不一致，会影响个体研究的可信度以及单一被试设计研究的可信度和实用性。使用有效的工具和标准化规程可以最大限度地减少关于功能关系的不一致的看法。

研究者就如何拟定和使用正式指南来开展视觉分析进行了讨论（Furlong & Wampold, 1982; Kazdin, 1982），主要关注点在于如何开发训练项目和设定规程以提高视觉分析的信度（例如，Swoboda, Kratochwill, Horner, Levin, & Albin, 2012; Wolfe & Slocum, 2015）。例如，有效教育策略资料中心制定了与设计标准配套使用的证据标准。它们描述了单一被试设计数据的六个特征，并概述了数据分析的四个步骤。马金、布里施和沙福利亚斯（Maggin, Briesch, & Chafouleas, 2013）通过修改有效教育策略资料中心的证据标准，编制了视觉分析的规程（Kratochwill et al., 2013）。他们的规程指导视觉分析师进行条件内分析和条件间分析、辨识功能关系以及增强实验控制（Maggin et al., 2013）。该规程已被可靠地用于有关单一被试设计研究的系统综述（Qi, Barton, Collier, Lin, & Montoya, 2017），不过其有效性还有待验证。沃尔夫、巴顿和米亚丹（Wolfe, Barton, & Meadan, 2017）编制了一套系统化规程，引导视觉分析师回答一系列和条件内以及跨相邻条件的数据模式有关的问题。总结对各种问题的回答后得出每项研究的最终得分。费希尔、凯利和洛马斯（Fisher, Kelley, & Lomas, 2003）介绍了一种提高图表数据的视觉分析质量的方法，被称为保守双标检验法（conservative dual criterion, CDC）。由费希尔及其同事（2003）提出的这一方法为开展跨条件行为改变的评估提供了指导，同时考虑到了图表数据的多种特征，目的是提高描述性量化分析方法（如中分法）的质量（White & Haring, 1980）。运用保守双标检验法可以对多种来源的数据——跨条件水平和趋势的连续变化——进行评估和整合。在双标线之上和之下的数据点的数量可用于总结系统变化的整体概况，从而为做出有关功能关系的决策提供信息。无论是使用这些规程还是使用你自己编制的规程，你都应该制订视觉分析计划，并系统地执行该计划。

总结

正如肯尼迪（2005）所述，可以将单一被试设计研究比作象棋比赛，在比赛中，你的下一步棋怎么走，在一定程度上由数据说了算。图表数据的视觉分析正是这样一个可以开展形成性分析的过程。图表数据的视觉分析对于得出研究期间发生的行为改变是否由条件变化引起这一总结性结论也非常关键（即证实是否存在功能关系），如果是，它还有助于确定这些变化到底有多大。

第9章 撤除设计和倒返设计

戴维·L.加斯特、珍妮弗·R.莱德福和凯瑟琳·E.塞韦里尼（Katherine E. Severini）

重要术语

单一被试实验设计（single case experimental designs）、基线逻辑（baseline logic）、撤除设计（withdrawal design）、实验（experimental）、推论行为（corollary behaviors）、多处理设计（multitreatment design）、倒返设计（reversal design）

基线逻辑

非实验设计的变体

    A-B 设计

    A-B-A 设计

A–B–A–B 撤除设计

    内部效度

    同步测量

    程序指南

    优点与局限

    应用例子

    结论

A–B–A–B 设计的变体

    B-A-B 设计

    A-B-A'-B 倒返设计

总结

　　基线逻辑（baseline logic）是所有单一被试设计研究的基础。也就是说，所有的单一被试设计不过是对基础的 A-B 范式的延伸或细化，在这个范式中，要对两个相邻条件下的行为进行重复测量：基线（A）和干预（B）。在本章中，我们将介绍那些通常被称为"撤除"设计或"倒返"设计的单一被试设计——最早和最简单的单一被试设计，它们通过对一名或多名参与者引入和撤除干预来重复这种基础的 A-B 比较。在历史上，这些设计被认为是简单的重复时间序列设计（Birnbrauer, Peterson, & Solnick, 1974; Campbell & Stanley, 1966; Glass, Willson, & Gottman, 1975）。虽然开展独立的"A"设计和"B"设计在理论上是可行的，但是它们对评估干预效果无意义，而且不使用基线逻辑（即对一名被试在两个不同条件下产生的数据进行比较）。因此，在本章中，我们将介绍 A-B 设计和 A-B-A 设计，但是考虑到实验上的实用性，我们主要讨论 A-B-A-B 设计。一些研究者认为，至少有三次效果证明的研究设计（即 A-B-A-B 而非 A-B）才能被称为**单一被试实验设计**（single case experimental designs）。出于简单介绍的考虑，再加上推测因果关系是否存在取决于一系列因素（包括证明效果存在的次数），我们把所有的设计都视作单一被试设计。在本章中，我们将根据应用研究者在教育和临床情境中开展的对各种干预的有效性调查来介绍撤除设计及其应用。我们将讨论基线逻辑如何被应用于这类设计，以及如何评估影响内部效度的威胁因素。然后，我们将提供关于这些设计的应用指南，并讨论这些设计的优点和局限。

非实验设计的变体

A–B 设计

　　A-B 设计有时也被称为"简单的时间序列设计"（Birnbrauer et al., 1974），它代表了最基础的非实验性的单一被试设计。这种设计要求在被控制的基线（A）和干预（B）条件下对因变量进行重复测量。理论上，单独的"A"设计和"B"设计是存在的，实验者在典型的事件发生期（"A"设计），或者在引入干预后（"B"）收集数据，但 A-B 设计是用于评估行为*改变*的最不复杂的设计。在 A-B 设计中，研究者在基线条件中收集重复观察的数据，直到数据稳定后再引入干预。在干预期间，研究者使用与在基线条件中使用的测量程序相同的程序，再次对目标行为进行重复测量。目标行为的任何改变都被假定为自变量的功能（即只可能得出相关性结论）。但是，由于缺乏直接的参与者内复制（即效果没有在同一参与者身上进行复制），因此，不能确定地说自变量对观察到的行为改变起作用。虽然这种设计的内部效度和结论的可信度很低，但是当无法使用更复杂的设计时，它对实践还是有益的。如前所述，这种基本的比较是所有其他单一被试设计的基础。

A–B–A 设计

目前的研究方法指南指出，最少呈现三次潜在的效果证明（即一次证明和两次复制），因此，A-B-A 设计成为当前证明功能关系的标准设计。虽然研究者不会将 A-B-A 设计作为评估干预效果的首选，但这种设计常常出现在研究文献中，这是由于研究过程中存在参与者损耗。

和 A-B 设计一样，目标行为在基线（A_1）和干预（B）条件下被重复测量。在干预期间因变量稳定后，你可以再次对目标行为引入基线条件（A_2）。和 A-B 设计相比，A-B-A 设计包括效果的再次证明，如果在每个条件变化的过程中（A_1-B、B-A_2）行为都朝着预期的方向改变，那么就可以提高自变量导致观察到的因变量发生变化这一结论的可信度。通过将这种设计扩展为 A-B-A-B 设计，以及通过在其他个体身上复制实验效果（参与者间复制），可以进一步提高结论的可信度，并因此提高内部效度和外部效度。

虽然 A-B-A 设计（即未能进行三次潜在效果证明）历来被人们接纳，但是这种设计的内部效度和外部效度很容易受到多种威胁因素的影响。首先，自变量的引入和撤除有可能和目标行为自然发生的周期性改变重合。要让这一威胁最小化，可以通过使每个条件下的观察期数量各不相同，以及再次引入干预（B_2）（即将设计扩展为 A-B-A-B 设计）来实现。其次，A_2 中的因变量的水平很可能无法完全恢复到 A_1 中的水平，尽管它们应该是相近的。在这一类设计中，这种序列混杂很常见；额外增加一次实验复制，可以再次证明效果，进而减少 A-B-A 设计带来的问题。

从实验的角度来看，A-B-A 设计比基础的 A-B 设计更有用。但是，当终止在基线条件中只有一名参与者的研究时，出于实践和伦理方面的考虑，你不会一开始就选择使用这种设计来评估干预效果。从研究的角度来看，如果在伦理上站得住脚且切实可行，那么比较合适的做法是将其扩展成 A-B-A-B 设计，从而复制自变量对目标行为产生的影响。

A–B–A–B 撤除设计

A-B-A-B 设计也被称为"倒返设计"（reversal design）（Baer, Wolf, & Risley, 1968）、"撤除设计"（withdrawal design）（Leitenberg, 1973）、"操作设计"（operant design）（Blass et al., 1975）和"等时序列设计"（equivalent time series design）（Birnbrauer et al., 1974; Campbell & Stanley, 1966），是行为研究中最常用的单一被试设计类型之一。无论如何命名，A-B-A-B 设计都能提供清晰的、令人信服的实验控制证明，因为它要求重复引入和撤除（或倒返）干预。A-B-A-B 设计通过增加效果复制扩展了 A-B-A 设计：在实施了第一个基线条件（A_1）、第一个干预条件（B_1）和第二个基线条件（A_2）之后，再次引入干预条件（B_2）。A-B-A-B 设计最重要的特点是它可以在同一参与者和同一行为（直接参与者内复制）那里评估直接复制的效果 [即最后两个条件（A_2-B_2）复制了第一次的两个条件（A_1-B_1）]。**撤除设计**指的是遵循 A-B-A-B 条件序列范式的设计，其中 A 指的是基线条件，第二个 A 条件发生在**撤除**干预之后。

A-B-A-B 设计增强了我们的信心，使我们相信干预且只有干预造成了因变量的变化，因为这种设计包含三次潜在效果证明（即 A_1-B_1、B_1-A_2、A_2-B_2）；这也是被认为具有**实验**性质的设计所需的潜在证明的最少次数。通过**实验**的方式，我们可以对因果关系给出论断，也可以证明功能关系的存在（即我们可以说自变量导致了因变量的变化）。如果因变量的变化是即时的、突然的（比如，在 A_1 的最后时段中，正确率为 50%，而到了 B_1 的最初时段，正确率提高至 90%），并且在第一个基线条件（A_1）中观察到的水平在第二个基线条件（A_2）中完全恢复，那么信心就会进一步得到增强。在趋势和水平上同时出现即时的、突然的变化固然令人欣喜，但是，如果观察到趋势逐渐逆转，并且接近第一个基线条件的水平，那么即使未完全返回至该水平，也仍然有可能实现对因果关系的可信证明。尽管一些教育工作者和临床医生对使用 A-B-A-B 设计持保留意见，它仍然是评估可逆行为的因果关系的最简单的评估范式。

内部效度

在 A-B-A-B 设计中，如果在干预条件（B_1 和 B_2）下，目标行为的水平和趋势都改善了（相对基线而言），在随后的基线条件（A_2）下又恶化了，那么就证明具有实验控制。每次对效果进行复制，都会提高结果的内部效度。虽然 A-B-A-B 设计是单一被试设计研究中最常用的设计之一，但对它而言，也有一些常见的内部效度威胁因素；为了达到足够高的内部效度，有必要对可能出现的威胁进行控制。

如果基线条件或干预条件发生在扩展期，那么可能会出现由成熟带来的威胁。可以通过以下方式控制这一威胁：（1）使用足以建立数据模式的条件时长，但也无须超过必要的时长；（2）干预那些在没有干预的情况下不可能随着时间的推移而慢慢改善的行为；（3）在第二个基线条件中移除干预。当撤除干预导致行为在水平上出现即时的巨大改变，且呈现反治疗趋势时，即使在基线条件下出现了治疗趋势，行为改变也不太可能是由成熟效应引起的。

由于 A-B-A-B 设计具有依次撤除和引入干预的特性，可能会出现程序不忠诚和遗留效应（carryover effects）。程序不忠诚可能会在条件变化后立即出现，但是通过培训实施者达到预先确定的标准，并在研究全程中提供实施支持（如提示性核查表），可以尽量减少这一威胁造成的影响。同样地，当参与者无法快捷地辨识出不同条件间的差异时，就可能会出现遗留效应。通过在一个条件中持续收集数据直到数据稳定（即在那个条件下出现的偶然变化都能够被辨识出来），可以控制这个威胁。另外，你可以使用相关的刺激来帮助参与者理解哪个条件在起作用。有的干预有一些天然的相关刺激（比如，在代币板干预条件期间呈现代币板，而在基线条件期间不呈现）；其他条件刺激可以被教授（比如，当灯亮时给予强化物 A；当灯灭时给予强化物 B）。这可以使某个条件中的行为改变延续到下一阶段的可能性降到最低。

当期待的行为再次恶化时，A-B-A-B 设计在第二个基线条件中就容易受到损耗的威胁，但是通过在知情同意书中明确地描述撤除程序，可以将这一威胁降到最低。如果基线条件令人厌恶，那就可能出现测试威胁，因此，研究者应当设计非厌恶性的基线条件，如果数据在合理的时间范围内还是不够稳定，那么应当重新启动一个新的、经过调整的基线条件。

和其他设计一样，当多个个体符合研究入选标准，但只能招募部分人参与研究时，可能就会出现抽样偏差。为了控制这个威胁，研究者应当从符合条件的个体中随机选择参与者（比如，如果有 6 名儿童符合参与标准，但只需要 3 名参与者，那么就从 6 名儿童中随机选择 3 名儿童）。最后，对可逆行为而言，A-B-A-B 设计是唯一适用的方法；如果研究的是不可逆行为，那么在移除干预后，行为也不会恶化，这就阻碍了对实验控制的证明。如果对不可逆行为感兴趣，那么应采用其他类型的设计。

A-B-A-B 设计对来自历史、操作或数据不稳定方面的威胁不是特别敏感；

可以采用经典的程序来检测和控制这些威胁。表 9.1 列出了威胁内部效度的常见因素，以及检测、控制和报告这些威胁的方法。附录 9.1 提供了针对具体设计的视觉分析指南。

表 9.1　威胁内部效度的常见因素及相应的检测、控制和报告方法

	A–B–A–B 设计及其他顺序引入和撤除设计			
	可能性	检测	控制	报告
历史	在这类设计中遇到这个威胁的可能性不大。	视觉分析：数据出现突然的变化，与条件的变化不同步。	继续实施同一条件直至数据稳定。	以逸事记录的方式描述可能导致非实验性行为改变的已知情况（如生病）。
成熟	如果基线特别长，或者已经实施干预，那么可能会面临这个威胁；但是对这类设计而言并不常见。	视觉分析：引入干预后数据趋势并没有变得更陡峭，或者在第二个基线条件期间行为没有发生逆转。	使用较短的条件时长（如在五天中实施五个时段）；这种方式适用于不太可能在没有干预的情况下逐渐改善的行为。	如果在基线条件中数据出现了治疗趋势，那么要说明成熟这一威胁存在的可能性。
操作	出现的可能性和其他设计相似。	视觉分析：关注观察者之间的差异，尤其是当某个人是"盲"观察者时。	使用"盲"观察者；谨慎地构建定义和记录系统并试用；训练观察者达到某个标准；针对不同的观点展开讨论。	描述所有提高信度的程序和实施结果；明确说明观察者是否属于"盲"观察者；说明一致性低的原因。
程序不忠诚	可能会在条件发生变化后立即出现，之后返回至基线条件。	对忠诚度数据的直接观察记录进行形成性分析。	培训实施者，使其达到标准；必要时进行再培训；为实施者提供支持，如提示性核查表；确保实施者理解撤除的意义。	描述所有提高忠诚度的程序和实施结果，包括培训、支持和再培训。

（续表）

	可能性	检测	控制	报告
测试	如果基线条件令人厌恶，就有可能面临这个威胁。	视觉分析：在基线条件中出现恶化或改善的趋势。	设计非厌恶性的基线条件；继续实施同一条件直至数据稳定，或者重新启动一个经过调整的、不那么令人厌恶的基线条件，持续收集数据直至数据稳定。	描述可能面临的测试威胁以及应对方式。
损耗偏差	由于行为改变的性质，在第二个基线条件期间有可能会面临这个威胁。	研究者报告	清晰描述在征求参与者同意的过程中，使用的撤除和恢复干预的程序；当行为对参与者造成严重伤害或有可能导致参与者损耗时，尽量缩短基线条件的持续时间（如3 个时段）。	即使实验还没有完成，也要采用书面形式报告所有参与者的所有数据。
抽样偏差	如果有多名人选符合研究入选标准，但只能招募其中部分人时，有可能会面临这个威胁。	依赖于研究者说明	从所有符合标准的人选中随机选择，或者将所有符合标准的人都纳入进来。	说明符合研究者的特定（如在某个特殊的情境中）标准的参与者的人数；如果无法将所有人都纳入进来，那么说明选择参与者的方法。
适应	当观察结果非常明显时，有可能会面临这个威胁。	在基线条件期间，观察者的行为随着时间的推移发生改变。	继续实施基线条件直至数据稳定。	用逸事证据说明基线条件中出现的变化是由适应造成的；讨论后续的基线条件数据在多大程度上可以更好地代表"典型"的行为。

（续表）

	可能性	检测	控制	报告
霍桑效应	当参与者能够敏锐地察觉到研究者期待的行为是什么的时候，有可能会面临这个威胁。	当研究开始时，参与者的行为和预期的不一致。	采用隐蔽测量；如果基线条件数据没有表明必须开始干预，那么就不必干预；持续收集数据并判断影响是不是暂时性的、不断变化的。	用逸事证据说明基线条件中出现的变化是由霍桑效应造成的；讨论后续的基线条件数据在多大程度上可以更好地代表"典型"的行为。
多重处理干扰	当参与者无法辨识条件间的差异时，可能就会出现遗留效应。	视觉分析：当实施新的条件时，行为出现延迟改变。	保持所有条件不变，继续收集数据直至数据稳定。	在呈现视觉分析的结果时，讨论遗留效应出现的可能性。
不稳定	在这类设计中遇到这个威胁的可能性不大。	视觉分析：由于条件没有变化，y轴上的数值变化降低了预测下一个数值的能力。	只在以下情况下改变条件：（1）数据稳定后；（2）当通过5个或更多个数据点建立了变异性，并且预期条件间水平差异较大时。	说明由于条件间变化具有不确定性，条件内数据的不稳定性在多大程度上对结论造成了影响。
行为的不可逆性	如果研究的是不可逆行为，那么有可能会面临这个威胁。	在第一个干预条件期间行为得到改善后，移除干预，行为也没有恶化。	当评估不可逆行为时，使用不同类型的设计。	如果行为没有发生逆转，那么由于缺乏实验控制，只能得出有关初始 A-B 变化的结论。

其他因变量的同步测量

由于 A-B-A-B 设计在某种意义上是最简单的单一被试设计（比如，它不需要对多名参与者、行为或情境进行同步监控），因此，研究者可以在研究过程中测量多个因变量。这可能包括监测与目标行为在功能或形态上相似的行为，在这种情况下，你就是在评估反应泛化（比如，当教儿童对同伴做出反应时，你也可以测量启动行为）。你也可以监测与目标行为在功能或形态上不相似的行为。例如，实施旨在降低攻击行为频率的干预的同时有可能会提高参与度或促进恰当使用语言沟通的方式来提要求。这是干预的一个重要的积极"副作用"，对利益相关人来说可能非常重要。"副作用"可以是消极的（比如，实施旨在减少一个问题行为的干预导致了该行为被另一个问题行为取代），也可以是积极的（比如，实施旨在提高参与度的干预的同时促进了同伴间的互动）。无论哪种情况，同时监测非目标行为（也被称为**必然行为**）对实务工作者来说都具有实践意义——从效率的角度来看，对多个行为产生积极影响的干预是理想的，而对一些行为产生消极影响的干预则是不理想的。当测量两个因变量时，应将其中一个明确命名为主要因变量，并据此做出实验决定。例如，研究者在评估一项旨在提高自由游戏活动参与度的干预时，可能也会测量与同伴的亲近程度。但是，他会事先指定将参与度测量用于对条件变化做出形成性决策。虽然所有的单一被试设计都可以同时监测多个行为，但 A-B-A-B 撤除设计可能是最具可行性的。因此，我们建议在资源允许的情况下采用这种设计。

程序指南

当使用 A-B-A-B 设计时，要遵循以下准则。

1. 确定并定义一个可逆的目标行为。

2. 选择一个灵敏的、可靠的、有效的和可行的数据收集系统，并针对该系统和你的行为定义进行试验。

3. 预先确定信度和忠诚度数据收集的频率（如 33% 的时段），并在研究过程中持续收集数据。

4. 收集目标行为的连续基线数据（A），连续收集至少 3 天，或者直到数据稳定为止。

5. 在初始基线（A）条件下建立了数据稳定性后，再引入干预（B）。

6. 在干预（B）期间至少连续 3 天收集目标行为的连续数据，或者直到数据稳定为止。

7. 在干预（B）条件下出现稳定的数据模式后，撤除干预，再次引入基线（A）条件。

    8.重复步骤4至步骤6。

    9.在相似的参与者身上复制实验。

优点

A-B-A-B 设计为应用研究中的因果关系提供了令人信服的证明。它通过以下方式弥补与 A-B-A 设计有关的很多不足：（1）以实践和伦理上有益的干预条件结束；（2）提供两次机会来复制干预的积极效果（从 A_1 到 B_1；从 A_2 到 B_2）。A-B-A-B 设计可以被扩展为多处理设计（如 A-B-A-B-C-B-C），从而使你可以灵活地将一种干预与初始干预进行比较。当第一项干预（B）引起目标行为发生积极的改变，且具有一定的治疗作用，但尚未达到治疗或教育目标时，这是一个非常有用的选择（例如，Falcomata, Roane, Hovanetz, Kettering, & Keeney, 2004）。在这种情况下，可以单独引入新的干预（C）或与第一项干预结合起来使用（BC）。

局限

A-B-A-B 设计最主要的局限与实践和伦理方面的问题有关，而不是实验方面的考虑。对于很多负责制订持久行为改变计划的实务工作者来说，即使是暂时地撤除有效干预，也有可能被认为是不符合伦理的做法。当目标行为对服务对象或学生自己来说有危险（如抠眼睛），或者对他人有危险（如打人）时，更是如此。这些都要考虑到，而不能忽视。但是，你可以将条件 A_2（撤除干预）视为一种实证检查或"探测"，以便了解突然撤除干预会对目标行为产生什么影响。如果目标行为返回至不可接受的水平，那么就意味着你必须在再次引入 B_2 后设定一个额外的条件，系统地将个体的行为暴露在自我控制（自我管理策略）或自然依联的控制之下。在这种情况下，你必须系统地削弱强化程序表（比如，从 CRF 到 FR_2，再到 VR_3），或者教其他人在自然环境中实施干预。如果在第二个基线条件（A_2）中撤除全部干预导致出现反治疗趋势，那么使用鲁施和卡兹丁（Rusch & Kazdin, 1981）概述的三种策略（即按序撤除、部分撤除和部分按序撤除）可能有助于维持行为。然而，A-B-A-B 设计特别适合用于研究那些我们希望在控制当前环境变量的情况下就能出现，而不需要经过长期学习的行为。例如，一系列研究评估了视觉支持对残障儿童的影响（参看 Zimmerman,

Ledford, & Barton, 2017），其中很多研究采用了 A-B-A-B 设计的变体。这是合理的，因为参与者（还有我们中的很多人！）要求继续使用视觉支持（即日程表、项目清单）来维持积极的恰当行为。基于相似的原因，A-B-A-B 设计也可以用于评估辅助技术的有效性，以及包括沟通设备（Mechling & Gast, 1997）、视觉活动日程表（Bryan & Gast, 2000; Spriggs, Gast, & Ayres, 2007）和替代座椅装置（Schilling & Schwartz, 2004）在内的各种调节性设备的使用效果。为了防止行为返回至基线水平，可能需要长期使用这些干预装置，因此，从实践和伦理的角度来看，研究结束后让本地的实施者继续实施"B 条件"（干预）是非常重要的，而不必从实验的角度来考虑研究设计。

出于伦理方面的考虑，一些应用研究者发现很难在第二个基线条件期间终止一项有效的干预。如果实施者和其他利益相关人不赞成撤除一项有效的干预，哪怕是很短的时间，那么在第二个基线条件期间，行为可能不会发生逆转，这不利于证明实验控制的效果。因此，和在其他所有条件下一样，在 A_2 期间收集程序性信度数据非常重要，它可以确保实验按照既定程序开展。实施者和其他利益相关人应被告知撤除干预的目的（即在非干预条件下考察行为的维持情况，以提高研究信度，从而更好地说明行为改变是由干预而非一些不明因素引起的）。

A-B-A-B 设计的另外一个局限是它不适合用于评估不能逆转的行为（比如，写出某人的姓名、完成一项装配任务、解决附加的问题，以及学习一种助记符号来自我监控行为）。如果是考察这些任务失败的原因，而不是考察技能的掌握情况，那么可以在这些研究中或相似的情境中使用 A-B-A-B 设计。否则，采取多基线设计或多探测设计来评估实验控制更为合适。一些研究者为每个时段分配略有不同的行为，从而使用 A-B-A-B 设计来测量不可逆行为（比如，采用一组难度大致相同的相近词）。但这并没有恰当运用 A-B-A-B 设计，因为不同时段之间的变化可能是由多种因素而不仅仅是条件的变化引起的（比如，单词难度、背景知识、影响学习速度的特殊兴趣）。

结论

A-B-A-B 设计代表了一类最简洁、最具说服力的研究范式，它用于评估和证明在目标行为可逆的情况下因变量和自变量之间的功能关系。从以往的研究看，A-B-A-B 撤除设计是单一被试设计中最常用的设计类型。它可以对同一名参与者进行 3 次潜在效果的验证，从而提高了 A-B 设计和 A-B-A 设计的品质，也因此提高了研究结果的内部效度。虽然使用 A-B-A-B 设计能够证明对单一参与者实施的实验控制有效，但我们还是建议招募多名参与者以提高内部效度。因此，我们建议，无论采用哪种实验设计，你的研究至少包含 3 名参与者，这也符合当前的要求（例如，Barlow & Hersen, 1984; Cooper, Heron, & Heward, 2007; Horner et al., 2005; Shadish, Hedges, Horner, & Odom, 2015; Tawney & Gast, 1984），另外，我们还建议你系统地区分不同条件之间的差异。由于 A-B-A-B 设计具有灵活性，且能够清晰地评估实验控制，因此，它值得实务工作者和应用研究者认真考虑如何应用。表 9.2 总结了几项应用 A-B-A-B 设计评估实验控制的研究。

表 9.2 应用 A-B-A-B 设计的研究

参考文献	参与者	环境 / 安排	自变量	因变量
Bruzek, J.L., & Thompson, R.H. (2007). Antecedent effects of observing peer play. *Journal of Applied Behavior Analysis*, 40, 327-331.	数量：4 名 性别：2 名女性、2 名男性 年龄：26~42 个月 残障 / 诊断：典型发育	环境：毗邻观察区的房间 安排：两人一组	高偏好、中偏好和低偏好强化	区域内时间百分比 每分钟反应数
Bryan, L., & Gast, D.L.(2000). Teaching on-task and on-schedule behaviors to high-functioning children with autism via picture activity schedules. *Journal of Autism and Developmental Disorders*, 30, 553-567.	数量：4 名 性别：3 名男性、1 名女性 年龄：7~8 岁 残障 / 诊断：孤独症	环境：资源教室 安排：个体	图片活动日程安排手册＋渐进式使用教学指南	专注任务和按时间表做事的行为百分比

（续表）

参考文献	参与者	环境 / 安排	自变量	因变量
Field, C., Nash, H. M., Handwerk, M.L., & Friman, P.C.(2004). A modification of the token economy for nonresponsive youth in family-style residential care. *Behavior Modification*, 28, 438-457.	数量：3 名 性别：2 名男性、1 名女性 年龄：11~12 岁 残障 / 诊断：注意力缺陷与多动障碍、脑性瘫痪、心境恶劣、创伤后应激障碍、对立违抗障碍、反应性依恋障碍	环境：家庭和学校 安排：小组	多样化代币经济系统	密集行为时段的平均频率 获得特权的平均百分比
Gibson, J., Pennington, R.C., Stenhoff, D., & Hopper, J.(2009). Using desktop videoconferencing to deliver interventions to a preschool student with autism. *Topics in Early Childhood Special Education*, 29, 214-225.	数量：1 名 性别：1 名男性 年龄：4 岁 残障 / 诊断：孤独症	环境：学前班 安排：大组	功能性沟通训练（教授通过举手来获得喜欢的物品；限制进入依联于逃离）	在区域外逗留的时距百分比
Gresham, F.M., Van, M.B., Cook, C.R. (2006). Social skills training for teaching replacement behaviors: Remediating acquisition deficits in at-risk students. *Behavioral Disorders*, 31, 363-377.	数量：4 名 性别：2 名男性、2 名女性 年龄：6~8 岁 残障 / 诊断：有患有情绪与行为障碍的风险	环境：SSIG 课程中描述的抽离式情境 安排：小组	社交技能训练和对其他行为的差别强化（DRO）	破坏性行为、独处时间以及负性社交互动的持续时间（时间百分比）

（续表）

参考文献	参与者	环境 / 安排	自变量	因变量
Hagopian, L.P., Kuhn, S.A., Long, E.S., & Rush, K.S.(2005). Schedule thinning following communication training: Using competing stimuli to enhance tolerance to decrements in reinforcer density. *Journal of Applied Behavior Analysis*, 38, 177-193.	数量：3 名 性别：男性 年龄：7~13 岁 残障 / 诊断：广泛性发育障碍、注意力缺陷与多动障碍、轻度智力障碍、孤独症、中度智力障碍	环境：治疗室 安排：个体	对比：带有消退的功能性沟通训练与带有消退的功能性沟通训练 + 获得竞争性刺激	每分钟反应数（问题行为） 每分钟反应数（沟通）
Kern, L., Starosta, K., Adelaman, B.E.(2006). Reducing pica by teaching children to exchange inedible items for edibles. *Behavior Modification*, 30, 135-158.	数量：2 名 性别：男性 年龄：8~18 岁 残障 / 诊断：重度智力障碍、孤独症	环境：医院、学校 安排：个体	把不可食用的物品换成喜欢的可食用物品	每小时尝试异食行为和交换行为的频率
Kuhn, S., Lerman, D., Vorndran, C., & Addison, L.(2006). Analysis of factors that affect responding in a two-response chain in children with developmental disabilities. *Journal of Applied Behavior Analysis*, 39, 263-280.	数量：5 名 性别：4 名男性、1 名女性 年龄：3~11 岁 残障 / 诊断：孤独症、发育迟缓、唐氏综合征、强迫症、癫痫、智力障碍、破坏性行为、注意力缺陷与多动障碍	环境：学校的图书馆、食堂和教室，医院的多功能房间 安排：个体	消退、餍足和行为链中的解除串链	反应的频率

（续表）

参考文献	参与者	环境 / 安排	自变量	因变量
Locchetta, B.M., Barton, E.E., & Kaiser, A.(2017). Using family-style dining to increase social interactions in young children. *Topics in Early Childhood Special Education*, 37, 54-64.	数量：9 名（3 名目标儿童、6 名同伴） 性别：4 名男性、5 名女性 年龄：39~60 个月 残障 / 诊断：发育迟缓 + 癫痫、发育迟缓、典型发育	环境：融合式早期儿童项目 安排：小组	家庭式进餐和向小组提出开放性问题	主动发起和做出其他社交行为的比率
Posavac, H.D., Sheridan, S.M., & Posavac, S.S.(1999). A cueing procedure to control impulsivity in children with attention deficit hyperactivity disorder. *Behavior Modification*, 23, 234-253.	数量：4 名 性别：男性 年龄：9 岁 残障 / 诊断：注意力缺陷与多动障碍、抑郁症、双相情感障碍、学习障碍	环境：8 周门诊治疗项目 安排：小组	视觉提示、目标评估、建设性反馈，以及在社交技能练习项目中实施强化	举手和讨论的频率
Theodore, L.A., Bray, M.A., & Kehle, T.J., & Jenson, W.R.(2001). Randomization of group contingencies and reinforcers to reduce classroom disruptive behavior. *Journal of School Psychology*, 39, 267-277.	数量：5 名 性别：男性 年龄：未报告 残障 / 诊断：情感障碍	环境：自足式教室 安排：小组	伴有强化的随机小组依联；张贴班规	破坏性行为的时距百分比

A–B–A–B 设计的变体

A-B-A-B 设计采用一种多功能的范式来评估干预的有效性。和静态的分组研究设计不同，这种设计是动态的。例如，如果你设计一项采用 A-B-A-B 设计的研究，发现干预（B）对目标行为产生的影响微乎其微（即 A=B），那么你就不必返回基线（A），因为条件 A 和条件 B 在功能上是等价的；相反，你可以灵活地引入新的干预（C），或者将条件 B 和新条件结合起来（BC）。如果干预C 对目标行为产生了可测量的积极影响，你接下来就可以返回条件 B。在这个例子中，你最初选用了 A-B-A-B 设计来评估干预（B）；然而，由于它没有对因变量产生影响，你改为使用 A-B-C-B-C 设计（或 A-B-BC-B-BC 设计）。由于具有这样的灵活性，应用研究文献中记录了很多不同于基础的 A-B-A-B 设计，但又能够证明实验控制的研究。这些 A-B-A-B 设计的变体被称为**多处理设计**（multitreatment designs），也可以被计划用作比较不同干预的首选方法；我们将在第 11 章中详细论述这些设计。在本章中，我们要概述 A-B-A-B 设计的另外两种常见变体和扩展形式：B-A-B 设计和 A-B-A'-B 倒返设计。

应用例子 9.1：A-B-A-B 设计

Ahearn, W.H., Clark, K.M., & MacDonald, R.P.F.(2007). Assessing and treating vocal stereotypy in children with autism. *Journal of Applied Behavior Analysis*, 40, 263-275.

埃亨、克拉克和麦克唐纳（Ahearn, Clark, & MacDonald, 2007）研究了反应中断与重新引导（response interruption and redirection, RIRD）程序对孤独症儿童的刻板发声的干预效果。3~11 岁的两名男童（米奇和彼得）和两名女童（尼基和艾丽斯）参与了研究。每名儿童都被确诊为孤独症谱系障碍，因有刻板语言而被教育机构或诊所工作人员转介过来。专业服务提供者认为每名参与者的刻板发声都干扰了教育活动，而且先前的评估表明这些行为不会经由社会依联而得到维持。实验在一间配有适当的材料和设备的房间中进行，基线时段和干预时段都长达 5 分钟。

研究测量了两个因变量：刻板发声的时段百分比和恰当发声的次数。采用行为每次发生的持续时间记录的方式来收集两个因变量的数据。将刻板发声的时长（秒）除以时段的总时长，再乘以 100%，就得到了刻板发声的百分比。有关恰当发声的数据在图表中显示为发声的次数；研究者报告称，每次刻板发声的持续时间都差不多。最少有 32% 的时段用于收集 IOA 数据，评分者完全一致的时段才能用于计算。米奇刻板发声的平均信度是 99%，彼得的是 90%，艾丽斯的是 96%，尼基的是 93%。所有的参与者在所有的条件下恰当发声的累计次数的 IOA 都是 100%。

　　反应中断与重新引导程序包括教师赞扬，并在可能的情况下，满足参与者的合理要求。如果参与者发声刻板，教师就会吸引参与者的注意力，并辅助参与者使用恰当的语言。辅助米奇、彼得和尼基回答互动性问题（如"你的衬衫是什么颜色的？"），辅助艾丽斯进行发声模仿。发声重新引导任务涉及参与者的行为技能库中的技能。当参与者连续三次正确回答问题时，停止使用反应中断与重新引导程序。

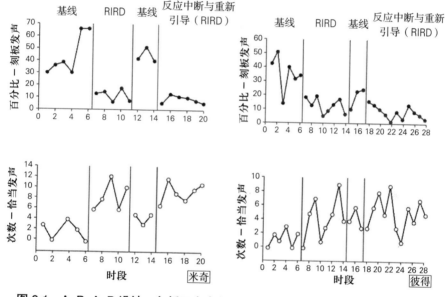

图 9.1　A–B–A–B 设计，包括两名参与者，对每名参与者测量两个因变量。

资料来源：Ahearn, W.H., Clark, K.M., & MacDonald, R.P.F.(2007). Assessing and treating vocal stereotypy in children with autism. *Journal of Applied Behavior Analysis*, 40, 263-275.

　　在 A-B-A-B 撤除设计的情境中评估了每名参与者刻板发声的时段百分比与恰当发声的累积次数之间的关系。图 9.1 展示了米奇和彼得在每个时段内刻板发声的百分比以及在不同条件下（基线和反应中断与重新引导）恰当发声的次数。在基线条件（A_1）期间，米奇刻板发声的时段百分比从中等到较高水平（范围 =30%~70%），而彼得的这一比例有所不同（范围 =10%~55%）。两名参与者恰当发声的次数都很少（范围 =0~5）。引入反应中断与重新引导程序（B₁）后，米奇恰当发声的次数出现了激增（范围 =6~13），其数据水平出现了从 0 到 5 的绝对变化。彼得恰当发声的次数也有所增加（范围 =0~8）。返回至反应中断与重新引导程序（B₂）后，彼得刻板发声的时段百分比回到较低水平（范围 =0%~14%），恰当发声的次数回到较高水平，但不稳定（范围 =1~9）。

B-A-B 设计

当学生或服务对象出现自伤、身体攻击或其他高危行为时，你可以采用 **B-A-B** 研究设计。从伦理角度出发，由于对学生或其他人存在潜在危险，你可能没有机会收集基线数据。重要的是要记住，虽然可以理解无法收集基线数据的原因，但它仍然妨碍了对实验控制的评估。干预前行为测量的缺失，对引入干预（B₁）前的基线数据模式的评估造成了影响。因此，无法通过实证的方法对干预效果和干预前的数据进行比较，也无法对基线（A₁）的水平和趋势是否复制了引入干预（B₁）前的水平和趋势进行评估。由于存在这些实验上的局限，在近年来的应用研究文献中，很少看到 B-A-B 设计。为了确保有足够的复制次数，你可以通过增加两个额外的条件（即 **B-A-B-A-B** 设计）来修改 B-A-B 设计；由于增加了基线时段，这可能同样是不受欢迎的设计类型，但是对于快速争取利益相关人的支持来说很重要（比如，在你证明了干预的存在会引起行为改变后，儿童的老师或家长可能更愿意容许基线条件的存在）。

应用例子 9.2：同步监控的 A-B-A-B 设计

Carnine, D.W.(1976). Effects of two teacher-presentation rates on off-task behavior, answering correctly, and participation. *Journal of Applied Behavior Analysis*, 9, 199-206.

这项研究评估了快速陈述和慢速陈述对两名"低成就"一年级学生的脱离任务、正确回答以及参与行为的影响。两名参与者，一名男生和一名女生，在他们学校的一年级阅读小组中，是成绩最差的四名学生中的两名。这两名学生每天接受 30 分钟的 I 级 DISTAR 项目阅读指导。教学地点位于教室后方，其他学生则可以在教室其他区域独自学习或接受小组指导。前 33 个时段由教师开展教学，后 5 个时段由实习教师开展教学。

　　在每个教学时段内，有两名数据收集者采用基于尝试的事件记录法收集每名参与者的脱离任务、正确回答以及参与行为的数据，然后将行为发生的次数除以尝试总数，再乘以 100%，计算出行为发生的百分比。采用点对点方式计算每个非独立测量值的 IOA，结果显示所有测量值的平均一致性系数高于 90%。

　　自变量是任务陈述速度。两种实验条件，慢速陈述（A）和快速陈述（B）交替出现，以评估它们对三个因变量的影响。在慢速陈述条件下，教师在每名学生回答后默数 5 个数，然后再开始陈述下一项任务。与此相反，在快速陈述条件下，教师在每名学生回答后立即陈述下一项任务。教师严格按照 DISTAR 项目中的内容开展教学。在各个条件下，教师以固定的速度播放录音带里预先录制的声音，以此对学生进行口头赞扬，学生则用耳机来听。在各个条件下都有这种以固定速度播放的声音，避免了在研究过程中出现学生混淆口头赞扬和陈述内容的情况。观察者记录任务陈述速度：每完成 10 次尝试，观察者就记录下完成这 10 次尝试的持续时间，然后重置他们的读秒器。将一个时段内的总教学时间除以所陈述的任务的数量，就得到了陈述速度。在 87% 的时段中收集了 IOA 数据。

　　采用 A-B-A-B-A'-B' 设计，评估慢速陈述（A）和快速陈述（B）对参与者的脱离任务、正确回答以及参与行为的影响。教师在研究的前四个阶段（A_1-B_1-A_2-B_2）对阅读小组开展教学，实习教师则在研究的后两个阶段（A_3'-B_3'）对小组开展教学。包括实习教师在内的所有教师都可以做对不同教师之间的刺激泛化情况进行简要的评估。

　　图 9.2 举例说明了和被试 1 相关的三个因变量的平均百分比。需要注意的是，推动设计向前进行的是脱离任务行为的数据（即根据这些数据来确定是否变换条件），而"脱离任务行为的百分比"上方的条件标签被省略了，但在其他两种被监测的行为上方标注了条件标签。对被试 1 来说，在 A_1（慢速条件）期间采用"80% 的数据点落在 20% 的范围内"的标准来判断，无论是水平还是趋势，都非常稳定。在引入 B_1 后，数据在水平上发生了即时的中等程度的变化。随后几天，在快速条件下，数据趋势处于稳定的、零加速的接近底部的状态。这一水平上的变化在后续不同条件的比较中得到了复制，在被试 2 的身上也得到了复制。

　　这项研究表明，较快地陈述会导致脱离任务行为的减少以及正确回答和参与行为的增加。由两名不同的教师在两个不同的条件下完成的直接参与者内复制提高了研究结果的内部效度和信度。通过对两名参与者（即直接的参与者间复制）的不同反应模式进行复制，证明了这些研究结果具有泛化性。

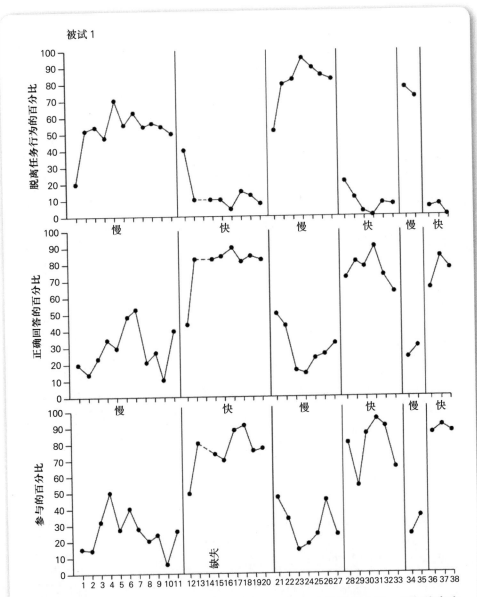

图 9.2 A–B–A–B–A–B 设计中的图表（最后一个 A–B 比较是由另一名实施者完成的）

资料来源: Carnine, D.W.(1976). Effects of two teacher-presentation rates on off-task behavior, answering correctly, and participation. *Journal of Applied Behavior Analysis*, 9, 199-206.

墨菲、鲁普雷希特、巴焦和努内斯（Murphey, Ruprecht, Baggio, & Nunes, 1979）利用 B-A-B 设计考察了对其他行为的差别强化加轻度惩罚（依联式滋水）

的干预对一名重度智力障碍青年的自呛行为频率的影响。图 9.3 呈现了在每个调查条件期间参与者发出自呛行为的次数。数据显示，在初始治疗（B_1）、撤除治疗（A_1）和恢复治疗（B_2）期间，自呛的平均频数分别是 22 次、265 次和 24 次。撤除治疗集成包导致自呛的频率立即发生突变，并呈现出反治疗趋势。在再次引入治疗程序（B_2）后，数据水平立即发生逆转。虽然引入治疗集成包之前的初始基线条件数据可以被拿来与干预前的行为水平进行比较，并进一步证明实验控制，但不同条件之间数据水平的即时突变证明了在接受度日渐提高的情况下干预的有效性。调查者省略初始基线条件的决定也说明，有时，应用研究者在教育和临床情境中，在处理潜在危险行为的过程中会陷入两难的境地。

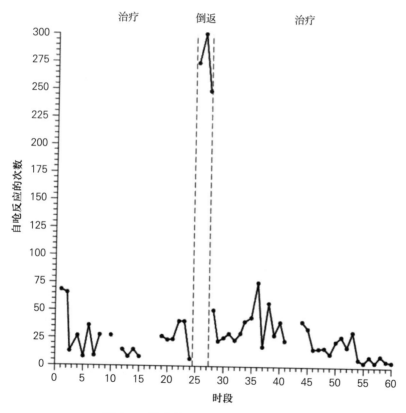

图 9.3 带有简短撤除的 B–A–B 设计

资料来源：Murphey, R.J., Ruprecht, M.J., Baggio, P., & Nunes, D.L.(1979). The use of mild punishment in combination with reinforcement of alternate behaviors to reduce the self-injurious behavior of a profoundly retarded individual. *American Association for the Education of the Severely-Profoundly Handicapped Review*, 4, 187-195.

虽然收集较长时期的危险行为的基线数据不切实际或不合伦理，但在短期内收集基线数据以确定基线速率还是有可能的。例如，肯尼迪和苏扎（Kennedy & Souza, 1995）在开展护目镜干预之前，用了 6 分钟的时间对一名频繁戳眼的有重度智力障碍的 19 岁男性进行了基线数据的收集。虽然时间较短，但干预前收集的数据仍然有力地证明了实验控制，清晰地展示了护目镜干预条件在立即和突然减少参与者戳眼次数方面的有效性。

如果你认为收集干预前的数据不合伦理和 / 或不切实际，我们建议你在实施 B-A-B 设计时采取如下做法：（1）从伦理和 / 或实践的角度说明为什么不能收集干预前的数据；（2）根据功能性行为评估的结果引入干预（B_1），查看行为水平是否朝着治疗的方向发生了即时突变；（3）在行为达到既定的治疗（B_1）标准水平后，**短暂撤除干预**（A_1）；（4）在观察到数据水平和 / 或趋势发生**短暂逆转**后，再次引入干预（B_2）。假定你正在监测一个不当行为的频率，当最初引入的自变量导致了目标行为（B_1）达到较低且理想的治疗水平，随后行为（A_1）的频率立即短暂增加时，就证明干预的效果显现出来了。一旦观察到水平或趋势上的变化（A_1 和 B_1 相比），就再次引入干预（B_2），理想的情况是，能观察到 B_1 的复制情况，即在水平和趋势上出现了即时突变。

在引入干预之前能够收集短期基线数据对研究而言会更有利。如果没有初始基线测量，就无法评估干预对行为的自然频率的影响。然而，和 A-B-A 设计相比，B-A-B 设计的优点在于以干预结束，而且可以两次证明干预的有效性。如果实际情况和伦理标准允许，采用更复杂的 A-B-A-B 设计或 B-A-B-A 设计可以更加令人信服地证明因果关系存在的可能性。

A–B–A'–B 倒返设计

我们已经选择使用 A-B-A'-B 来表示在程序上"真正倒返"的单一被试设计类型，在这类设计中，自变量从一个行为中完全撤除后又被应用于另一个行为，而这个行为可能和当前测量的行为不兼容。因此，**倒返设计**涉及在 A_2 期间倒返干预依联，而非简单地撤除干预。例如，戈茨和贝尔（Goetz & Baer, 1973）设置了一个无强化（A）的基线条件，并测量了儿童搭建不同形式的积木的数量，然后强化了"新"形式的积木（B）。在第二个 A 条件（A'）期间，他们转而强化"旧"形式的积木（之前在该时段内搭建的）。

对比：撤除设计与倒返设计

莱滕贝格（Leitenberg, 1973）使用倒返设计这一术语来特指在第三个条件

（A_2）中自变量真正发生了逆转，而不是被简单撤除的单一被试设计。从操作层面看，倒返设计通常需要在第一个基线条件期间同时监测两个行为（如把手放在桌子上和把手放在膝盖上）。从研究过程看，两个被监测的行为是不兼容的，但并不是必须如此。在两个行为都建立了稳定的基线水平和趋势后，在 B_1 期间，自变量被施用于其中一个行为（如把手放在桌子上）。如果干预策略对这个行为产生了积极的影响，那么就在第三个条件（通常指 A'）中将其施用于同时监测的行为（把手放在膝盖上）。倒返设计在这里和撤除设计有明显的区别。在倒返设计中，不仅撤除了对目标行为的干预，在第三个条件（A'）期间还将干预应用于同时监测行为。如果一个行为（把手放在桌子上）的数量减少，而与其不兼容的行为（把手放在膝盖上）数量增多，那么就证明自变量和两个因变量之间存在功能关系。当自变量再次被施用于第一个行为（把手放在桌子上）时，B_2 中两个行为的数据趋势发生了逆转，实验控制就得到了增强。

　　倒返设计和撤除设计之间的关键区别是，当使用倒返设计时，研究者：（1）从一个行为中撤除或移除干预；（2）同时将其应用于一个不兼容行为。而撤除设计则是在设计的第三个条件（A_2）期间简单地移除干预。区分这两种设计的一个简单的方式可能是，将倒返设计与对不兼容行为的差别强化联系起来，而将撤除设计与消退联系起来（如系统地忽视某个单一的获取关注的行为）。虽然在研究文献中很少出现"真正的"倒返设计，但一个真正的倒返设计可以强有力地证明实验控制有效，因为它有三次机会证明自变量对两个不兼容行为的影响。

　　倒返设计（A-B-A-B'）和撤除设计（A-B-A-B）之间的区别很小，但考虑到第三个条件（A' 或 A_2）在程序上的差异，对它们加以区分还是必要的。因此，建议只将那些撤除了自变量后，A_2 程序和 A_1 程序相同的时间序列设计标记为 A-B-A-B 设计。我们建议，只在以下情况下，将 A-B-A'-B 设计特指为"倒返设计"：（1）研究的第一个条件和第三个条件在程序上**不**一致；（2）第三个条件中存在自变量，且被施用于与第二个条件和第四个条件中不同的行为。

程序指南

当应用倒返设计时，要遵循以下准则。

　　1.确定并定义一个可逆的目标行为。

　　2.选择一个灵敏的、可靠的、有效的和可行的数据收集系统，并针对该系统和你的行为定义进行试验。

　　3.预先确定信度和忠诚度数据收集的频率（如 33% 的时段），并在研究过程中持续收集数据。

4. 收集目标行为的连续基线数据（A），连续收集至少 3 天，或者直到数据稳定为止。

5. 在初始基线（A）条件下建立了数据稳定性后，再引入干预（B）。

6. 在干预（B）期间至少连续 3 天收集目标行为的连续数据，或者直到数据稳定为止，然后继续根据日常时间表监测非目标行为。

7. 在干预（B）条件下出现稳定的数据模式后，逆转干预依联（如对不兼容行为进行强化）。

8. 在 A'（倒返）条件下出现稳定的数据模式后，再次引入干预，并持续测量，直到出现稳定的数据模式。

9. 在相似的参与者身上复制实验。

应用例子 9.3：A-B-A'-B 设计

Lopez, K., Dewey, A., Barton, E.E., & Hemmeter, M.L.(2017). The use of descriptive praise to increase diversity during easel painting. *Infants and Young Children*, 30, 133-146.

洛佩斯、杜威、巴顿和赫米特（Lopez, Dewey, Barton, & Hemmeter, 2017）调查了描述性赞扬在增加四名学前儿童（艾伯特、布赖斯、科拉和达纳）的美术活动多样性方面的有效性。研究是在一所大学的附属幼儿园的融合教室里开展的。参与者的年龄在 44 个月到 47 个月之间，没有被诊断出任何残障。入选研究的儿童需要具有如下特征：在美术活动中显示出多样性不足；所具备的动作和语言技能足以使其有意义地参与美术活动；能够辨识颜色和形状；在干预前的评估中，当成人给予描述性赞扬时，表现出高比率的参与行为。

主要因变量是绘画过程中多样性活动的数量。研究者通过统计不同形状的数量（如圆形、直线）、换画刷的次数和换颜色的次数来计算多样性得分。采用事件记录法来收集数据，即数据收集者将儿童在单次绘画活动中使用的不同形状的数量、使用新颜色的次数以及换另一种画刷的次数合并计算。在研究过程中，至少从 20% 的时段中收集 IOA 数据，不同参与者和不同条件之间的一致性从 50% 到 100% 不等。

自变量是实施者在四个（每名参与者一个）真正的倒返设计（A-B-A'-B；一次研究一名参与者）的情境中说出的描述性赞扬语句。在基线（A）

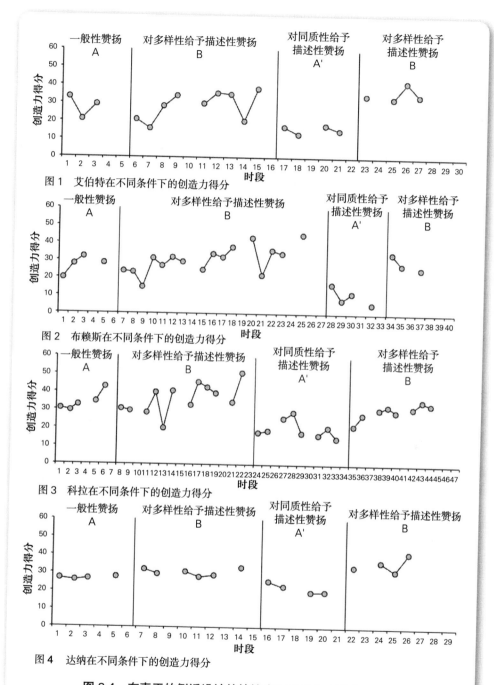

图 1　艾伯特在不同条件下的创造力得分

图 2　布赖斯在不同条件下的创造力得分

图 3　科拉在不同条件下的创造力得分

图 4　达纳在不同条件下的创造力得分

图 9.4　在真正的倒返设计的情境中四名参与者的表现图表

资料来源：Lopez, K., Dewey, A., Barton, E.E., & Hemmeter, M.L.(2017). The use of descriptive praise to increase diversity during easel painting. *Infants and Young Children*, 30, 133-146.

期间，参与者自由作画，实施者只说一般性的赞扬语句。在对绘画进行描述性赞扬（B_1 和 B_2）期间，当儿童使用了不同的颜色、形状或画刷时，实施者会说出描述性赞扬语句（如"我喜欢看你如何使用蓝色和绿色颜料画画！"）。在倒返条件（A'）中，实施者逆向使用 B 中的描述性赞扬语句，针对儿童的一致性（即使用相同的颜色、形状和画刷）而不是多样性给予描述性赞扬。数据收集的时间为 5 分钟或直到儿童示意自己画完为止。使用核查表（忠诚度 =100%）收集所有时段的程序忠诚度数据，并统计各个时段内实施者说出的描述性赞扬语句的数量。和计划的一样，在基线条件中，四名参与者获得的描述性赞扬的语句数量为 0；在 B 和 A' 条件期间，描述性赞扬语句的数量从 10 句到 35 句不等。

图 9.4 显示了四名参与者在每个绘画时段内开展的多样性活动（"创造力得分"）的数量。在初始基线条件期间，艾伯特的多样性得分范围为 21~33 分，布赖斯的多样性得分范围为 20~32 分，达纳的多样性得分范围为 26~28 分，科拉的多样性得分多变且呈现上升趋势。在引入第一个干预条件（B_1，对多样性绘画活动给予描述性赞扬）后，三名参与者（艾伯特、布赖斯和科拉）的多样性得分最初有所下降，而后变化不定，但总体上和基线水平一致。达纳的多样性得分和基线相比，在水平上略有上升。在引入倒返条件（A'，对同质性给予描述性赞扬）后，所有参与者的得分与初始基线以及后续的干预条件期间相比，在水平上都下降了。在再次对多样性给予描述性赞扬（B_2）后，所有参与者的多样性得分立即升高到高于 B_1 的水平。这项研究的结果表明，教师赞扬的变化可能会对学前儿童在美术活动中展现出的多样性产生影响。

总结

本章描述并举例说明了基本的 A-B-A-B 设计以及常见的变体。尽管一些研究者和临床工作者因 A-B-A-B 设计要求安排短暂的撤除（或倒返）而不愿使用它，对于评估实验控制而言，它仍然是一种令人信服的、简单易行的评估范式。与简约型的设计形式（A-B、A-B-A、B-A-B）相比，它的主要优点在于能够在相同的研究参与者身上，在相似的刺激条件下，对相同的行为的干预有效性进行两次复制。与更受欢迎的多基线设计和多探测设计相比，这同样是 A-B-A-B 设计的优点。

附录 9.1
A-B-A-B 撤除设计的视觉分析

适当的设计	例子：A-B-A-B、A-B-A-C-A-C 非例子：A-B-A-C、A-B-C-A、A-B-A
针对设计的视觉 分析考虑因素	无
常见的和有潜在 问题的数据模式	・**在 A_2 中行为未出现逆转**。如果出现这种情况，可能是因为你选择了一个不可逆的行为，但你也不能排除历史因素引发行为改变的可能，即使最初的行为改变和干预的开始是同时的。 ・**在 A_2 中行为未出现完全逆转**。如果出现这种情况，你提出存在功能关系的可信度就会下降，因为 A_1 和 A_2 之间的数据模式缺乏一致性。如果符合下文列出的所有其他标准，那么仍然可以确定功能关系。 ・**在不同条件中出现延迟改变**。在如下情况下，延迟改变不是大问题：（1）你继续实施条件，直到数据稳定；（2）预测到会出现延迟；（3）在两个干预条件中都出现了延迟；（4）延迟的潜伏期和等级大小一致。 ・**小幅度变化**。如果在相似的条件下数据模式一致（比如，从 A_1 到 B_1 以及从 A_2 到 B_2，行为改变都比较小），而且条件间水平变化超出了条件内变异性（比如，未出现重叠），那么变化幅度小就不是问题。如果一致性数据有差异（比如，次要观察者提供的数据表明没有发生变化；通过对两名观察者绘制的数据图表进行视觉分析来评估），那么小幅度变化就有可能成为问题。 ・**在一个或多个条件下数据极其多变**。如果条件间水平变化超过了条件内变异性（比如，没有重叠），或者变异性中的变化可预测地在不同条件下发生变化（比如，基线中的高变异性之后是干预期间的低变异性），那么多变的数据就不是大问题。如果重叠数据点的百分比较高，或者变异性不利于研究者做出关于行为改变的决定，那么变异性就会是一个问题。 ・**在基线条件中出现治疗趋势**。如果出现如下情况，那么出现治疗趋势就不是问题：（1）伴随干预条件的实施，水平出现较大且突然的变化；（2）A_2 引起反治疗趋势的行为改变。

（续表）

可信的功能关系	· A_1 和 A_2 中的行为模式相似。 · B_1 和 B_2 中的行为模式相似。 · 从 A_1 到 B_1 以及从 A_2 到 B_2 的变化同样呈现治疗趋势。 · 从 B_1 到 A_2 的变化呈现反治疗趋势。 · 所有的变化都是突然的，且和条件变化同时发生。 · 重叠非常少。 · 任何条件下的变异性和趋势都无损确定条件间变化的能力。

第10章　多基线设计和多探测设计

戴维·L.加斯特、布莱尔·P.劳埃德和珍妮弗·R.莱德福

重要术语

时间延迟设计（time-lagged designs）、连续测量（continuous measurement）、间断测量（intermittent measurement）、并存（concurrent）、功能性独立（functionally independent）、功能性相似（functionally similar）、行为共变（behavioral covariation）、不一致干预效果（inconsistent intervention effects）、探测时段（probe session）、探测条件（probe condition）、条件变量（conditions variation）、日期变量（days variation）、非并存（nonconcurrent）

多基线设计和多探测设计中的基线逻辑

　　内部效度

　　指南

　　优点和局限

多探测设计

　　探测术语

　　变体

　　多探测设计（天）

　　多探测设计（条件）

跨行为多基线设计和多探测设计

　　程序指南

　　内部效度

　　优点和局限

　　应用例子

　　实务工作者承受着来自消费者、专业组织、立法机构和法院的与日俱增的压力，被要求为自己的干预实践负责。人们要求实务工作者针对以下问题做出客观的、基于数据的回答："干预项目什么时候应该维持、修改或者替换？""学生或服务对象的进步可以归功于清晰可辨的教学策略吗？"在单一被试设计框架内，有一类设计完美地契合了临床和教育情境中实务工作者所承担的评估和证明的责任，它就是**时间延迟设计**（time-lagged designs）。时间延迟设计有两种应用广泛的变体：多基线（multiple baseline）设计和多探测（multiple probe）设计（第三种应用较少的变体是变标准设计；参看第 12 章）。无论是多基线设计还是多探测设计，都是通过对 3 个或更多个目标，在 3 个或更多个时间点上，实施从 A 到 B 的条件变化来评估多个 A-B 比较，而不是对单一目标引入和撤除干预（如 A-B-A-B 设计）。无论是多基线设计还是多探测设计，都具有灵活性（即学习者的行为控制着项目程序的进度和选择）；对内部效度的威胁因素的评估很严格；对于那些希望自己的研究工作和干预活动能够达成一致的实务工作者而言也都具有可操作性。在本章中，我们会讲述多基线设计和多探测设计，以及在教育和临床情境中，应用研究者如何使用这些设计来考察各种干预的有效性。我们会讨论如何将基线逻辑应用于这类设计，以及如何评估内部效度的威胁因素。然后，我们会提供应用这两种设计的指南，并讨论它们的不同变体的优点和局限。

多基线设计和多探测设计中的基线逻辑

　　贝尔、沃尔夫和里斯利（1968）在他们描述应用行为分析的开创性文章中向行为研究者介绍了多基线设计。10 年后，霍纳和贝尔（1978）描述了多基线设计的一个变体，称之为"多探测技术"。这两种设计基于相同的基线逻辑，用于评估威胁内部效度的因素以及证明实验控制有效。从程序上来说，多基线设计和多探测设计收集**干预前**数据的频率是不同的。多基线设计要求在引入自变量之前就有计划地对所有干预目标进行连续测量，而多探测设计在引入干预之前只需间断性地收集数据。**连续测量**指的是在每个行为有机会出现时或在出现的时段中按计划开展研究和收集数据；例如，如果一项研究在周一、周三和周五进行，那么连续测量就意味着在每周的这三天中的每一天收集数据。**间断测量**指的是在某些行为有机会出现时或在出现的时段中按计划遗漏对部分数据的收集。在上述例子中，以间断测量的方式收集数据意味着在研究过程中，在某些周一、周三和周五**不**收集数据。在干预条件期间，无论设计类型如何，都建议采用连续测量。在多探测设计中，在干预前可以使用间断测量。

　　无论是选择连续测量还是选择间断测量，都会对实验的严谨性、内部效度的可能威胁因素以及这两种设计的可行性产生影响。这两种设计都很好地契合了应用研究的实际操作要求，因为它们：（1）适合开展效益测量；（2）不需要撤除干预；（3）易于理解和操作。

　　多基线设计和多探测设计有三种主要变体或类型。

　　1. 考察单一个体的几种**行为**或**行为集**。例如，研究者评估一项职前训练项目在改进使用行为特定赞扬（行为 1）的方式、反应互动（行为 2）以及对索要进行强化（行为 3）中的效果。

　　2. 考察多种**环境**或刺激条件（如情境、成人、安排、计划、材料）。例如，研究者评估一项职前训练项目在改善独立工作（情境 1）、用午餐（情境 2）以及课后托管（情境 3）期间的教学行为中的效果。

　　3. 考察多名**参与者**（即个体或群体）。例如，研究者评估一项职前训练项目在改进三名准专业人士使用行为特定赞扬的方式中的效果。

　　和 A-B-A-B 设计一样，多基线设计可用于比较基线条件（A）和干预条件（B）。然而，正如上文所提到的，它不撤除干预。相反地，研究者会对多种行为、情境或参与者重复实施 A-B 比较。一般会分别绘制这些额外的复制研究数据，并在一个层级式图表中将它们一起展示出来。也就是说，第一对 A-B 比较（第一个层级）放在顶部，然后是第二对比较（第二个层级），第三个层级和其余各层级放在其下方。但是，这些复制并不是简单的序列复制。相反地，对于跨层级出现的行为，都要**同时**测量——也就是说，所有层级同时开始收集数据。只在**干预条件**开始的时间有差异时，才会考虑使用时间延迟程序。

由于多基线设计和多探测设计很相似，我们将它们放在一起讨论，然后再讨论与每种设计有关的具体指南、优点和局限。为了便于理解，我们使用**基线**这个术语而非**探测**来指代干预之前的条件（即 "A"）。要区分这两类设计，重要的是要理解，只有在引入自变量之前按计划收集数据的频率才是区分它们的关键。在多基线设计的情境中缺失的数据收集机会（如参与者缺席）使多基线设计无法构成多探测设计。

内部效度

当所有可能的威胁都得到控制时，研究就具有了足够高的内部效度，而当研究具有足够高的内部效度，并且当且仅当每一个目标层级，至少是三个有同时性起点的层级，引入干预后行为就发生了改变时，实验控制就得到了证明。尽管这些设计已得到广泛应用，在使用它们的时候，仍可能存在一些威胁内部效度的因素。表 10.1 列出了威胁内部效度的常见因素。附录 10.1 提供了用于视觉分析的设计指南。

表 10.1　威胁内部效度的常见因素及检测、控制和报告方法

	多基线设计和多探测设计		
	可能性	检测	控制	报告
历史	很可能是由于条件长度过长；采取间断测量的多探测设计尤其容易出现。	视觉分析：数据出现突变，但未同时伴有条件变化。	持续实施某一条件，直到数据稳定；如果在数据稳定的层级或另外一个层级出现了历史效应，那么不要改变条件。	如实描述可能引发非实验性行为改变的情况（如生病）。

（续表）

多基线设计和多探测设计			
可能性	检测	控制	报告
成熟 对于有较长基线条件的靠后出现的层级来说，尤其容易出现。	视觉分析：在基线条件期间趋势线波动范围很小。	使用不同的设计（A-B-A-B）；用于那些不干预就无法逐渐改善的行为；更频繁地收集基线数据（仅限于多探测设计）。	如果在基线条件中呈现出治疗趋势，那么要说明成熟可能造成的影响。
测量 和在其他设计中出现的可能性相似。	视觉分析：不同的观察者之间存在差异，尤其是当其中一位是"盲"观察者时。	使用"盲"观察者；谨慎地构思并先行检验定义和记录系统；训练观察者以达到标准；针对观察差异进行讨论。	描述所有的信度程序和结果；准确说出观察者是不是"盲"观察者；说明一致性低的原因。
程序不忠诚 可能在条件变化后立即出现。	对忠诚度数据的直接观察记录进行形成性分析。	训练实施者以达到标准；如有必要，再次进行训练；为实施者提供诸如提示性核查表等支持；确保实施者理解撤除的意义。	描述所有的忠诚度程序和结果，包括训练、支持和再训练。
测验 出现的可能性大（仅限于多基线设计）；在多探测设计中出现的可能性小。	视觉分析：在基线条件中，尤其是相对靠后的层级中，出现恶化趋势或治疗趋势。	使用多探测设计；设计非厌恶性基线条件；持续实施某一条件，直到所有层级的数据都稳定下来；收集数据的频率低一些（仅限于多探测设计）。	说明可能出现的测验威胁以及使用的解决方法。

（续表）

多基线设计和多探测设计			
可能性	检测	控制	报告
归因偏差 由于多探测设计和多基线设计的持续时间较长，有可能会出现，尤其是在"跨参与者"变体中（因为某名参与者在很长时期内处于基线条件中）以及当参与者未被随机分配到各层级中的时候（仅限于多基线或多探测中的跨参与者设计）。	研究者报告	使用多探测设计；清楚地告诉参与者延长基线的可能性；设计非厌恶性基线条件；将参与者随机分配到各层级中（仅限于跨参与者设计）。	在撰写的报告中说明归因，并报告从所有参与者那里获得的所有数据，即使研究设计未完成；说明选择参与者的方法。
抽样偏差 当有多名可参加研究的人选达到入选标准，但仅能招收一部分人的时候，有可能出现。	依赖于研究者说明	从所有可以参加且符合条件的人选中随机选择，或者将所有符合条件的人都纳入进来。	说明达到研究者所限定的标准（如在某个特定情境中）的参与者人数。
适应 当观察结果很明显时，有可能出现。	在基线条件期间，参与者的行为随着时间推移而变化。	继续实施基线条件，直到数据稳定。	用逸事证据说明基线变化是由适应引起的；讨论后面出现的基线数据在多大程度上更能代表"典型"行为。

（续表）

		多基线设计和多探测设计		
	可能性	检测	控制	报告
霍桑效应	当参与者对其所理解的被期待行为很敏感时，有可能出现。	当研究开始时，参与者的行为和预期的不一致。	使用隐蔽测量；如果基线数据没有显示需要实施干预条件，那就不实施；持续收集数据，以确定效应是不是暂时出现的，直到行为稳定，再改变条件。	用逸事证据说明基线变化是由霍桑效应引起的；讨论后面出现的基线数据在多大程度上更能代表"典型"行为。
多重处理干扰	当参与者无法辨识出两个条件之间的差异时，很可能以遗留效应的形式出现。	视觉分析：当实施新条件时，行为出现延迟改变。	继续实施每个条件，直到数据稳定；如果前面层级的干预数据不稳定，就不要对后面层级开展干预。	当呈现视觉分析结果时，讨论遗留效应可能产生的影响；说明延迟改变在多大程度上是预期之内且一致的。
不稳定性	在多层级设计中，这很可能会是一个问题，因为多个层级的数据分析是同时进行的。	视觉分析：如果在同一层级中的条件没有变化，并且在非处理层级中变量的变化和其他层级条件的变化一致，那么 y 值的变化就削弱了预测下一个数据点数值的能力。	只在所有层级的数据都稳定后才改变条件。	说明由于受到条件间变化的不确定性的影响，条件内数据的不稳定性会在多大程度上影响结论；说明改变条件的规则。

（续表）

	多基线设计和多探测设计			
	可能性	检测	控制	报告
共变	当每一层级的行为在功能上有关联时，有可能出现。	视觉分析：未处理层级的 y 值的变化和前面层级中启动实验处理相一致。	选择那些除非直接接受干预，否则不可能改变的行为、情境或参与者。	说明层级间共变会在多大程度上影响结论；说明改变条件的规则。
不一致效应	当每一层级的行为在功能上不相似时，有可能出现。	视觉分析：各层级中变化的等级大小不同，或者在某些层级中行为没有改变。	选择那些有可能对同样的干预产生反应的行为、情境或参与者。	说明层级间不一致效应会在多大程度上影响结论；说明改变条件的规则。

在检测和控制工具威胁和忠诚度威胁时，从设计的角度而言，没有特别需要考虑的，但是应当使用检测和控制这些威胁的典型程序（参看第 1 章和表 10.1）。

在多探测设计和多基线设计中，当条件内数据稳定且一致的条件间差异已经显现出来时，就意味着历史威胁已经得到控制。如果在任意一个层级中出现了一个潜在的历史威胁，那么在所有层级中，在数据稳定之前，你都应避免改变条件。在多探测设计中，由于数据是间断收集的，对历史威胁的检测更加困难，因此，这种威胁尤其是个问题。

在多基线设计和多探测设计中，可能还有几种威胁因素，因为这两种设计的持续时间通常比较长（比如，这两种设计的时段数量平均为 A-B-A-B 设计的两倍；Ledford, Severini, Zimmerman, & Barton, 2017）。其中一个例子是成熟威胁；它对于被分配在后面层级的行为、情境或参与者而言尤其是个问题。对于那些不接受干预就无法逐渐改善的行为，使用多基线设计可以使成熟威胁的影响减到最小。如果可能存在成熟效应，那么应考虑采用其他设计。与之相似，测验和损耗威胁在多基线设计和多探测设计的后面层级中更容易出现，这是基线条件延长的特性造成的。在本章稍后部分，我们会讨论多基线设计和多探测设计变体中特有的测验威胁。最后，对于那些持续时间较长，尤其是基线条件被延长的研究，更有可能出现损耗偏差；因此，在多基线设计和多探测设计中，这种威胁可能是个问题。

此外，由于需要分析三组或更多组数据，出现威胁内部效度的其他因素的可能性进一步提高，包括数据不稳定性。这个威胁因素非常重要，因为*所有层级的数据在条件发生改变之前都应呈现稳定状态*；任何一个层级的不稳定性都会影响实验控制。最后，由于设计包含多个层级这个特性，抽样偏差在一些多基线和多探测变体（本章稍后描述）中更容易出现。

多基线设计和多探测设计中特有的威胁因素

要使用多基线设计和多探测设计证明实验控制，在开始研究之前，你必须先做两个预测。首先，你必须确定各个行为（或者情境或参与者）**在功能上是各自独立的**。当各个行为在功能上各自独立时，在一个层级中引入一个自变量（行为、情境或参与者）就不会给这个设计中其他未处理的层级带来变化。其次，这些行为、情境和参与者**在功能上也应该相似**。当各个行为在功能上相似时，自变量对每个层级产生的影响也是相同或相似的。如果这两个预测中的任何一个是错误的，那么可能就会失去实验控制。当各个行为在功能上并非各自独立时，就有可能发生**行为共变**（behavioral covariation），在那些还未引入自变量的层级中，会产生一些不明确的效果。也就是说，当你在第一个层级中开展干预时，在两个层级或更多个层级中的行为也会发生改变。这就产生了两个未回答的问题：（1）在第一个层级中有效的干预，其效果是否会泛化到其他未干预的层级（反应泛化）？（2）存在共变影响的干预无效，是不是由其他诸如历史、成熟、工具或测验等威胁共同造成的？在第二种情况（缺乏功能上的相似性）下，可能对一个或多个层级中的行为有治疗效果，但对其他层级没有效果。你再一次不得不面对一个无法令人信服的实验控制，你的干预看起来只在一个或几个案例中起效，而在其他案例中无效（**不一致的干预效果**）。一个可能的解释是，你选择了不同的行为；还有一个解释是，你的干预无效，在不同层级中显示出的积极效果是由历史或工具威胁带来的，而不是干预的结果。图 10.1 展示了无行为共变或不一致效果的多基线设计和多探测设计。图 10.2 展示了有跨未知层级（左）和不一致效果（右）的行为共变的多基线设计。本章稍后会针对每一种设计讲述用于提高预测效果，进而使这些风险最小化的策略。

在基线条件期间，在向第一个层级引入干预之前，你应当评估数据的水平和趋势的稳定性。同样地，只有在第一个层级显示出治疗性变化，且其他所有

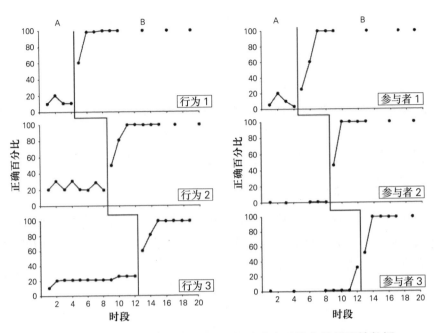

图 10.1　多基线（左）设计和多探测（右）设计中的假设性数据

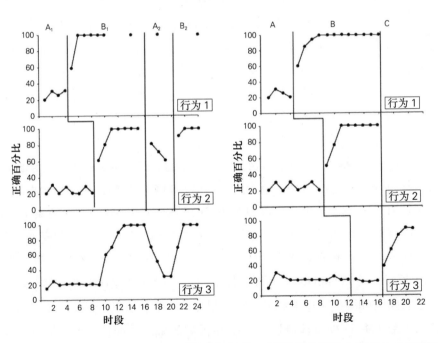

图 10.2　跨行为多基线设计中的假设性数据显示，按顺序对行为 1 和行为 2 开展干预之后，即撤除并再次引入 B 条件（左），行为 3 发生了共变。跨行为多基线设计中的假设性数据表明，对行为 3 采取的干预无效，需要采取另外一种新的干预（左）。

层级的基线数据仍保持稳定的情况下，你才可以向第二个层级引入干预。对于其他层级，都应当重复这一过程。总体来说，当数据显示在向每一层级引入干预后，而不是在此之前，水平和 / 或趋势方向立即发生变化时，功能关系就建立起来了（参看图 10.1）。如果行为改变延迟，那么实验控制的证明就不那么清晰了（Lieberman, Yoder, Reichow, & Wolery, 2010）。评估实验控制的一个简单的逻辑是："哪里干预，哪里改变；哪里没干预，哪里没改变。"（Horner & Baer, 1978, p. 189）

当效果在不同层级中重复显现出来时，就可以确信干预和行为改变之间存在功能关系（Baer et al., 1968）。确定具有可信度所需的恰当复制次数是一件复杂的事情，需要考虑数据系列的趋势和水平的稳定性，还需要考虑每次按顺序引入干预的速度和等级大小（Kratochwill, 1978）。不过，如果能够说明效果的复制过程具有可信度，那么考察三个或四个层级一般来说就够了（Barlow & Hersen, 1984; Kazdin & Kopel, 1975; Tawney & Gast, 1984; Wolf & Risley, 1971）。

考虑到多基线设计和多探测设计的差异，研究者出于什么原因选择其中一种而不是另外一种呢？多基线设计的优势是能够在干预前以及干预期间进行连续测量，因此可以做每日数据分析以及研究决策。此外，连续的数据收集有利于进行密集的视觉分析，以便发现潜在的内部效度威胁因素，如成熟和工具因素。对于多探测设计来说，间断性的基线测量意味着数据分析也是间断性的，这不利于发现潜在威胁。但是，有些威胁因素更可能出现在多基线设计而不是多探测设计中（参看表 10.1），包括测验威胁。此外，从实践角度来说，在延长的基线中进行连续测量可能不那么令人期待（如参与者可能会对这些时段产生反感）。有时，考虑到资源的限制和研究者的目标，这两种设计都可以采用。下面是关于选择使用多基线设计或多探测设计的指南。

1. 当出现**测验威胁**的可能性较大时，选择多探测设计。最常见的情况是在基线条件中开展由成人指导的完成特定任务的尝试。

2. 当**数据不稳定**的可能性较大时，选择多基线设计。这包括大多数自由操作行为，它们往往比基于尝试的行为更为多变。

3. 如果这两种威胁都不可能出现，那么选择多基线设计，因为通常而言，连续测量比间断测量更有利于密切监测潜在的威胁。

多探测设计

探测术语

多探测设计和多基线设计不同，它不要求在引入自变量之前就对所有的行为、条件或参与者进行**连续**测量。探测尝试可以每天进行一次，也可以在短时间内集中进行多次，即所谓的**探测时段**（probe session）。在所谓的探测条件（probe condition）中，可以使用前干预程序，在连续 3 天或更长时间内依次实施多个探测时段。**探测条件**和基线条件的不同之处仅在于，探测条件不会在每个层级的前干预的整个过程中都出现。在达到标准之后，一项设计是多基线还是多探测，对数据收集的频率就没有影响了。采用这两种设计，在后续的干预条件中，你都可以选择对行为表现进行连续监测或间断监测（即设计类型是多基线设计和多探测设计，完全取决于引入干预之前的数据收集频率）。

变体

多探测设计有两个主要的变体：（1）定期收集单个时段的数据，在引入自变量之前至少 3 天内收集数据，我们将其称为**日期变体**或**多探测设计（日期）**；（2）收集 3 个或更多个连续时段的数据，我们将其称为**条件变体**或**多探测设计（条件）**。换言之，在日期变体（参看图 10.1）中，探测时段是间断出现的，因此采取单次测量。在条件变体中，探测时段间断出现，但是一簇时段聚集在一起，就构成了一个条件。多探测设计的两种变体都要求在研究之初收集所有层级的数据，理想的情况是收集第一个时段的所有层级的数据，但实际上可以收集第三个时段的所有层级的数据，无论设计类型是什么（即跨行为、跨条件以及跨参与者）。除了收集前干预数据的频率之外，多探测设计的指导原则与多基线设计的指导原则是相同的。图 10.3 的左半部分和右半部分展示了一项多探测设计（条件）的数据，它以两种形式呈现——一种强调了每一个探测条件，另一种强调了延时引入干预；无论以哪种形式呈现，都是可接受的。注意，研究报告中一般不会标明这些变体（日期和条件）（比如，作者不会报告使用了哪个变体），尽管根据数据的图表呈现方式可以清楚地了解这一点。我们在这里分别讨论这两种类型，因为它们的应用程序略有不同。

多探测设计（日期）

多探测设计（日期）最早由霍纳和贝尔（1978）提出。霍纳、贝尔和其他

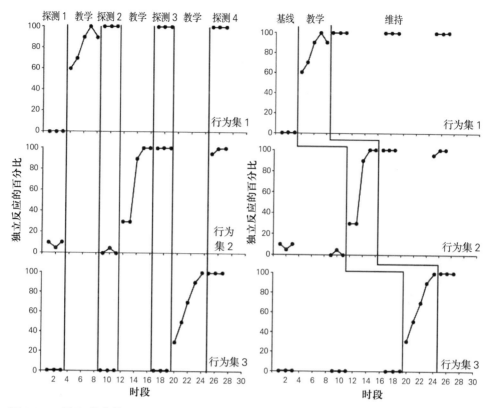

图 10.3　用两种变体呈现一个跨行为多探测设计（条件）中的相同数据。在左边（传统的呈现方式），探测条件被垂直线隔开。在右边，同样的数据被延时引入的干预隔开（比如，对于第三个层级，探测 1、探测 2 和探测 3 都没有隔开，因为它们都属于前干预探测）。

一些人（Cooper, 1981; Murphey & Bryan, 1980; Tawney & Gast, 1984）建议收集间断探测数据，以替代"不必要"的连续基线测量（即当测验威胁可能存在且行为不发生改变的时候）。在这种情况下，多探测设计可以作为多基线设计的一个实践替代方案。除了本章前面提到的指南之外，在应用多探测设计时还需要采取另外两个步骤。

　　1. 首先要确定在干预之前多久收集一次数据。至少每 5 天收集一次数据。在干预即将开始之前，至少连续收集 3 个时段的数据。
　　2. 当向第一个层级引入干预后，按照之前确定的频率收集其他层级的数据，但是最好在前面的层级开始实施干预后立即收集数据以评估潜在的共变情况。如果发现存在变异性，那么就要更频繁地收集数据。

多探测设计（条件）

多探测设计（条件）和多探测设计（日期）的不同之处在于前干预数据收集的时间。在多探测设计（条件）中，一系列连续的探测时段（或观察日期）是根据计划好的时间引入研究过程中的。当要教授的多个刺激或多个行为在 3 个或更多个层级中出现时，这种特殊的多探测设计变体对实务工作者的教学安排而言就显得非常合适了。如图 10.3 所示，研究者首先评估探测条件中的所有行为，标注为探测 1（再次说明，除了非连续出现的情况之外，探测条件和基线条件是一样的）。在探测 1 中，所有要测验的行为是混合在一起的，在单个时段中呈现给参与者，根据行为所在的层级分别记录参与者的反应，并将该时段中每个层级的正确率绘制成图表。在向被分配到第一个层级的行为引入自变量之前，在 2 天的时间中最少收集 3 个连续时段的数据（或直到数据稳定）。一旦第一个层级达到了标准，第二个探测条件就开始了，探测 2 和探测 1 的实施程序相同。探测条件和干预条件在各个层级中交替出现，直到所有的层级都出现自变量。一般来说，在所有层级都达到标准后，会出现最终的探测条件。需要注意的是，后续出现的探测条件既是基线条件（针对未被引入干预的行为），也是维持条件（针对已经达到标准的层级）。例如，图 10.3 中的探测 2 既是分配在第一个层级的行为的维持条件，也是分配在第二个层级和第三个层级的行为的基线条件。

跨行为多基线设计和多探测设计

在下面的部分中，我们会分别讨论多基线设计和多探测设计。首先我们讨论跨行为的多基线设计和多探测设计，然后是跨情境的，最后是跨参与者的。虽然这些设计依据的基线逻辑是相同的，但是每一种设计都有各自的优点和局限，你应当在设计你的研究或评估其他研究者的研究之前就考虑这些因素。

跨行为的多基线设计和多探测设计应用都很广泛；跨行为的多基线设计一般用于评估旨在增加理想行为的治疗方法（比如，在治疗条件期间应当在水平上有所提高的行为），而且更适合用于自由操作行为而非基于尝试的行为。跨行为的多探测设计一般也是用于评估增加理想行为的治疗方法（Ledford et al., 2017），而且更适合用于学业的或其他不可逆的、基于尝试的行为。当多探测设计用于评估增加不可逆的、基于尝试的行为时，应该锁定系列行为而非单个行为。例如，如果要教孩子读字母，你可以在第一个层级分配 4 个字母，在第二个层级分配 4 个字母，在第三个层级再分配 4 个字母。这样，各个层级的技能（读字母）是相同的，但实际的行为（读不同的字母）是不同的，每一次至少教两次。这是出于实践目的而不是实验目的的考虑；混合学习目标可以确保孩子能够注意到相关刺激的特征（Doyle, Wolery, Ault, & Gast, 1989; Grow, Carr, Kodak, Jostad, & Kisamore, 2011）。表 10.2 和表 10.3 总结了几项应用跨行为多基线设计或多探测设计来评估实验控制的研究。

表 10.2　采用跨行为多基线设计的研究

参考文献	参与者	环境 / 安排	自变量	因变量
Ganz, J.B., Heath, A.K., Lund, E.M., Carmago, S.P.H., Rispoli, M.J., Boles M., & Plaisance, L.(2012). Effects of peer-mediated implementation of visual scripts in middle school. *Behavior Modification*, 36, 378-398.	数量：1 名 性别：女性 年龄：15 岁 残障 / 诊断：智力障碍、孤独症、言语障碍	环境：中学烹饪教室 安排：个体	同伴辅助脚本干预	沟通反应（提问、赞扬、请求帮助）的百分比
Hanley, N.M., & Tiger, J.H.(2012). Teaching coin discrimination to children with visual impairments. *Journal of Applied Behavior Analysis*, 45, 167-172.	数量：2 名 性别：1 名 男性、1 名女性 年龄：6~8 岁 残障 / 诊断：视觉障碍（2）、发育迟缓（1）	环境：州立视力障碍儿童学校的空置治疗室或教室 安排：个体	讲授硬币关系的无错误训练程序	正确反应尝试的百分比

（续表）

参考文献	参与者	环境 / 安排	自变量	因变量
Johnson, J., McDonnell, J., Holwarth, V., & Hunter, K.(2004). The efficacy of embedded instruction for students with developmental disabilities enrolled in general education classes. *Journal of Positive Behavior Interventions*, 6, 214-227.	数量：3 名 性　别：1 名 男 性、2 名 女性 年　龄：7~9 岁 残障 / 诊断：中度智力障碍（2）、孤独症（1）	环境：普通教育教室 安排：个体	嵌入式教学	正确掌握的百分比和速度
Marckel, J.M., Neef, N.A., & Ferreri, S.J.(2006). A preliminary analysis of teaching improvisation with the picture exchange communication system to children with autism. *Journal of Applied Behavior Analysis*, 39, 109-115.	数量：2 名 性别：男性 年　龄：4~5 岁 残障 / 诊断：孤独症	环境：诊所 安排：个体	结合辅助渐褪的个别化图片交换沟通系统教学	独立提出即兴演奏要求的次数
Westerlund, D., Granucci, E.A., Gamache, P., Clark, H.B.(2006). Effects of peer mentors on work-related performance of adolescents with behavioral and/or learning disabilities. *Journal of Positive Behavior Interventions*, 8, 244-251.	数量：4 名 性别：女性 年龄：16~18 岁 残障 / 诊断：情绪或学习障碍	环境：职业训练场所 安排：个体	同伴指导训练	正确操作美发的常规步骤的百分比

（续表）

参考文献	参与者	环境／安排	自变量	因变量
Youmans, G., Youmans, S.R., & Hancock, A.B.(2011). Script training treatment for adults with apraxia of speech. *American Journal of Speech-Language Pathology*, 20, 23-37.	数量：3 名 性别：1 名男性、2 名女性 年龄：40~81 岁 残障／诊断：失语症	环境：诊所 安排：个体	脚本训练程序	正确读出脚本词汇的百分比，以及每分钟读出单词及出现错误的数量

表 10.3　采用跨行为多探测设计的研究

参考文献	参与者	环境／安排	自变量	因变量
Alberto, P.A., Fredrick L., Hughes, M., McIntosh, L., Cihak, D.(2007). Components of visual literacy: Teaching logos. *Focus on Autism and Developmental Disabilities*, 22, 234-243.	数量：6 名 性别：3 名男性、3 名女性 年龄：9~14 岁 残障／诊断：中度到重度智力障碍	环境：封闭式教室 安排：个体	恒定时间延迟教学	正确百分比（命名标签）
Jimenez, B.A., Browder, D.M., Spooner, F., & DiBiase, W.(2012). Inclusive inquiry science using peer-mediated embedded instruction for students with moderate intellectual disability. *Exceptional Children*, 78, 301-317.	数量：5 名 性别：3 名男性、2 名女性 年龄：11~14 岁 残障／诊断：中度智力障碍	环境：普通教育科学教室 安排：由 4~5 名学生组成的小组	同伴中介的时间延迟教学和使用知识图表	正确回答科学问题的次数

（续表）

参考文献	参与者	环境 / 安排	自变量	因变量
Mechling, L., Ayres, K.M., Purrazzella, K., & Purrazzella, K.(2012). Evaluation of the performance of fine and gross motor skills within Multi-step tasks by adults with moderate intellectual disability when using video models. *Journal of Developmental and Physical Disabilities*, 24, 469-486.	数量：4 名 性别：男性 年 龄：29~35 岁 障 碍 / 诊 断： 唐氏综合征和 中度智力障碍	环境：为残 障成人设置 的毕业后补 偿教学项目 的教室 安排：个体	视频示范 程序	正 确 反 应 的 百 分比（日 常 生 活 任 务 分 析步骤）
Werts, M.G., Caldwell, N.K., & Wolery, M.(2003). Instructive feedback: Effects of a presentation variable. *The Journal of Special Education*, 37, 124-133.	数量：4 名 性别：男性 残 障 / 诊 断： 学习障碍(3)、 轻度智力障碍 （1）	环境：自足 式教室 安排：小组	恒定时间 延迟教学	正 确 反 应 的 百 分比（命 名单词）
Wolery, M., Anthony, L., Caldwell, N.K., Snyder, E.D., & Morgante, J.D. (2002). Embedding and distributing constant time delay in circle time and transitions. *Topics in Early Childhood Education*, 22, 14-25.	数量：3 名 性别：男性 年龄：5~7 岁 残 障 / 诊 断： 言语迟缓(1)、 行为问题(1)、 注意力缺陷与 多动障碍(1)	环境：融合 夏令营 安排：个体 （大组嵌入）	恒定时间 延迟教学	正 确 反 应 的 百 分比（命 名 单 词 或 指 出 多 种 情 况）

（续表）

参考文献	参与者	环境 / 安排	自变量	因变量
Yanardag, M., Akmanoglu, N., & Yilmaz, I.(2013). The effectiveness of video prompting on teaching aquatic play skills for children with autism. *Disability & Rehabilitation*, 35, 47-56.	数量：3 名 性别：2 名男性、1 名女性 年龄：6~8 岁 残障 / 诊断：孤独症	环境：室内游泳池 安排：个体	视频辅助程序	针对每项能任务的务分的析步正骤确百的分正比步

程序指南

当使用跨行为多基线设计或多探测设计时，要遵循以下准则。

1.针对一名个体，确定并定义至少三种相似但功能上各自独立的行为或三组系列行为。

2.选择一个灵敏的、可靠的、有效的和可行的数据收集系统，并针对该系统和你的行为定义进行试验。

3.在研究开始之前，确定引入干预的标准。对于初次引入，所有层级的稳定性是一个恰当的、相对保守的标准。对于其余层级，你可以设定一个标准水平（比如，连续 3 个时段达到 90% 或更高的正确率）或视觉分析标准（比如，在水平上出现了一个明显变化，至少连续 3 个时段的数据和基线没有重叠；参看第 8 章）。

4.在研究开始之前，确定你将干预分配到不同层级的方式。对于一些干预，有一个合理的治疗顺序（参看 Roberts, Kaiser, Wolfe, Bryant, & Spidalieri, 2014）；对于其他干预，将行为随机分配到不同层级是合理的（了解更多有关随机分配的内容，参看第 13 章）。

5.预先确定信度和忠诚度数据收集的频率（比如，每个条件下有 33% 的时段用于数据收集），并在研究过程中持续收集数据。

6.同时收集所有层级的基线（或探测）数据。

7.当所有层级的数据都稳定时，对分配给第一个层级的行为进行干预，同时监测前干预条件下的其他行为。其余步骤取决于你采用的是多基线设计还是多探测设计的条件或日期变量，如下所列。

多基线	多探测（日期）	多探测（条件）
8. 当第一个层级的数据已经达到你的标准（通常通过视觉分析来判断行为改变），且所有层级的数据都稳定时，开始第二个层级的干预。	8. 当第一个层级的数据达到你的标准时，确保你已连续 3 天收集分配给第二个层级的行为的数据。	8. 当第一个层级的数据达到你的标准（通常是事先设定的一个掌握标准）时，中止教学，并开始实施第二个探测条件。
9. 当第二个层级的数据达到你的标准，且所有层级的数据都稳定时（见上文），开始第三个层级的干预。	9. 当所有层级的数据都稳定时，开始对分配给第二个层级的行为进行干预。	9. 当探测条件下的所有层级的数据都稳定时，开始对分配给第二个层级的行为进行干预。
10. 在其余层级中重复步骤 8 和步骤 9。	10. 在其余层级中重复步骤 8 和步骤 9。	10. 在其余层级中重复步骤 8 和步骤 9。

内部效度

在多基线设计和多探测设计的跨行为变体中，行为共变是有可能出现的；应谨慎地选择那些独立的但功能相似的目标。例如，如果你教一名学生学习分配给第一个层级的 4 个字母的读音，那么这么做不太可能让学生自己学会分配给第二个层级的 4 个字母的读音以及第三个层级的 4 个字母的读音。然而，如果你教学生读分配给第一个层级的 4 个单词，这些单词和第二个层级的单词相似，那么可能就会发生一些共变。这可能是由学生掌握的字母读音的基线水平引起的，也可能是由干预期间的针对性教学引起的。为了评估可能发生的共变，你可以检视以往对相关自变量的研究。如果以往的研究显示确实会发生共变，那么你就应选择不同的设计变体。你也可以对非参与者开展教学，检测教师行为产生的潜在共变，借以判断这些参与者是否从之前的教学中学到了技能。

在社会行为上，对独立性的预测更加困难。例如，一旦跨越了某个门槛，一些行为就会引发其他行为，比如，当一个人学会了恰当的欢迎行为（如向家庭成员问好）的时候，反过来，这个行为会给他带来更多的社交机会，从而可能引发其他良好行为的出现。在这种情况下，跨行为的多基线设计或多探测设计导致了反应泛化，由于在三个目标行为之间存在行为共变，因此不利于证明实验控制。如果担心存在行为共变，可以考虑在行为数量的最低要求（如 3 个行为）之上多检测一些行为，采用其他研究设计，或者采用联合研究设计（比如，跨行为多基线设计加跨参与者多探测设计；Cronin & Cuvo, 1979; 有关联合设计的讨论，参看第 12 章）。相似地，一些行为的减少会引发另一些不当行为的增多，这反过来会引起强化总频率的降低（Bandura, 1969）。例如，一种旨在渐次减少吐口水、打人和乱扔东西行为的策略，可能会对后续出现的行为逐渐失去效果，除非干预为学习者提供了替代方式来继续强化行为（即对恰当行为的差别强化）。另外，如果所有的挑战性行为同时呈现减少的变化趋势，那么对恰当行为的差别强化可能会引发行为共变。但是，如果行为是可逆的，那么你可以试着通过短暂地撤除干预来解决实验控制的问题，就像在 A-B-A-B 设计中那样。最后，如果你选择的行为在形态上或操作上差异太大（如拼写单词、做加法、背诵一首诗），那么你就有可能面临由于与每项任务有关的刺激或反应之间存在差异（即行为在功能上不相似）而无法证明实验控制的风险。

在跨行为多基线设计中，测验威胁很可能是由延长的基线条件造成的。如果可能存在测验威胁，你应当采用多探测设计。然而，对于自由操作行为，由于它更加多变，因此要更加密集、小心地连续测量行为，连续收集数据可以提高你检测威胁因素的能力。

优点

跨行为的多基线设计和多探测设计有几个优点。首先，两种设计都允许对参与者内直接复制进行评估和展示。当一项研究包含多名参与者时，参与者内和参与者间复制都是有可能的。其次，有些项目教授的是一旦获得就不可逆转的学业技能和功能性技能（如拼写、自理），跨行为的多探测设计可以提供一种实践操作方法来评估它们的效果，而对那些旨在提高难以培养且会出现不当逆转的社交技能（如问候、提问）的项目，跨行为的多基线设计可以提供一种合理的方法来评估它们的效果。再次，跨行为的多探测设计的条件变体提供了一个随着时间的推移重复监测研究进展的范式，这对实务工作者来说是一个实际的益处（比如，后来开展的条件探测对于先前实施处理的层级而言，就相当于维持评估）。最后，跨行为的多探测设计和多基线设计允许研究者在一个相对短的基线条件之后即开始对行为集实施处理。这与跨参与者的多探测设计和多基线设计不同，在跨参与者设计中，参与者要经历较长的基线条件。

局限

采用跨行为的多基线设计和多探测设计需要遵循特定准则开展研究，这在某些情况下可能会出现问题。第一，必须为每名参与者确定至少三个行为（或三个系列的行为），每个行为都要有别于其他行为，但又要对同一个自变量做出反应。当教授的一系列行为有可能共变时（比如，建立在先前习得的行为基础上的学业技能），采用这样的设计就会有困难。第二，对于所有的行为，都要进行重复的、同时性的监测，这可能会导致耗时、分神、烦琐或出现无法操作的问题。在多基线设计中，由于需要在基线中进行连续测量，因此这种潜在的局限性更严重。但是，跨行为多基线设计的确可以在一项研究中让一名儿童在几个行为或几个系列的行为上接受指导，因此比跨参与者的多基线设计和多探测设计更具可操作性。

应用例子 10.1：跨行为多探测设计（日期）

Flore, M.M., & Ganz, J.B.(2007). Effectiveness of direct instruction for teaching statement inference, use of facts, and to students with developmental disabilities and reading delays. *Focus on Autism and Other Developmental Disabilities*, 22, 244-251.

弗洛里斯和甘兹（Flores & Ganz, 2007）研究了直接教学法在教授发展性障碍儿童学习三种阅读理解行为（陈述推论、应用事实以及类比）上的有效性。研究是在一所私立学校的自足式教室中进行的。参与者是五年级和六年级学生（年龄段：10~14岁）。其中两名学生被诊断为孤独症，一名被诊断为轻度智力障碍，还有一名被诊断为注意力缺陷与多动障碍。两名孤独症学生的解码技能处于平均水平或略低于平均水平，而理解技能显著低于平均水平。轻度智力障碍学生的解码和理解技能都显著低于平均水平，注意力缺陷与多动障碍学生的解码和理解技能略低于平均水平。

因变量是探测、教学以及维持条件期间的正确反应百分比。采用事件记录程序收集数据，如果学生对教师提出的问题做出了恰当的口头回应，那么就记录为正确反应，如果学生对问题做出了不恰当的回应，那么就记录为错误反应。采用直接教学项目中的教师行为核查表，每周（20%的时段）收集程序性信度数据，忠诚度为100%。采用点对点方式计算观察者信度，其范围为96%~100%（平均值为98%）。

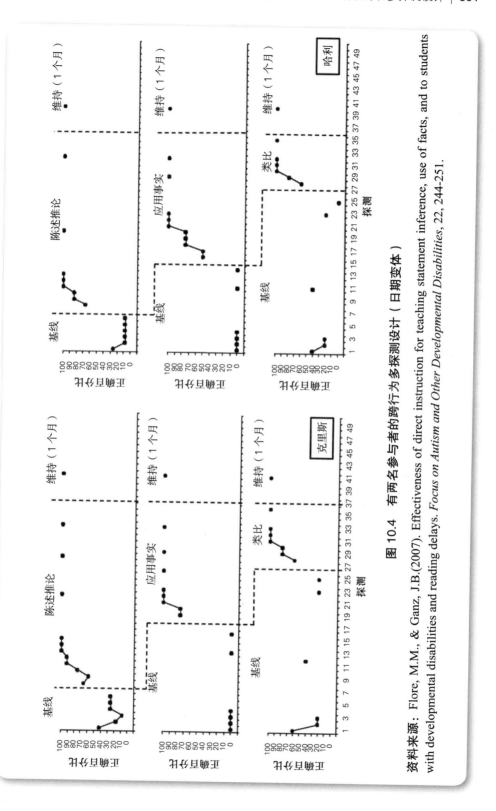

图 10.4 有两名参与者的跨行为多探测设计（日期变体）

资料来源：Flore, M.M., & Ganz, J.B.(2007). Effectiveness of direct instruction for teaching statement inference, use of facts, and to students with developmental disabilities and reading delays. *Focus on Autism and Other Developmental Disabilities, 22,* 244-251.

自变量是在跨行为多探测设计（日期）的情境中教授三项理解技能的直接教学项目。在陈述推论时段中，教学生回答和教师所说的内容有关的问题。在以应用事实为重点的直接教学时段中，指导者在说明一系列场景后说出两个事实，要求学生指出可以解释事件发生原因的事实。在类比教学时段中，要求学生完成简单的类比，如"耙子之于树叶，就像铁镐之于什么？"每天都由两名不属于任课教师的研究者中的一名开展 20 分钟左右的训练。脚本包括示范技能，"引导"学生展示技能，以及要求学生独立完成行为。指导者按照直接教学程序进行集体回应、个别回应和纠错。小组每天开展直接教学，按照 1∶1 的比例安排间断探测时段。在最终的教学时段结束后实施一个月的维持时段。

图 10.4 展示了在跨行为多探测设计（日期）的情境中评估两名学生的正确反应百分比的情况。在开展直接教学之前，所有学生在每一项理解技能上的正确反应百分比都很低。视觉分析显示，对于每一项技能，在探测（他们将其标记为"基线"）条件期间，正确反应的水平都呈现稳定的零—加速趋势，引入直接教学条件后，即刻呈现出稳定加速治疗趋势。这种效果在这两名学生的三项理解技能中都得到了复制，每名学生的正确反应百分比都达到了 100%。在一个月后的维持时段中，所有学生在这三项理解技能上的表现都维持在标准水平。

第三，延长基线条件可能会导致出现**对内部效度的测验威胁**。根据基线（或探测）条件程序的不同，有可能产生促进或抑制效应。重复测验可能会导致产生**促进效应**，这是由于参与者可以参考反应后果（如对正确反应和错误反应的差别强化）、观察其他人以及独立探索（如在互联网上搜索某些内容），因此他们的表现会随着时间的推移而改善。**抑制效应**可能是因反应后果（如缺少强化）、过长的时段或过多的尝试次数导致的疲倦，或者任务太难而产生的。可以采用几种策略来克服这些由延长的基线或探测时段带来的潜在困难。首先，你在前干预时段中积极地强化理想行为。你可以选择如下做法：（1）假设你对研究单独使用依联强化的影响力不感兴趣，那么当参与者正确地表现目标行为时，可以对其施以依联强化（Wolery, Cybriwsky, Gast, & Boyle-Gast, 1991）；（2）对已知刺激的正确反应施以依联强化，这些刺激中穿插着目标行为（Gast, Goyle, Wolery, Ault, & Baklarz, 1991）；（3）在反应链任务中，对尝试或步骤之间出现的非目标行为施以间歇式强化（Wall & Gast, 1999）；（4）在研究时段开始之前告诉参与者，在每个时段结束后会立即呈现一份强化物清单，参与者可以从中选择一项活动或一个物品。其次，如果时段持续时间很长，考虑到参与者做出反应的认真程度会随着尝试次数和时间的增多而降低，或者不当行为增多，那么你可以**缩短时段**。具体的做法是，将一个时段分成两个较短的按日收集数据的时段，或者在每个时段中安排休息时间。

多探测设计在实际操作中的优点是不需要在评估条件中延长时间，尤其是在引入自变量之前，参与者很可能无法做出正确反应的情况下。在这种情况下，采用间断评估而非连续评估，对于记录行为的稳定性来说已经足够了。多探测设计的一个潜在局限则是无法探测反应泛化。

结论

跨行为多基线设计和多探测设计可用于评估在各种教育和临床情境中，对不同类型的学习者展示的多样化行为进行的各类干预的实验控制。与跨参与者多基线设计和多探测设计不同，这两类设计允许开展参与者间直接复制，因此能够提高结果的可信度。与 A-B-A-B 设计相比，这两类设计是应用研究者通常会选择的单一被试设计，因为它们不需要通过撤除有效的干预来证明实验控制，但仍然只需要有一名参与者。你要确保目标行为彼此独立且功能相似，并根据因变量的性质判断是采用连续基线数据收集更合适还是采用间断数据收集更合适。多基线设计的局限是它的基线条件长，可能存在在测验威胁；多探测设计的主要局限是由于它采用的是间断数据收集，在层级内或层级间会出现未被检测到的变化。如果对于采用跨行为多基线设计有实际应用上的顾虑，那么我们建议你采用跨行为多探测设计。尽管在使用跨行为多基线设计和多探测设计时，可以利用一名参与者来证明实验控制，我们仍然建议你招募多名参与者以提高外部效度。

应用例子 10.2：跨行为多探测设计（条件）

Ledford, J.R., Gast, D.L., Luscre, D., & Ayres, K.M.(2008). Observational and incidental learning by children with autism during small group instruction. *Journal of Autism and Developmental Disorders*, 38, 86-103.

在这项研究中，在一所公立小学的自足式教室中对 6 名孤独症学生掌握目标行为的情况进行了评估，同时还评估了学生掌握教学反馈信息（随机学习目标）和向小组同伴展示信息（观察学习目标）的情况。学习内容是商品和社区标牌上常见的单词（如有毒、当心），采用 3 秒恒定时间延迟程序，以小组（二人一组）形式进行教学。6 名被诊断为孤独症和言语语言障碍的幼儿园至小学二年级男生参与了此项研究。根据学生的初始技能和以前的阅读教学情况将学生两两配对。表 10.4 概述了每个实验条件的情况。

表 10.4 条件说明

泛化	单词探测	图片探测	恒定时间延迟
点指和"看。"（一般注意线索）	"看。"（一般注意线索）"告诉我这些字母怎么读。"（特定注意线索）	"看。"（一般注意线索）	"看。"（一般注意线索）"告诉我这些字母怎么读。"（特定注意线索）
"这是什么？"	"什么单词？"	"这是什么？"	"什么单词？"
无辅助下正确：口头赞扬	无辅助下正确：口头赞扬、代币	无辅助下正确：口头赞扬、代币	无辅助下正确：口头赞扬、出示随机信息（"对了！当心。"展示图片）
无辅助下错误：从标牌处走开	无辅助下错误：移除写好的单词	无辅助下错误：移除图片	无辅助下错误：移除写好的单词（"如果你不知道，等一下。"）
无反应：从标牌处走开	无反应：移除写好的单词	无反应：移除图片	无反应：示范辅助 辅助下正确：口头赞扬，出示随机信息（"对了！当心。"展示有"当心"标志的图片） 辅助下错误：忽视，移除写好的单词 无反应：等待 3 秒。忽视，移除单词

摘自 Ledford, J.R., Gast, D.L., Luscre, D., & Ayres, K.M.(2008). Observational and incidental learning by children with autism during small group instruction. *Journal of Autism and Developmental Disorders*, 38, 86-103.

因变量是正确读出目标单词的百分比、正确读出教给小组同伴的目标单词（观察信息）的百分比、正确辨识相关视觉信息（随机目标信息；ITI）的百分比，以及正确辨识和小组同伴学习单词有关的视觉信息（随机观察信息；IOI）的百分比。在各个条件下都采用事件记录程序收集数据。在各个条件下，有 23%~50% 的时段收集了信度数据。采用点对点的方式考察观察者间一致性（IOA），范围为 92%~100%（平均值：99.4%），程序忠诚度的范围为 90%~100%（平均值：99.7%）。

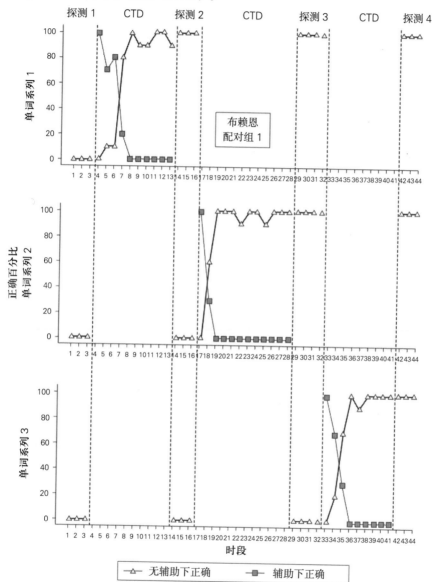

图 10.5　有一名参与者的跨行为多探测设计（条件变体）

资料来源：Ledford, J.R., Gast, D.L., Luscre, D., & Ayres, K.M.(2008). Observational and incidental learning by children with autism during small group instruction. *Journal of Autism and Developmental Disorders*, 38, 86-103.

在前测和后测条件期间评估泛化情况（学生在陌生环境中读出目标和非目标商品或社区标牌 / 图片的能力）。其他条件是在跨行为（单词系列）多探测设计（条件变体）的情境中引入的。探测条件安排在向一个单词系列引入第一个恒定时间延迟条件之前，以及学生达到单词系列标准之后。在所有的探测条件时段中采取 1：1 的教学安排，在教学时段中则采取小组教学（2 名学生与 1 名教师）的方式。图 10.5 显示了一名学生在多探测设计的情境中，在辅助（实心方形）下的正确百分比和在无辅助（空心三角形）下的正确百分比。在教学之前，所有学生辨识目标单词的正确百分比均为 0%。视觉分析表明，当在恒定时间延迟条件期间教学生学习每个单词系列时，所有学生在无辅助下的正确反应百分比都从 0% 的稳定趋势转变为逐渐接近标准水平的治疗趋势。但是对于未引入恒定时间延迟教学的单词而言，正确百分比依旧稳定在 0%。达到标准所需的平均时段数量为 7 个（范围：4~12 个），学生和单词组对的平均错误百分比是 3.6%（范围：0%~10%）。在教学后的探测期间，每名学生的正确反应百分比维持在 50%~100%，6 名学生中有 5 名在最后的探测期间对所有目标单词的正确反应的百分比仍保持在 100%。

除了目标信息之外，所有参与者都掌握了部分或全部观察目标（直接教给他们的同伴的单词）。所有学生也都掌握了部分或全部和他们的目标单词有关的随机目标信息（比如，当给学生展示一张黄色钻石图片时，学生在没有单词的情况下将其辨识为"当心"）。

跨情境多基线设计和多探测设计

当使用跨情境多基线设计或多探测设计来评估实验控制时，你需要在几个不同的刺激条件下，将自变量按顺序引入同一个行为。**刺激条件**可能包括不同维度，如时间，教学安排（个体、小组、独立），活动，环境，控制方（实务工作者、家长）或同伴群体的构成等，我们将所有这些变量都称为"情境"。与跨行为多基线设计和多探测设计不同，这些设计要求你锁定一个单一行为，并且最少选择三个你希望行为发生（或不发生，根据干预目标决定）的情境。例如，情境可以是在学数学、拼写以及社会研究（跨活动）期间专注任务的时间百分比，可以是在教室、食堂中和操场（跨环境）上出现破坏性行为的频率，也可以是在早上、午餐以及下午休息时间（跨时间）积极参与游戏的分钟数。跨情境多基线设计和多探测设计通常用于评估那些旨在增加可逆行为的干预。表 10.5 总结了几项应用研究，这些研究采用了跨情境多基线设计或多探测设计来评估实验控制。

表 10.5　采用跨情境多基线设计和多探测设计的研究

参考文献	参与者	环境 / 安排	自变量	因变量
Huffman, R.W., Sainato, D.M., & Curiel, E.S.(2016). Correspondence training using social interests to increase compliance during transitions: An emerging technology. *Behavior Analysis in Practice*, 9, 25-33.	数量：1 名 性别：男性 年龄：6 岁 残障 / 诊断：唐氏综合征	环境：融合学前教室 安排：个体	一致性训练	专注任务行为的时距百分比
Darling, J.A., Otto, J.T., & Buckner, C.K.(2011). Reduction of rumination using a supplemental starch feeding procedure. *Behavioral Interventions*, 26, 204-213.	数量：1 名 性别：男性 年龄：27 岁 残障 / 诊断：重度智力障碍、双相情感障碍、广泛性发育障碍	环境：社区服务站治疗室 安排：个体	淀粉辅食进餐程序	每分钟反刍次数
Dunlao, G., Ester, T., Langhans, S., & Fox, L.(2006). Functional communication training with toddlers in home environments. *Journal of Early Intervention*, 28, 81-96.	数量：2 名 性别：女性 年龄：30 个月、33 个月 残障 / 诊断：语言 / 言语迟缓	环境：家庭 安排：个体、妈妈（同时也是参与者）	由妈妈开展功能性沟通训练	挑战性行为的时距百分比

（续表）

参考文献	参与者	环境 / 安排	自变量	因变量
Hetzroni, O.E., & Tannous, J.(2004). Effects of a computer-based intervention program on the communicative functions of children with autism. *Journal of Autism and Developmental Disorders*, 34, 95-113.	数量：5名 性别：3名男性、2名女性 年龄：7~12岁 残障 / 诊断：孤独症	环境：自足式教室 安排：个体	交互式计算机教学项目	语言模仿、有关和无关言语，以及主动沟通的次数
Hughes, C., Golas, M., Cosgriff, J., Brigham, N., Edwards, C., & Cashen, K.(2011). Effects of a social skills intervention among high school students with intellectual disabilities and autism and their general education peers. *Research and Practice for Persons with Severe Disabilities*, 36, 46-61.	数量：5名 性别：3名男性、2名女性 年龄：16~21岁 残障 / 诊断：智力障碍（2）、孤独症伴随智力障碍（3）	环境：食堂、高中普通教室 安排：训练期间，个体；使用沟通簿期间，和同伴一起	残障学生及其普通教育同伴使用沟通簿训练	以下三个行为的时距百分比：（1）任何社交互动；（2）参与者主动发起或同伴回应；（3）同伴主动发起或参与者回应
Barton, E.E., & Wolery, M.(2010). Training teachers to promote pretend play in young children with disabilities. *Exceptional Children*, 77, 85-106.	数量：4名 性别：2名男性、2名女性 年龄：30~50个月 残障 / 诊断：学习障碍（1）、发育迟缓（1）、孤独症（2）	环境：教室 安排：在典型自由游戏环境中，个体	最少辅助系统	假装行为的次数

程序指南

当使用跨情境多基线设计或多探测设计时，要遵循以下准则。

1.针对每一名参与者，确定至少 3 个相似但功能独立的情境。

2.在研究开始之前，确定引入干预的标准。对于初次引入，所有层级的稳定性是一个恰当的、相对保守的标准。对于其余层级，你可以设定一个标准水平（比如，连续 3 个时段达到 90% 或更高的正确率）或视觉分析标准（比如，在水平上出现了一个明显变化，至少连续 3 个时段的数据和基线没有重叠；参看第 8 章）。

3.在研究开始之前，确定你给不同层级分配情境的方式。一般来说，合理的做法是将情境随机分配到各层级。

4.预先确定信度和忠诚度数据收集的频率（如 33% 的时段），并在研究过程中持续收集数据。

5.同时收集所有情境的基线（探测）数据。

6.当所有层级的数据都稳定时，在第一个情境中开展干预。

多基线	多探测（日期）	多探测（条件）
7.当第一个情境中的数据已经达到你的标准（通常通过视觉分析来判断行为改变），且所有情境中的数据都稳定时，在第二个层级开始干预。	7.当第一个情境中的数据达到你的标准时，确保你已连续 3 天在第二个情境中收集数据。	7.当第一个情境中的数据达到你的标准（通常是事先设定的掌握标准）时，中止教学，并开始实施第二个探测条件。
8.当第二个情境中的数据达到你的标准(见上文)，且所有层级的数据都稳定时，在第三个情境中开始干预。	8.当所有情境中的数据都稳定时，在第二个情境中开始干预。	8.当所有情境中的数据都稳定时，在第二个情境中开始干预。
9.在其余情境中重复步骤 7 和步骤 8。	10.在其余层级中重复步骤 7 和步骤 8。	10.在其余层级中重复步骤 7 和步骤 8。

内部效度

当所有可能的威胁都得到控制时，跨情境多基线设计和多探测设计就具有了足够高的内部效度，而当研究具有足够高的内部效度，并且至少在三个具有同时起始点的目标情境中，当且仅当干预被引入每个情境，行为才发生改变时，实验控制就得到了证明。本章开头介绍了各种变体中威胁内部效度的因素。对于跨情境多基线设计和多探测设计而言，有两种威胁因素值得讨论。具体而言，当使用这两种设计时，特别容易出现的是不忠诚威胁和行为共变。当同一研究实施者在不同的情境中实施干预时，可能会出现不忠诚威胁。例如，在数学课上采用代币系统开展1∶1的辅助干预，而在午餐时间和自习时间不开展干预。一旦专业人士在一个层级中实施了代币系统（尤其是如果产生了治疗性的行为改变），他对基线条件的忠诚度可能就会比较低（即在另外两个情境中不实施干预）。当然，这也会带来第二个威胁：行为共变。由于实施者在基线条件期间实施了一部分干预，儿童的行为可能会发生改变。即使不忠诚这个威胁不存在，共变也有可能发生。例如，在代币干预下，减少儿童的问题行为和提高参与度可能会促进数学课上同伴关系的改善（第一个层级）。相应地，同伴和目标参与者在另外两个情境中的互动也会有所不同，或者儿童可能会将干预后的行为泛化至另外两个情境中。因此，跨情境多基线设计和多探测设计很容易受共变的影响；不同情境之间泛化的不确定性可能是跨情境多基线设计和多探测设计的应用不如其他两个变体广泛的一个原因。控制可能的跨情境泛化的一种方式是在其他设计中，如在跨参与者多探测设计中，嵌入跨情境多探测设计（Smith et al., 2016）。

为了降低发生共变的可能性，我们建议避免使用高度相似的情境。情境越相似，参与者的行为泛化的可能性越大。为了避免刺激泛化，可以通过统计共同刺激特征和反应变化的数量，对三种条件下的刺激和反应相似性进行分析。在相似的刺激条件下，了解参与者的历史也有助于在研究开始之前对不想要的刺激泛化进行预测。例如，一名学生在阅读课上经历过改善学习习惯（关注任务、回答问题、积极参与讨论）的强化训练，那么他在拼写和数学课上可能也会表现出具有泛化性的改善。与斯托克斯和贝尔（1977）撰写有关泛化程序的开创性文章时相比，今日这样的泛化出现的可能性更大，因为大部分实务工作者都知道在教授新技能时使用多重范例的重要性。事实上，在当前的应用研究文献中，应用跨情境多基线设计和多探测设计的研究较少，这可能是因为对一般性案例程序的使用越来越多（Chadsey-Rusch, Drasgow, Reinoehl, Halle, &

Klingenberg, 1993 ）。

选择三个相互独立但又相似的情境，再凭借你对泛化研究文献、参与者的有关行为和目标情境的历史，以及不同情境中共同刺激特征的数量的了解，可以很好地做出预测。如果担心自变量在不同层级之间可能会产生不一致的影响，那么应该采用其他研究设计。表 10.5 总结了几项使用跨情境多基线设计评估实验控制的研究。应用跨情境多探测设计的研究非常少（比如，在最近的研究中，单一被试设计图表仅占约 1%；Ledford et al., 2017）。通常，包含不同情境的研究也会测量略有不同的行为。例如，一项用于分析利用不同设备 / 平台教授如何发送电子邮件的多探测设计（即不同的刺激条件要求的行为也有一些不同；Cihak, McMahon, Smith, Wright, & Gibbons, 2015）；一项用于在不同环境下评估教授特定情境中的操作标记的多基线设计（Miller, Collins, & Hemmeter, 2002）。

优点

跨情境多基线设计和多探测设计都能够对参与者内直接复制进行评估和证明。当研究包含多名参与者时，参与者内和参与者间复制都有可能出现。此外，跨情境多基线设计和多探测设计还可以对同一参与者在不同情境中所接受的干预进行实验性评估，这在教育或临床情境中往往很有用。

局限

跨情境多基线设计和多探测设计的局限包括：（1）难以确定在功能上彼此独立的情境，在这方面几乎没有实践操作指南；（2）需要测量多个情境中的行为，这可能会带来程序上的复杂性；（3）如果在不同情境中由一名实施者操作，那么会增加不忠诚的可能性；（4）根据目标行为的情况，要求在某些情境中延迟干预是不可行的。

结论

跨情境多基线设计或多探测设计适合用于评估在包括环境、实施者、材料、教学形式等多种条件下实施同一干预的有效性。但是，你必须谨慎地开展研究，因为几乎没有指南可以告诉你如何确定在功能上独立但又相似的条件。这种不确定性可能正是跨情境多探测设计少见的原因。这种设计要求根据有关的泛化研究文献仔细选择情境。如果选择的情境过于相似，刺激泛化就有可能发生，实验控制也会被大大削弱。尽管在使用跨情境多基线设计和多探测设计时，选择一名参与者也能证明实验控制，我们仍然建议招募多名参与者以提高外部效度。

应用例子 10.3：跨情境多探测设计

Barton, E.E., & Wolery, M.(2010). Training teachers to promote pretend play in young children with disabilities. *Exceptional Children*, 77, 85-106.

巴顿和沃莱里培训早期儿童融合中心的成年员工使用最少辅助系统和依联模仿来改善残障儿童的假装游戏行为。在跨情境多探测设计的情境中收集数据，每个情境中的玩具不同。参与者是 4 名 30~50 个月的儿童，他们有言语障碍、孤独症或发育迟缓。实施者接受了由研究者开展的有关最少辅助系统的培训，他们都是早期儿童融合项目的全职员工，有着不同的工作经历（3~24 年）和教育背景（从高中到研究生）。玩具系列包括婴儿玩偶及配件（玩具系列 1）、玩偶之家及配件（玩具系列 2），以及玩具厨房及配件（玩具系列 3）；所有的系列还都包括一些用处不明的玩具，如积木和海绵。

为了评估使用最少辅助系统对儿童的假装游戏行为的影响，研究者采用事件记录来测量儿童在每个 8 分钟时段中做出 4 类假装游戏行为（假装的功能性游戏、物品替代、想象不存在的物品，以及赋予不存在的属性）的次数。至少 20% 的跨参与者、层级和条件的时段用于收集信度数据。由于使用的是事件记录（而不是定时事件记录），因此一致性的计算采用总一致性计算法（用较小计数除以较大计数，再乘以 100%）。对于无辅助下出现的假装游戏行为，每名参与者在每个条件下的平均一致性系数是 91%~100%。

研究关注的第二个变量是探测和教学时段中员工实施程序的忠诚度。所有员工使用第一个玩具系列实施干预的忠诚度是 84%~88%，使用第二个或第三个玩具系列时，忠诚度提高到了 100%。这些数据和成人培训的实施忠诚度共同提供了令人信服的证据，表明成人行为的改变确由培训引起，而且这些改变和儿童假装游戏行为的增多在功能上有密切关联。

在初始探测条件下，成人被要求和平时一样与儿童玩耍。然后，他们会拿到一本 6 页的操作手册，在接受 45 分钟的培训后指导儿童玩第一个玩具系列。在每个玩具系列上都达到标准后，实施探测条件，并培训成人对下一个玩具系列采用最少辅助系统。在教学时段中，成人模仿儿童的行为，赞扬假装游戏行为，并采用最少辅助系统增加做出假装游戏行为的次数。在后面的探测条件（比如，除了初始探测条件以外的所有探测条件）期间，成人被指示不采用最少辅助系统或强化来鼓励开展假装游戏。除了教学时段以外，还针对每个玩具系列增加了泛化时段；这些时段由**未曾**使用最少辅助系统的成人实施；实施这些时段的目的是评估在无干预的情况下反应的持续情况。

如图 10.6 所示，在第一名实施者实施的前教学探测条件期间，在三个玩具系列中，在无辅助下出现假装游戏行为（实心三角形）的次数很少。当教学开始时，所有层级中的无辅助正确反应的次数都立即增多，但不稳定。泛化数据是在多探测设计的情境中收集的，这是这项研究的一个巨大优势，因为泛化数据的收集不那么频繁（如干预前和干预后）。考虑到三个层级中有两个层级在探测条件中的游戏水平最初较高，以及探测条件和干预条件中的变异性，从功能关系的结论看，泛化数据的说服力不高。后文的表格（不在这一部分中）展示了关于不同条件下游戏行为的具体类型和游戏多样性（如独特游戏行为的数量）的数据。

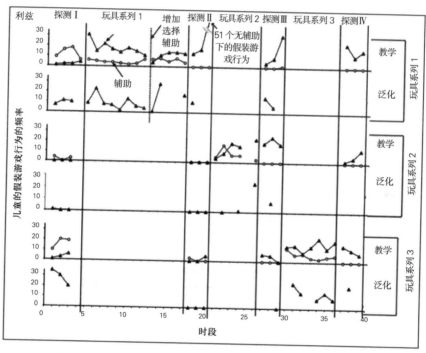

图 10.6　有一名参与者的跨情境多探测设计（条件变体）

资料来源：Barton, E.E., & Wolery, M.(2010). Training teachers to promote pretend play in young children with disabilities. *Exceptional Children*, 77, 85-106.

跨参与者多基线设计和多探测设计

最常用的多基线设计和多探测设计的变体是跨参与者多基线设计和多探测

设计。当应用这些设计时，自变量会依次被引入在相似环境条件下表现出相似行为（或行为缺陷）的多个个体中。最保守的研究方法是在相似的前干预条件下，辨识有相似学习历史的、以相似频率表现出相同目标行为的个体。例如，如果你有兴趣评估代币强化对不同学生的阅读速度的影响，那么你可能希望最初参与的学生的生理年龄相似、学校背景相似，目前在相同或相似的教室中，有着相同的阅读水平。在随后的调研中，经过一系列直接复制，你可能会通过辨识研究初期学生在一个或多个方面（如生理年龄、技能水平）的不同来评估干预的泛化性。在这些复制尝试中，参与者之间的差异越大，研究结果的泛化性就越高。但是，在最初阶段，要谨慎地评估自变量对具有相似特征的参与者所表现出的同一目标行为的有效性。毕竟，如果没有证明功能关系的存在，就很难说干预是有效的（或缺少因果关系）。

在教育和临床研究中，当三名或三名以上个体显露出相似的行为过度或缺陷、需要接受干预时，使用跨参与者多基线设计和多探测设计非常合适。假设潜在参与者发出的行为对自己或他人没有危险，那么在你和你的参与者把时间花费在尚未获得证据支持的干预上之前，将你的干预介绍给一名参与者是合理的。确定对多名不同个体（或群体）有效的教学项目和干预策略，将研究结果的泛化性提高至对不同的参与者有效的程度，这是教育和临床研究的目标。然而，虽然这些设计应用广泛且实用性强，但在方法论上却不及跨行为或跨条件的多基线设计或多探测设计严谨，这是因为无法采用它们开展参与者内复制（除非你采用混合设计；参看第 12 章）。表 10.6 和表 10.7 对采用跨参与者多基线设计和多探测设计的应用研究文献进行了总结分析。

表 10.6　采用跨参与者多基线设计的研究

参考文献	参与者	环境 / 安排	自变量	因变量
Barton, E.E., Chen, C.I., Pribble, L., Pomes, M., & Kim, Y.A.(2013). Coaching preservice teachers to teach play skills to children with disabilities. *Teacher Education and Special Education*, 36, 330-349.	数量：9 名 性别：3 名男性、6 名女性 残障 / 诊断：无	环境：暑假实习场所 安排：个体	为实习教师安排的培训和辅导	错误的数量、正确辅助的次数、依联模仿的时距百分比

（续表）

参考文献	参与者	环境 / 安排	自变量	因变量
Cammilleri, A.P., Tiger, J.H., & Hanley, G.P.(2008). Developing stimulus control of young children's requests to teachers: Classwide applications of multiple schedules. *Journal of Applied Behavior Analysis*, 41, 299-303.	数量：12 名（A 班）、12 名（B 班）、10 名（C 班） 性别：未报告 年龄：5~13岁 残障 / 诊断：无	环境：私立小学教室 安排：全班（大组）	多重程序表	每分钟采取的社交方法的数量
Harris, K.R., Friedlander, B.D., Saddler, B., Frizzelle, R., & Graham, S.(2005). Self-monitoring of attention versus self-monitoring of academic performance: Effects among students with ADHD in the general education classroom. *The Journal of Special Education*, 39, 145-156.	数量：5 名 性别：4 名男性、1 名女性 年龄：相当于三年级至五年级 残障 / 诊断：注意力缺陷与多动障碍	环境：普通教育教室 安排：个体	自我监控	专注任务的时距百分比和正确反应（拼写）的数量
Ingersoll, B., Lewis, E., & Kroman, E.(2007). Teaching the imitation and spontaneous use of descriptive gestures in young children with autism using a naturalistic behavioral intervention. *Journal of Autism & Developmental Disorders*, 37, 1446-1456.	数量：5 名 性别：男性 年龄：3~4岁 残障 / 诊断：孤独症	环境：诊所 安排：个体	依联模仿、跟随儿童、强化	参与者模仿的时距百分比

（续表）

参考文献	参与者	环境／安排	自变量	因变量
Pisacreta, J., Tincani, M., Connell, J., & Axelrod, S. (2011). Increasing teacher use of a 1：1 praise-to-behavior correction ratio to decrease student disruption in general education classrooms. *Behavioral Interventions*, 26, 243-260.	数量：3 名 性别：2 名男性、1 名女性 年龄：未报告 残障／诊断：未报告	环境：普通教育教室 安排：个体／全班	示范和表现反馈训练	赞扬与纠正的比率（教师）、破坏性行为的时距百分比（学生）
Rakap, S.(2017). Impact of Coaching on Preservice Teachers' Use of Embedded Instruction in Inclusive Preschool Classrooms. *Journal of Teacher Education*, 68, 125-139.	数量：3 对师生 性别：女性（教师）、男性（儿童） 年龄：53~60 个月（儿童） 残障／诊断：无（教师）、发育迟缓（儿童）	环境：融合学前班级 安排：典型常规训练	为实习教师安排的培训和辅导	正确实施的百分比（教师）、无辅助下正确反应的百分比（儿童）

表 10.7　采用跨参与者多探测设计的研究

参考文献	参与者	环境／安排	自变量	因变量
Godsey, J.R., Schuster, J.W., Lingo, A., Collins, B., & Kleinert, H.(2008). Peer-implemented time delay procedures on the acquisition of chained tasks by students with moderate and severe disabilities. *Education and Training in Developmental Disabilities*, 43, 111-122.	数量：4 名 性别：男性 年龄：15~20 岁 残障／诊断：中度智力障碍	环境：厨房／毗邻自足式教室的生活区 安排：小组	同伴实施的时间延迟程序	独立完成链式食品制作任务的正确步骤百分比

（续表）

参考文献	参与者	环境 / 安排	自变量	因变量
Hume, K., Plavnick, J., & Odom, S.L.(2012). Promoting task accuracy and independence in students with autism across educational setting through the use of individual work systems. *Journal of Autism and Developmental Disorders*, 42, 2084-2099.	数量：3 名 性别：男性 年龄：7 岁 残障 / 诊断：孤独症	环境：自足式教室（干预）、普通教育教室（泛化）安排：个体	关于独立工作系统的培训和介绍	准确完成步骤的百分比
Kelley, K.R., Bartholomew, A., & Test, D.W.(2013). Effects of the Self-Directed IEP delivered using computer-assisted instruction on student participation in educational planning meetings. *Remedial and Special Education*, 34, 67-77.	数量：3 名 性别：1 名男性、2 名女性 年龄：15~20 岁 残障 / 诊断：学习障碍和注意力缺陷与多动障碍（1）、轻度智力障碍（1）、广泛性发育障碍（1）	环境：私立隔离式学校中的空教室 安排：个体（教学）、小组（计划会议）	应用计算机辅助教学开展自我引导式个别化教育计划培训、角色扮演	学生参与个别化教育计划会议（赚得的点数）
Spriggs, A.D., Gast, D.L., & Knight, V.F.(2016). Video Modeling and Observational Learning to Teach Gaming Access to Students with ASD. *Journal of autism and developmental disorders*, 46, 2845-2858.	数量：4 名 性别：3 名男性、1 名女性 残障 / 诊断：孤独症	环境：自足式教室	视频示范	玩电子游戏时正确完成步骤的百分比

（续表）

参考文献	参与者	环境 / 安排	自变量	因变量
Taylor, P., Collins, B.C., Schuster, J.W., & Kleinert, H.(2002). Teaching laundry skills to high school students with disabilities: Generalization of targeted drills and nontargeted information. *Education and Training in Mental Retardation and Developmental Disabilities*, 37, 172-183.	数量：4 名 性别：男性 年龄：16~20 岁 残障 / 诊断：中度智力障碍	环境：自足式教室 安排：个体	最少辅助系统	独立完成（洗衣服）步骤的百分比
Wright, T.S., & Wolery, M.(2014). Evaluating the effectiveness of roadside instruction in teaching youth with visual impairments street crossings. *The Journal of Special Education*, 48, 46-58.	数量：4 名 性别：1 名男性、3 名女性 残障 / 诊断：视力障碍	环境：十字路口 安排：个体	口头演练及分级指导	正确过马路行为的百分比

内部效度

当所有可能存在的威胁都得到控制时，跨参与者多基线设计和多探测设计就具有了足够高的内部效度。对于在并存起始点上至少有 3 名参与者的情况，当内部效度足够高，并且当且仅当向每名参与者引入干预，行为才发生改变时，实验控制就得到了证明。本章开头部分已经介绍了不同变体中的内部效度的威胁因素。然而，对于跨参与者变体的多基线设计和多探测设计来说，有几种威胁因素尤其值得一提。首先，在多基线设计 / 多探测设计的变体中，成熟威胁比在其他任何单一被试设计变体中都更有可能存在，这是因为被分配在后面层级的参与者经历的基线条件相对较长。在最近发表的研究报告中，多基线设计和多探测设计中的平均时段数量约为 40 个——最后引入的参与者在基线条件中就要经历这么多时段（Ledford et al., 2017）。其次，与跨行为多基线设计和多探测设计相似，测验效应也有可能出现。当参与者的行为由于基线条件程序本身而发生改变时，就会出现这种情况。测验威胁和条件长度直接相关，这也是在这类设计中很可能存在这一威胁的原因。使用跨参与者多探测设计则可能降低测验威胁带来的风险，但会减少评估不稳定性和共变的机会。

对于跨参与者多基线设计和多探测设计，最令人担忧的两个威胁是损耗偏差和不一致效果。当参与者流失（损耗）很有可能影响研究结果时，就会出现损耗偏差。这一威胁可以通过将参与者随机分配到各层级来控制。从以往的研究看，这种分配以数据的稳定性或研究者的判断为基础；遗憾的是，这样的程序可能会带来潜在的偏差。因此，对于这类设计变体，我们强烈建议将参与者随机分配到各层级。在这类设计中出现不一致效果的可能性也更高，因为我们对于那些和干预反应有关的变量知之甚少（参看 Eldevik et al., 2010）。因此，很可能出现在很多变量上相似的儿童对某一特定干预的反应极为不同的情况。例如，一项针对孤独症个体的社交技能干预的综述研究发现，除了跨参与者多基线设计以外，其他各类设计的成功率相对一致（Ledford, King, Harbin, & Zimmerman, 2016）。当使用其他设计（如 A-B-A-B 设计、跨行为多基线设计）时，对于不同参与者的不一致效果值得探讨，但这并不意味着对其他参与者而言，实验控制无效。当实验控制对有些参与者有效而对其他人无效（比如，在独立的 A-B-A-B 设计中，对 3 名参与者中的 2 名有效）时，我们可以自信地说这项干预对某些参与者有效。当在跨参与者多基线设计或多探测设计的情境中，某些参与者的行为发生改变时，我们无法确定无疑地将因果关系推论到任何一名参与者身上（也就是说，一名或多名参与者的行为改变可能与历史、成熟等因素有关）。熟悉自变量和因变量，并谨慎选择具有相似特征的参与者，是最大限度地减少不一致效果的关键。

程序指南

当使用跨参与者多基线设计或多探测设计时，要遵循以下准则。

1. 至少确定 3 名在功能上相似的参与者。

2. 在研究开始之前，确定引入干预的标准。对于初次引入，所有层级（对于所有参与者）的稳定性是一个恰当的、相对保守的标准。对于其余层级，你可以设定一个标准水平（比如，连续 3 个时段达到 90% 或更高的正确率）或视觉分析标准（比如，在水平上出现了一个明显变化，至少连续 3 个时段的数据和基线没有重叠；参看第 8 章）。

3. 在研究开始之前，将参与者随机分配到各层级。

4. 预先确定信度和忠诚度数据收集的频率（如 33% 的时段），并在研究过程中持续收集数据。

5. 同时收集所有参与者的基线（探测）数据。

6. 当所有层级的数据都稳定时，对被分配给第一个层级的参与者开展干预。

多基线	多探测（日期）	多探测（条件）
7. 当第一名参与者的数据已经达到你的标准（通常通过视觉分析来判断行为改变），且所有层级的数据都稳定时，在第二个层级开始干预。	7. 当第一名参与者的数据达到你的标准时，确保你已连续 3 天收集被分配到第二个层级的参与者的数据。	7. 当第一名参与者的数据达到你的标准（通常是事先设定的掌握标准）时，中止教学，并开始实施第二个探测条件。
8. 当第二个层级的数据达到你的标准（见上文），且所有层级的数据都稳定时，在第三个层级开始干预。	8. 当所有层级的数据都稳定时，对被分配到第二个层级的参与者进行干预。	8. 当所有参与者的数据都稳定时，对被分配到第二个层级的参与者进行干预。
9. 在其余层级中重复步骤 7 和步骤 8。	9. 在其余层级中重复步骤 7 和步骤 8。	9. 在其余层级中重复步骤 7 和步骤 8。

优点

跨参与者多基线设计和多探测设计的主要优点是它们能够在一定程度上证明外部效度，这是那些仅包含一名参与者的单一被试设计所无法做到的。如果在不同参与者之间展现出了一致的效果，研究者就证明了干预效果并不是由某名参与者的某些特殊属性带来的。不过，我们的确认为，通过复制其他设计，包括多名参与者的参与者内复制，也能够产生参与者间复制。

局限

虽然应用广泛，但跨参与者多基线设计和多探测设计也有很多局限。它们包括：（1）需要遴选并招募 3 名能够通过相同的干预改变相同的自变量的参与者；（2）出现效果不一致的可能性增加，导致失去实验控制；（3）同时测量 3 名参与者的行为是复杂的事情；（4）对被分配到后面层级的参与者而言，基线条件相对较长，需要考虑伦理和实验方面的问题；（5）由于一些参与者的基线条件较长，遭遇测验和成熟威胁的潜在风险很高。

结论

尽管存在这些不容忽视的局限，跨参与者多基线设计和多探测设计仍可以用于证明对在各种教育和临床情境中展现出多样化行为的各种类型的个体所实施的干预的效果。正如第 12 章中将要讨论的，跨参与者多基线设计和多探测设计可以叠加在其他多基线设计或多探测设计（行为或条件）之上，以提高干预的内部效度和外部效度，进而提供关于实验控制的有力证明。

非并存（或延迟）多基线设计

为了缩短基线条件的长度，或者为了提高灵活性，使研究能够将新的行为、条件或参与者纳入进来，一些研究者建议使用"延迟多基线设计"（Watson & Workman, 1981）或**非并存**多基线设计（Harvey et al., 2004; Christ, 2007）。这种设计本质上是一组 A-B 设计，只是在"A"条件下花费的时间长短不一；第一个层级的数据收集不与其他层级的数据收集相关联（图 10.8）。正如文献所指出的（例如，Carr, 2005; Harvey et al., 2004; Watson & Workman, 1981），非并存多基线设计或延迟多基线设计排除了在各层级同时收集数据的需要。

假设你有兴趣研究使用全校性积极行为支持策略对减少学生办公室纪律转介（office discipline referrals）的影响，你从同意参与研究的 3 个不同学区中指定了 3 所中学作为研究对象。根据非并存多基线设计指南，第一年，你在其中一所学校收集基线数据，但是不收集另外两所学校的基线数据。定期（如每周）收集办公室纪律转介次数的数据，当基线数据稳定时，引入全校性干预。此后继续重复收集各周的数据，直到学年结束。在研究项目开展的第二年，你在第二所学校收集基线数据所花费的时间比在第一所学校花费的时间长（如 6 周而不是 3 周），或者直到基线数据稳定为止，然后你再开始实施同样的干预，就如同你在第一所学校所做的那样，不断监测办公室转介情况，直到学年结束。和项目开展的第一年一样，不收集第三所学校的基线数据，同时你可以选择是否收集第一所学校的维持数据。到了第三年，在第三所学校复制这一系列条件，但有一个重要的例外，即第三所学校的基线条件长度必须超过第二所学校（如 9 周而不是 6 周），或者直到数据稳定为止。换言之，非并存多基线设计要求在不同层级实施相同的自变量，重复测量相同的因变量，而且每个层级的基线条件都要比前一个层级的基线条件长。倡导使用这种设计的人假设，通过要求在各层级使用比前一个层级更长的基线条件（如 3 周、6 周、9 周），成熟对内部效度的威胁可以得到充分的评估（即时间的流逝不会影响因变量）。这个假设的前提是机构、诊所或个体不会随着时间的推移而发生变化；或者如果确实发生了变化，也是意料之中的变化。但是，如果没有基线或探测数据来证明这个假设，那么排除成熟对内部效度的威胁就是不明智的做法。

这种设计的倡导者认识到："非并存多基线设计的主要局限是无法辨识历史效应，这种效应有可能和实施预先设计好的干预同时出现，也有可能发生在分析过程中的其他时间。"（Harvey et al., 2004, p. 274）历史威胁和成熟威胁一样，对于应用多基线设计和多探测设计的研究者来说是很重要的关注点。要确信成熟和历史威胁已得到有效控制，需要观察到：（1）引入自变量后，因变量立即发生变化；（2）在其他层级接受干预时，基线（或探测）条件水平仍保持稳定。如果没有后者，你就无法肯定地说仅仅是干预导致了观察到的行为改变，因为在研究开始之际，未能同时进行收集各层级的基线（或探测）数据。只有从研究一开始就对各层级开展重复测量，你才能确信成熟和历史威胁没有影响到观察到的结果。

应用例子 10.4：跨参与者多基线设计

Briere, D.E., Simonsen, B., Sugai, G., & Myers, D.(2015). Increasing new teachers' specific praise using a within-school consultation intervention. *Journal of Positive Behavior Interventions*, 17, 50-60.

布里埃、西蒙森、苏盖和迈尔斯（Briere, Simonsen, Sugai, & Myers, 2015）研究了全校性咨询模式对新教师给予针对性赞扬的影响。三对师徒参与了这项研究。研究问题是："在教师主导的教学中，使用全校性咨询方法对提高新教师给予针对性赞扬的比率有什么影响？"（p. 51）

因变量是新教师在 15 分钟的教师主导的教学时间内给予针对性赞扬的比率。观察者统计每分钟针对性赞扬的频率，然后将赞扬的总频率相加，再除以观察的总分钟数，计算出比率。观察者间一致性（IOA）数据是在 41%

的时段中收集而得的（范围：每名教师在每个条件下收集 16%~50% 时段的数据）。一致性百分比的计算方法是用较小频率除以较大频率，再乘以 100%。所有的条件和参与者的平均观察者间一致性系数为 87%，但是不同条件和不同参与者的系数各有不同（比如，霍利在基线时段内的平均一致性系数为 72%，吉尔在干预时段内的平均一致性系数为 99%）。在咨询干预的三个组成部分，即导师—学徒培训、咨询会议以及教师自我监控中，都收集了忠诚度数据。通过核查表测量，不同教师的导师—学徒培训以及咨询会议程序的忠诚度均为 100%。在 15 分钟的观察期内，对每名教师是否全程使用、部分时段使用或从未使用便携式计数器进行了测量，88% 的干预时段被记为全程使用，7% 的干预时段被记为部分时段使用，5% 的干预时段被记为未观察到。

　　这项研究包括三个条件：基线条件、干预条件以及追踪条件，所有这些条件都发生在每名教师所在班级实施教师主导的教学时段中。在基线条件期间，师徒每周会面一次，但不进行全校性咨询干预。在选定的 15 分钟教学时间内，同时收集每名新教师给予针对性赞扬的基线数据。有一名教师被排除在研究之外，因为她在 15 分钟内给予针对性赞扬的次数超过了事先设定的标准，即在 15 分钟内给予 6 次或 6 次以下赞扬；因此仅有三对师徒参与研究（即证明功能关系存在所需的最少层级）。

　　随机分配师徒组到不同层级，然后根据层级顺序确定咨询干预的引入顺序。在干预条件期间，研究团队的一名成员培训导师使用记录表，然后导师使用同样的记录表指导新教师进行自我监控。在整个干预过程中，新教师在选定的教学时段内使用便携式计数器对给予针对性赞扬的情况进行自我监控，然后在 Excel 图表模板中记录针对性赞扬的总计数，并每周和导师会面。在追踪条件期间，观察者在同样的教学时段内返回新教师所在教室，每周收集一次有关针对性赞扬的数据，连续收集四周。

　　图 10.7 展示了在跨参与者（即三对师徒）多基线设计的情境中，基线、干预以及追踪期间每分钟给予针对性赞扬的次数。在干预之前，每名新教师给予针对性赞扬的频率相对低且稳定。视觉分析表明，当向每一个层级引入咨询干预时，针对性赞扬的频率立即升高。重要的是，垂直分析表明各层级之间不存在共变——也就是说，将咨询干预引入一对师徒不会对其他还处于基线期的师徒的行为产生影响。虽然干预期间赞扬的比率仍有一定程度的变化，但是基线条件和干预条件之间的重叠已经最小化。最后，追踪条件中各层级的针对性赞扬的比率和干预条件期间观察到的比率相似。综上所述，采用跨参与者多基线设计，并通过在条件内和条件间对数据模式进行视觉分析，证明了全校性咨询干预和新教师给予针对性赞扬的比率之间存在功能关系。

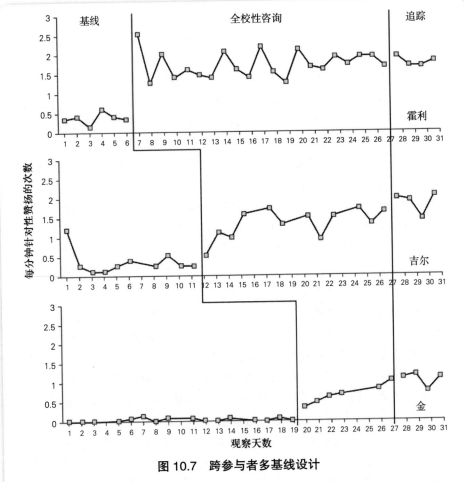

图 10.7 跨参与者多基线设计

资料来源：Briere, D.E., Simonsen, B., Sugai, G., & Myers, D.(2015). Increasing new teachers' specific praise using a within-school consultation intervention. *Journal of Positive Behavior Interventions*, 17, 50-60.

非并存多基线设计的优点在于它的实用性，而非实验性。这种设计允许研究者在实施一系列 A-B 设计时，一旦表现出稀有行为的参与者能够参与研究，就增加实验人数。同样，对机构政策及其对行为的影响感兴趣的研究者，可能无法在三所或更多所学校、医院或诊所之间开展频繁的、重复的数据测量。在研究稀有案例时，如果每 6 个月或一年才出现一个个案，那么在决定采用 A-B 设计之前，你应当考虑选择其他类型的单一被试设计，无论你是否打算延长先前的服务对象的基线条件。在研究机构政策的案例中，我们不清楚为何无法间断性地收集定期探测数据以消除对内部效度构成威胁的成熟和历史因素，尽管这种情况很少发生。由于采取间断性收集干预前数据的方式，多探测设计很适合用于探索这类研究问题。

要高度关注研究消费者以及可能会使用非并存多基线设计的人。图 10.8 展示了在非并存多基线设计的情境中最恰当和造成误导最少的以图表形式呈现数据的方式。每个层级的数据显示了基线数据的收集在三个学年中开始的时间，清晰地表明了各层级的数据不是同时收集的。图 10.9 采用一种替代性绘图方式绘制了图 10.8 中的数据点；但是，由于每一层级第一周收集的数据和沿横轴标出的第一周并齐，在视觉上，所有层级的基线数据似乎都是同时收集的。虽然可以在每一层级的横轴上标注日期，但是读者很可能会认为这个设计是"真正的"多基线设计，而不是非并存多基线设计，并且会错误地对结果进行视觉分析，而忽视那些未经评估的潜在的成熟和历史威胁。我们认为，由于采用其他形式（Carr, 2005）绘制这一类型的数据图表会使结果具有欺骗性，为了避免出现这种情况，我们建议采用和图 10.8 相似的绘图形式。

虽然非并存多基线设计与传统的多基线设计和多探测设计相比灵活性更强，但是它无法提供令人信服的实验控制证明，因为它不能同时评估基线条件下的各个因变量的水平。对这类数据的视觉分析仅限于简单的 A-B 设计以及一系列跨数据系列的 A-B 复制设计，因此具有 A-B 设计的所有缺陷。尽管有其局限性，它仍被用于评估探究各种各样的人类行为的临床项目，包括膀胱控制（Duker, Averink, & Melein, 2001）、睡眠紊乱和梦游（France & Hudson, 1990; Frank, Spirito, Stark, & Owens-Stively, 1997）、服从指令（Everett, Olmi, Edwards, & Tingstrom, 2005）以及表达性沟通（Hanser & Erickson, 2007; Tincani, Brozier, & Alazetta, 2006; Lancioni, O'Reilly, Oliva, & Coppa, 2001）。在回顾这些研究以及其他非并存多基线设计研究时，重要的是，要注意它们是否遵循了"不同长度的基线"准则，以及是否使用了能准确反映其为评估内部效度威胁因素而使用的图表呈现形式。一些认识到非并存多基线设计的局限的研究者将其和其他单一被试设计结合起来，如 A-B-A-B 设计（Freeman, 2006; Tiger, Hanley, & Hernandez, 2006）或多基线设计（Schindler & Horner, 2005），而其他研究者则开发出了这一类设计的变体（比如，在前面的层级中使用更长的基线条件，在后面的层级中系统性地缩短基线条件；Barry & Singer, 2001）。总而言之，只有在无法使用更严格的单一被试设计时，才可考虑采用非并存多基线设计。

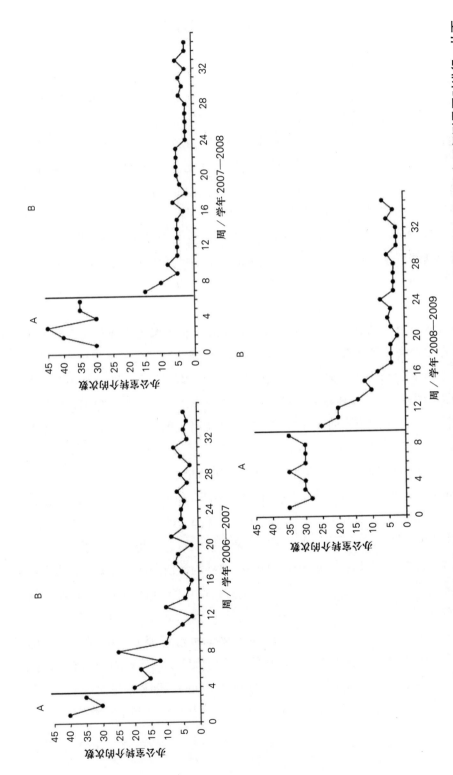

图 10.8 一个具有恰当的视觉呈现的非并存多基线设计的原型。以这种方式绘制图表，读者不太可能认为各层级测量同时进行，从而视其为三个 A–B 设计来分析数据（正确）。

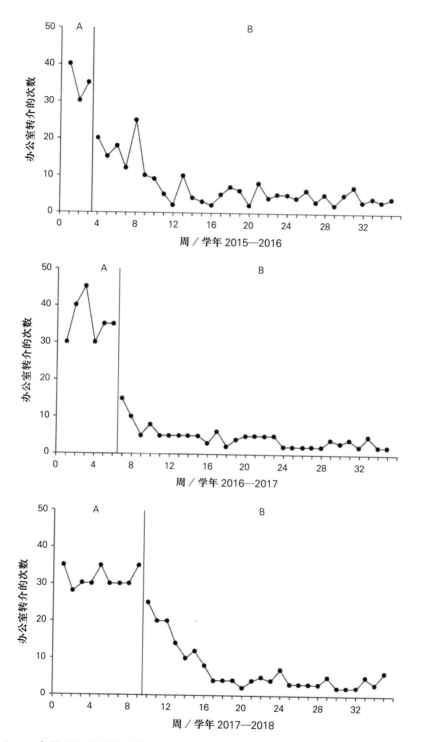

图 10.9 一个具有不恰当的视觉呈现的非并存多基线设计的原型。以这种方式绘制图表，读者很可能会认为各层级测量是同时进行的（错误）。

总结

在本章中，我们全面回顾了多基线设计和多探测设计的三种类型：跨行为、跨情境和跨参与者。每一种设计都有明显的优点，即不需要返回到干预前的条件来评估实验控制。与多基线设计相比，当不需要、没有能力或无法主动地对基线数据进行连续测量时，多探测设计更具有优势。为了证明多基线设计和多探测设计的实验控制，你需要以时间延迟的方式系统性地将自变量引入各层级。如果在引入自变量后，出现以下情况：（1）因变量的水平或趋势立即发生变化；（2）未引入自变量的数据系列在水平或趋势上没有发生变化；（3）这种效果在三个或更多个层级中重复出现，那么实验控制就得到了证明。参与者内直接复制可以更加令人信服地证明自变量引起了观察到的行为改变，就如跨行为或跨条件的多基线设计和多探测设计证实的那样。参与者内直接复制没有通过跨参与者多基线设计和多探测设计进行评估。如果在一项研究中，自变量的效果可以在 3 名或更多名参与者身上重现，那么参与者间直接复制就可以提高研究结果的泛化性。在一项单一的调查中，参与者之间的差异程度决定泛化延展的程度。和所有单一被试研究一样，无论特定的实验设计如何，研究结果的可信度都会伴随着系统复制而增加——也就是说，当其他研究者在其他环境中，在不同的参与者身上研究相似或不同的行为时，复制出了相同自变量的效果。

附录 10.1
多基线设计和多探测设计的视觉分析

适当的设计	·**例子**：使用并存基线测量和具有三个独立起始点的三层级设计 ·**非例子**：两层级设计、具有两个独立起始点的三层级设计、非并存设计
针对设计的视觉分析考虑因素	·**并存基线起始点**。在开展视觉分析之前，你要确保各基线条件具有同时性起始点（比如，在同一时间开始）。 ·**区分足够明显的干预起始点**。采取时间延迟的方式是为了充分控制对内部效度的威胁，因此必须将干预起始点设在前一层级的行为发生明显改变之后。
常见的和有潜在问题的数据模式	·**垂直分析**。为了判断行为改变是否发生且仅发生在引入干预之时，要在所有层级引入干预之前和之后检查每一层级。例如，如果在第一个层级引入干预时，第二个层级的行为发生了改变，那么实验控制就会受到影响。 ·**充足的干预前数据（多探测）**。为了充分进行垂直分析，在使用多探测设计时，所有层级中的每个层级至少要有一个数据点在任何层级中的干预开始之前、在每个层级中的干预开始之后。此外，每个层级都应在干预实施之前开展数据收集。 ·**跨层级共变**。未接受干预的层级和其他接受干预的层级同时发生变化，意味着层级之间不独立，实验控制受到了影响。 ·**小幅度变化**。如果所有层级的数据模式是一致的，如果条件间水平变化比条件内变化更大（比如，层级内相邻条件之间没有重叠），那么小幅变化不是问题。如果一致性数据有差异（比如，来自次要观察者的数据可能表明没有发生变化；通过对两名观察者绘制的数据图表的视觉分析来评估），那么小幅变化就可能存在潜在问题。 ·**在一个或多个条件下数据极其多变**。如果水平上的变化很大，并且超过了前一层级的变化程度（比如，没有重叠），或者变异性中的变化在不同条件下发生了可预测的变化（比如，基线中的高变异性后面跟着干预期间的低变异性），那么多变的数据问题不大。如果层级内相邻的条件之间重叠的数据点百分比很高，或者变异性导致无法做出关于行为改变的决策，那么变异性就会产生问题。 ·**在基线条件中出现治疗趋势**。如果水平上出现巨大且突然的变化和干预条件的实施是同时的，那么治疗趋势就不是问题。

（续表）

可信的功能关系	• 所有层级的 A 条件和 B 条件之间的变化一致。 • 变化是突然出现的，且和条件的变化一致。 • 在其他层级开始干预的同时，未接受干预的层级没有发生变化。 • 重叠非常少。 • 任何条件中的变异性和趋势都不妨碍研究者辨识条件之间的变化。

第11章　比较设计

马克·沃莱里、戴维·L.加斯特和珍妮弗·R.莱德福

重要术语

多重处理干扰（multitreatment interference）、顺序效应（sequence effects）、遗留效应（carryover effects）、快速交替效应（rapid alternation effects）、不可逆效应（nonreversibility of effects）、处理分离（separation of treatments）、多处理设计（multitreatment design）、交替处理设计（alternating treatments design）、多因素设计（multielement design）、适应性交替处理设计（adapted alternating treatments design）、平行处理设计（parallel treatments design）

比较研究的类型

内部效度

    多重处理干扰

    不可逆效应

    处理分离问题

多处理设计

    程序指南

    内部效度

    优点和局限

    应用例子

交替处理设计

    条件

    程序指南

    内部效度

前面的两章主要探讨了证明性设计，即这些设计允许研究者证明某种干预对改变某种受关注的行为是有效的。在本章中，我们将聚焦于几类比较设计，这些设计允许研究者通过比较两种不同的干预来确定哪种干预对改变某种受关注的行为更有效（或更高效）。首先，我们要提醒的是，研究者自己决定如何使用"干预"和"基线"这两个术语，有时某个条件究竟是"基线"还是"干预"并不明确。例如，在一项研究（Chazin, Ledford, Barton, & Osborne, 2017）中，教师前提关注条件是控制条件之一，研究者将其纳入比较中，以确保在后续的大组活动中，教师关注不会影响儿童的参与。但是，在其他情境中，这种类型的条件却成为研究者感兴趣的干预（McComas, Thompson, & Johnson, 2003）。幸运的是，不同的单一被试设计的原理是相似的，无论被比较的一对或多对相邻条件是否具有治疗性质。

当实施比较研究时，你要选择一种设计来回答研究问题，但人们经常会使用多种设计。需要考虑如下问题：（1）研究的行为是否具有可逆性？（2）用于开展研究的时间如何？（3）有多少人能参与研究？（4）可能存在的威胁有哪些？在表 11.1 中，根据相对快捷程度（所需时间较短）、所研究行为的类型（可逆或不可逆）和所使用的条件顺序方法列出了各类比较设计。和证明性研究设计相似（Horner et al., 2005），一些比较性单一被试设计使用快速交替的自变量（交替处理、适应性交替处理），另一些则使用缓慢交替的自变量（比如，持续几个时段；多处理设计），还有一种设计使用快速交替处理，并与跨一系列行为延时引入自变量相结合（平行处理设计）。混合设计（combination designs; 如交替处理 +A-B-A-B 设计，第 12 章）也可以用于比较不同的自变量。

表 11.1　根据比较的速度、行为的类型以及条件顺序方法对比较设计进行分类

设计	比较的速度	行为的类型	条件顺序
多处理设计	慢	可逆	按顺序引入和撤除
交替处理设计 / 多因素设计（ATD/M-ED）	快	可逆	快速反复交替
适应性交替处理设计（AATD）	快	不可逆	快速反复交替
平行处理设计（PTD）	慢	不可逆	快速反复交替 + 延时实施

注：本表改编自肯塔基大学的约翰·W. 舒斯特（John W. Schuster）编制的表格。

比较研究的类型

著名的行为流派学者詹姆斯·约翰斯顿（James Johnston）称，比较研究是"应用研究文献之痛。它经常导致发生如下情况：（1）不恰当的推论；（2）泛化性低；（3）基于不恰当的证据；（4）收集错误问题的支持性数据。这些最终会造成有限实验资源的浪费"（1988, p. 2）。他认为开展比较研究并不是为了了解行为本质的相关原理，而是为了确定哪种干预"胜出"。他批评这类研究对程序进行不公平和无意义的比较。他的批评可能更适用于某些类型的研究，但是当你做比较研究时也需要注意。比较研究通常致力于研究如下方面的内容。

比较相互竞争的干预

当面对同样的问题或议题时，不同的调查者会研究不同的干预。一个人可能专注于干预"B"，并通过系统复制对其进行几轮研究；另一个人则可能对干预"C"感兴趣，同样进行研究。结果是，可能会发现两种或更多种干预对改善相似参与者的相似行为有效。问题是：在这些有效的干预中，哪一种可以让学习更有效率或者让挑战性行为更快地消失？这类研究的目标是确定哪种干预更有优势、更应该被推荐给实务工作者使用。就如约翰斯顿（1988）所指出的，开展这类研究就是为了确定哪种干预"胜出"（参看 Addison et al., 2012）。

　　在这种情况下，每种干预的开发者最好能够协同工作，共同规划并开展比较研究。如果他们无法这样做，那么研究者在制订研究计划时必须考虑到他们的视角，确保能够对每一种干预都进行公平的测试。干预必须根据各自的开发者所描述的那样实施，应当使用开发者认为合适的相应测量工具，并且应当有和原始研究中相似的参与者和情境。如果你考虑了这些议题，那么开发者就更有可能认为比较是公平的。你可能需要和开发者联系，了解和程序有关的准确信息，从而确保比较是有意义的。我们建议采用多个因变量。例如，当比较两种教学策略时，有效测量指标可能包括达到标准所需的尝试次数或时段数量、达到标准所需的教学分钟数、达到标准时出现错误的次数和百分比、维持（追踪）期间正确反应的百分比以及泛化程度。你还应当有针对程序忠诚度的灵敏且恰当的测量方法，以记录干预是否按计划实施（Billingsley, White, & Munson, 1980; Fiske, 2008; Vollmer, Sloman, & Pipkin, 2008）。一项研究无法确定两种有效程序中的哪一种更优，因此需要多项研究。如果你在设计比较研究时对其中的某种干预有偏好，那么使用盲编码者可以大大提高研究的价值（参看第 5 章）。还要注意，只有在测试的条件下才能体现出"优越性"。

比较一种新的干预和一种已证明有效的干预

　　有时，某种干预具有坚实的研究基础，因此人们强烈推荐并频繁使用它。你可能会开发一种新的干预并对其进行研究，想将它和已有的干预进行比较。研究目标是，确定是新的干预还是已有的干预能带来更好的结果。在设计这类研究时，要特别重视两点。首先，必须按照开发者的建议实施干预，干预的行为、参与者以及情境都要和原始研究相似。其次，应当对新的干预进行充分研究，这样，比较时才能采用有效的、完善的干预。这可以通过一系列实证研究实现。你不会希望过早地将一种新的干预和一种已证明有效的干预进行比较，因为一种本来有用的干预可能会因其在比较之前未经完善而被摒弃。在比较的过程中，应当仔细考察比较程序的使用情况（Billingsley et al., 1980），并采用多样化的、独立的测量方式。

比较经过完善的干预

　　一些比较研究并不关注两种不同的干预，而是对一种干预的各种变体进行评估，以发展和完善该干预。这些变体可能涉及参数问题，比如，采用更多或更少的程序是否会导致出现不同的行为改变。举例来说，在每个时段内对每种行为实施 5 次尝试或 10 次尝试, 是否会导致不同的学习速度; 或者, 每天做实验是否比隔天做实验更有可能提高学习速度。其他变体则可能侧重于成分分析, 例如, 在干预集成包中增加或减少一个可能会导致出现不同反应的既定成分 (部分、元素)。还有一些研究关注程序忠诚度问题, 特别是有的研究考察在某一范围内, 使用忠诚度高或低的程序是否会导致产生不同的行为模式 (参看 Groskreutz, Groskreutz, & Higbee, 2011; Holcombe, Wolery, & Snyder, 1994)。这些研究的目的是辨识出最有力和最有效的干预形式。当计划开展这些研究时, 你要比较的是曾被证明有效的干预形式和该形式的变体。这些研究有助于更好地总结出何时、何地、为何人推荐使用何种形式的干预。

比较已知的交互因素

有时, 研究关注的是在几种既定的环境变量下, 使用两种或更多种干预是否比使用一种干预更有效。环境变量至少可以从以下四个维度进行分类: (1) 物理空间和材料; (2) 社会结构; (3) 时间结构; (4) 教学特点。表 11.2 列出了这些维度包含的变量。例如, 你可以比较:

· 当学生坐成一排听课时和当学生围坐在桌子边听课时, 个人和群体突发事件对学生发表观点的频率的影响 (物理空间结构作为一个环境变量)。

· 当有 1 名或 3 名同伴在场时, 使用儿童喜欢的材料和使用儿童不喜欢的材料对其社交互动的影响 (社会结构作为一个环境变量)。

· 当先前的活动对学生产生积极或消极影响时, 容易的任务和困难的任务穿插进行和仅执行困难的任务对学生在学习时间内的参与度的影响 (时间结构作为一个环境变量)。

· 当学生或教师选择完成任务的顺序时, 采用学生自我监控加自我强化与采用教师强化对学生完成课堂任务的准确性的影响 (教学结构作为一个环境变量)。

这些研究的目标是确定在不同的条件下, 一种干预程序是否会产生不同的反应模式。理想的情况下, 干预在不同的环境变量下都会产生效果 (Hains & Baer, 1989), 但是某种干预的有效性是否受环境变量的影响对干预质量而言是重要信息, 人们可以根据不同情况下干预所产生的理想效果进行更加精准的推荐, 也可以预测行为和环境的相互作用所产生的影响。做这些研究的前提是:

（1）干预已获得可靠的研究支持；（2）一些证据、逻辑或经验表明环境变量可能会影响行为表现；（3）干预和环境变量必须在研究者的控制之下。最后这个前提通常很难满足。要注意，考察两个变量之间的相互作用（比如，在小组和个人时段中，比较活动内选择和活动间选择的影响）需要应用比单独回答有关选择和安排的问题所应用的设计更为复杂的比较设计。

表 11.2　　环境变量的维度示例

物理维度——空间、装备、材料（非生命体）
- 空间如何布置
- 空间、装备以及材料的大小
- 使用空间、装备以及材料的规则
- 空间、装备以及材料的使用惯例
- 空间、装备以及材料中的常规和非常规的变化
- 参与者在相似或特定的空间、装备和材料方面的学习经历

社会维度——研究情境中的其他人（成人、同伴）（生命体）
- 个体的人口学特征
- 情境中不同类型的个体的数量
- 情境中的社会组织
- 情境中不同个体之间常见的互动模式
- 情境中参与者和其他个体的互动历史

时间维度——情境中的事件／活动的时间安排和组织
- 一天中事件（如活动、常规）的发生顺序
- 事件发生顺序的可预测性
- 事件内和跨事件的变化
- 事件及其发生顺序的新颖性和熟悉程度
- 事件发生的时长
- 事件内期望的本质
- 与事件间转换相关的实际操作
- 参与者对事件发生顺序的控制

教学维度——情境中用于传授知识的方法
- 教学互动的常见组织形式
- 教学互动的变化
- 社交或学习伙伴（参与者、同伴、成人）
- 用于确保产生动因的教学实践
- 用于确保关注教学刺激的教学实践
- 用于确保在情境中产生社交性和适宜性行为的教学实践

比较流行的干预和循证的干预

尽管目前我们希望（且经常要求）实务工作者使用循证干预，很多非循证的干预仍被广泛使用（Tostanoski, Lang, Raulston, Carnett, & Davis, 2014）。虽然我们通常建议对两种循证干预（即两种通过证明性设计被验证有效的干预）进行比较，但是当我们遇到某种流行但几乎没有或根本没有获得研究支持的干预时，我们仍需要谨慎地将这一未经检验的干预的效果和已获得研究支持的干预的效果进行比较。在近期的文献中，有几个研究案例旨在评估基于研究的干预和广泛应用的干预的有效性。这些研究要么使用序列化证明的方式（比如，先证明流行的干预与基线相比无效，再证明基于研究的干预与基线相比有效；Cox, Gast, Luscre, & Ayres, 2009），要么使用比较设计，将每一种干预与基线同时进行比较（Zimmerman, Ledford, & Severini, 2017）。考虑到广泛应用的干预可能会在消耗私人及公共资源的同时无法提高干预效果，我们认为单一被试设计可以很好地对广泛应用或推荐的干预和循证干预进行比较。

内部效度

比较研究无法避免遇到证明性研究所面临的内部效度威胁（如历史、成熟、工具、程序不忠诚、损耗；参看第 1 章）。不过，有三个问题值得特别关注：多重处理干扰、不可逆效应以及处理分离问题（Holcombe, Wolery, & Gast, 1994）。附录 11.1 提供了用于视觉分析的具体设计指南。

多重处理干扰

多重处理干扰是指一种实验条件对另一种实验条件下的行为表现产生的影响。注意，这个效应在证明性设计中也会出现，只是当两种实验条件均为治疗条件时更有可能出现。从历史上看，有两类干扰得到了确认：**遗留效应**（carryover effects）和**顺序效应**（sequence effects）（顺序混淆；Barlow & Hayes, 1979）。遗留效应是指由初始条件的本质（特征）导致的一种实验条件对另一种实验条件下的行为表现产生的影响。顺序效应是指由实验条件的顺序导致的一种条件对另一种条件产生的影响。还有一类多重处理干扰是**快速交替效应**——快速地变化（交替）条件对行为表现产生的影响（Hains & Baer, 1989）。遗留效应出现在实验条件按顺序出现的情境中。具体来说，如果参与者首先经历条件 B，那么条件 B 只会影响其随后在条件 C 中的表现。参与者必须至少经历按顺序出现的两个实验条件，才有可能出现多重处理干扰（遗留效应、顺序效应或交替效应）；从逻辑上说，如果参与者没有事先经历初始条件（如条件 B），那么条件 B 就无法影响另一个条件（如条件 C）下的参与者的表现。因此，海恩斯和贝尔（Hains & Baer, 1989）断言："没有什么理由必须在术语上区分顺序效应、遗留效应以及交替效应。所有这些不外乎是顺序效应，有时出现在节奏较快的序列中，有时出现在节奏较慢的序列中。"（p. 60）这一论断是有根据的，因为顺序效应和遗留效应之间的差异很微妙，在很多情况下难以区分。图 11.1

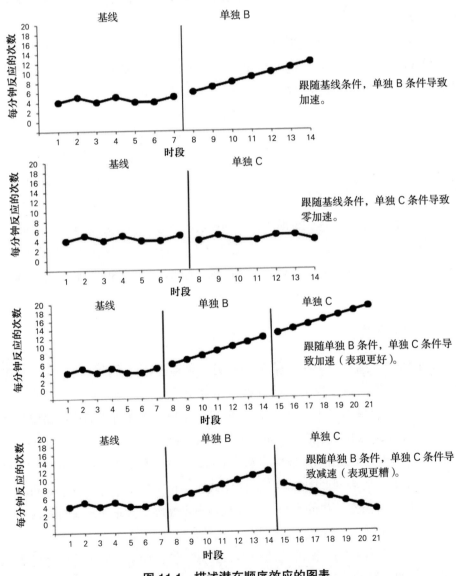

图 11.1 描述潜在顺序效应的图表

展示了假设的顺序效应（比如，每种干预的行为都取决于其被引入的顺序）。图 11.2 展示了假设的快速交替效应；干预 B 只有在条件 A 和条件 C 交替时才会改变行为。虽然我们不知道已公开的研究是否检测到了这些效应，但有一些研究从理论上支持交替条件有可能导致不同的行为改变这一观点（Dunlap, 1984; Milo, Mace, & Nevin, 2010）。图 11.3 展示了潜在的遗留效应。

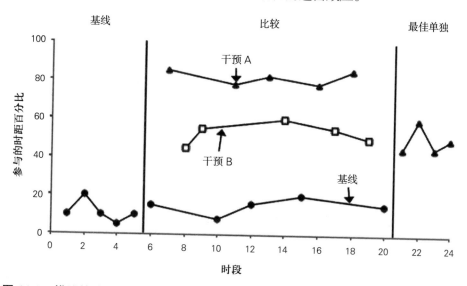

图 11.2 描述快速交替效应的图表（即干预 A 和其他条件交替使用时，结果有所改善，而单独使用干预 A 时，结果则不那么乐观）

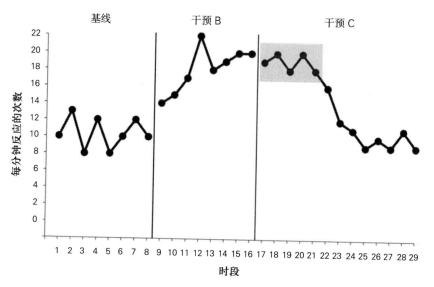

图 11.3 描述遗留效应的图表

不可逆效应

当比较两种干预时，会出现一种潜在的内部效度威胁因素，即**不可逆效应**，它指的是行为改变一旦发生，即使移除导致行为改变的条件，这种改变仍能得到维持。如果两种干预被施用于同一种不可逆的行为，那么就会产生问题（Holcombe et al., 1994）。参与者的治疗结果是理想的，但是你却没有机会检验被比较的干预的相对优劣。当条件之间有可能存在泛化的时候，这些效应最有可能发生于基于尝试的行为，如学习行为（比如，在一种条件下正确读出一个单词可能会导致在其他条件下也能正确读出单词）。基于这个原因，需要采用特殊的比较设计来比较两种干预对不可逆行为的影响。

处理分离问题

大多数比较研究用于评估某种干预是否优于其他干预。你希望将最终的结果归因于某种单一的干预。但是，在使用一些比较设计时，会遇到**处理分离问题：当两种或更多种干预被施用于同一种行为时，行为的最终水平无法被归因于某一种干预**。图 11.4 举例说明了这种情况。在上图中，行为的正确率达到了 100%（时段 12 和时段 13），但是不能说这些反应水平仅仅由两种干预中的某一种导致。可能每一种干预都能单独建立这种反应水平，但是结论超出了数据所反映事实的范围。在下图中，行为快速下降，干预 B 看起来优于干预 C，但是如果干预 B 不和干预 C 交替应用，可能不会产生同样的效果。它可能会导致行为更快地下降，或者根本不下降。这种无法将最终的行为改变归因于某种单一干预的情况被称为处理分离问题（Holcombe et al., 1994）。它往往不会对内部效度造成严重的威胁，因为研究者通常比较的是各自已被证明有效的干预，但应在研究报告的讨论部分将其作为局限性进行说明（参看第 3 章）。

多处理设计

顺序引入和撤除设计是一类具有灵活性的设计，不仅可以对基线和某一种处理进行比较，还可以对**两种处理进行比较**。为了**比较处理**而开发的 A-B-A-B 设计的变体被称为**多处理设计**。最简单的多处理设计包括 B-C-B-C 顺序设计。这类设计可能是最古老的比较单一被试设计（Birnbrauer, Peterson, & Solnick, 1974）。通常而言，当计划进行优劣比较时，就会使用多处理设计（比如，你的研究问题是"干预 B 的效果是否比干预 C 的更好？"）；但是，这类设计也可能

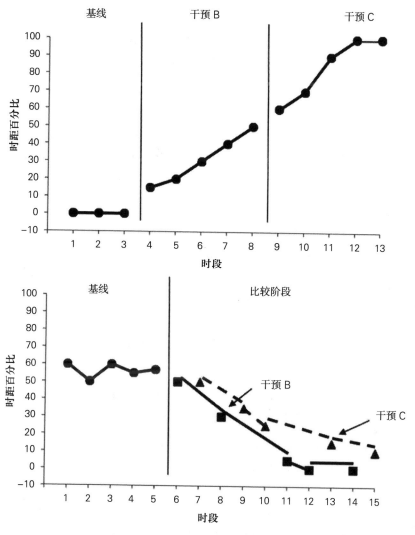

图 11.4　描述处理分离问题的图表

是 A-B-A-B 设计的扩展；这要么是因为 B 条件最初没有显示出明显的效果（在这种情况下，你可以增加 C 条件，然后实施 A-B-C-B-C 设计），要么是因为在最初的比较之后，你希望回答一个不同的问题（如 A-B-A-B-C-B-C 设计）。在上述的第一个例子（A-B-C-B-C 设计）中，你可以证明在 B → C 比较中建立了实验控制。然而，你**无法**根据初始基线条件对 B 或 C 的效果进行实验性评估。但是，在第二个设计（A-B-A-B-C-B-C 设计）中，你既可以回答证明性问题（"与基线相比，干预 B 是否会引起行为改变？"），又可以回答比较性问题（"与干预 B 相比，干预 C 是否会引起更多的行为改变？"）。这类复杂设计的缺点是持续时间长。如果每个条件需要 3~5 个数据点，那么这项研究需要有 21~35 个时段才能完成（这还不包括任何一名参与者缺席的情况或其他实际限制因素）。在对 B 条件产生不可接受的影响的情况下，修改 A-B-A-B 设计的另外一种方式是在干预中添加一个成分，并评估在有该成分和没有该成分下的干预情况（A-B-BC-B-BC 设计）。

多处理设计和撤除设计一样，只需要一个因变量，但是我们建议使用多个因变量。当对多种行为进行测量时，你要事先指定一种用于做实验决策的行为。其他行为可被视为次要的或配套的测量指标。多处理设计可用于研究加速和减速行为，并且应仅用于研究*可逆行为*。与 A-B-A-B 设计一样，建议使用包含多名参与者的复制研究。

多处理设计可以有基线条件，也可以没有基线条件。在可能且逻辑合理的情况下，应当使用基线条件。有了基线条件，你就可以确定干预的必要性了。要把干预效果推论到其他参与者身上，就需要用到这个信息（Birnbrauer, 1981）。但是，有一些比较没有逻辑基线条件。例如，教师可能想比较教室空间的两种布置方式，比较某个教学变量中由学生选择和由教师选择的方式（如完成任务的顺序），或者比较个体和小组依联。在这些研究中，基线条件可能和研究无关。

单一被试设计的效果通过复制来评估（Edgar & Billingsley, 1974），多处理设计也不例外。A-B-C 多处理设计没有足够的复制来控制成熟、历史等威胁因素，也难以得出功能关系存在的结论。同样地，虽然 A-B-A-C 设计有四个条件，但不包括任何两个相邻条件之间的三次效果证明。在两个相邻的条件之间至少要有三次潜在证明（即 A-B-C-B-C）。这适用于研究中的每一个实验操纵。例如，A-B-C-B-C-D 设计在 B 和 C 之间有三次潜在效果证明（从 B 到 C，从 C 到 B，再从 B 到 C），但是对于从 A 到 B 以及从 C 到 D，只有一次证明。开展充分的复制研究，可以比较 B 和 C 的有效性并得出功能性结论，但是无法得出有关 A 或 D 与其他任何条件相比的有效性的因果性结论。

在比较多处理设计中的两种或更多种干预时，应在不同的参与者之间平衡条件的顺序，以控制顺序效应。就顺序效应而言，如果所有参与者的实验条件顺序相同（如 A-B-C-B-C），那么你就不能宣称干预 C 在未跟随干预 B 的情况下也是有效的。一种更有说服力的安排是一半数量的参与者按 A-B-C-B-C 顺序进行，另外一半按 A-C-B-C-B 顺序进行。如果这样做了，而且 C 在所有的参与者内以及参与者间的复制中都显示出明显优势，那么你就可以得出结论，C 是更好的，无论它是在 B 之前还是在 B 之后出现。注意，在这两种情况下，B 和

C 相对于其他条件的功能关系得到了证明；这和基线无关，尽管描述基线水平有助于说明在实施干预之前所有参与者的行为的相似程度（Birnbrauer, 1981）。表 11.3 总结了使用多处理设计评估行为改变的研究。

表 11.3　使用多处理设计的研究

参考文献	参与者	环境 / 安排	自变量	因变量
Addison, L.R., Piazza, C.C., Patel, M.R., Bachmeyer, M.H., Rivas, K.M., Milnes, S.M., & Oddo, J.(2012). A comparison of sensory integrative and behavioral therapies as treatment for pediatric feeding disorders. *Journal of Applied Behavior Analysis*, 45, 455-471.	数量：2 名 性别：1 名男性、1 名女性 年龄：1~3 岁 残障 / 诊断：胃食管反流、哮喘、发育迟缓、吞咽困难、食物进口困难	环境：治疗室 安排：个体	感觉统合治疗和逃避（B）与逃避消退和非依联强化（C）的比较（A - B - C - B-C）	可接受的咀嚼百分比和每分钟不当行为的比率
Barton, E.E., Stiff, L., & Ledford, J.R.(2017). The effects of contingent reinforcement on peer imitation in a small group play context. *Journal of Early Intervention*.	数量：10 名 性别：3 名男性、7 名女性 年龄：4 岁 残障 / 诊断：无（7）、癫痫（1）、发育迟缓（1）、普拉德—威利综合征（1）	环境：早期儿童融合中心 安排：小组	采用非依联强化的最少辅助系统与采用依联强化的最少辅助系统对模仿产生的效果的比较（A-B-C-B-C-C'）	无辅助模仿、装扮游戏以及社会交往行为的数量
Freeman, K. A., & Dexter-Mazza, E.T.(2004). Using self-monitoring with an adolescent with disruptive classroom behavior. *Behavior Modification*, 28, 402-419.	数量：1 名 性别：男性 年龄：13 岁 残障 / 诊断：注意力缺陷与多动障碍、品行障碍、适应障碍、数学学习障碍	环境：品行问题青少年居家式干预中心 安排：个体	自我监控（B）与配对（C）的比较（A-B-BC-B-BC）	脱离任务和破坏性行为的百分比

（续表）

参考文献	参与者	环境 / 安排	自变量	因变量
Hanley, G.P., Piazza, C.C., Fisher, W.W., & Maglieri, K.A.(2005). On the effectiveness of and preference for punishment and extinction components of function-based interventions. *Journal of Applied Behavior Analysis*, 38, 51-65.	数量：2 名 性别：1 名男性、1 名女性 年龄：5~8 岁 残障 / 诊断：中度智力障碍、注意力缺陷障碍、对立违抗障碍	环境：治疗室 安排：个体	功能性沟通训练（B）和惩罚（C）（A-B-BC-B-BC）	每分钟攻击反应
Sanetti, L.M.H., Luiselli, J.K., & Handler, M.W.(2007). Effects of verbal and graphic performance feedback on behavior support plan implementation in a public elementary school. *Behavior Modifcation*, 31, 454-465.	数量：4 名教师组成的小组（根据小组表现绘制数据图表） 性别：女性 年龄：成年 残障 / 诊断：无	环境：公立学校 安排：典型教室教学（多名教师和学生）	对一名学生实施行为支持计划时采用视觉反馈（B）与口头反馈（C）的效果的比较（A-B-C-B-C）	按书面规定实施行为支持计划内容的百分比
Torelli, J.N., Lloyd, B.P., Diekman, C.A., & Wehby, J.H.(2017). Teaching stimulus control via class-wide multiple schedules of reinforcement in public elementary school classrooms. *Journal of Positive Behavior Interventions*, 19, 14-25.	数量：2 个班 性别：未报告 年龄：相当于一年级和二年级 残障 / 诊断：每个班都有 3 名未透漏残障类型的学生	环境：公立学校 安排：全班	B 条件和 C 条件是与教师关注相对应的两种不同的多样化时间表（C1: A-B-C-B-CD-FU）（C2: A-C-B-C-BD-FU）	教师对两种刺激（关灯和开灯）的关注比率或专注程度

注：C1= 教室 1, C2= 教室 2, FU= 追踪

程序指南

多处理设计对于回答很多研究问题都是有用的，包括比较两种不同的干预、分析处理集成包的成分以及参数分析。当使用 **A-B-C-B-C** 设计时，要遵循以下准则。

1. 确定并定义一个可逆的目标行为。

2. 选择一个灵敏的、可靠的、有效的和可行的数据收集系统，并针对该系统和你的行为定义进行试验。

3. 预先确定信度和忠诚度数据收集的频率（如33%的时段），并在研究过程中持续收集数据。

4. 收集目标行为的连续基线数据（A），连续收集至少3天，或者直到数据稳定为止。

5. 在初始基线（A）条件下建立了数据稳定性后，再引入干预（B）。

6. 在干预（B）期间至少连续3天收集目标行为的连续数据，或者直到数据稳定为止，然后继续根据日常时间表监测非目标行为。

7. 在干预（B）条件下出现稳定的数据模式后，撤除干预（B），并引入干预（C）。

8. 在干预（C）期间至少连续3天收集目标行为的连续数据，或者直到数据稳定为止，然后继续根据日常时间表监测非目标行为。

9. 重复步骤6至步骤8。

10. 在相似的参与者身上复制实验；对不同参与者实施干预时要注意平衡顺序。

内部效度

评估和提高多处理设计的内部效度的方法和 **A-B-A-B** 撤除设计（参看第9章）所使用的方法相似。当内部效度足够高，并且当且仅当条件改变，行为才发生改变时，实验控制就得到了证明。内部效度的典型威胁因素包括历史、成熟、工具以及程序忠诚度，多处理设计和撤除设计中的威胁因素相似；应使用典型的程序检测和控制这些威胁。

多处理设计的比较特性可能带来两种威胁，包括处理分离和多重处理干扰。因为在多处理设计中，两种干预都被施用于同一个因变量，所以你无法将行为改变的最终结果归因于某一种干预。但是，你可以就不同条件之间的差异得出关于实验（因果）关系的结论。此外，由于干预被施用于相同的行为，多重处理干扰很可能以一种缓慢进展的顺序效应的形式呈现。当怀疑存在多重处理干扰时，延长条件有助于控制这种效应。图 11.3 举例说明了这一点；干预 B 导致了水平的提高和加速趋势。当使用干预 C 时，最初的几个数据点和干预 B 中的数据点数值相似。通过延长 C 条件，数据随后有所下降，这意味着最初实施干预 C 的时候，存在多重处理干扰。

应用例子 11.1：A-B-C-B-C 设计

State, T.M., & Kern, L.(2012). A comparison of video feedback and in vivo self-monitoring on the social interactions of an adolescent with Asperger syndrome. *Journal of Behavioral Education*, 21, 18-33.

　　这项研究采用 A-B-C-B-C 多处理设计，比较了两种减少不良噪声和其他不当社交互动的干预的有效性。干预在参与者的家中进行；还有一些额外的干预在学校里进行。参与者是一名有阿斯伯格综合征的 14 岁男孩。因变量是包括不良噪声和不当互动的时距百分比，通过采用 15 秒部分时距记录的录像收集数据。恰当的社交互动作为配套行为进行测量，并单独用图表表示（报告中未呈现）。在各个条件下收集 30% 的时段的观察者间一致性数据。恰当互动的平均一致性系数很低（72%），不当互动的平均一致性系数也比较低（85%），而不良噪声的平均一致性系数较高（91%）。

　　在所有的时段中，卡尔和他的老师一起参与一个以 15 分钟为一个时段的游戏。在基线时段中，卡尔和他的老师一起玩，老师被要求像往常一样与他互动。这个条件结束后，采用录像反馈条件（B）。在这个条件中，卡尔在第二天（下一个时段之前）观看到头天所有时段的录像。当他观看录像时，他使用 15 秒的部分时距记录的方法记录自己是否参与了恰当的社交互动。他可以从参与恰当的社交互动和准确记录自己的行为数据（和第二名数据收集者"匹配"）中获得点数。在第一个录像反馈条件结束后，实施现场自我监控条件（C）。在这个条件下，卡尔在震动手表的提示下，采用 1 分钟的全部时距记录的方法，对游戏过程中的恰当互动情况进行自我记录。点数程序（参与恰当的社交互动和准确地自我记录）和录像反馈条件相同。在这个条件结束后，重复实施录像反馈（B）和现场自我监控（C）条件。研究者没有报告忠诚度数据的收集情况。这项研究的一大亮点是借由直接消费者（卡尔）对接受度进行了评估。

如图 11.5 所示，基线期间出现了各种不断增多的不良噪声和不当互动，并且在第一个录像反馈条件期间，无论是在水平上还是在变异性上，数据都没有发生明显变化。但是，当实施现场自我监控条件时，数据在水平和变异性上都有所下降，只有不到 25% 的时距中出现了不良噪声和不当互动。再次实施 B 条件后，水平和变异性都有所提高（这与第一个 B 条件相似），而再次实施 C 条件后，在最后 8 个时段内，不当行为的水平接近零。因此，和录像反馈相比，两次现场自我监控都导致不当行为发生的时距数量减少。考虑到不同条件之间的变化相对小且多样，低可信度数据和缺少忠诚度数据可能会降低关于功能关系的结论的说服力。

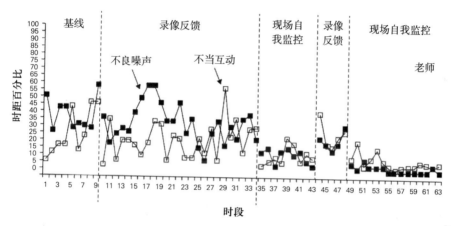

图 11.5　多处理（A–B–C–B–C）设计

资料来源：State, T.M., & Kern, L.(2012). A comparison of video feedback and in vivo self-monitoring on the social interactions of an adolescent with Asperger syndrome. *Journal of Behavioral Education*, 21, 18-33.

优点

多处理设计具有灵活性，这使得它可以用于对可逆行为进行多种重要的比较。它可用于比较不同的干预（如 A-B-C-B-C），开展成分分析以构建某种干预（A-B-BC-B-BC）或拆分处理集成包（A-BCD-BC-BCD-BC-B-BC-B），研究自变量的某些参数变化（A-B-B'-B-B'）。多处理设计对很多不同类型的干预都有用，如环境布置（房间布置和对材料的操纵）、基于后果的干预（依联），以及基于前提的干预（如自我监控和规则陈述）。当目标是加速或减速目标行为时，可以使用这些设计。这些设计只需要测量一种可逆行为。

局限

多处理设计只有在因变量是可逆行为的情况下才能使用。它无法用于评估促进获得新行为的策略。研究中很可能会出现顺序效应，而多处理设计无法解决处理分离的问题。这种设计还需要花费很长的时间才能完成，这就会增加对内部效度构成重大威胁的风险，包括工具（观察者漂移和偏差）、程序不忠诚、成熟、历史和损耗。

结论

多处理设计可用于评估两种改变可逆行为的干预的相对有效性。与 A-B-A-B 设计一样，多处理设计为证明条件之间的差异提供了令人信服的证据；它还具有灵活性，可以根据需要增加额外的条件。虽然使用多处理设计时，只要有一名参与者就能证明实验控制，但我们还是建议招募多名参与者以提高外部效度。

交替处理设计和多因素设计

交替处理设计（Barlow & Hayes, 1979）和**多因素设计**（Ulman & Sulzer-Azaroff, 1975）在程序上相似，所以我们将它们放在一起讨论。它们之间主要的区别是，交替处理设计用于比较**干预**，而多因素设计用于**评估有可能维持挑战性行为的因素**。当使用多因素设计时，会使用四种或五种条件（比较），但是每种条件都不能被视为一种干预。一般而言，"交替处理"和"多因素"这两个术语可以互换使用。由于交替处理设计和多因素设计在实验、实施指南以及内部效度考虑因素上是相同的，因此我们主要讨论交替处理设计的各种变体。

交替处理设计需要至少对两种条件进行快速重复操纵（Horner et al., 2005）。换言之，在不同的时段或日期，用于比较的条件是交替出现的——因此交替处理设计中时段的顺序看起来是这样的：

A-B-B-A-A-B-B-A-B-A-A-B-A-B

而撤除设计中时段的顺序看起来是这样的：

A-A-A-A-B-B-B-A-A-A-B-B-B-B

使用交替处理设计的研究不需要额外延长时间，而且交替处理设计是仅有的几种可以同时比较两种以上条件的设计之一，因此对实务工作者和研究者都非常有用。

交替处理设计要求测量一种可逆行为；其他行为可作为次要或配套测量。在研究开始之前，应将一种行为确定为主要因变量；这种行为用于做出实验决策。这种设计只适用于可逆行为。交替处理设计可用于评估旨在增加或减少行为发生的干预的效果；和其他类型的设计相比，它更常用于评估专门为减少行为发生而设计的干预——在特殊教育类期刊中，仅有约 18% 的设计用于检验某种干预对主要因变量的减少效果，但有超过 1/3 的交替处理设计用于检测这些行为（Ledford et al., 2017）。

交替处理设计的各种变体用于比较两种或更多种干预。最简单的交替处理设计适合用于回答比较性问题，如图 11.6 所示，洛根、雅各布斯、加斯特、默里、迪亚诺和斯卡拉（Logan, Jacobs, Gast, Murray, Diano, & Skala, 1998）比较了小组组成（典型发育同伴和残障同伴对比）对 5 名小学阶段的多重障碍儿童的"幸福行为"（微笑、睁眼）的影响。研究者控制了时间、教师行为、活动、材料以及小组中同伴的人数后，交替使用 10 秒和 5 秒的部分时距记录程序，收集了小组活动（粗大运动游戏、音乐、美术）期间的数据。自变量即典型发育小组同伴和残障小组同伴，被随机安排在不同的日子里出现，同一小组组成不能连续出现 2 天以上。如图 11.6 所示，当小组由典型发育儿童而非残障儿童组成时，5 名儿童的微笑 / 睁眼行为被记录到的时距百分比都比较高。交替处理设计的这种简单变体特别适合用于研究类似的比较性研究问题；注意，这种比较也可以用于对基线和干预的比较，对于那些被安置在自足式教室中的学生尤其适用，因为他们只能组成残障儿童小组。

交替处理设计具有灵活性，可以服务于很多研究目标。一个主要目标是对维持挑战性行为的因素（多因素设计变体）进行评估。这类评估的目的是辨识干预或干预的特征以治疗那些行为。通常，这类设计是在更广阔的功能评估的背景下进行的（Dunlap et al., 2006），并且可能会采用模拟功能分析（Iwata, Dorsey, Slifer, Bauman, & Richman, 1994）。这类评估通常包含旨在辨识维持问题行为的动因操作的四种或五种条件，包括依联关注（contingent attention）、实物的依联接收（contingent receipt of a tangible item）以及逃避要求（escape from demands）等（Neef & Peterson, 2007）。当然，它也可以包含其他条件，并根据参与者、行为以及可疑的维持性变量进行个别化设计。这些条件（自变量）不会被看成干预；相反地，问题是：哪些自变量可以用于设计干预？总体而言，在使用交替处理设计的多因素设计变体进行评估的基础上设计的干预比没有经过这类评估而设计的干预更加有效（Herzinger & Campbell, 2007）。

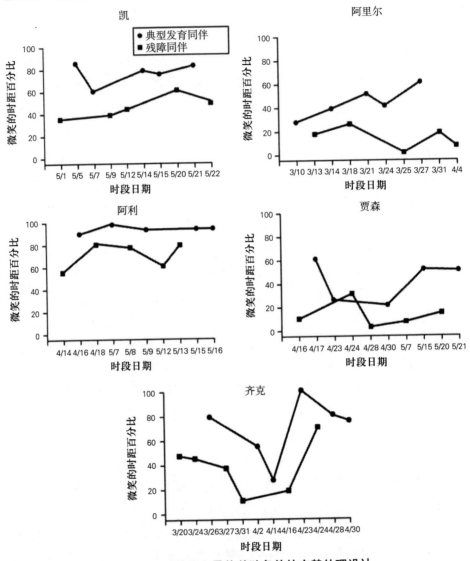

图 11.6　无基线和最佳单独条件的交替处理设计

条件

　　巴洛和海斯（1979）提出交替处理设计有四个实验"阶段"：阶段 1（基线）、阶段 2（自变量的比较）、阶段 3（更优处理的单独使用）、阶段 4（追踪）。我们也将这些阶段称为条件，这和本书其他部分中的称呼一致。这个设计与其他设计有所不同，因为用于实验比较的条件实际上都属于一个条件（比较条件）。为了避免对这种"条件内条件"术语感到困惑，我们还是使用大家能接受的阶段这一术语来表示顺序条件（基线、比较、单独最佳、追踪）。当采用交替处理设计时，可以选择使用基线和单独最佳条件，而且我们建议使用。如果使用，那么基线条件涉及在连续的时段 / 日子里根据基线程序进行重复测量，这有助于描述参与者接受干预前的表现和干预的必要性，尽管没有对**最初的**基线条件进行实验比较。理想的情况是在数据稳定之前一直处于基线条件中，但稳定并不是必然要求，因为初始基线条件不参与实验比较。

图 11.7 用假设性数据展示了多处理设计的五种变体：（1）巴洛和海斯（1979）描述的包含全部四种条件的研究；（2）有基线条件、比较条件，但没有更优处理的单独使用条件的研究；（3）有基线条件和更优处理的单独使用条件的研究；（4）仅有比较条件和两种干预的研究；（5）有四种干预，但没有基线条件或更优处理的单独使用条件（多因素设计变体）的研究。在左侧的图表中，注意每个数据点出现在不同的时间点上（比如，每个数据点对应一个时段）。如果每个条件都在一天内出现，那么你也可以按天来绘制图表（右侧）。我们不建议使用这样的绘图方式，因为它无法检测到基于顺序的潜在差异（比如，无论当时处于什么样的条件下，儿童在一天中的第三个时段内参与度都比较低，这就是一种成熟威胁）。因此，即使每天都出现多个条件，我们也建议在图表中保留每个条件出现的时间顺序（如左侧的图表所示）。所有的条件都能在一个相对短的时间内完成，尤其是在每天都出现多个时段的时候。最后一个条件，即追踪，在交替处理设计中很少出现。

在比较条件中，每个条件的数据模式都会和另一个条件比较。当数据路径之间持续出现治疗方向的差异时，就可以得出一种干预比另一种干预更加"有效"的结论。与其他单一被试设计一样，关于效果的证据是以结果的复制为基础的。采用交替处理设计，证明过程就发生在比较条件之中。在交替的时段或日子里，每改变一次条件，另一次复制就会发生（比如，在代表条件 A 的数据点 1 和代表条件 B 的数据点 2 之间会出现第一次证明过程）。通常来说，交替次数越多越好（即 5 次或更多），但当存在明显的差异时，交替次数增多也增加不了更多的价值。

因为条件的快速交替贯穿整个观察过程，所以交替处理设计有一个特殊要求，即参与者在任何一个既定时段中都必须能够区辨出发挥作用的条件（即刺激区辨）。这个要求对于基于前提实践、环境设置或者材料调整的干预而言不是什么大问题。然而，当干预是行为的后果时，它就是一个大问题了——在这种

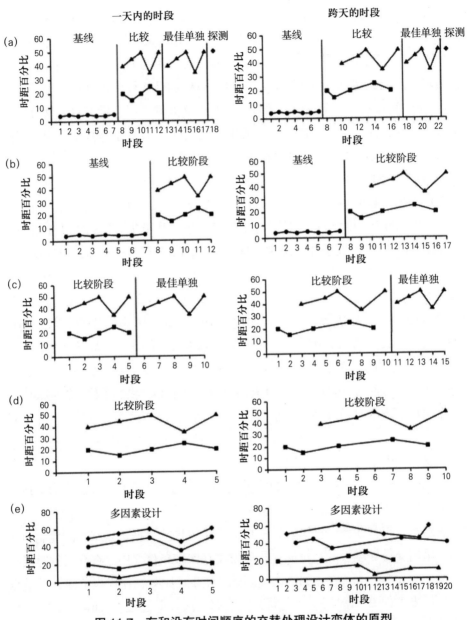

图 11.7　有和没有时间顺序的交替处理设计变体的原型

情况下，使用干预之前，行为必须发生。解决这一问题的策略是告诉参与者采用了何种干预。不过，如果参与者的语言能力有限，只是简单地告诉他们哪种干预有效可能无法让他们区辨出其中的差异。遇到这样的参与者，研究者可以利用不同颜色的灯光、马甲、视觉符号、实施者、房间或者其他相关的刺激，促使参与者更好地区辨哪种干预有效。表 11.4 概述了一些使用交替处理设计评估行为改变的研究。

表 11.4 使用交替处理设计的研究

参考文献	参与者	环境 / 安排	自变量	因变量
Chazin, K.T., Ledford, J.R., Barton, E.E., & Osborne, K.(2017). The effects of antecedent exercise on engagement during large group activities for young children. *Remedial and Special Education.* doi: 10.1177/0741932517716899	数量：2 名 性别：1 名 男性、1 名 女性 年龄：5 岁 残障 / 诊断：无（1）、唐氏综合征（1）	环境：融合幼儿园 安排：个体（干预）、大组（DV 测量）	基线后跟随三个交替条件（持续基线、在座位上活动以及练习活动）的交替处理设计	专注任务和离席行为的时距百分比；挑战性行为的比率
Hammond, J.L., & Hall, S.S.(2011). Functional analysis and treatment of aggressive behavior following resection of a craniopharngioma. *Developmental Medicine and Child Neurology*, 53, 369-374.	数量：1 名 性别：女性 年龄：6 岁 残障 / 诊断：无、手术后攻击行为	环境：医院 安排：个体	包含五个交替条件（依联逃避、忽视、依联关注、依联实物供给、非要求性游戏）的多因素设计	每分钟攻击行为的次数
Haydon, T., Conroy, M.A., Scott, T.M., Sindelar, P.T., Barber, B.R., & Orlando, A.(2010). A comparison of three types of opportunities to respond on student academic and social behavior. *Journal of Emotional and Behavioral Disorders*, 18, 27-40.	数量：6 名 性别：男性 年龄：7~8 岁 残障 / 诊断：有情绪行为障碍风险	环境：普通教育教室 安排：大组教学	包含三个交替条件（个人回应、合唱式回应和混合回应）的交替处理设计	每分钟破坏性行为的次数以及脱离任务行为和学生积极回应的时距百分比

（续表）

参考文献	参与者	环境 / 安排	自变量	因变量
Ingersoll, B.(2011). The differential effect of three naturalistic language interventions on language use in children with autism. *Journal of Positive Behavior Interventions*, 13, 109-118.	数量：2 名 性别：男性 年龄：3 岁 残障 / 诊断：孤独症	环境：小型干预教室 安排：个体	包含三个交替条件（回应式互动、情境教学和组合干预）的交替处理设计	全部使用语言的时距百分比（辅助、自动请求或评论）
Kodak, T., Northup, J., & Kelley, M.E.(2007). An evaluation of the types of attention that maintain problem behavior. *Journal of Applied Behavior Analysis*, 40, 167-171.	数量：2 名 性 别：1 名男性、1 名女性 年 龄：5~9 岁 残障 / 诊断：注意力缺陷与多动障碍（1）、待分类的广泛性发育障碍（1）	环境：家庭或治疗室 安排：个体	包含四个交替条件（依联关注、要求、玩具游戏和独处）的多因素设计	每分钟问题行为的比率
Lynch, A., Theodore, L.A., Bray, M.W., & Kehle, T.J.(2009). A comparison of group-oriented contingencies and randomized reinforcers to improve homework completion and accuracy for students with disabilities. *School Psychology Review*, 38, 307-324.	数量：6 名 性 别：2 名男性、4 名女性 年龄：10~11 岁 残障 / 诊断：学 习 障 碍（4）、言语障碍（2）	环境：融合教室 安排：大组	包含基线并跟随三个交替条件（依赖、互助和独立组依联）的交替处理设计	完成家庭作业的学生的百分比

（续表）

参考文献	参与者	环境/安排	自变量	因变量
Mueller, M.M., Sterling-Turner, H.E., & Moore, J.W.(2005). Towards developing a classroom-based functional analysis condition to assess escape-to-attention as a variable maintaining problem behavior. *School Psychology Review*, 34, 425-431.	数量：1 名 性别：男性 年龄：6 岁 残障/诊断：孤独症	环境：公立学校的自足式教室 安排：个体	包含三个交替条件（依联关注、依联逃避和控制）的多因素设计以及跟随三个交替条件（依联逃避关注、依联逃避和控制）的多因素设计	发脾气的时距百分比
Neef, N.A., Cihon, T., Kettering, T., Guld, A., Axe, J.B., Itoi, M., & DeBar, R.(2007). A comparison of study session formats on attendance and quiz performance in a college course. *Journal of Behavioral Education*, 16, 235-249.	数量：44 名 性别：未报告 年龄：成年 残障/诊断：无	环境：大学教室 安排：小组	包含三个交替条件（游戏学习时段、问答学习时段和基线）的交替处理设计	正确答题的平均百分比
Reinhartsen, D.R., Garfinkle, A.N., & Wolery, M.(2002). Engagement with toys in two-year-old children with autism: Teacher selection and child choice. *Journal of the Association for Persons with Severe Handicaps*, 27, 175-187.	数量：3 名 性别：男性 年龄：2 岁 残障/诊断：孤独症和智力障碍	环境：大学附属幼儿园 安排：个体	包含两个交替条件（教师选择的玩具和儿童选择的玩具）的交替处理设计	参与行为和问题行为的时距百分比

（续表）

参考文献	参与者	环境 / 安排	自变量	因变量
Simonsen, B. MacSuga, A., Fallon, L.M., & Sugai, G.(2013). The effects of self-monitoring on teachers' use of specific praise. *Journal of Positive Behavior Interventions*, 15, 5-15.	数量：5名 性别：女性 年龄：成年 残障 / 诊断：无	环境：普通教育教室(4)和特殊教育教室（1） 安排：典型教室活动	包含基线并跟随四个交替条件（基线、计数赞扬、统计赞扬、计算赞扬的比率）以及最佳单独条件的交替处理设计	特定赞扬的每分钟出现比率
Travers, J.C., & Fefer, S.A.(2017). Effects of shared active surface technology on the communication and speech of two preschool children with disabilities. *Focus on Autism and Other Developmental Disabilities*, 32, 44-54.	数量：6名 性别：4名男性、2名女性 年龄：4~5岁 残障 / 诊断：无（4）、发育迟缓（1）、孤独症（1）	环境：空置的融合教室 安排：小组（三人一组）	包含两个交替条件（在液晶屏上画画和在纸上画画）的交替处理设计	社交互动和非社交言语的时距百分比
VanDerHeyden, A.M., Snyder, P., Smith, A., Sevin, B., & Longwell, J.(2005). Effects of complete learning trials on child engagement. *Topics in Early Childhood Special Education*, 25, 81-94.	数量：3名 性别：男性 年龄：2~6岁 残障 / 诊断：中度智力障碍（2）、无（1）	环境：幼儿园教室 安排：个体	包含基线并跟随三个交替条件（提供新玩具、详细说明玩具游戏和详细说明玩具游戏加辅助）的交替处理设计	参与的时距百分比

程序指南

当使用交替处理设计时，要遵循以下准则。

1.确定并定义一个可逆的目标行为。

2. 选择一个灵敏的、可靠的、有效的和可行的数据收集系统，并针对该系统和你的行为定义进行试验。

3. 预先确定信度和忠诚度数据收集的频率（如 33% 的时段），并在研究过程中持续收集数据。

4. 确定使用什么规则交替条件（比如，随机交替，但条件不能重复出现，直到所有的条件都得到实施；随机交替，但不能在单一条件下出现两个以上连续时段）。我们建议采用有或没有限制要求的随机交替。

5. 安排条件顺序（如随机）。

6. 收集初始基线条件的数据，如果可以，至少收集三个时段的数据。

7. 开始实施比较条件。在每个条件下至少实施五个时段，无论行为模式如何。如果可以，除了收集每种干预条件的数据以外，还要收集连续基线条件的数据。

8. 在实施了初始比较时段后，运用视觉分析判断是否存在功能关系，或者是否需要收集更多数据。

9. 如果需要，重新安排时段顺序并收集更多数据。

10. 重复步骤 8。

11. 在相似的参与者身上复制实验。

内部效度

当所有可能的威胁都得到控制时，研究就具有了足够高的内部效度，而当研究具有足够高的内部效度且两个条件之间持续存在差异时，实验控制就得到了证明。对配对组条件之间的差异（通常是在水平上；参看第 8 章）也要进行评估。因此，如果采用具有连续基线（A）和两个干预（B 和 C）的交替处理设计，那么就要对 A 和 B、A 和 C 以及 B 和 C 之间的差异进行比较。

尽管快速交替设计应用广泛，使用时，一些对内部效度的威胁仍有可能成为问题；下文描述了常见的内部效度威胁因素，并呈现在表 11.5 中。由于这种设计持续时间相对短，因此与其他设计相比，一些对内部效度的威胁存在的可能性比较低，这些威胁包括历史、成熟、工具、测验和损耗；尽管如此，仍应使用典型程序检测和控制这些威胁（参看第 1 章和表 11.5）。这些威胁在任何一项研究中都有可能存在；交替处理设计相对短的持续时间只是降低了其存在的可能性。虽然有些威胁存在的可能性降低了，但其他威胁也许更有可能出现。使用这种设计时更有可能遇到的一种威胁是程序不忠诚。由于条件变化的频率较高，要对不同条件保持一定的忠诚度可能会更困难。你可以通过培训达到一个严格的标准（包括在所有条件类型中开展培训），从而防止这一威胁的出现。你可以通过在所有条件中频繁开展忠诚度核查来检查不忠诚的情况，并根据忠诚度数据的形成性分析结果开展必要的再培训。你可能还需要为实施者提供"备忘录"以提醒他们在每个时段中关注干预的关键特征。

表 11.5 交替处理设计和适应性交替处理设计中威胁内部效度的常见因素及相应的检测、控制和报告方法

	交替处理设计和适应性交替处理设计			
	可能性	检测	控制	报告
历史	由于研究持续时间短，出现的可能性较小。	视觉分析：在某个条件内，数据突然变化，和其他数据相比，属于异常值。	如果在基线条件中出现，继续实施基线条件，直到数据稳定；如果在比较条件中出现，继续实施比较条件，直到两个阶段之间出现明显差异。	用逸事叙述方式说明所实施的条件，这可能有助于解释非实验性行为改变（如生病）。
成熟	由于研究持续时间短，出现的可能性较小。	在控制条件的行为中发生改变（仅适用于适应性交替处理设计）。	只要一个条件一直优于另一个条件，甚至是所有的条件都显示出轻微的改善效果，那么就不必关注成熟因素（交替处理设计）；设置控制条件（适应性交替处理设计）。	报告参与者在控制条件和干预条件中的表现（适应性交替处理设计）。
工具	由于研究持续时间短，出现的可能性较小。	视觉分析：观察者之间存在差异，特别是当一名观察者是"盲"观察者时。	使用"盲"观察者；谨慎拟订并试用定义和记录系统；培训观察者以使其达到标准；就不一致的观点展开讨论。	说明所有信度程序和结果；清楚说明观察者是不是"盲"观察者；说明一致性低的原因。

（续表）

| | 交替处理设计和适应性交替处理设计 | | | |
	可能性	检测	控制	报告
程序忠诚度	由于交替条件需要实施者频繁改变他们的行为，因此有可能出现。	对忠诚度数据的直接观察记录进行形成性分析。	培训实施者以使其达到标准；必要时开展再培训；给实施者提供支持，如提供提示性核查表。	说明所有的忠诚度程序和结果，包括培训、支持以及再培训。
测验	由于研究持续时间短，出现的可能性较小。	视觉分析：在基线条件中出现恶化或治疗趋势。	设计非厌恶性基线条件；间断性测量控制刺激（只适用于适应性交替处理设计）。	如果可以，说明可能的测验威胁。
损耗偏差	由于研究持续时间短，出现的可能性较小。	研究者报告	向参与者清楚说明各阶段的交替性质以减少混淆。	在书面报告中描述损耗情况，并报告所有参与者的所有数据，即使设计未完成。
适应	当观察非常明显的时候有可能出现。	在基线条件中，参与者的行为随着时间的推移而发生变化。	继续实施基线条件，直到数据稳定。	描述基线条件的变化由适应引起的逸事证据；针对哪些后续基线数据对"典型"行为更具代表性展开讨论。
霍桑效应	当参与者敏锐地觉察到研究者所期待的行为时有可能出现。	当研究开始时，参与者的行为和期待的行为不一致。	使用隐蔽测量；如果基线数据没有表明有必要进行比较，则不实施比较条件；持续收集数据以判断效果是不是暂时性的，并只在行为稳定后改变条件。	描述基线条件的变化由霍桑效应引起的逸事证据；针对哪些后续基线数据对"典型"行为更具代表性展开讨论。

（续表）

交替处理设计和适应性交替处理设计				
	可能性	检测	控制	报告
多重处理干扰	有可能以交替效应的形式出现，尤其是当密集实施多个时段的时候。	无法通过视觉分析检测到。	最后使用"最佳单独"条件；如果数据仍然相似，那么不可能产生多重处理干扰。	将"最佳单独"阶段作为多重处理干扰的控制条件，并说明在这个阶段中证明多重处理干扰是否存在的支持性数据的范围。
不稳定性	对这种设计而言没有特殊的可能性。	在比较条件中，由于在一个阶段或更多个阶段中数值范围很大，因此阶段之间存在相当大的重叠。	如果阶段之间的差异很明显，那么中止比较条件。	说明阶段内数据的不稳定性在多大程度上对经由比较而得出的结论产生了影响。
行为的不可逆性	仅在交替处理设计中选择不可逆行为时出现的可能性很大。	交替处理设计中报告的 DV 指的是不可逆行为。	当研究不可逆行为时，采用适应性交替处理设计。	当在交替处理设计中使用不可逆行为时，可能无法得出关于相对有效性的结论。
行为困难程度不等	仅在使用适应性交替处理设计时出现的可能性很大。	在不同参与者之间，无论如何安排干预，总能更快地习得一个行为集。	招募多名参与者，并在他们之间平衡行为集的分配（比如，对第一名参与者，使用行为集 1 匹配干预 A；对第二名参与者，使用行为集 1 匹配干预 B）；将行为集随机分配给不同的干预类型，在参与者内或参与者间实施多项比较。	报告一种干预在多大程度上始终具有优势，而无论行为集如何分配；报告行为集是如何与干预类型匹配的。

　　还有一种潜在的威胁是循环出现的变异性，当时段是系统性地交替出现而不是随机出现（比如，每天上午进行干预 A，每天下午进行干预 B）时，就要关注这种威胁。这种系统性交替可能会对数据产生影响，例如，由于受到研究之外的因素（疲劳、学习内容、社交机会的差异）的影响，儿童通常会在下午做出更具挑战性的行为。随机确定时段顺序可以降低这种威胁存在的可能性。研究者通常会选择进行有限的随机化，例如，在单一条件中不能出现两个以上的连续时段（Douglas, Ayres, & Langone, 2015），在随机重复某个条件之前应完成每个条件的复制（Chazin et al., 2017），或者每个条件每周只能出现一定的次数（Reichow, Barton, Sewell, Good, & Wolery, 2009）。

　　多重处理干扰在交替处理设计的比较条件中可能会以快速交替效应的形式出现（Hains & Baer, 1989）。设计单独更优处理条件就是为了应对这一内部效度的威胁因素（Barlow & Hayes, 1979）。如果在初始基线条件和比较条件中的基线数据之间存在水平、趋势或变异性方面的变化，那么就有可能出现多重处理干扰。通过对多重处理干扰进行检测，有可能发现某种干预对其他干预时段和基线时段中的表现产生了影响。解决这个问题的一个策略是延长时段间隔时间（McGonigle, Rojahn, Dixon, & Strain, 1987）。例如，如果每天都要实施多个时段，而且检测到了多重处理干扰，那么建议每天只实施一个时段。第三种条件，即最佳单独条件，在一种用于比较的干预产生了比另一种干预更为明显的治疗数据模式时会使用。使用能够产生更为明显的治疗数据模式的干预时，不需要和其他干预或基线条件交替使用。

　　在交替处理设计研究中，行为的可逆性至关重要。行为必须是受条件中的即时变化影响的行为。如果情况并非如此，那么应用良好的干预似乎会产生干预效果，因为每一次应用有效的干预都会使行为达到一个新的水平。如果行为不容易逆转，那么良好的干预产生的数据就会和先前时段中有效的干预产生的数据处于同一水平。

优点

　　交替处理设计有三个主要优点。首先，它为评估两种或更多种干预，或者一种干预的两个或更多个变量提供了一种快速判断方法。这种快速判断的好处是：（1）调查者不需要花费太多时间开展研究；（2）不需要使用太多资源；（3）参与者不需要花费太多时间参与研究活动；（4）对内部效度的一些威胁被最小化。其次，多因素设计的变体可以对维持参与者的问题行为的因素进行有效评估，有助于选择成功的干预。这些评估信息也是将研究结论推论到其他未参与研究的个体身上的坚实基础。最后，交替处理设计具有灵活性。它可以与多种干预一起使用，也可以用在几种不同变体中（比如，有和没有初始基线条件，或者有连续基线条件）。

局限

交替处理设计的局限包括：（1）它只适用于可逆行为；（2）在不同时段 / 日子里开展的快速交替干预可能会产生多重处理干扰；（3）由于持续时间相对短，它几乎不能提供有关重复和持续使用某种干预的效果的信息。

结论

交替处理设计用于在相对短的时间内评估改变可逆行为的干预。它是少数几种既可用于回答证明性问题又可用于回答比较性问题（即当使用连续基线条件时）的设计之一。尽管在使用交替处理设计时，实验控制在单个参与者身上得到了证明，我们仍然建议你招募多名参与者以提高外部效度。此外，我们建议你随机安排条件顺序，除非你有充分的理由不这么做。

应用例子 11.2：交替处理设计

Reichow, B., Barton, E.E., Sewell, J.N., Good, L., & Wolery, M.(2010). The effects of weighted vests on the engagement of children with developmental delays and autism. *Focus on Autism and Other Developmental Disabilities*, 25, 3-11.

这项研究的目的是评估基于感觉的治疗——负重背心——与基线条件相比产生的效果。参与者是三名有孤独症或发育迟缓的学前儿童（4~5 岁）。他们定期穿戴重量背心，他们的老师觉得穿戴重量背心有效果（比如，有助于儿童获得积极成果）。

这项研究采用包含两个基线（或控制）条件的交替处理设计：无背心条件和穿戴无重量背心条件。重要的是，"无重量"条件可以用于对行为进行盲编码（比如，这样的设计使观察者无法检测儿童穿戴的背心有无重量）。注意，基线（无背心）比较被用在初始基线条件中，并在比较条件中持续进行。这样，研究者能够对无背心和无重量背心、无背心和有重量背心，以及有重量和无重量背心进行比较。

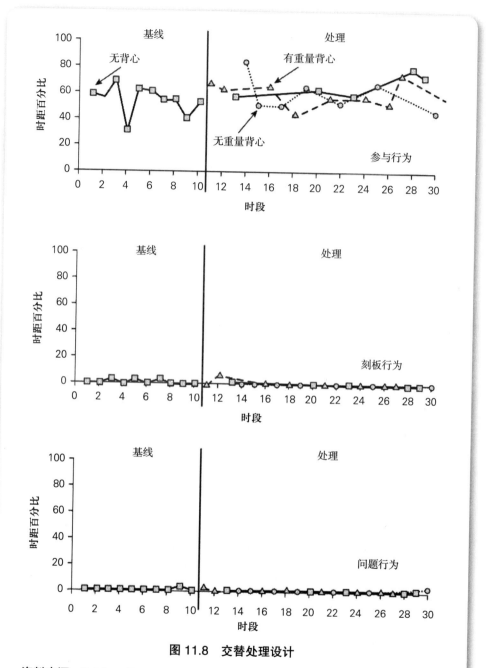

图 11.8 交替处理设计

资料来源：Reichow, B., Barton, E.E., Sewell, J.N., Good, L., & Wolery, M.(2010). The effects of weighted vests on the engagement of children with developmental delays and autism. *Focus on Autism and Other Developmental Disabilities*, 25, 3-11.

　　所有的时段都是在一家大学附属早期儿童中心的教室大组活动中进行的。每周安排两个有重量背心时段、两个无重量背心时段，以及一个基线时段。研究者使用随机分配方法确定每个时段在一周内出现的顺序。

　　通过录像，采用 10 秒的瞬间时间抽样，对儿童的行为进行编码。结果显示了三个因变量：参与行为、刻板行为和挑战性行为的时距百分比。这些编码与另外两个编码（未参与和未看见）一样，彼此独立，相互排斥（比如，对于每个时距，只能对一种行为进行编码）。

　　至少在 27% 的时段内为所有参与者收集到了观察者间一致性数据。采用点对点一致性计算信度，所有参与者在不同条件下的一致性均超过 90%。没有报告忠诚度数据。

　　图 11.8 显示了一名参与者的结果。在基线条件和比较条件中，发生刻板行为和挑战性行为的水平接近 0；没有证据表明两类行为之间存在功能关系。注意，实验采用了初始基线条件控制多重处理干扰的威胁（比如，我们可以肯定地得出结论，这些行为并非仅仅因条件的快速轮替而受到抑制）。在初始基线条件中，参与行为非常不稳定，范围从约 1/4 到 3/4 个时距不等。类似地，在比较条件内和比较条件间（有重量、无重量以及基线），数据多变且重叠。因此，和基线（无背心条件）相比，使用重量背心之间未能辨识出功能关系，和无重量背心相比，使用重量背心之间也未能辨识出功能关系。

　　研究者从采用李克特式量表评价录像中出现的参与行为和刻板行为的盲评分者那里收集了数据。有趣的是，和有重量背心条件相比，他们在基线（无背心）和无重量背心条件中对伯特的参与行为的评分更高，而对刻板行为的评分更低。研究者没有解释社会效度数据（这表明重量背心可能会导致负面结果）和实验数据（这表明没有效果）之间存在差异的潜在原因。由于使用了无重量背心作为比较，这种差异不太可能是由偏差造成的，尽管在使用瞬间时间抽样时可能会出现一些测量误差（参看第 5 章）。由于没有测量成人的行为（忠诚度），这种差异可能与内容、反应机会或其他一些未测量的变量有关。由于测量是在典型的教室大组活动中进行的，而不是在受控的临床情境中进行的，这种情况是极有可能发生的。

适应性交替处理设计

　　适应性交替处理设计可用于比较针对**不可逆行为**的教育实践（Sindelar, Rosenberg, & Wilson, 1985）。当比较功能性的、发展性的或学业方面的行为的教学干预时，适应性交替处理设计非常有用。可研究的策略范围很广，但前提是它必须有助于获得新行为。当采用适应性交替处理设计比较两种不同的教育策略时，应使用证明性设计充分论证它们是有效的。适应性交替处理设计主要用于比较教育策略的**效率**。效率的定义包括两个维度。首先，高效意味着策略能够切实促进学习（有效）。其次，高效意味着一种策略在某个重要方面相对于另一种策略具有优越性。优越性的常见维度包括：（1）快速性；（2）维持和泛化的程度；（3）学习的广度（如学习两件事而不是一件事）；（4）掌握未经训练的关系；（5）影响未来的学习（Wolery, Ault, & Doyle, 1992）。最常用的效率测量维度是学习的快速性。通常通过比较教学的时长、时段的数量或尝试的次数、错误的次数和百分比，以及达到标准所需的尝试次数或时段数量来评估它。

　　适应性交替处理设计还可以用于改善干预，包括成分分析。例如，很多研究证明了一种名为教学反馈的程序的有效性（Werts, Wolery, Holcombe, & Gast, 1995）。它包括在直接教学期间进行口头赞扬时提供额外的非目标信息，但是不要求学生对这些信息做出反应。当这么做的时候，学生可以获得大量额外的信息。在最初的研究中，这些额外的非目标信息总是和目标行为有关。沃茨、沃莱里、霍尔库姆和弗雷德里克（Werts, Wolery, Holcombe, & Frederick, 1993）使用适应性交替处理设计比较了两种条件：一种是和目标行为有关的教学反馈信息，另一种则是和目标行为无关的信息。适应性交替处理设计也可以用于研究干预的参数变化。例如，霍尔库姆、沃莱里和斯奈德（Holcombe, Wolery, & Snyder, 1994）使用适应性交替处理设计对一种教学策略的高水平和低水平的程序忠诚度进行了比较。

　　当使用适应性交替处理设计时，*每一个自变量都会被用到不同的行为集或行为链中*。这使得适应性交替处理设计和交替处理设计有所不同，在交替处理设计中，所有的干预都被用在同一个行为中。一个行为集是一个离散反应的集合，比如，阅读 5 个单词、解答 10 道数学题或了解 10 件事情。反应链是一系列行为，当它们按顺序排列在一起时，就形成了一项复杂的技能，比如，解答 1 道长除法题、穿衣服、整理桌子、在商店购物或做饭。适应性交替处理设计研究中的目标行为必须符合五条标准。第一条，这些行为必须是不可逆的——在教学停止后，参与者仍能准确地做出这些行为。第二条，这些行为不应当存在于参与者的技能库中。第三条，这些行为必须是独立的，这意味着行为集 / 行为链的获得不会对其他行为集 / 行为链产生影响。第四条，这些行为在功能上必须相似，这意味着行为可能会受到相同的环境变量（如正在研究的教学策略）的影响。第五条，**行为集 / 行为链必须具有同等难度**。最后一条标准很有挑战性，但又极其重要。行为集 / 行为链必须具有同等难度，因为不同的教学策略会被施用于彼此独立的行为集或反应链中。如果用一种策略教的行为集比用另一种策略教的行为集简单，那么对这两种干预的测试就不公平。在研究之前，你必须选择行为集，并确保其对每个个体都具有同等难度。

选择同等难度的行为

有几种方法可以确保行为集 / 行为链具有同等难度（Romer, Billingsley, & White, 1988）。一种具有说服力的方法是对行为集 / 行为链的难度进行**实验评估**。要做到这一点，可以采用相同的干预教授那些不参与研究但和招募来参与实际研究的参与者相似的个体，其假设是：如果行为集 / 行为链具有相同的难度，那么相同的程序应该需要相同分量的教学以使反应达到标准水平。这种方法既耗时又费钱，而且没有考虑到参与者的学习历史造成的差异。另一种方法是从现有**标准**的反应池中选择行为。例如，阅读、拼写以及其他学业行为通常是按年级排列的，并且通常在年级内也分成不同部分。这种方法效果差，因为即使在同一年级以及年级的同一部分中，难度也存在很大的变异性。第三种方法是对正确表现所需的反应和区辨的难度进行**逻辑分析**。这种方法可能是最常用的；你应该报告对哪些行为维度做了逻辑分析。例如，如果目标行为是阅读常用单词，那么逻辑分析就将聚焦于：（1）每个单词的音节数；（2）单词的结构；（3）首辅音；（4）每个单词发音的部分；（5）任何出现在单词中的多余字母；（6）参与者对单词含义的了解；（7）参与者说出每个单词的能力。还有一种方法是请专家评定潜在目标行为的难度。当使用这种方法时，应独立咨询多名专家，然后排除他们意见不一致的行为。

评估参与者在**相关行为**上的表现也是一种方法。例如，一项研究可能会对两种教学前儿童命名图片（即表达性语言任务）的程序进行比较。在这种情况下，你应当只选择那些儿童最初无法命名的图片。你还应当评估在向他们呈现四张图片并对他们说"指一指（**图片的名字**）"时，他们点指正确图片的能力（即接受性语言任务）。如果儿童能够正确且连续地点指一些图片而不是其他图片，那么他们能点指的图片和他们无法正确点指的图片的难度就是不相等的。你应当只选择那些儿童在偶然水平上正确点指的图片，或者只选择那些儿童在接受性语言任务中100%正确点指的图片。然而，如果儿童在命名一组图片时能够正确点指图片，那么将这些图片与那些无法正确点指的图片放在一起，就会导致出现不同难度的组合。上述的方法并不是相互排斥的。在同一项研究中可以将这些方法结合起来使用。确保行为集 / 行为链的难度一致是与适应性交替处理设计进行公平比较的基础。因此，在研究伊始，就要留出充裕的时间仔细记录具有同等难度的行为集 / 行为链。仅仅说明参与者无法做出行为，对于记录同等难度的行为而言是不够的。

当多名参与者学习相同的行为集 / 行为链时，还有其他选择：随机分配行为，或在各个策略中平衡行为的分配。如果要教两名或更多名参与者学习相同的行为，那么强烈建议使用上述方式。例如，如果有三名参与者和三组词汇，那么对第一名参与者，你可以利用干预 A 讲解第一组词汇，对第二名参与者，你可以利用干预 B 讲解第一组词汇，对第三名参与者，则不利用任何干预（控制条件）讲解第一组词汇。

条件

在大多数情况下，适应性交替处理设计有三个依序实施的条件。第一个条件是初始探测（基线）条件，在这个条件中，在多个时段内评估所有的行为集 / 行为链。这个条件和多探测设计（条件变体，参看第 10 章）相似。最少需要三个基线时段，但为了确保数据稳定，可能需要更多个时段。初始探测条件的时段应该和后续的教学时段一样长，包含的尝试数量也应一样。理想的情况是，在初始探测条件期间，在相同的探测时段中评估不同集的行为（即混合集）。在探测时段中，应当强化正确的反应，避免人为地削弱正确反应。此外，研究者经常穿插一些参与者已掌握的行为并给予强化物。与交替处理设计一样，连续的基线条件更合适。当采用适应性交替处理设计时，操作包括将一个行为集分配到控制条件中，以及在整个研究期间，在非教学条件下间断性地测量该行为集。因此，你应使教学时段和分配给控制集的刺激的间断性探测（参看下文中的程序指南）交替出现。

第二个条件是比较条件，在这个条件中，教学策略在交替时段中被应用于各自分配的行为集 / 行为链。和交替处理设计不同，**教学策略被应用于彼此独立的行为集 / 行为链**。这些时段可以在几天内交替实施，也可以在一天内实施。除教学策略外，所有方面在不同干预时段中都应该相同。变量的例子有指导者、强化物、材料的类型（除非自变量就是材料的类型）、时段长度以及时段发生的情境。任何在不同时段内存在差异的变量都有可能可以单独解释数据中的差异，也有可能可以与教学策略结合在一起解释数据中的差异。教学比较条件通常持续到行为达到事先为某种干预设定的标准水平为止。一个常见的标准是连续三个时段在无辅助的情况下做出 100% 正确反应。如果某种策略先于其他策略使行为达到标准水平，那么可以对已经达到标准的行为集 / 行为链实施定期复查尝试 / 时段。当某种策略先于其他策略使行为达到标准水平时，你必须决定你还将花多长时间使用那些不那么有效、没有达到标准的策略。可接受的准则是其需要的时段数量是有效策略达到标准所需时段数量的 1.5 倍或 2 倍。在这一条件中，你应间断性地收集那些被分配给控制集的刺激所产生的反应数据（即间断性探测）。

第三个条件是探测条件，在这个条件中，对所有的行为集 / 行为链进行评估，包括控制集 / 控制链。这个条件的程序应和初始探测条件的程序一致。这个条件考察的是在没有干预的情况下，在混合而非独立的行为集中，哪些行为可以维持以及维持的程度如何。表 11.6 列出了使用适应性交替处理设计的代表性研究。

表 11.6　使用带有控制条件的适应性交替处理设计的研究

参考文献	参与者	环境 / 安排	自变量	因变量
Ledford, J.R., Chazin, K.T., Harbin, E.R., & Ward, S.E.(2017). Massed trials versus trials embedded into game play: Child outcomes and preference. *Topics in Early Childhood Special Education*, 37, 107-120.	数量：12 名 性别：3 名男性、9 名女性 年龄范围：3~5 岁	环境：融合早期儿童项目 安排：个体	基线，随后是两种条件的比较（集中教学和嵌入教学）	正确回答问题的百分比
Mechling, L.C., & Ayres, K.M.(2012). A comparative study: Completion of fine motor office related tasks by high school students with autism using visual models on large and small screen sizes. *Journal of Autism and Developmental Disorders*, 42, 2364-2373.	数量：4 名 性别：男性 年龄范围：19~21 岁 残障 / 诊断：孤独症谱系障碍	环境：公立学校的自足式教室 安排：个体	基线，随后是两种条件的比较（在小屏上显示的视觉示范和在大屏上显示的视觉示范），以及最佳单独条件	正确完成任务的百分比

（续表）

参考文献	参与者	环境 / 安排	自变量	因变量
Reichow, B., & Wolery, M.(2009). Comparison of everyday and every-fourth-day probe sessions with the simultaneous prompting procedure. *Topics in Early Childhood Special Education*, 29, 79-89.	数量：4 名 性别：1 名男 性、3 名女性 年龄范围：4~5 岁 残障 / 诊断：无（3）、言语障碍（1）	环境：大学附属幼儿园 安排：个体	基线，随后是两种交替条件（每天探测一次刺激辅助和每四天探测一次刺激辅助）	正确反应的百分比
Savaiano, M.E., Compton, D,L., Hatton, D.D., & Lloyd, B.P.(2016). Vocabulary word instruction for students who read braille. *Exceptional Children*, 82, 337-353.	数量：3 名 性别：2 名男性、1 名女性 年龄范围：9~12 岁 残障 / 诊断：视力障碍（3）、学习障碍（2）、其他健康问题（1）、孤独症谱系障碍（1）	环境：为视力障碍学生建立的特殊学校 安排：个体	基线，随后是两种交替条件（闪卡和听卡），接着是对三个行为集使用最佳单独条件（包括控制），以及维持	概念回忆的总分
Singleton, D.K., Schuster, J.W., Morse, T.E., & Collins, B.C.(1999). A comparison of antecedent prompt and test and simultaneous prompting procedures in teaching grocery words to adolescents with mental retardation. *Education and Training in Developmental Disabilities*, 34, 182-199.	数量：4 名 性别：3 名男性、1 名女性 年龄范围：15~19 岁 残障 / 诊断：中度智力障碍	环境：自足式教室 安排：个体	基线，随后是两个交替条件（同时辅助和前提辅助以及测验）	正确读出单词的百分比

（续表）

参考文献	参与者	环境 / 安排	自变量	因变量
Viel-Ruma, K., Houchins, D., & Fredrick, L.(2007). Error self-correction and spelling: Improving the spelling accuracy of secondary students with disabilities in written expression. *Journal of Behavioral Education*, 16, 291-301.	数量：3 名 性别：男性 年龄范围：16~18 岁 残障 / 诊断：智力障碍	环境：资源教室 安排：小组	三种交替条件（基线、传统的重复练习和错误自我纠正）	正确拼写单词的百分比

程序指南

当使用适应性交替处理设计时，要遵循以下准则。

1. 确定并定义几个相互独立但在功能上相似的不可逆行为集 / 行为链。

2. 选择一个灵敏的、可靠的、有效的和可行的数据收集系统，并针对该系统和你的行为定义进行试验。

3. 预先确定信度和忠诚度数据收集的频率（如 33% 的时段），并在研究过程中持续收集数据。

4. 随机将一个行为集 / 行为链分配给每个处理条件和控制条件。

5. 设定一个学习标准，如果用于比较的教学策略没有效果，那么也应设立一个停止比较的标准。

6. 确定排列条件顺序的规则；和交替处理设计不同，它的关键是要大致平均分配时段的数量——因此，研究者通常会随机选择一个条件，然后在下一个时段中自动实施其他条件。

7. 通过收集所有行为集 / 行为链的数据实施初始探测条件，至少收集三个时段，或者直到每个行为集 / 行为链的数据都稳定为止。

8. 在交替时段中，通过将每种策略应用到各自的行为集 / 行为链中实施比较条件。如果每天都要实施多个时段，那么使用抵消平衡法检测一天中各时段的效果。

9.收集间断性的控制集数据。收集这些数据有两种策略。

（1）间断性地实施单独的控制（探测）时段，采用和原来的探测条件（如无教学）相同的程序。

（2）在教学时段中实施探测尝试，方式是在教学时段的开头或结尾间断性地评估被分配给控制集的刺激。

10.当反应达到标准水平时，收集最后的探测条件中所有行为集 / 行为链的数据，至少收集三个时段，或者直到数据稳定为止。

11.在相似的参与者身上复制实验。

内部效度

当所有可能的威胁都得到控制时，研究就具有了足够高的内部效度，当研究具有足够高的内部效度，并且两种干预之间的学习速度存在差异（比如，斜率、达标所用的时段数量），而控制集中没有证据表明存在历史或成熟效应（即学习）时，实验控制就得到了证明。尽管这些设计应用广泛，使用时，一些对内部效度的威胁仍有可能成为问题；表 11.5 列出了常见的内部效度威胁因素。

和交替处理设计一样，适应性交替处理设计的持续时间一般比较短；因此，**如果研究设计包含控制集和间断性测量**，那么和像多基线设计那样持续时间长的设计相比，一些对内部效度的威胁存在的可能性就更低。这些威胁包括历史、成熟、工具、测验以及损耗；尽管如此，仍应使用典型程序检测和控制这些威胁。当然，这些威胁在任何一项研究中都有可能存在；相对短的持续时间以及对控制集的测量只是降低了这些威胁存在的可能性。在比较条件期间间断性地收集控制行为集 / 行为链，可以增加检测成熟或历史效应的机会（比如，如果控制数据提高了，那么很可能参与者在非研究情境中习得了这些行为，这就提高了他 / 她在这些情境中而不是在研究时段内学习实验刺激的可能性）。由于在控制行为集 / 行为链中没有应用任何干预，因此可以在教学时段之外的探测时段内进行间断性数据收集。如果设计不包含控制条件，那么就无法检测成熟和历史威胁。

考虑到设计的本质特点，最需要关注的威胁因素是程序忠诚度。正如上文讲述交替处理设计时提到的那样，由于条件之间的快速轮替，维持忠诚度是很困难的。和交替处理设计一样，你可以通过培训达到一个严格的标准（包括在所有条件类型中开展培训）以防止程序不忠诚。你可以通过在所有的条件中频繁开展忠诚度核查来检测不忠诚的情况，并根据忠诚度数据的形成性分析结果开展必要的再培训。你可能还需要为实施者提供"备忘录"以提醒他们在每个时段中关注干预的关键特征。

适应性交替处理设计研究中可能存在多重处理干扰。在比较条件中，延长不同教学策略时段的间隔时间可以将多重处理干扰的影响降至最低。每天（而不是在一天内）交替不同时段通常足以将多重处理干扰最小化，但是这会导致完成研究的时间变长。当在同一天内实施不同时段时，它们之间至少要间隔1个小时以减少多重处理干扰。如果你很在意可能出现的多重处理干扰，那么可以延长时段间隔时间（如3个小时）。在最后的条件（混合探测）中维持习得的行为也可以提供关于多重处理干扰没有对结果造成影响的证据。

适应性交替处理设计解决了处理分离问题，因为每一种策略都应用于独立的行为集/行为链，而且不受可逆性问题的影响；选择不可逆的行为，并将自变量应用于独立的行为集。那些行为可以从初始探测条件中的低水平提高到比较条件中的标准水平，而不对结果产生负面影响。和证明性设计（多基线、多探测、A-B-A-B）、多处理设计以及交替处理比较设计不同，在适应性交替处理设计中，存在一个额外的内部效度威胁因素：缺乏同等难度的行为集/行为链。如果干预被应用于**不同**难度的行为集/行为链，那么比较就会变得极其复杂。均衡分配（如果可以）有助于检测这种威胁。随机分配行为集可以防止出现潜在的研究者偏差（比如，将看起来"更容易学习"的行为集分配给更喜欢的干预）。

优点

适应性交替处理设计的主要优点是它可以对不可逆行为开展自变量比较。另外，与多处理设计和交替处理设计不同，它解决了处理分离问题，而且不受可逆性问题的干扰。使用交替处理设计的研究能够在相对短的时间内完成。考虑到在不同参与者之间进行了足够多的复制，适应性交替处理设计能够提供有关一种教学策略比另一种教学策略更有效的有用信息。

局限

适应性交替处理设计的主要局限是它要求行为集/行为链具有同等难度。无法建立同等难度会导致不公正地评估所比较的策略，从而得出错误的结论。

结论

　　适应性交替处理设计对于评估针对不可逆行为的干预比较而言是恰当和有效的设计；它是少数几种可以这么做的设计之一。适应性交替处理设计比其他常见的设计（多基线设计）应用得更少，但对于往往对使用最佳方法教授新技能感兴趣的实务工作者而言相当重要。尽管在使用适应性交替处理设计时，实验控制在单个参与者身上得到了证明，我们仍然建议你招募多名参与者以提高外部效度。

应用例子 11.3：适应性交替处理设计

Cihak, D., Alberto, P.A., Taber-Doughty, T., & Gama, R.I.(2006). A comparison of static picture prompting and video prompting simulation strategies using group instructional procedures. *Focus on Autism and Other Developmental Disabilities*, 21, 89-99.

　　研究比较了使用视频辅助和图片辅助对 6 名 11 岁的中度智力障碍男生（智商为 38~51）开展反应链教学的情况。采用适应性交替处理设计比较图片辅助和视频辅助的有效性和效率。小组教学在每名参与者的特殊教育班级内进行，采用基于社区的教学（community-based instruction, CBI）收集数据。部分参与者在东南部的一所中学上学，其他参与者在中西部的一所中学上学。纳入标准是：（1）年龄为 11~15 岁；（2）认知能力在中度智力障碍范围内；（3）在中学就读；（4）没有感官缺陷；（5）没有接触过目标任务训练；（6）参与 CBI；（7）获得家长许可；（8）口头同意。收集三个条件下的数据：（1）初始探测时段；（2）比较条件；（3）追踪探测时段。

　　两个反应链，从自动取款机中取出 20 美元和用信用卡购买两种商品，均衡地分布在不同辅助程序中。根据每项任务分析，两个反应链都由 12 个具有相似动作反应的步骤组成，从初始基线条件中小组的表现来看，难度相当。在 CBI 期间收集了两项任务的初始探测时段的数据（5 个时段）。发出任务指令后，参与者有 15 秒的时间启动反应链。采用单一机会探测法——如果参与者在 15 秒内没有开始行动，就问他是否已经完成。如果参与者回答"是"或者在 1 分钟内没有回应，那么就中止探测时段。

　　每天实施两个小组教学时段，每种辅助策略都用一个时段实施，一天内的顺序是随机安排的。对于图片辅助策略，每个任务分析步骤的图片都是用

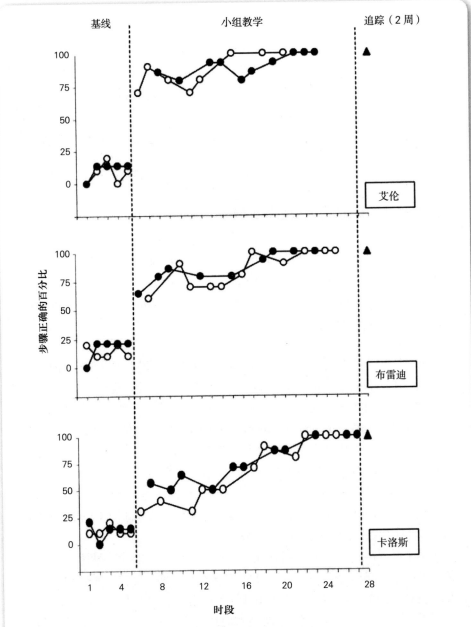

图 11.9　适应性交替处理设计

资料来源: Cihak, D., Alberto, P.A., Taber-Doughty, T., & Gama, R.I.(2006). A comparison of static picture prompting and video prompting simulation strategies using group instructional procedures. *Focus on Autism and Other Developmental Disabilities*, 21, 89-99.

数码相机拍摄并投影到幻灯片上的。在教学期间，这些幻灯片在小组座位前的屏幕上显示 4 秒钟。对于视频辅助策略，则是播放每个任务分析步骤的 4 秒钟视频片段。目标行为的 CBI 数据收集被安排在教学后 90 分钟进行。在每个 CBI 时段中，每个反应链实施一次尝试，两次尝试间隔 15 分钟。使用最少辅助策略系统，按下述层级开展：（1）言语辅助；（2）手势辅助；（3）手势加言语辅助。采用事件记录法记录每个独立完成的步骤数量和完成每个步骤所需的辅助水平。掌握水平被设定为连续三个时段 100% 独立完成任务。每组达到标准两周后实施追踪探测时段。

在两个条件中，各有 25% 的时段用于同时收集观察者间信度和程序信度数据。采取点对点方式计算观察者间一致性，其数值范围是 95%~100%（平均值为 98%）。程序忠诚度数据通过将观察到的教师行为数量除以预期教师行为数量再乘以 100% 来计算。程序忠诚度的数值范围是 96%~100%（平均值为 99%）。

图 11.9 显示了小组 1 的结果。所有参与者在初始探测条件中，在两个反应链上都显示出低稳定水平；在引入两种干预后，所有参与者的水平都立即升高。其他三名参与者也呈现出相似结果——在两种辅助类型下，参与者对行为的掌握情况相似。小组 1 和小组 2 的效果数据呈现在表 11.7 中。对于两种辅助策略，达到标准所需的时段数量几乎没有差异，尽管埃德加在视频辅助教学中用了差不多两倍的时段。就达到标准所用的错误时段数量而言，四名男生在两个反应链上的数量相似，但是卡洛斯和德鲁在视频辅助条件中的时段比在图片辅助条件中的时段更多。

表 11.7 采用静态图片辅助和视频辅助期间，学生在基线和干预阶段的平均表现成绩、错误数量以及达到标准所用的时段数量

采用静态图片辅助和视频辅助期间，学生在基线和干预阶段的平均表现成绩、错误数量以及达到标准所用的时段数量

学生	视频辅助				图片辅助			
	基线（%）	教学（%）	错误	时段	基线（%）	教学（%）	错误	时段
小组 1（平均值）	13.3	79.4	21.3	10	11.2	84.5	18.3	10
艾伦	10.5	86.3	11	8	7.5	90.9	11	10
布雷迪	12.6	84.5	12	11	12.0	86.7	12	9

（续表）

学生	视频辅助				图片辅助			
	基线（%）	教学（%）	错误	时段	基线（%）	教学（%）	错误	时段
卡洛斯	16.3	67.3	41	11	14.0	75.9[a]	32	11
小组2（平均值）	11.5	78.9	30.7	11	22.2	77.9	25	6.7
德鲁	7.2	63.4	66	16	19.8	70.9[a]	52	15
埃德加	5.6	88.6	13	10	25.2	81.0	12	5
弗兰克	21.6	84.7	13	7	21.6	81.8	11	5
总分（平均值）	12.4	77.0	26.0	10.5	16.7	81.2	21.7	9.2

a 威尔科克森配对秩和检验，$p < 0.05$。

摘自 Cihak, D., Alberto, P.A., Taber-Doughty, T., & Gama, R.I.(2006). A comparison of static picture prompting and video prompting simulation strategies using group instructional procedures. *Focus on Autism and Other Developmental Disabilities*, 21, 89-99.

平行处理设计

和适应性交替处理设计一样，**平行处理设计**（parallel treatments design, PTD）也用于比较不可逆行为的教学实践（Gast & Wolery, 1988）。可以将它理解为两个同时进行的多探测设计——用一个多探测设计评估第一种教学策略，用另一个多探测设计评估第二种策略——由于这两种策略是同时进行的，你也可以对它们进行比较。你还可以将它看成三个时间延迟适应性交替处理设计。当比较功能性的、发展性的和学业方面的行为的教学干预时，平行处理设计非常有用。和适应性交替处理设计一样，采用平行处理设计比较的教学策略也应用于独立的行为集/行为链。目标行为必须符合与适应性交替处理设计相同的标准。此外，和多探测设计一样，应有一个强有力的先验假设，即行为不会发生改变，直至教学开始。确定行为是否具有同等难度的程序也和适应性交替处理设计中讨论的一致。在一项研究中，当教授多名参与者学习相同的行为时，你应在不同的教学策略之间均衡分配行为集 / 行为链。采用平行处理设计，你应为每一种用于比较的教学策略分配三个或更多个行为集 / 行为链。通常只比较两种教学策略，这意味着总共需要确定六个行为集 / 行为链。六个行为集 / 行为链是最低要求，我们建议使用八个行为集 / 行为链，以增加参与者内复制数量。所有的行为集 / 行为链的难度应该相等，至少配对的行为集 / 行为链的难度应该相等 [比如，行为集 1 和行为集 2（第一个层级）的难度相等，但可能比行为集 3 和行为集 4（第二个层级）的难度高或低]。平行处理设计的延时本质使控制条件变得不再必要；延时引入干预足以排除由成熟或历史造成的威胁。

当使用带有两个自变量的六个行为集 / 行为链时，平行处理设计有七种实施实验条件的顺序安排，这与多探测（条件）变体一致。但是，你实施的探测并非包含 3~4 个行为集（和干预层级相对应），而是包含 6~8 个行为集。平行处理设计根据两个规则来安排实验条件的顺序：（1）在各个时段中快速地重复实施教学程序（自变量）；（2）在各个行为集 / 行为链配对组中延时应用教学程序。图 11.10 左侧展示了一项假设性的平行处理设计研究；右侧突显了时间延迟适应性交替处理设计的成分。图 11.11 展示了该研究如何还能代表两个多探测设计。虽然有些研究者在发表的文章中采用了图 11.11 中的数据呈现方式，但是我们不建议这么做，因为它会给对条件之间差异的视觉分析造成困难（Leaf et al., 2012）。采用这种方式呈现数据，的确能够清晰地展示有关证明性问题的数据（即基线条件和干预条件中的数据是否有变化）；但是，使用平行处理设计时，这通常不是主要关注的问题。分析使用平行处理设计的研究数据，需要按照适应性交替处理设计的视觉分析规则来比较两种干预，并按照多探测设计的视觉分析规则来分析每种干预与基线的比较。表 11.8 列出了已经发表的采用平行处理设计的研究论文。

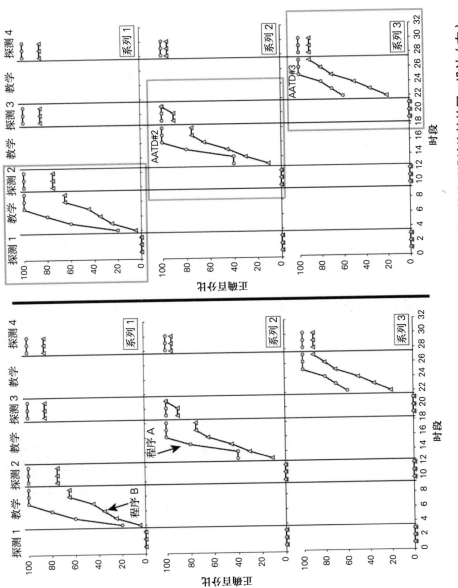

图 11.10 平行处理设计的典型呈现（左）和突出显示适应性交替处理设计比较的同一设计（右）

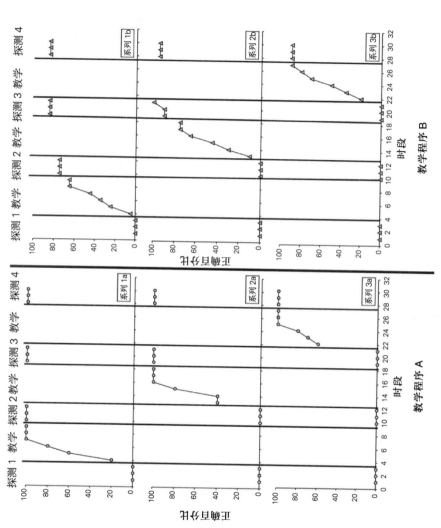

图 11.11　用两个独立的多探测设计呈现平行处理设计。注意，这个设计和图 11.10 中呈现的设计是一样的，只不过用这种呈现方式难以比较效果和效率。

表 11.8　使用平行处理设计的研究

参考文献	参与者	环境 / 安排	自变量	因变量
Leaf, J.B., Oppenheim-Leaf, M,L., Call, N.A., Sheldon, J.B., & Sherman, J.A.(2012). Comparing the teaching interaction procedure to social stories for people with autism. *Journal of Applied Behavior Analysis*, 45, 281-298.	数量：6 名 性别：男性 年龄范围：5~13 岁 残障 / 诊断：孤独症谱系障碍	环境：诊所、家庭 安排：一对一	两个交替条件（教学互动程序和社交故事）	正确反应的百分比
Murzynski, N.T., & Bourrett, J.C.(2007). Combining video modeling and least-to-most prompting for establishing response chains. *Behavioral Interventions*, 22, 147-152.	数量：2 名 性别：男性 年龄范围：8~9 岁 残障 / 诊断：孤独症谱系障碍	环境：参与者的护理院 安排：一对一	两个交替条件（视频示范加最少到最多的辅助和仅最少到最多的辅助）	独立完成的步骤数量
Rohena, E.I., Jitendra, A.K., & Browder, D.M.(2002). Comparison of the effects of Spanish and English constant time delay instruction on sight word reading by Hispanic learners with mental retardation. *Journal of Special Education*, 36, 169-184.	数量：4 名 性别: 2 名男性、2 名女性 年龄范围：12~15 岁 残障 / 诊断：中度智力障碍	环境：自足式教室 安排：一对一	两个交替条件（用英语表达时间延迟和用西班牙语表达时间延迟）	正确反应的百分比

（续表）

参考文献	参与者	环境 / 安排	自变量	因变量
Schlosser, R.W., Belfiore, P.J., Nigam, R., Blischak, D., & Hetzroni, O.(1995). The effects of speech output technology in the learning of graphic symbols. *Journal of Applied Behavior Analysis*, 28, 537-549.	数量：3 名 性别：2 名男性、1 名女性 年龄范围：24~25 岁 残障 / 诊断：重度到极重度智力障碍	环境：社区工作坊 安排：一对一	两个交替条件（有语音输出沟通设备和无语音输出沟通设备）	正确反应的百分比
West, E.A., & Billingsley, F.(2005). Improving the system of least prompts: A comparison of procedural variations. *Education and Training in Developmental Disabilities*, 40, 131-144.	数量：4 名 性别：3 名男性、1 名女性 年龄范围：5~6 岁 残障 / 诊断：孤独症谱系障碍	环境：早期儿童融合教室 安排：一对一	两个交替条件（传统的最少到最多的程序和经改进的最少到最多的程序）	正确反应的百分比
Wolery, M., Ault, M.J., Gast, D.L., Doyle, P.M., & Griffen, A.K.(1990). Comparison of constant time delay and the system of least prompts in teaching chained tasks. *Education and Training in Developmental Disabilities*, 25, 243-257.	数量：4 名 性别：2 名男性、2 名女性 年龄范围：10~14 岁 残障 / 诊断：中度智力障碍、唐氏综合征、发音障碍、小头畸形	环境：自足式教室 安排：一对一	两个交替条件（固定时间延迟和最少辅助系统）	正确反应的百分比

程序指南

当使用平行处理设计时，要遵循以下准则。

1.确定并定义至少六个相互独立但在功能上相似的不可逆行为集 / 行为链。

2.选择一个灵敏的、可靠的、有效的和可行的数据收集系统，并针对该系统和你的行为定义进行试验。

3.预先确定信度和忠诚度数据收集的频率（如 33% 的时段），并在研究过程中持续收集数据。

4.随机将一个行为集 / 行为链分配给每个教学策略和一个层级。

5.确定排列条件顺序的规则——它的关键是要大致平均分配时段的数量——因此，研究者通常会随机选择一个条件，然后在下一个时段中自动实施其他条件。

6.通过收集所有行为集 / 行为链的数据实施初始探测条件，至少收集三个时段，或者直到每个行为集 / 行为链的数据都稳定为止。

7.在交替时段中，通过将每种策略应用到各自的行为集 / 行为链中，在第一个层级中实施比较条件。如果每天都要实施多个时段，那么使用抵消平衡法检测一天中各时段的效果。

8.在两个行为集都达到标准后，实施第二个探测条件，收集所有行为集 / 行为链的数据，至少收集三个时段，或者直到每个行为集 / 行为链的数据都稳定为止。

9.在第二个层级中实施比较条件。

10.对其余层级重复步骤 8 和步骤 9。

11.在相似的参与者身上复制实验。

内部效度

当所有可能的威胁都得到控制时，研究就具有了足够高的内部效度，而当研究具有足够高的内部效度，两种干预之间的学习速度存在差异（比如，斜率、达标所用的时段数量），并且当且仅当实施干预，行为才发生改变时（比如，在干预前的探测条件中行为没有改变），实验控制就得到了证明。

有些内部效度威胁因素（工具、不忠诚、损耗）的评估方法和其他设计的评估方法是一样的；应该采用常见的检测和控制这些威胁的典型程序。如果当且仅当行为被引入一个干预条件（设计的时间延迟成分）时才发生改变，那么就说明历史和成熟威胁得到了控制。测验威胁在这种设计中很可能会出现，因为有大量的刺激（比如，对于有 3~4 个层级的设计，有 6~8 个行为集）和测验机会（比如，4 个探测条件）。一些研究者采用多探测（天）变体来设计平行处理设计研究，但是，尽管这样可以让你实施时间更短的、更频繁的探测，仍然无法减少所需的评估次数（比如，探测尝试的总次数）。你可以通过设计非厌恶性探测条件以及将探测时段划分为多个测量机会来使测验威胁最小化。

多重处理干扰也可能在平行处理设计中出现。和适应性交替处理设计一样，可以通过在教学比较条件中延长时段间隔时间来使多重处理干扰最小化。虽然每天交替时段是可行的，但平行处理设计研究通常需要在一天之内实施多个时段。基线和维持探测条件可以用于控制这一威胁。平行处理设计不存在处理分离问题，因为每个策略都应用于独立的行为集/行为链。平行处理设计不受可逆性问题的影响；要选择不可逆行为，并将自变量应用于独立（但具有同等难度）的行为集/行为链。和适应性交替处理设计一样，确保行为集/行为链具有同等难度是一个非常重要的问题。

优点

平行处理设计的主要优点是能够对教授不可逆行为的两种干预进行比较，同时通过延时比较控制历史和成熟威胁。还有一个优点是它复制先前教授过的行为集/行为链并将其作为探测条件，从而能够对分配给每个策略的行为的相对维持情况进行研究。两种策略可能效果相同、效率相当，但是它们在维持效果方面可能有比较大的差别。最后，和适应性交替处理设计不同的是，它不需要设置控制集，这从实践的角度来看可能是有益的；没有"未教授"的行为集，这更接近于实践。

局限

平行处理设计存在三个主要局限。第一个，确定六个难度相等的行为集/行为链很有挑战性。尽管有程序可以用于判断行为集/行为链是否难度相等（Romer et al., 1988），仍然需要花费大量的时间寻找足够数量的行为。第二个，需要花费大量的时间实施探测时段。第三个，需要花费大量的时间完成研究。因此，只有在时间充裕且参与者数量充足的时候才能使用平行处理设计。例如，适应性交替处理设计传统上有三个条件（初始探测、教学比较以及最终探测），这和平行处理设计的探测 1、第一组教学比较以及探测 2 相似。当研究有效性、效率以及维持性时，平行处理设计比适应性交替处理设计提供了更多的参与者内复制结果；但是，如果时间不允许，还是应当采用适应性交替处理设计。

结论

平行处理设计是一种在方法上极为严谨的设计，它将两种条件—顺序策略（延时实施和快速轮替）结合起来，比较两种干预策略，并通过在多个层级中开展延时比较控制历史和成熟威胁。它不仅能有力地证明有效性，还能进行比较，但是它需要花费大量的时间。虽然只有一名参与者的平行处理设计也被证明存在实验控制，但我们还是建议招募多名参与者以提高外部效度。

总结

本章讨论了四种实验设计（多处理设计、交替处理设计、适应性交替处理设计和平行处理设计）；表 11.9 从多个维度比较了这四种设计。所有的这些设计都可以用于比较干预。多处理设计和交替处理设计适用于可逆行为，而适应性交替处理设计和平行处理设计适用于不可逆行为。使用多处理设计和交替处理设计时，只针对一个行为进行研究，而且可以是加速或减速目标。使用适应性交替处理设计时，需要对三个行为集/行为链开展研究，使用平行处理设计时，则至少需要纳入六个行为集/行为链。在所有设计中，都可以对干预的泛化性进行评估，但是采用交替处理设计的研究要做到这一点有难度。虽然这四种设计都可以进行追踪评估，但只有平行处理设计有对维持的嵌入式评估。这四种设计都有可能存在多重处理干扰，而检测和控制多重处理干扰的方法，每种设计则各不相同。

表 11.9　多处理设计、交替处理设计、适应性交替处理设计和平行处理设计的相同点和不同点

维度	多处理设计	交替处理设计	适应性交替处理设计	平行处理设计
设计针对哪些比较问题有用？	比较 IV 成分分析 参数分析	比较 IV 成分分析 参数分析 评估维持行为的因素	比较教学策略 效率问题 参数分析 程序忠诚度	比较教学策略 效率问题 参数分析 维持问题
可逆或不可逆行为？	可逆	可逆	不可逆	不可逆

（续表）

维度	多处理设计	交替处理设计	适应性交替处理设计	平行处理设计
所需的最少行为数量	一个	一个	三个行为集/行为链	六个行为集/行为链
行为的类型	加速或减速	加速或减速	仅加速	仅加速
测量泛化性可行吗?	是	是	是	是
设计包含维持吗?	否	否	否	是
最少参与者数量	一名	一名	一名	一名
可逆性问题解决了吗?	否	否	是	是
处理分离问题解决了吗?	否	否	是	是
特殊考虑	无	当每一种条件都有效的时候,参与者必须对其进行区辨	行为必须具有同等的难度	行为必须具有同等的难度

应用例子 11.4:平行处理设计（探测日）

Jones, C.D., & Schwartz, I.S.(2004). Silibings, peers and adults: Differential effects of models for children with autism. *Topics in Early Childhood Special Education*, 24, 187-198.

琼斯和施瓦茨（Jones & Schwartz, 2004）比较了三种示范者类型（同伴、同胞和成人）对三名学前孤独症儿童掌握语言技能的影响。示范者是和他们就读于同一所学校的同胞、同一个班级的无残障同伴和成人。两名参与者（埃琳和杰里）学习三组行为（行动、职业和反对）；一名参与者（珍妮弗）学习三组两种类型的技能（行动和职业）。每组包含三个行为（如三种不同的行动）。对于每一名参与者,每组中的每种语言技能都被分配给不同的示范者（同伴、同胞、成人）。

连续三天收集到稳定的基线表现数据后，使用包含间断性单独探测日的平行处理设计，而不是探测条件。条件的顺序是：（1）用于辨识和选择刺激的前基线条件；（2）基线条件；（3）教学比较条件；（4）维持探测条件。在基线时段内，研究者对所有行为组进行单独评估。在每次尝试中，研究者都会展示一张图片并提问［"这个人在做什么？""这个人是谁？""如果这是（如打开），那么这是_____。"］。在研究之前，研究者已教授示范者如何正确回答这些问题。

在比较期间，15 分钟的时段由 3 个 5 分钟的片段组成。在每个片段中，教授一个不同组的同类型的语言行为（如行动），并有相应的示范者在场。在每个片段中，对每个组中的三个行为都要进行三次尝试。首先，研究者向示范者展示一张图片，发出任务指令，并提供回答时间。在示范者正确回答后，研究者向参与者展示图片，发出任务指令，并提供回答时间。回答正确会受到赞扬，回答错误和不回答会被忽略。然后，研究者、不同的示范者以及参与者完成另一个 5 分钟片段的任务，其中包含另一组行为。在这个片段完成后，就和第三名示范者重复这一过程。在同一个层级的每一天中，示范者出现的顺序是一样的，但是在不同层级中，示范者的顺序是随机决定的。对于每一名儿童，在每个条件下都用 21% 的时段收集观察者间一致性数据，并且至少有一次核查。平均观察者间一致性系数是 97%（范围：95%~100%）。

图 11.12 显示了三个层级中埃琳和每类示范者一起学习的数据。在初始基线时段中，埃琳在任何一次尝试中都没有回答正确。当对"行动"实施比较条件时，她正确回答的次数立即从 0 次增加到在同伴示范组正确回答 3 次、在成人示范组正确回答 7 次、在同胞示范组正确回答 8 次。在同胞示范组和成人示范组中，回答正确率达到了 100%，在同伴示范组中，回答正确率达到了 66%。在回答正确率达到行动组行为的标准水平后，收集各组的探测数据。未经训练的行为组的正确回答次数仍为 0 次。比较条件在下一组中实施。行动行为组的表现重复出现，在她的同伴、同胞和成人的示范下，正确回答的次数增多了。当表现达到标准水平时，在最后一个行为组中实施探测时段，她的表现仍保持在零水平。对这个组进行了比较，其行为改变和进行比较之前的改变相似。在同伴组和成人组中回答正确率是 100%，在同胞组中回答正确率是 66%。

在各自的比较条件结束后，对每个行为组开展了维持探测。无论示范者类型如何，她在所有组中的表现都得到了维持。在其他参与者身上也报告了相似的结果。研究者得出结论，三种示范全部都能有效地增加正确回答的次数，并且儿童示范和成人示范同样有效。

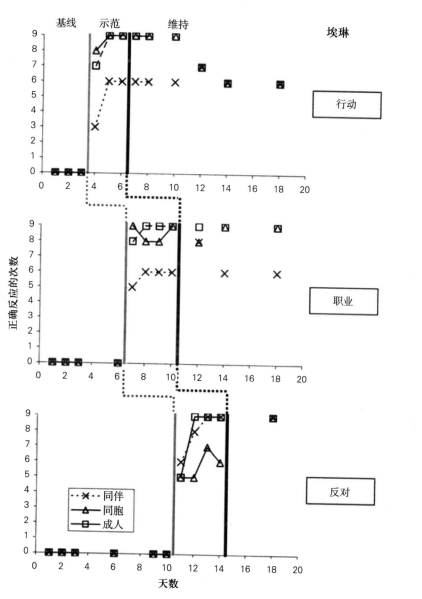

图 11.12 平行处理设计

资料来源：Jones, C.D., & Schwartz, I.S.(2004). Silibings, peers and adults: Differential effects of models for children with autism. *Topics in Early Childhood Special Education*, 24, 187-198.

附录 11.1
多处理设计的视觉分析

适当的设计	例子：B-C-B-C、A-B-C-B-C、A-B-C-D-C-D 非例子：A-B-A-C、A-B-C-B
针对设计的视觉 分析考虑因素	·**跨平衡设计的一致性**。当有多名参与者时，如果设计顺序是平衡的（比如，对一名参与者采用 B-C-B-C 顺序，对另一名参与者采用 C-B-C-B 顺序），就能更好地得出关于哪种干预更优的明确结论。
常见的和有潜在 问题的数据模式	·**跨条件的延迟改变**。在如下情况下，延迟改变不是大问题：（1）你继续实施条件，直到数据稳定；（2）预测到会出现延迟；（3）在两个干预条件中都出现了延迟；（4）延迟的潜伏期和等级大小一致。 ·**小幅度变化**。如果在相似的条件下数据模式一致（比如，从 B_1 到 C_1 以及从 B_2 到 C_2，行为改变都比较小），而且条件间水平变化超过了条件内变异性（比如，未出现重叠），那么变化幅度小就不是问题。如果一致性数据有差异（比如，次要观察者提供的数据表明没有发生变化；通过对两名观察者绘制的数据图表进行视觉分析来评估），那么小幅度变化就有可能成为问题。 ·**在一个或多个条件下数据极其多变**。如果水平内的变化超过了变异性（比如，没有重叠），或者变异性内的变化可预测地在不同条件下发生变化（比如，干预 A 中的高变异性之后是干预 B 期间的低变异性），那么多变的数据就不是大问题。如果重叠数据点的百分比较高，或者变异性不利于研究者做出关于行为改变的决定，那么变异性就会是一个问题。
可信的功能关系 （B-C-B-C 设计）	·B_1 和 B_2 中的行为模式相似。 ·C_1 和 C_2 中的行为模式相似。 ·从 B_1 到 C_1 以及从 B_2 到 C_2 的变化同样呈现治疗趋势。 ·从 C_1 到 B_2 的变化呈现反治疗趋势。 ·所有的变化都是突然的，且和条件变化同时发生。 ·重叠非常少。 ·任何条件下的变异性和趋势都无损确定条件变化的能力。

附录 11.2
交替处理设计的视觉分析

适当的设计	**例子**：至少有两个交替条件，每个条件有 5 个数据点（有或没有基线以及最佳单独条件）以及计划好的条件排序程序（最好是随机排序）。 **非例子**：每个交替条件的数据点少于 5 个。
针对设计的视觉分析考虑因素	·**差异**。一般而言，在描述交替处理设计中的数据模式时，要描述两个数据路径之间的差异程度，而不是数据点之间的个别变化。如果有 3 个或更多个数据路径，则要描述成对比较（比如，A 与 B、B 与 C、A 与 C）。差异指的是在不同的条件中，相邻的数据点呈现出一致的水平差异（比如，条件 A 中的数据点 1、3、5 和 7 分别高于条件 B 中的对应数据点 2、4、6 和 8）。
常见的和有潜在问题的数据模式	·**小幅度差异**。如果差异随着时间的推移呈现一致的趋势，那么条件间的微小差异不是什么问题。如果一致性数据有差异（比如，次要观察者提供的数据表明没有发生变化；通过对两名观察者绘制的数据图表进行视觉分析来评估），那么小幅度变化就有可能成为问题。 ·**在一个或多个条件下数据极其多变**。如果仍存在差异（比如，没有重叠），那么多变的数据问题不大。如果重叠数据点的百分比较高，或者变异性不利于研究者做出关于差异的决定，那么变异性就会是一个问题。 ·**比较条件中的趋势**。和其他设计不同，在交替处理设计中，趋势不是一个特别的问题，即使发生在基线条件期间，只要差异仍然存在，就没什么问题。例如，即使在三个条件中（两个处理和一个持续基线）挑战性行为随着时间的推移而减少，如果数据在一个处理条件中持续较低，那么也表明建立了功能关系。
可信的功能关系	·每个至少有 5 个点的数据路径都不重叠。 ·任何条件下的变异性和趋势都无损确定差异的能力。

附录 11.3
适应性交替处理设计的视觉分析

适当的设计	**例子**：在基线（探测）条件后，至少有两个交替条件和一个控制条件，每个条件有 5 个数据点。 **非例子**：每个条件的数据点少于 5 个，或者没有控制条件。
针对设计的视觉分析考虑因素	·**差异**。和交替处理设计一样，适应性交替处理设计中的数据模式通常也使用"差异"这一术语来描述。由于测量的是不可逆行为，这种差异通常用斜率来表示（比如，掌握速度、掌握行为的时间）。 ·**控制集比较**。由于适应性交替处理设计通常要实施两种先前已被证明（在证明性研究中）有效的干预，两种干预都有可能导致行为改变，因此，使用控制集对于排除历史和成熟威胁非常关键；应在整个研究过程中收集控制集的数据，并将其绘制在处理集的数据旁边。如果分配给控制集的行为随着时间的推移有所改善，那么就说明很可能存在历史和成熟威胁，实验控制被削弱。
有潜在问题的数据模式	·**处理条件之间没有差异**。当两种处理同样有效（比如，斜率相同）时，如果没有控制集，或者刺激被分配给控制集时行为发生了改变，那么实验控制会被削弱。
可信的功能关系	·一种或两种干预导致行为改变。 ·控制数据（在干预过程中测量）不随时间的推移而变化。

第 12 章　联合设计和其他设计

珍妮弗·R.莱德福和戴维·L.加斯特

重要术语

变 标 准 设 计（changing criterion design）、同 步 处 理 设 计（simultaneous treatments design）、重复掌握设计（repeated acquisition design）、简短实验设计（brief experimental design）

变标准设计
　　程序指南
　　内部效度
　　变体
　　优点和局限
　　应用例子
　　结论
同步处理（同时性操作）设计
　　程序指南
　　优点和局限
　　结论
重复掌握设计
　　程序指南
　　优点和局限
　　结论
简短实验设计
　　程序指南

在本章中，我们会详细说明前面章节中论述的各种基础的且应用广泛的研究设计变体，包括变标准设计（Hartmann & Hall, 1976）、同步处理设计（Barlow & Hayes, 1979）、重复掌握设计（Kennedy, 2005）以及简短实验设计（比如，Cooper, Wacker, Sasso, Reimers, & Donn, 1990）。此外，我们会用例子说明研究者如何将各种单一被试设计联合起来以增强对实验控制的评估，并解决在实验过程中可能出现的一些含混不清的问题。本章介绍的这四种独立设计中的每一种，其应用范围都不那么广泛，这是因为在这些设计中，控制对内部效度的威胁相当有挑战性，而它们的实用性又相对有限（比如，每一种设计都只适用于少数特定的情况）。联合设计虽然有时很难实施，但是可以帮助研究者控制对内部效度的威胁，并回答多样的或复杂的问题。

变标准设计

西德曼（1960）描述了一种研究设计，后来被哈勒（Hall, 1971）命名为**变标准设计**（changing criterion design）。这类设计适合希望对渐进地、逐步地产生行为改变的教学或治疗项目进行评估的实务工作者和应用研究者使用。这类设计可用于增加或减少已存在于参与者的技能库中的行为。哈特曼和哈勒（Hartmann & Hall, 1976）对变标准设计的说明如下。

这种设计要求对单一的目标行为进行初始基线观察。在基线阶段之后，在一系列处理阶段中实施处理方案。每一个处理阶段都与目标行为的标准发生率中的一个逐步变化相关联。因此，设计中的每一个阶段都为后面的阶段提供了基线。当目标行为的发生率随着标准的逐步变化而变化时，治疗变化就得以重复验证，实验控制也得以证明。

（p. 527）

尽管变标准设计在应用研究文献中并未被广泛引用（比如，仅在 100 多篇文章中出现过；Klein, Houlihan, Vincent, & Panahon, 2017），哈特曼和哈勒（1976）仍然认为它对监测各种各样的干预项目可能有用（比如，系统地增加正确完成作业的行为，减少每天抽烟的次数）。如果研究者有兴趣评估采用差别强化程序的干预项目，可能会发现变标准设计很有用。例如，如果一名儿童在基线条件下完成了独立做作业期间被要求完成的 20%~25% 的数学题，那么就可以使用变标准设计，在后面的每个条件中逐渐提高要求完成的百分比（比如，标准 1=30%，标准 2=50%，标准 3=80%，标准 4=65%，标准 5=100%），从而达到强化目的。

为了采用变标准设计证明实验控制，你必须说明每当标准水平变化时（增加或减少），因变量会发生相应的变化。这种变化应当是即刻发生的，且应当随着前一个标准水平中数据的稳定水平和趋势的变化而变化；要求变化和标准水平保持一致是为了排除成熟效应。此外，还可以通过在研究过程中的某些时刻纳入撤除标准来检测这类效应。如果在撤除标准下，数据朝着反治疗方向发展，那么就不可能存在成熟效应。虽然这种倒返对于证明成熟不可能成为威胁很重要，但是这种做法相对少见（比如，在已发表的变标准研究报告中不超过 40%；Klein et al., 2017）。

在改变标准水平之前，数据显示出稳定性非常重要，因为在干预条件中，每一个阶段都是下一个阶段的基线测量标准。如果标准的逐步变化会导致行为趋近于新的标准水平，那么就说明效果得到了复制。图 12.1 用假设性数据举例说明了应用变标准设计评估旨在减少上课说话次数的干预的有效性。注意，标准从 8 次变为 6 次，再变为 5 次，再变为 3 次，之后又回到 5 次（撤除）。因

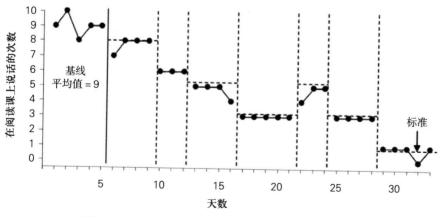

图 12.1　变标准设计的原型（上课说话的次数减少）

为数据和撤除标准相当一致，所以我们可以充满信心地说成熟并非可能的威胁（比如，在没有干预的情况下，上课说话次数没有逐渐增多）。

变标准设计已用于监控脱敏（Koegel, Openden, & Koegel, 2004; Ricciardi, Luiselli, & Camre, 2006）、辅助渐褪（Luiselli, 2000; Folld & Wilder, 2004）、流畅度的建立（Nes, 2005）、锻炼（DeLuca & Holborn, 1992）、自我监控（Ganz & Sigafoos, 2005）项目以及其他研究中（参看文献综述，Klein et al., 2017）。它可用于评估加速行为（比如，完成问题的速度）和减速行为（比如，吸烟、上课说话），监控加速行为更为常见（Klein et al., 2017）。

程序指南

对于回答很小但具有重要意义的研究问题，包括差别强化策略的使用，变标准设计是有用的。当使用变标准设计时，要遵循以下准则。

1. 确定并定义一个可逆的目标行为，目标行为可能和改变标准密切相关。

2. 选择一个灵敏的、可靠的、有效的和可行的数据收集系统，并针对该系统和你的行为定义进行试验。

3. 预先确定信度和忠诚度数据收集的频率（如 33% 的时段），并在研究过程中持续收集数据。

4. 预先确定你的标准变动方式，变动的幅度要多样，并且要考虑到倒返（见下文）。

5. 收集目标行为的连续基线数据（A），连续收集至少 3 天，或者直到数据稳定为止。

6. 设定好第一个标准，开展干预。

7. 只在前一个阶段的行为达到稳定的标准水平后才改变标准水平。

8. 至少对标准水平重复 4 次变动（即复制）。

9. 在所有时段内都允许出现未限定的反应（比如，如果你打算系统地将锻炼的分钟数从 5 分钟增加到 20 分钟，那么在每一个时段中都不要阻止参与者用 20 分钟来锻炼）。

10. 在相似的参与者身上复制实验。

内部效度

当所有可能的威胁都得到控制时，研究就具有了足够高的内部效度，而当研究具有足够高的内部效度且因变量的水平接近标准水平时，实验控制就得到了证明。

考虑到在变标准设计中，变化是缓慢的、逐步进行的，因此对内部效度而言，最重要的威胁是成熟。为了控制这一威胁，至少要引入一种反治疗的标准变动。如果行为恶化以适应新的标准水平，那么成熟就不会成为一种威胁。当检测和控制工具、数据不稳定性以及忠诚度威胁时，没有关于特定设计的建议，应采用检测和控制这些威胁的典型程序（参看第 1 章和表 10.1）。

为了将偏差风险降到最低，在开始研究之前，你应当明确标准水平或者确定改变标准的策略。如果数据的变化和这些标准的变动保持一致，那么表明干预导致目标行为改变的可能性非常大。

重要的是，在最初的时段中，**不要**通过阻止参与者出现接近目标的行为来限制他们的反应。例如，如果你想评估依联强化对增加锻炼分钟数的影响，你的第一个标准是 7 分钟，那么你就不应该阻止参与者锻炼超过 7 分钟。在每个时段内，即使强化可能依联于特定的表现水平，参与者也应当获得平等的机会参与行为。一个限制反应的例子是，给学生提供一张工作表，上面列出在各标准水平上逐渐递增的问题，这样，学生就不能对多于设定标准的问题做出反应。

变体

值得注意的是变标准设计的两种变体。第一种是跨反应类对行为进行测量的变标准设计；第二种在测量几个相互排斥的、适用于不同依联的行为时非常有用。在典型的变标准设计中，行为是在一个反应类中被塑造的（比如，行为的数量发生了变化；形态没有变化）。这种设计的变体可用于要求在不同的环境条件下做出难度逐渐增加的行为或相似的行为。例如，凯格尔等人（Koegel et al., 2004）要求改变行为形态以减少和噪声敏感相关的问题行为。对于一名参与者来说，变动的标准包括：在没有冲马桶的情况下走过关着门的盥洗室，冲马桶时站在距离开着门的盥洗室 75 英尺 ① 的地方；冲马桶时站在关着门的盥洗室内。比尔康、克兰茨和麦克兰纳汉（Birkan, Krantz, & McClannahan, 2011）采用了相似但经过调整的变标准设计教孤独症儿童配合注射。

---

① 编注：英美制长度单位，1 英尺合 0.3048 米。

变标准设计的第二种变体是分散标准设计（distributed criterion design; McDougall, 2006）。当需要分配不同的时长来执行多项相互排斥的任务时，采用这个设计就很合适。麦克杜格尔（McDougall）提供了一个与研究效率和三项写作任务有关的应用案例。这个设计可能也适合用于塑造恰当的社会行为（比如，强化花时间回应同伴、聆听同伴说话以及独自行动的行为）或放学后的独立行为（比如，完成家务、参加体育活动、做家庭作业以及玩电子游戏），这些行为可能会随着时间的推移而变化。这个设计尚未得到广泛的应用，但是在研究几个相互排斥的行为时，它可能具有一定的优势。

优点

变标准设计适用于评估旨在塑造已存在于个体的技能库中但发生率不高的行为的项目。与跨行为的多基线设计和多探测设计不同，变标准设计的优势在于只需要有一个目标行为。与 A-B-A-B 设计不同的是，这种设计不需要撤除条件，不过还是建议返回至先前的标准水平，这可以增强对实验控制的证明。最重要的是，至少从教育者或治疗师的角度来看，变标准设计通过其标准水平的小幅递增，使学生或服务对象可以慢慢地改变行为，从而降低了由于反应需力的突然大幅变化而失败的可能性。

局限

变标准设计应用得不那么广泛的原因可能有两个：首先，它仅能够考察范围相对小的目标行为和教学程序。对于评估新行为的习得而言，变标准设计并不是一个合适的范式。因此，变标准设计只能用于以增加或减少已存在于个体的技能库中的行为频率为目的的后果操纵项目。

其次，确定合适的标准水平是很难的。无论何时，要求你指定一个可接受表现的标准水平，或多或少总会卷入主观判断或"专业猜测"。使用变标准设计的调查者要执行烦琐的任务，使标准的变化大到"可检测"，小到"可实现"，但又不能过小以至于行为远超标准水平。换言之，实验控制的证明取决于"先验的"预测或渐变式标准水平的设置策略，以及每个标准水平上可接受反应的范围，预测可能被证明合适，也可能不合适。有一种策略可以将猜测从决定个体标准水平的过程中剥离出来，即根据一个百分比来改变后续阶段的标准（比如，在前一阶段的基础上增加 20%~50%）。例如，如果在基线条件期间，在一个有 12 名学生的班级中，学生每天上课说话的平均频数是 27 次，你可以采用前一阶段的 15% 这一"标准变化规则"确定下一阶段可接受的上课说话次数。第一个标准水平是全班上课说话的次数减少 4 次（27×0.15=4.05，四舍五入后取最接近的整数），即全班上课说话 23 次才能获得强化物；第二个标准水平比前一个标准水平低 15%（23×0.15=3.45，四舍五入后取最接近的整数），或者全班上课说话的次数再减少 3 次，即 20 次；第三个标准水平比前一个标准水平低 15%（20×0.15=3），或者全班上课说话的次数再减少 3 次，即 17 次。

应用例子 12.1：变标准设计

Johnston, R.J., & McLaughlin, T.F.(1982). The effects of free time on assignment completion and accuracy in arithmetic: A case study. *Education & Treatment of Children*, 5, 33-40.

这项研究采用变标准设计，以评估在一个自足式二年级教室里，在每天的数学课上，依联自由时间对完成每日数学作业的影响。参与者是一名 7 岁女孩，她的每日作业完成率很低，尽管实际上她在数学考试中的得分总是高于年级平均水平，而且总能把附加题全部做对。每天的作业有 6~43 道题不等，包括计算题和思考题。两个因变量分别是完成问题的百分比和每份作业的正确百分比。为了提供观察者间信度核查，在每个研究阶段，都有一名家长助理对至少一项每日作业重新进行评分。对两个因变量进行测量，点对点（即问题对问题）信度核查的结果是 100% 一致。

在最初的 10 天基线条件期间，二年级教师向该生布置了她每天要做的数学作业，并示范性完成其中一道题，要求她在 35 分钟的时段内尽可能多地完成题目。在基线期结束时，计算出的平均每日完成率是 35%。之后引入变标准程序，调查者"连续地改变强化的标准，通常是分级步骤，从基线水平开始，直到出现理想的最终行为"（p. 35）。大部分新标准水平要求完成百分比连续 3 天在前一阶段水平的基础上增加 5%（即阶段 1=35%、阶段 2=40%、阶段 3=45%）。在干预条件期间，教师继续向该生布置每日作业并完成其中一道题作为示范；此外，教师还告诉该生每天最少正确完成多少道题才能达到标准，并提醒她，一旦达到标准，她就有权自由分配 35 分钟里余下的时间。如果她在 35 分钟之内没有达到标准，那么她就需要坐在桌前继续完成，直到达到标准。

如图 12.2 所示，研究采用变标准设计评估干预有效性，在干预条件期间，有 16 次标准变动。嵌入标准水平的短暂倒返是为了进一步证明实验控制有效。研究以 3 个时段的追踪条件结束，它与基线条件相同（比如，没有自由游戏依联）。这名学生在干预条件中达到或超过了所有指定的标准水平。在最后的干预阶段，她 100% 完成了作业。此外，她的作业完成的准确性在整个研究过程中保持稳定，即使作业题目数量更多、难度更大。

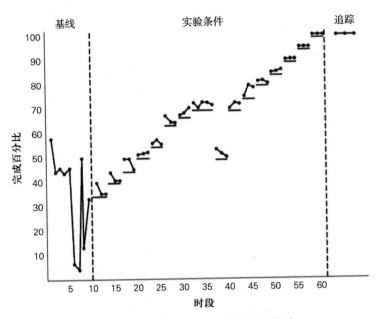

图 12.2　包含一次倒返的变标准设计

资料来源：Johnston, R.J., & McLaughlin, T.F.(1982). The effects of free time on assignment completion and accuracy in arithmetic: A case study. *Education and Treatment of Children*, 5, 35-40.

　　这一研究提供了一种简单而有说服力的策略的评估证明，即通过要求小幅改善表现确保持续成功地做出反应，以塑造学生完成作业的百分比。有趣的是，在完成第 60 个时段后，研究者撤除了自由时间依联（即恢复基线条件），发现在干预结束后的第 5 天、第 15 天和第 25 天实施的三次追踪探测中，作业完成率是 100%，准确性也得到了维持。此外，研究者还报告说，自由时间依联几乎不需要教师花费时间或金钱。最后需要说明的是，由于学生很快达到并经常超过每个新的标准水平，你可能会怀疑所选择的 5% 的水平增幅低于实际要求。也许可以通过提高每一步的要求，用更快的速度达到最终目标。这也显示出使用变标准设计的一个困难——如何确定一个标准水平，使其在无损最佳学习速度的情况下证明实验控制，这实际上是一项挑战。

结论

变标准设计是教育工作者和临床工作者用于评估干预项目有效性的几种实验范式之一。表 12.1 总结了几项在临床和教育情境中应用变标准设计的研究。虽然它在应用研究文献中被引用的频率不如其他常见设计，但是当逐步改变标准既可取又实用时，它确实是一种监控表现的实用方法。它能够用于监控旨在增加或减少反应比率的研究项目。决定采用变标准设计的人必须严格遵守前面提到的指南。只有当目标反应已经存在于个体的技能库中，并且干预的目的是增加或减少反应的频率时，你才能谨慎地使用变标准设计。在这些条件下，你会发现变标准设计对于评估项目有效性非常合适且有用。

表 12.1　使用变标准设计的研究

参考文献	参与者	环境 / 安排	自变量	因变量
DeLuca, R.V., & Holborn, S.W.(1992). Effects of a variable-ratio reinforcement schedule with changing criteria on exercise in obese & nonobese boys. *Journal of Applied Behavior Analysis*, 25, 671-679.	数量：6 名 性别：男性 年龄：11 岁 残障 / 诊断：肥胖症（3）	环境：公立学校的诊所 安排：个体	根据达到反应标准水平的情况提供实物强化物	在整个时段中，每分钟的转圈次数
Easterbrooks, S.R., & Stoner, M.(2006). Using a visual tool to increase adjectives in the written language of students who are deaf or hard of hearing. *Communication Disorders Quarterly*, 27, 95-109.	数量：3 名 性别：2 名男性、1 名女性 年龄：17~18 岁 残障 / 诊断：重度到极重度听力障碍	环境：特殊教育教室 安排：个体	用于书写的印刷视觉辅助工具	在一份书面材料中使用形容词的数量

（续表）

参考文献	参与者	环境 / 安排	自变量	因变量
Flood, W.A., & Wilder, D.A.(2004). The use of differential reinforcement and fading to increase time away from a caregiver in a child with separation anxiety disorder. *Education and Treatment of Children*, 27, 1-8.	数量：1名 性别：男性 年龄：11岁 残障 / 诊断：注意力缺陷和焦虑症	环境：诊所 安排：个体	对其他行为的差别强化程序（当学生没有出现情绪行为时，对其进行强化）	在妈妈离开后出现情绪行为的潜伏期
Ganz, J.B., & Sigafoos, J.(2005). Self-monitoring: Are young adults with MR and autism able to utilize cognitive strategies independently? *Education and Training in Developmental Disabilities*, 40, 24-33.	数量：2名 性别：男性 年龄：19~20岁 残障 / 诊断：孤独症（1）、智力障碍（2）	环境：特殊教育教室 安排：个体	自我监控训练（成功追踪视觉系统和在代币达到指定数量后进行强化）	参与者1：独立完成任务的次数 参与者2：独立请求帮助的次数
Grey, I., Healy, O., Leader, G., & Hayes, D.(2009). Using a Timer to increase appropriate waiting behavior in a child with developmental disabilities. *Research in Developmental Disabilities*, 30, 359-366.	数量：1名 性别：女性 年龄：11岁 残障 / 诊断：脑瘫、中度智力障碍	环境：特殊教育教室 安排：个体	区辨训练	恰当的等待行为的持续秒数
Luiselli, J.K.(2000). Cueing, demand fading, and positive reinforcement to establish self-feeding and oral consumption in a child with food refusal. *Behavior Modification*, 24, 348-358.	数量：1名 性别：男性 年龄：4岁 残障 / 诊断：肺病和胃管依赖	环境：家庭 安排：个体（父母教学）	以实物的形式对自主进食的行为进行正强化	每个时段中自主进食的咀嚼次数

（续表）

参考文献	参与者	环境／安排	自变量	因变量
Nes, S.L.(2005). Using paired reading to enhance the fluency skills of less-skilled readers. *Reading Improvement*, 40, 179-192.	数量：4 名 性别：3 名男性、1 名女性 年龄：9~12 岁 残障／诊断：无	环境：学校图书馆 安排：个体	在目标参与者阅读之前，由熟练的阅读者朗读	每分钟阅读单词的数量
O'Connor, A.S., Prieto, J., Hoffmann, B., DeQuinzio, J.A., & Taylor, B.A.(2011). A stimulus control procedure to decrease motor and vocal stereotypy. *Behavioral Interventions*, 26, 231-242.	数量：1 名 性别：男性 年龄：11 岁 残障／诊断：孤独症	环境：诊所房间和特殊教育教室 安排：个体	区辨训练	出现刻板行为的时距百分比
Rapp, J.T., Cook, J.L., McHugh, C., & Mann, K.R.(2017). Decreasing stereotypy using NCR and DRO with functionally matched stimulation: Effects on targeted and non-targeted stereotypy. *Behavior Modification*, 41, 45-83.(Study 4)	数量：3 名 性别：男性 年龄：3~7 岁 残障／诊断：孤独症谱系障碍	环境：诊所房间 安排：个体	对其他行为的差别强化和反应中断	出现刻板行为（目标和非目标）以及问题行为（仅针对赞德）的潜伏期
Ricciardi, J.N., Luiselli, J.K., & Camare, M.(2006), Shaping approach responses as intervention for specific phobia in a child with autism. *Journal of Applied Behavior Analysis*, 39, 445-448.	数量：1 名 性别：男性 年龄：8 岁 残障／诊断：孤独症、特定恐惧症	环境：住院诊所 安排：个体	对渐近式反应的差别强化	与回避的刺激之间的距离

（续表）

参考文献	参与者	环境/安排	自变量	因变量
Schumacher, B.I., & Rapp, J.T.(2011). Increasing compliance with haircuts for a child with autism. *Behavioral Interventions*, 26, 67-75.	数量：1 名 性别：男性 年龄：5 岁 残障/诊断：孤独症	环境：家庭 安排：个体	对安坐行为的差别强化	坐在椅子上的持续秒数
Warnes, E., & Allen, K.D.(2005). Biofeedback treatment of paradoxical respiratory distress in an adolescent girl. *Journal of Applied Behavior Analysis*, 38, 529-532.	数量：1 名 性别：女性 年龄：16 岁 残障/诊断：矛盾性声带运动	环境：门诊 安排：个体	生物反馈教学	肌电图、逸事疼痛和适应性功能报告

同步处理设计

当同时存在两个可获得的条件时，**同步处理设计**（simultaneous treatments design）的唯一目的就是描述选择行为。当有两个或更多个同时可获得的选项，且研究者感兴趣的问题是参与者如何选择时，就可以使用这个设计。例如，如果研究者对残障儿童在中心是喜欢和小伙伴一起玩耍，还是不喜欢和小伙伴一起玩耍感到好奇，那么就可以设计两个条件同时存在的研究。除小伙伴的存在以外，其他条件都相同。在每个时段内，研究者可以让残障儿童选择在哪个区域玩耍（比如，"你可以在这里玩，也可以在那里玩"）。然后，研究者可以测量每个区域被选择的次数，或者儿童在每个区域内停留的时间百分比。在各时段中，选择的次数或在每个条件下花费的时间是否存在一致的差异，对于判断功能关系是否存在具有重要作用。

1979 年，巴洛和海斯将同步处理设计与交替处理设计和多因素设计区分开来，并将其称为"同时性操作"范式，尤其是在一些基础文献中［如《实验行为分析杂志》（*Journal of the Experimental Analysis of Behavior*）］，可以看到这一设计自 20 世纪 60 年代以来一直被广泛应用（比如，Duncan & Silberberg, 1982; Hackenberg & Joker, 1994; Richardson & Clark, 1976）。偶尔（特别是在"老"研究中），研究者会使用同步处理设计指代交替处理设计，但现在不会再这么使用了。

当选择行为作为研究关注的因变量时，应使用同步处理设计。近年来，同步处理设计已被用来评估参与者在以下方面的偏好：嵌入式尝试辅助和模块式尝试辅助（Heal & Hanley, 2011）、做选择（Schmidt, Hanley, & Layer, 2009）、惩罚和消退—干预成分（Hanley, Piazza, fisher, & Maglieri, 2005）、视频示范和现场示范（Geiger, LeBlanc, Dillon, & Bates, 2010）。此外，塔利斯、坎内拉—马隆和弗莱明（Tullis, Cannella-Malone, & Fleming, 2012）将同步处理设计和 A-B-A-B 设计结合使用，以确定在偏好评估时段内对刺激的偏好是否会随着时间的推移而变化。

当多种干预都合适、实用和有效时，同步处理设计也适合用于确定哪一种是服务对象偏爱的干预（如功能性沟通训练和非依联强化；Hanley, Piazza, Fisher, Contrucci, & Maglieri, 1997）。例如，在一项研究中，适应性交替处理设计被用来比较 12 名接受模块式尝试教学和嵌入式游戏教学的儿童习得学业准备行为的情况（Ledford, Chazin, Harbin, & Ward, 2017）。同时，研究者采用同步处理设计评估儿童对每一种教学形式的偏好；这些数据被绘制在累积图上。大约一半数量的儿童偏爱模块式教学，而另一半儿童偏爱嵌入式教学；大部分儿童偏爱能够给他们带来最大学习效益的教学形式。

在另外一项采用同步处理设计的研究中，斯洛克姆和泰格（Slocum & Tiger, 2011）使用逆向和正向串链（backward and forward chaining）教授注意力缺陷与多动障碍、言语迟缓和学习障碍学生学习非功能链接任务。4 名参与者全都习得了这些任务，用了大致相同的尝试次数掌握了正向和逆向串链程序（参看图 12.3 中的上图）。实验者还采用了同步处理设计评估学生对每种程序的偏好，并用累积图展示了结果。4 名参与者中的 3 名对每一种程序的选择次数近似；第 4 名参与者则对正向串链表现出了持续的偏好（参看图 12.3 中的下图）。

程序指南

当使用同步处理设计时，要遵循以下准则。

1. 确定两种或更多种参与者可以同时获得的干预或情境。
2. 预先确定信度和忠诚度数据收集的频率（如 33% 的时段），并在研

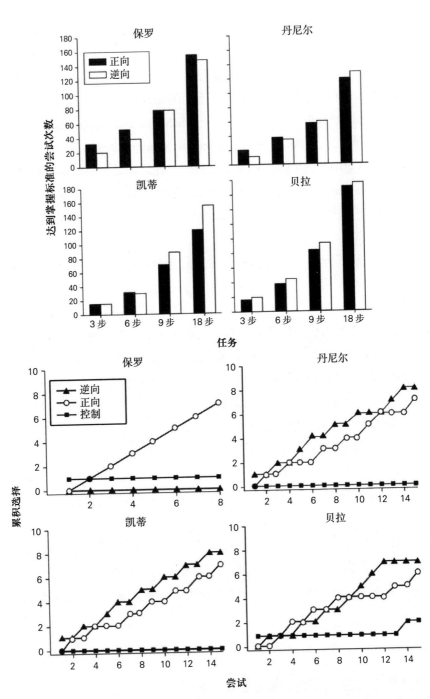

图 12.3 在同步处理设计的情境中，接受逆向和正向串链教学的参与者的掌握行为和选择行为的相关数据。

资料来源：Slocum, S.K., & Tiger, J.H.(2011). An assessment of the efficiency of and choice for forward and backward chaining. *Journal of Applied Behavior Analysis*, 44, 793-805.

究过程中持续收集数据。

3. 确定一个程序，使参与者从可获得的干预中选择一种，并从行为层面界定什么是选择（比如，移动到一个特定区域，点指一张图片，当被问及"你想要做哪件事？"的时候说出其中一个选项）。

4. 确保参与者能够区辨不同条件（比如，他们能够在不同干预之间做出"知情的"选择）。

5. 重复测量，了解参与者选择其中一种干预多于其他干预的程度（比如，选择次数的累积计数、每个时段选择次数的百分比、在两个区域中花费时间的百分比）。

6. 在相似的参与者身上复制实验。

优点

对评估参与者的选择行为而言，使用同步处理设计尤为合适。如果研究关注的是参与者面对几个同时可获得的选项时做出的选择或偏好，就应当使用同步处理设计。当研究者既想了解多种干预的有效性，又想了解参与者对使用哪种干预的选择偏好时，同时采用同步处理设计和其他单一被试设计（比如，采用交替处理设计或适应性交替处理设计进行评估）可能会有所帮助。这一设计对于评估不同干预的社会效度也有用，甚至包括当参与者可能无法用口语回答他们偏爱哪种教学的时候。

局限

同步处理设计适用于评估参与者的选择行为，但不能用于评估其他因变量。当使用这种设计时，研究者可能很难确认参与者做出的是"知情的"选择，而不是无差别地选择一个选项，特别是对那些沟通技能不足的参与者而言。

结论

虽然同步处理设计适用于处理的研究问题有限，但是在测量参与者的选择和偏好行为时，它非常有用且合适。将它和其他单一被试设计（如交替处理设计和适应性交替处理设计）联合起来使用效果最佳，特别是用于比较两种或更多种干预的有效性和效率的时候。

重复掌握设计

重复掌握设计（repeated acquisition design）和同步处理设计一样，在单一被试设计文献中很少见，尽管近期有一些研究确实使用了这一设计（Bouck, Flanagan, Joshi, Sheikh, & Schleppenach, 2011; Spencer et al., 2013; Sullivan, Konrad, Joseph, & Luu, 2013）。然而，重复掌握设计比同步处理设计的应用范围广泛得多，而且是为数不多的适用于比较不可逆行为的教学干预的设计之一（如比较学业干预）。当研究的行为能够被参与者快速掌握（如在一个或少数几个时段内）或者比较两种干预（如无错误辅助与有错误辅助）的时候，就可以使用重复掌握设计。近来，重复掌握设计也被用来评估单一干预（如证明性问题；Butler, Brown, & Woods, 2014）。

当使用这一设计时，要确定很多个刺激（如 100 个视觉词汇）。在这一设计中，最好所有的目标刺激难度相同；在这种情况下，你可以使用方法 1 分配刺激。

1. 将每个刺激随机分配到一种干预中。
2. 将每个刺激随机分配到一个系列中。
3. 将每个刺激系列随机分配给一种干预顺序（每种干预独立进行）。

如果刺激的难度不相同，那么你可以使用方法 2 分配刺激。

1. 将刺激分解成难度相同的几个系列。
2. 将每个系列的一半刺激随机分配到两种干预中的每一种中。
3. 不断匹配刺激系列，将每个刺激系列随机分配给一种干预顺序。

重复掌握设计和交替处理设计相似；如果研究者在每个时段中使用快速交替教学讲授不同系列的不可逆行为，有时他们会认为使用了交替处理设计（Bickford & Falco, 2012; Malanga & Sweeney, 2008）。但是，正如第 11 章所述，真正的交替处理设计是在两个或更多个条件下测量研究者感兴趣的**单一可逆行**为，适应性交替处理设计则是在一段时间内重复测量**多种不可逆行为**。在重复掌握设计中，所关注的不可逆行为在每个时段或每几个时段内都会发生变化。例如，虽然你可能会在整个研究过程中对单词阅读的情况感兴趣，但是在重复掌握设计中，实际教授的单词在各个时段内是不同的。交替处理设计不适合用于测量这些行为。通常，当研究者使用被他们称为交替处理设计的变体——使用快速交替条件以及频繁变化的不可逆行为时，他们会省略在重复掌握设计中经常使用的前测时段——研究者假定基线表现处于最低水平（如 0% 正确）。使用这种带有单一前测测量的重复掌握设计比使用不带有任何前测（基线）测量的设计变体要好。

举例来说，如果你想比较使用无错误辅助程序和有错误辅助程序（独立开展）教授一名很快达到掌握程度的学生单词阅读的效果，那么采用重复掌握设计就很合适。把单词分配到不同系列后，你只对分配给无错误辅助（无错误辅助系列 1）的前 5 个单词和分配给有错误辅助（有错误辅助系列 1）的前 5 个单词实施前测。在图 12.4 中，每个系列的第一个数据点代表的就是这个单一探测时段。之后，你立即开展无错误辅助和有错误辅助系列教学，在两个条件之间快速交替（比如，每天实施一个无错误辅助时段、一个有错误辅助时段）。在完成第一个教学系列后，你立即对分配给每个条件的第二个系列的单词（无错误辅助系列 2 和有错误辅助系列 2）进行一次前测，然后再开始这个系列的教学。这一过程会在所有系列的单词教学中持续进行。如果在一种干预下掌握单词的时间一直少于在另一种干预下的时间，那么功能关系就得到了证明（认为某种干预更好）。例如，在图 12.4 中，在 10 次假设性比较中，无错误辅助每次都能让学生掌握得更快。一般来说，每个系列都按照预先设定的时段数量（比如，在每个条件下开展一个时段；在每个条件下开展四个时段）开展，并在教学的最后一天测量学生的掌握情况。或者，从临床的角度来看，你也可以一直

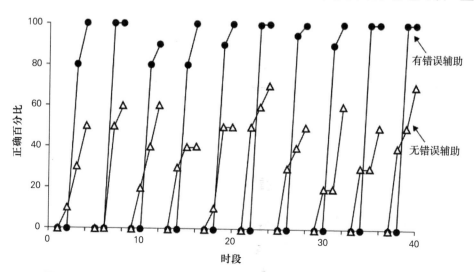

图 12.4　采用重复掌握设计的假设性数据比较无错误辅助和有错误辅助

408 | 特殊教育和行为科学中的单一被试设计（第3版）

教，直到参与者至少在某一系列行为上达到预设标准，就如图 12.4 所显示的那样。由于这一设计的数据相对较少（和交替处理设计相似），我们建议至少完成5 次（而不是 3 次）比较（潜在效果证明）。

图 12.4 中呈现的数据与重复掌握设计中的典型偏好一致。当在单一时段内测量掌握程度时，这种呈现方式的一个变体是用相连的数据点显示每次比较的数据；这些数据看起来和采用交替处理设计呈现的数据一样（参看图 12.5）。

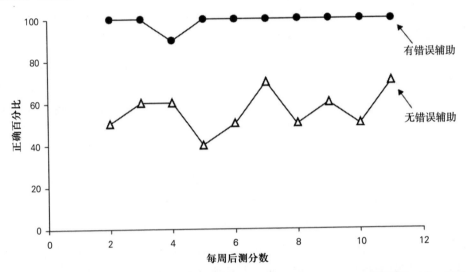

图 12.5　采用重复掌握设计的图表数据变体；这些数据和图 12.4 中的数据一致。没有绘制教学前的数据。

在近期使用重复掌握设计的研究中，斯潘塞（Spencer）和同事（2012）使用重复掌握设计回答了一个包括某种成分分析的问题。他们评估了旨在增加词汇量和提高理解能力的干预是否比单独重复阅读的干预效果好（参看图12.6）。你应该注意的是，斯潘塞和同事只对每种行为的前 3 个系列干预进行了比较；考虑到重复掌握设计使用最小基线测量，从研究的角度来看，不建议这么做。

程序指南

当使用重复掌握设计时，要遵循以下准则。

1. 确定多种未知（如 20 种或更多种）但能够被参与者快速掌握的不可逆行为（这可能需要一个筛选条件）。

2. 选择一个灵敏的、可靠的、有效的和可行的数据收集系统，并针

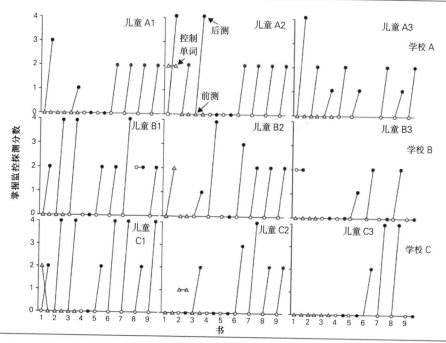

图 1　前测和后测中词汇掌握监控探测

注意：每本书的前测和后测的最高分数都是 4 分，包括每本书的两项词汇任务的分数。在对三本书中未学过的词汇的前测和后测中进行了评估。对于未学过的词汇，前测和后测的最高分数都是 2 分，包括每本书中的一个未学过的词汇的分数。学校 B 中的三名儿童没有完成第三本书中有关未学过词汇的题目。儿童 A3 没有参加第六本书的后测。

图 12.6　带有前三次比较的控制集的重复掌握设计变体

资料来源：Spencer, E.J., Goldstein, H., Sherman, A., Noe, S., Tabbah, R., Ziolkowski, R., & Schneider, N.(2012). Effects of an automated vocabulary and comprehension intervention: An early efficacy study. *Journal of Early Intervention*, 34, 195-221.

对该系统和你的行为定义进行试验。

3. 预先确定信度和忠诚度数据收集的频率（如 33% 的时段），并在研究过程中持续收集数据。

4. 使用方法 1 或方法 2（见上文），将行为分配到不同的集里。

5. 对第一个行为集实施一个探测时段。

6. 对每个行为集的最初行为进行教学指导，对每个集使用不同的干预，在不同干预之间快速交替，直到数据显示参与者达到掌握水平。

7. 对其余的每次比较重复步骤 5 和步骤 6。

8. 在相似的参与者身上复制实验。

优点

当比较研究关注的两种干预且研究关注的因变量是所有参与者都能快速掌握的不可逆行为时，使用重复掌握设计很合适。对于实务工作者来说，重复掌握设计具有更多潜在好处，因为它不像适应性交替处理设计、跨行为多探测设计以及平行处理设计那样，需要在引入干预前进行重复测验。和适应性交替处理设计不同的是，重复掌握设计包括在每名参与者（参与者内复制）身上开展多重比较，这样可以对不同的干预进行快速比较。

局限

与其他旨在评估不可逆行为的设计（多探测设计、适应性交替处理设计、平行处理设计）相比，重复掌握设计在方法上的不足使其显得更加不理想。这一设计缺少教学后探测条件，因此，它缺少评估短期维持效果的内在机会。采用这一设计的研究很少评估维持效果，因此，有关干预的效率和有效性的结论可能并不完善。此外，采用这一设计进行的基线测量通常是在教学前的某个时段内进行的，因此无法对由历史和成熟造成的潜在威胁进行评估，也无法评估潜在的增长趋势。由于存在这些方法上的缺陷，最好对每名参与者都进行多次比较。

结论

重复掌握设计为教授不可逆行为提供了一种相对快速的教学条件比较方法。虽然这一设计在方法层面上存在很多不足，但无须开展教学前测验且实施速度相对快，这对实务工作者来说可能仍然具有吸引力。

简短实验设计

简短实验设计（brief experimental design）是一组常用的单一被试设计的变体，尤其是撤除（A-B-A-B; 比如，McComas et al., 1996）和交替处理（多因素设计变体；McComas et al., 2009; Mong & Mong, 2012）设计。简短实验设计需要的时段更少，这使得它在应用情境中具有实用性；但是，较少的复制也降低了结论的可信度。通常，当开展功能分析时会采用简短实验设计，之后往往会采用第二种单一被试设计分析干预，以便进一步确认使用简短实验设计的结果。当通过降低与扩展的多因素设计有关的问题行为出现的可能性来评估功能分析的结果时，简短实验设计可能比应用更广泛的多因素设计更为合适。近来，马滕斯和格茨（Martens & Gertz, 2012）讨论了在开展行为的功能分析的情境中使用简短实验设计的问题，他们声称这种程序的使用"……获得了研究者和教育工作者的认可，他们认为它可以作为针对无法回应课堂教学的儿童做处理决策的宝贵工具"（p. 93）。这个设计对于确定在几种干预中，哪一种可能会有效增加理想的学业行为特别有帮助（Martens, Eckert, Bradley, & Ardoin, 1999）。当只对功能分析中的每个条件评估一次，并发现了一个不确定的关系（比如，和所有其他条件相比，问题行为在"逃避"条件下出现得最多）时，你可以只对问题行为水平高的条件进行进一步评估，而不让参与者暴露在可能导致问题行为增多的其他条件下。例如，在"逃避"条件下问题行为水平高的情况下，你可以开展干预，在简短分析后采用 A-B-A-B 撤除设计评估逃避消退的情况。

在一篇已发表的文章中有一个采用简短实验设计的例子（LeGray, Dufrene, Sterling-Turner, Olmi, & Bellone, 2010），该设计用于测试在普通教育学前班和幼儿园班级中实施的功能分析中的四个条件（关注、实物、逃避以及自由游戏）。莱格雷等人（LeGray et al.）没有使用传统的多因素设计（在每个条件下进行 3~5 次复制），而只在一个 10 分钟时段内实施每个条件。然后，通过使用对四个初始条件中问题行为水平最高的一个条件的依联倒返，引入额外的条件（比如，真正的倒返；如果关注导致高水平的问题行为，那么依联倒返会导致学生在出现问题行为时被忽视，而在没有出现问题行为时受到关注）。如此，问题行为水平最高的条件得以恢复（图 12.7 中的上图），最后，引入另外一个依联倒返条件。对每一个条件都使用一个数据点（单一时段）。在确认依联倒返导致低水平的问题行为后，在交替处理设计的情境中收集额外的干预数据（图 12.7 中的下图），这证实了在简短实验设计的情境中开展的功能分析的结果。

程序指南

当使用简短实验设计时，要遵循以下准则。

1. 确定并定义一个可逆的目标行为。

2. 选择一个灵敏的、可靠的、有效的和可行的数据收集系统，并针对该系统和你的行为定义进行试验。

3. 预先确定信度和忠诚度数据收集的频率（如 33% 的时段），并在研究过程中持续收集数据。

4. 每个条件至少在一个时段中引入。

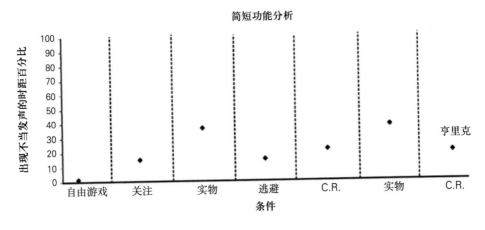

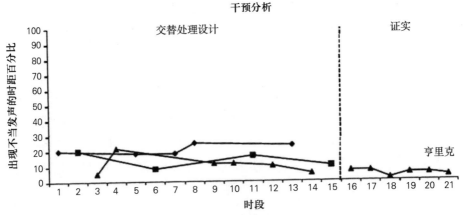

图 12.7　简短实验设计及后续交替处理设计评估

资料来源：LeGray, M.W., Dufrene, B.A., Sterling-Turner, H., Olmi, D.J., & Bellone, K.(2010). A comparison of function-based differential reinforcement interventions for children engaging in disruptive classroom behavior. *Journal of Behavioral Education*, 19, 185-204.

5.如果因变量的水平和某个条件之间存在关系（比如，在某个条件中行为水平更高或更低），那么要通过评估确定这一关系：（1）依联倒返；（2）基于关系的干预。

6.在相似的参与者身上复制实验。

优点

比较性数据表明，使用简短实验设计的功能分析是有效的，在扩展分析中也得到了相同的结论（Mong & Mong, 2012）。因此，本地的实施者（如实务工作者）可以花更少的时间评估行为的功能，从而更快地实施有效的干预。

局限

简短功能分析虽然在有效干预的实施方面被证明是准确的和有效的，但是缺乏充足的复制。使用这一设计时，需要使用不同的设计进一步确认功能关系。例如，可以利用依联倒返（A-B-A-B）进行确认，此处的"A"在简短分析中是导致更高水平的问题行为的条件。你也可以通过在其他实验设计情境（如跨行为的多基线）中实施某种干预（通过简短分析中的数据进行选择）来确认结果。

结论

简短实验设计的应用日益普及（比如，Cihak, Alberto, & Fredrick, 2007; Dufrene, Watson, & Kazmerski, 2008; LeGray et al., 2010; McComas et al., 2009; Mong & Mong, 2012; Petursdottir et al., 2009; Ward & Higbee, 2008）。当需要进行初始评估以确定行为的功能时，这一设计非常有帮助。但是，还需要应用第二种单一被试设计来确认结果（效果复制）。

联合设计

在这一部分，我们将呈现一个联合设计的案例，当研究问题或实际情况需要时，会应用这一设计。当计划开展一项研究或在研究期间试图挽救实验控制时，需要联合几种单一被试设计。更具体地说，应用研究者联合几种设计的目的是：

1. 在一项调查中回答不止一个研究问题。例如，你可能会在 A-B-A-B 设计中比较基线和干预条件，而 B 条件还包括适应性交替处理设计（两种干预快速交替）。

2. 说明研究设计的内在局限（如跨参与者多基线设计），并通过增加另外一种设计（如跨行为多探测设计）增强对实验控制的证明。

3. 如果行为、参与者或条件不是彼此独立的，那么要对共变做出回应，就像开始多基线或多探测设计研究之前那样，可以改用跨未处理的行为、参与者或条件的同时性监测的 A-B-A-B 设计。

表 12.2 列出并简要概括了几项基于上述一个或多个原因而联合多种单一被试设计的研究。研究者对挑战性行为进行功能分析时，常见的做法是将交替处理设计（交替处理设计—多因素设计变体）和 A-B-A 设计（Baker, Hanley, &

Mathews, 2006; Roantree & Kennedy, 2006）或 A-B-A-B 撤除设计（Dwyer-Moore & Dixon, 2007; Hanley, Piazza, Fisher, & Maglieri, 2005）联合起来。认识到非并存多基线设计的局限性的研究者通过将其与 A-B-A-B 撤除设计或 "倒返" 设计（Freeman, 2006; Tiger, Hanley, & Hernandez, 2006）、多基线设计（Schindler & Horner, 2005）或变标准设计（Najdowski, Wallace, Doney, & Ghezzi, 2003）联合起来，增强了对实验控制的评估。还有一些研究者认识到了参与者内复制的重要性，而在跨参与者多基线（或探测）设计中并未提及，因此将其和跨行为多探测设计（Smith et al., 2016; Trent, Kaiser, & Wolery, 2005）、跨条件多探测设计（Charlop-Christy, Lee, & Freeman, 2000）、A-B-A-B 撤除设计（Koegel, Werner, Vismara, & Koegel, 2005）以及变标准设计（Levin & Carr, 2001）联合起来。跨参与者多基线设计也已经和 A-B-A-B 设计（Charlop-Christy & Haymes, 1998）、交替处理设计（Lloyd, Bateman, Landrum, & Hallahan, 1989）以及适应性交替处理设计（Canella-Malone, Sigafoos, O'Reilly, Cruz, Edrisinha, & Lancioni, 2006; Cuvo & Klatt, 1992; Worsdell, Iwata, Dozier, Johnson, Neibert, & Thomason, 2005）联合使用。这些研究以及表 12.2 列出的研究用例子说明了应用研究者使用的联合设计的范围，但是这并不意味着我们已经穷尽了应用情境。当设计你的研究时，重要的是选择一种研究设计或者联合设计，该设计能够评估对内部效度的威胁，并回答提出的研究问题。正如贝尔、沃尔夫和里斯利（1987）所说："一项好的设计是能够令人信服地回答问题的设计，因此需要针对问题进行构建，然后在这个背景下通过论证（有时也被称为 '深思熟虑'）进行检验，而不是照本宣科。"（p. 139）"也许更重要的一点是，有说服力的设计应当比 '合适的' 设计更重要。"（p. 320）

表 12.2　使用联合单一被试设计的研究

设计	参考文献	参与者	环境 / 安排	自变量	因变量
跨情境多探测设计 +ABAB	Alberto, P.L., Heflin, J., & Andrews, D.(2002). Use of the timeout ribbon procedure during community-based instruction. *Behavior Modification*, 26, 297-311.	数量：2 名 性别：男性 年龄：10~11 岁 残障 / 诊断：智力障碍	环境：社区工作站和学校体育馆 安排：一对一	结合代币强化，使用罚时出局程序以展现恰当行为	干扰社区参与的不当行为百分比

（续表）

设计	参考文献	参与者	环境 / 安排	自变量	因变量
跨参与者多探测设计＋跨情境多探测设计	Charlop-Christy, M., Le, L., & Freeman, K.A.(2000). A comparison of video modeling with in vivo modeling for teaching children with autism. *Journal of Autism and Developmental Disorders*, 30, 537-552.	数量：5 名 性别：4 名男性、1 名女性 年龄：7~11 岁 残障 / 诊断：孤独症	环境：私立治疗中心 安排：一对一	现场示范或视频示范社交、适应或认知技能	正确反应的次数
跨情境多探测设计＋ABAB	Hughes, M.A., Alberto, P.A., & Fredrick, L.L.(2006). Self-operated auditory prompting systems as a function-based intervention in public community settings. *Journal of Positive Behavior Interventions*, 8, 230-243.	数量：4 名 性别：2 名男性、2 名女性 年龄：16~18 岁 残障 / 诊断：中度智力障碍	环境：社区工作站 安排：一对一	能够强化关注或逃避—维持行为的自我操作式听觉辅助系统	逃避—维持和关注—维持的目标行为（每名参与者都不一样）

（续表）

设计	参考文献	参与者	环境/安排	自变量	因变量
跨参与者多基线设计+ABAB	Koegel, R.L., Werner, G.A., Vismara, L.A., & Koegel, L.K.(2005). The effectiveness of contextually supported play date interactions between children with autism and typically developing peers. *Research & Practice for Persons with Severe Disabilities*, 30, 93-102.	数量：2名 性别：1名男性、1名女性 年龄：8~9岁 残障/诊断：孤独症	环境：社区/家庭游戏场所 安排：小组	通过提供配套式和结构化情境支持，促进孤独症儿童和典型发育儿童参与活动	孤独症儿童和典型发育同伴之间的互惠式互动
跨参与者多基线设计和变标准设计	Levin, L., & Carr, E.G.(2001). Food selectivity and problem behavior in children with developmental disabilities: Analysis and intervention. *Behavior Modification*, 25, 443-470.	数量：3名 性别：2名男性、1名女性 年龄：5~7岁 残障/诊断：孤独症（3）、中度到重度智力障碍（3）	环境：自足式教室 安排：一对一	通过餐前提供喜欢的食物和控制靠近喜欢的食物的形式，对进食行为进行正强化	在每个时段内咀嚼不喜欢的食物的次数

联合设计的指南和注意事项

决定将两种单一被试设计联合起来，应当发生在认识到单独使用一种设计在实验分析上的局限性以及两者联合所具有的优点之后。我们建议你按照下述方法做出有关联合设计的决定。

1.写出你做联合设计的理由。必须指出你考虑用于回答研究问题的每一种设计的局限性。

2.选择两种最简单的研究设计，它们能够：（1）回答你的研究问题；（2）控制对内部效度的威胁；（3）就研究环境的要求而言，具有可操作性。

3.确定你的研究的主要设计，这一设计将"驱动"决策进程。通常，这是你一开始就想使用的设计，但在认识到它的局限性后，你决定增加第二种设计来解决这个问题。例如，由于认识到跨参与者多基线（或探测）设计无法评估参与者内复制，你决定将跨参与者（N=3）多探测设计和跨行为（N=2）多探测设计联合起来。当参与者 1 的第一个行为达到标准时，你将在参与者 1 的第二个行为上引入自变量，同时在参与者 2 的第一个行为上引入自变量。当参与者 2 的第一个行为达到标准时，你将在参与者 2 的第二个行为上引入自变量，同时在参与者 3 的第一个行为上引入自变量。在这个例子中，主要设计是跨参与者多探测设计，而跨两种行为的多探测设计弥补了跨参与者多探测设计的主要不足（即直接参与者内复制）。图 12.8 呈现了这一联合设计的原型。

当选择采用联合设计时，要考虑选择的逻辑。如果你可以将跨参与者多探测设计和跨行为多探测设计联合起来，那么会获得很多实际的益处。是的，你可以在引入自变量之前将多基线设计联合起来，进行连续的而不是间断性的测量，但是，这很可能无法实现，尤其是如果研究在教室或诊所环境中开展的话。尽管测量频率会降低，几种多探测设计的联合仍然可以评估历史和成熟威胁，并将测验威胁减少到较低程度，而且在应用研究环境中更具可操作性。请遵循你所选择联合的两种设计各自的应用建议和指南。

当你设计研究时，无论是选用单一设计，还是选用联合设计，你的首要任务都是选择一种可以回答你的研究问题的设计。为此，应当使用能够评估对内部效度的潜在威胁的最简单的设计和数据收集程序。当将不同设计联合起来的时候，同样要遵循简约原则。你应"做自己最严厉的批评家"；预测各种批评意见，并根据你辨识出来的不足调整你的测量和研究设计决策。你的研究设计和测量程序要简洁，但又不能简洁到不足以应对内部效度威胁问题，以至于破坏你的研究结果。

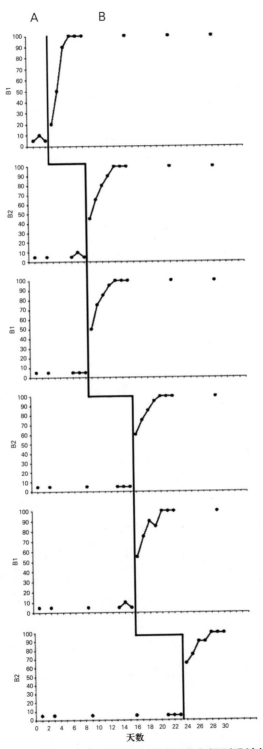

图 12.8　跨参与者多探测设计和跨行为多探测设计的原型

应用例子 12.2：跨行为和跨参与者的多基线设计

Trent, J.A., Kaiser, A.P., & Wolery, M.(2005). The use of responsive interaction strategies by siblings. *Topics in Early Childhood Special Education*, 25, 107-118.

在这项研究中，研究者评估了教授唐氏综合征儿童的同胞在家中使用积极互动策略的有效性。参与者是两对同胞，每一对都包括一名典型发育的姐姐和一名有唐氏综合征的妹妹。每对同胞的年龄分别是 7 岁和 5 岁，以及 9 岁和 7 岁。教授典型发育同胞学习镜像（动作模仿）和言语回应。

主要数据是典型发育同胞参与镜像（模仿）和话轮回应的时距数量，采用部分时距记录系统收集数据。此外，还对几个次要变量进行了编码，包括轮流时是否使用言语（任何一种发声形式）和内容是否与主题相关（观察者可理解的内容）。他们还计算了典型发育同胞回应唐氏综合征妹妹的次数百分比；这个根据唐氏综合征儿童发起的次数进行测量。

因变量（IOA）和自变量（PF）的信度数据是在所有条件下，在 25% 的时段内收集的。采用点对点（一个时距接一个时距）方法，得到的观察者间一致性（IOA）的范围是 83%~100%，程序忠诚度的范围是 89%~100%。

研究包含三种实验条件（基线、干预和追踪）。在跨行为和跨参与者的多基线设计情境中评估干预的效果。实验时段是在家庭中实施的，每周两次，每次持续 30~60 分钟。在基线时段期间，观察者要求同胞们在没有其他家庭成员的房间里一起玩 10 分钟。采用 10 秒的部分时距记录系统记录典型发育同胞使用回应式干预策略向唐氏综合征同胞发起话轮的情况。在干预期间，每个时段都被分成三个部分。第一个部分包括教授典型发育同胞学习或复习互动式回应策略。第二个部分包括同胞们玩 10 分钟游戏。在第三个部分中，每对同胞和观察者一起观看游戏时段的录像，观察者提供积极的和纠正性的反馈意见。在完成干预条件一个月后实施了追踪时段，它和在基线时段内实施的条件一样。

图 12.9 呈现了典型发育同胞在基线、干预和追踪条件期间的 10 秒时距中使用回应式互动策略的次数，采用跨行为和跨参与者的多基线设计进行评估。在教学之前，她们很少使用回应式互动策略和自己的唐氏综合征妹妹互动。数据的视觉分析显示，回应式互动策略的使用从基线条件中的稳定、低

水平、零趋势或减速趋势，转变为引入教学后的多变的、加速的治疗趋势。
这些数据在每对同胞中都得到了复制。在一个月的追踪时段期间，同胞使用
回应式互动策略的水平维持在基线水平以上。

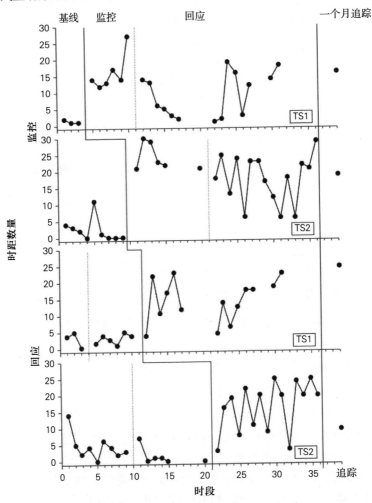

图12.9 跨行为和跨参与者的多基线设计

资料来源：Trent, J.A., Kaiser, A.P., & Wolery, M.(2005). The use of responsive interaction strategies by siblings. *Topics in Early Childhood Special Education*, 25, 107-118.

研究者还采用跨参与者多基线设计测量了话轮回应次数；不过这一设计
只有两个层级（此处未呈现数据）。对于两名参与者来说，在镜像条件下回
应次数没有增加，但是在言语回应条件下次数有所增加。唐氏综合征同胞的

行为数据更为多变。在研究的所有条件下，话轮的次数都呈现多变态势。虽然在整个干预过程中，典型发育同胞发起的话轮次数比她们的唐氏综合征同胞多，但是和基线条件相比，在干预条件结束时，典型发育同胞和唐氏综合征同胞发起话轮次数的比例更加均衡。

应用例子 12.3：交替处理设计和 A–B–A–B 撤除设计

Dwyer-Moore, K.J., & Dixon, M.R.(2007). Functional analysis and treatment of problem behavior of elderly adults in long-term care. *Journal of Applied Behavior Analysis*, 40, 679-683.

德怀尔–穆尔和狄克逊（Dwyer-Moore & Dixon, 2007）研究了功能分析和基于功能的治疗在一家长期护理机构里的三名老年参与者身上的应用。这项研究的参与者都患有失智症，年龄从 70 岁到 90 岁不等，他们由于表现出问题行为而被机构行政人员和护理人员转介。其中两名女性参与者是由于有破坏性发声行为（说脏话、不停地重复、"胡言乱语"）而被转介的，一名男性参与者是由于从机构中出来游荡，其安全得不到保障而被转介的。在交替处理设计（多因素设计变体）结合 A-B-A-B 撤除设计的情境中对功能分析和治疗结果进行评估。因变量是针对不良目标行为的每分钟反应数。观察者间一致性（IOA）的计算方法是用较小的频率计数除以较大的频率计数，再乘以 100%。功能分析时段的一致性范围是 90%~100%（M=94%），治疗时段的范围是 92%~100%（M=97%）。

在功能分析期间有 4 个实验条件（关注、要求、控制、单独），每个条件实施 10 分钟，两个时段之间有 5 分钟的休息时间。在关注条件下，实验者坐在房间的一侧，只在参与者出现问题行为时给予其 5~10 秒的社会性关注。在要求条件下，每次出现问题行为就取消要求（粗大运动或学业任务）30 秒。在控制条件下，实验者准备了可参加的休闲活动，并在每 30 秒的时距内给予 5~10 秒的社会性关注。在单独条件下，实验者通过门上的小缝隙"暗中"观察；在这个条件下没有休闲活动和社会性关注。研究的功能分析（交替处理设计、多因素设计变体）部分结果显示，两名参与者（艾丽斯和卡门）的目标行为是由关注维持的，第三名参与者（德里克）是由逃避要求维持的。

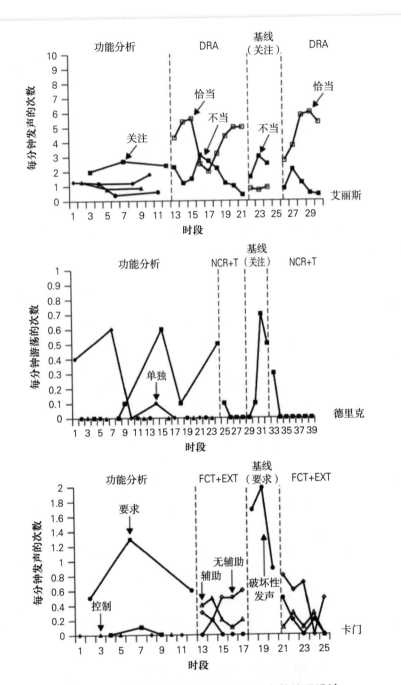

图 12.10　联合使用 A–B–A–B 设计和交替处理设计

资料来源：Dwyer-Moore, K.J., & Dixon, M.R.(2007). Functional analysis and treatment of problem behavior of elderly adults in long-term care. *Journal of Applied Behavior Analysis*, 40, 679-683.

对每名参与者实施 10 分钟的干预时段。对艾丽斯采用 DRA 程序，3~5 秒的社会性关注依联于恰当发声。不当发声则被忽略。对德里克进行干预时，按照 FT-30 秒程序表给予他非依联社会性关注，并让他参加他最喜欢的休闲活动（通过偏好评估确定）。对于游荡，不提供任何后果。如果他走出房间，那么一旦观察到他表现出恰当行为，就把他重新带回房间。对卡门的干预是在要求情境中实施带有消退的功能性沟通训练。实验者不断地提要求，并辅助她把休息卡递给他。辅助或不辅助卡门出示休息卡，她都会从活动中获得 30 秒的休息时间。不当发声会导致实验者不断地提要求，如果 5 秒没有发声，实验者会辅助她出示休息卡。

图 12.10 显示了对每名参与者进行功能分析和治疗的结果。对于艾丽斯，交替处理设计显示不当发声是由关注维持的。对恰当发声采用 DRA 后，不当发声减少了 40%，恰当发声增加了 400%。在 A-B-A-B 撤除设计的情境中，干预的有效性得到了证明。德里克的游荡行为也是由关注维持的，非依联关注和参加喜欢的休闲活动的治疗集成包的使用使他的游荡行为减少了 85%。功能分析显示卡门的破坏性发声是由逃避要求维持的。功能性沟通训练和消退使得她的不当发声次数从基线条件到干预条件减少了 82%。

总结

在本章中，我们回顾了一些单一被试设计，与前几章提到的主要设计相比，它们应用得更少一些。此外，我们还介绍了在单一被试设计研究中使用联合设计的缘由。越来越多的应用研究者将几种单一被试设计联合起来使用，以帮助他们在调查中回答多个研究问题（比如，用交替处理设计评估行为的功能，用 A-B-A-B 设计评估干预效果），并应对某些设计的局限性，如缺乏参与者内复制（比如，跨参与者多探测设计和跨行为多探测设计的联合）。由于单一被试设计具有动态性，因此研究者能够出于增强实验控制以应对行为共变的意图，在研究过程中为一名或多名研究参与者增加或改变实验设计。在我们讨论联合设计时，我们主张在能够回答研究问题并控制对内部效度的威胁的前提下，联合设计越简单越好。在选择设计之前，我们建议你扮演批判者的角色，系统地梳理出所有会对内部效度造成潜在威胁的因素以及评论家可能提出的各种批评意见。这样做，你将更好地阐释你为何选择这样的设计，并且能够说明设计对评估实验控制而言具有哪些优点和缺点。

第13章　评估单一被试研究的质量和严谨度

珍妮弗·R. 莱德福、贾斯廷·D. 莱恩和罗宾·泰特（Robyn Tate）

重要术语

偏差风险（risk of bias）、严谨度（rigor）、内部效度（internal validity）、质量（quality）、标准（standards）、质量指标（quality indicators）、评分框架（rating frameworks）、生态效度（ecological validity）、社会效度（social validity）、刺激泛化（stimulus generalization）、反应泛化（response generalization）、维持（maintenance）

严谨度、偏差风险、内部效度和质量
单一被试设计研究的关键特征
　　设计的恰当性
　　效果的证明
　　因变量的信度
　　自变量的信度
　　数据的充足性
能够提高质量的特征
　　生态效度
　　社会效度
　　泛化评估
　　维持评估
随机化和严谨度
评估严谨度的目的
标准、质量指标和评分框架

描述严谨度的工具

　　有效教育策略资料中心单一被试设计标准

　　霍纳/特殊儿童委员会质量指标

　　单一被试分析和评述框架

　　RoBiNT

　　偏差风险工具

充分报告

总结

附录：研究问题工作单

附录：严谨度核查表

　　到目前为止，我们主要讨论的是单一被试设计研究的**实施**。当然，无论是研究者还是实务工作者，为了将自己的研究与环境相结合，并确定关于特定环境下的特定实践存在何种程度的证据（什么有效？对谁有效？在什么条件下有效？），也都必须**分析**他人的研究。在接下来的两章中，我们将说明，对证据严谨度的评估和对结果的评估应分开进行。尽管结果可能看起来更为相关（特别是对研究者—实务工作者而言），我们仍然认为，如果没有分析每项研究的**严谨度**，没有将参考文献作为一个整体进行有意义的分析，那么对**结果**的评估就毫无意义。因此，在这一章中，我们将重点评估单一被试设计研究的严谨度。在下一章中，我们将更加深入地讨论单一被试设计研究的原理与方法，并分析不同研究的结果。

严谨度、偏差风险、内部效度和质量

　　严谨度、偏差风险以及内部效度这些术语已经被人们互换使用，指的是我们在多大程度上相信研究的结果是由人为设计的条件间差异造成的，而不是由其他因素造成的。**偏差风险**是一个在分组比较研究中使用的术语，指的是研究者在方法上做出的一些决策导致研究结果出现偏差，从而可能高估效果（Higgins et al., 2011）。例如，在分组比较研究和单一被试设计研究中，都有可能出现观察者偏差，而使用盲观察者（一般指盲评分者）可以使这一偏差最小化。**严谨度**是一个更全面的术语；它指的是研究者以某种方式计划和实施的研究在多大程度上可以产生令人信服的结果。严谨度包括最大限度地减少偏差以及其他会降低结果可信度的因素，如缺乏充足的数据以得出可信的结论、选择不恰当的设计回答研究问题等。兼具低偏差风险和高严谨度的研究是**内部有效**的。偏差风险、严谨度和内部效度不以二分法评定，相反地，它们通常被认为是低水平的、中等水平的或高水平的。**质量**是评估研究中使用的另一个术语；它一般指的是研究是否包括对泛化性或适用性具有重要意义的成分；与其他术语相比，这一术语更具有领域针对性。例如，在典型的学校情境中考察教育干预很重要，但是这和实验心理学无关。理想的研究具有高质量、低偏差风险、高严谨度和内部效度。下面，我们会分别讨论我们认为关键的研究特征——没有这些特征就不是严谨的研究；还会讨论我们认为对提升质量而言重要的特征——通过提高适用性、重要性或泛化性——但对于确保足够高的内部效度而言不那么关键。

单一被试设计研究的关键特征

我们辨识出了 5 个对于设计足够严谨的研究而言非常关键的要素。它们包括使用恰当的设计回答你的研究问题、具有足够多的机会证明效果、证明自变量具有足够高的可信度、证明因变量具有足够高的可信度、收集足够多的数据。人们通常认为这些特征很重要，但对于每一个特征是否都起到关键作用尚未达成共识（参看 Hitchcock et al., 2014; Wolery, 2013）。

设计的恰当性

只有在使用恰当的设计回答你的研究问题时才能得出有关功能关系的可靠结论。基本的研究特征（比如，行为的可逆性以及研究问题类型）应当被用来缩小设计的选择范围（参看附录 13.1）。通过考虑诸如可行性、对效度的可能威胁以及可利用的参与者、情境和行为等，可以在各种可能恰当的设计类型中做出更明智的决定。为了回答研究问题而不恰当地使用单一被试设计的例子包括：（1）在试图使用可逆行为的设计情境中测量不可逆行为；（2）在没有充分复制的情况下得出和基线条件有关的结论（比如，在没有连续基线条件的交替处理设计中或在 A-B-C-B-C 设计中）；（3）在使用适应性交替处理设计时未能控制历史或成熟威胁。附录 13.1 提供了一个根据问题类型（证明或比较）和因变量类型（可逆或不可逆）确定恰当研究设计的框架；它不仅能够帮你在开展研究时确定应当采用的设计，还能够用于判断其他研究者是否使用了最恰当的设计。

潜在效果证明

如果研究者选择了恰当的设计来回答他们的研究问题，那么下一步就是判断他们是否具有足够多的关于充分控制对内部效度的威胁的证明，从而进行效果的实验证明。一般来说，在三个不同的时间点进行三次潜在证明就足够了，但这对一些常见的设计变体来说是**不够的**，包括具有两个层级的多基线设计或多探测设计，以及具有不充分*相邻条件*的撤除设计或多处理设计（比如，A-B-A、A-B-C-D-C、A-B-A-C）。注意，对于具有三个或更多个层级但起始点少于三个的多基线设计而言，其潜在证明的次数是不够的，而且所有的非并存多基线设计的严谨度都不足，无法得出令人信服的结论（参看第 10 章）。同样地，在并存基线之后开展有不同干预的多基线设计也不恰当（比如，在前两个层级使用 A-B 设计，在第三个层级使用 A-C 设计）。如果无法做到在三个不同时间点至少进行三次潜在证明，那么研究的内部效度就不够高。我们注意到，由于在这一领域，这些指导原则相对较新，因此，在 2000 年以前开展的很多研究可能没有达到这里以及其他严谨度准则提出的要求。

信度

在第 5 章中，我们讨论了人类观察者的潜在危害，包括误差、偏差以及漂移。这里，我们想重申的是，研究必须包括次要观察者，如果可能，选择对条件一无所知的次要观察者（Chazin et al., 2017; Tate et al., 2014）。次要观察者应当是独立的（比如，不受主要观察者的反应的影响），并且应当在所有条件下的大约 1/3 时段内，和主要观察者一起收集所有参与者的数据（Ledford, Barton, Severini, & Zimmerman, 2017）。我们应当注意到，其他研究者也建议收集 20%~25% 时段的数据（比如，WWC, 2013）。根据编码的复杂性以及连续获得的观察者间一致性确定最低频率（Kazdin, 2011; 比如，当特定条件下的一致性很低时，应收集额外的一致性数据）。此外，考虑到数据记录系统，应当采用最精确的方法计算观察者间一致性（比如，如果可以，采用点对点方式）。应报告跨参与者和跨条件的平均值和范围，对任何一个低数值都应进行说明。研究者最好展示他们对次要观察者收集的数据的视觉分析的结果，以评估潜在的偏差和漂移，并报告再培训和差异讨论的程序。很多工具（见下文）显示，80% 的一致性是可接受的；正如第 5 章所述，这在某种程度上是一个粗糙的标准。在确定可接受性时，你应当对编码和情境的复杂性、因变量的相对主观性，以及（最为重要）低一致性是否可能改变数据模式（进而影响你做出关于功能关系的决策；Barlow & Hersen, 1984）进行评估。如果没有收集信度数据并报告所有因变量和参与者的数据都达到了足够高的水平，以至于无法对条件之间的变化产生信心，那么研究就不具备足够高的内部效度。

自变量的信度

我们也认为自变量实施的信度是一个关键因素；如果未能确认所有条件都已按计划实施，那么我们就无法确信条件之间发生了预期出现的变化（Ledford & Gast, 2014; Ledford & Wolery, 2013）。当然，这使得我们无法充满信心地说正是条件之间的差异导致了参与者的行为改变。正如第 6 章所讨论的，研究者应当提供证据，证明*所有的*条件都是按计划实施的，而不仅仅是处理条件（Ledford & Gast, 2014; Ledford & Wolery, 2013）。对于什么样的标准水平是合适的，目前尚无一致的说法，但是实施率应当超过 90%，除非你的研究问题和忠诚度水平有关（比如，如果你想了解某些条件是否会导致干预的高忠诚度的使用）。程序忠诚度低的问题可以通过再培训（参看第 6 章）解决。应当说明忠诚度低的原因，并清晰地陈述低忠诚度的含义（比如，如果间断性测量的忠诚度低，但仍出现了积极的结果，这可能说明即使实务工作者没有始终以 100% 的忠诚度开展干预，干预还是很有效）。如果没有收集、报告跨比较条件（比如，基线和干预或干预 1 和干预 2）的忠诚度数据，并且忠诚度水平不够高，那么研究就不具备足够高的内部效度。

数据的充足性

最后一个我们认为关键的特征是有足够数量的数据，以判断功能关系是否存在。我们已经针对不同情况设定了不同的最低标准（比如，3 个与 5 个；CEC, 2014; WWC, 2013）。但是，我们并不认为需要确定一个具体的数字，我们建议分析师回答这样的问题：在一个或多个条件下，数据点的数量是否阻碍或明显不利于辨识：（1）行为改变是否发生？（2）这些改变是不是因为且仅因为条件之间的变化而发生的？如果对问题的回答是"是"，那么研究就不具备足够高的内部效度。一般而言，如果数据稳定地处于最低或最高水平，你就需要较少的数据点；如果数据变化多端，你就需要较多的数据点。

能够提高质量的特征

有一些特征对得出关于自变量和因变量之间的关系的可靠结论而言是必需的，还有一些特征虽然也有帮助，但并不重要。这些特征可以提高研究结果的适用性、重要性或者泛化性，但是不会对你得出可靠结论产生直接影响。有 4个这样的特征，即生态效度（ecological validity）、社会效度、泛化评估以及维持评估。其他用于描述研究的特征详见下文（参看"充分报告"）。

生态效度

生态效度指的是一项研究和典型情境相关的程度。当然，研究关注点不同，典型情境的含义和重要性也会有所不同（Bronfenbrenner, 1979）。例如，一名执业言语病理学家可能会发现，在诊所开展的一系列和回应式互动实践有关的研究都是由获得特殊教育工作者或言语病理学家执照的研究生实施的。但是，这组研究对致力于改善班上的 18 名残障学生和普通学生的回应式互动的学前教师来说，生态效度很低。因此，生态效度取决于你的研究问题。你应当评估生态效度中的两个成分：（1）研究中的情境和典型环境之间的相似程度；（2）实施者和通常实施干预的人之间的相似程度。此外，一些研究者建议将典型情境分成物理情境（比如，儿童一般就读学校的融合教室）、活动情境（比如，儿童通常会参加的活动，而不是人为营造的情境）以及社会情境（比如，在环境中通常会出现的其他人物）（Clarke & Dunlap, 2008）。

一项研究可能具有很高的内部效度，但是生态效度却很低；一项研究也可能具有很高的生态效度，却没有内部效度。对后者而言，虽然生态效度很高，但是研究并无意义，因为我们无法得出可靠的结论——或如布龙方布伦纳（Bronfenbrenner, 1979）所言："对那些仅因为在真实生活情境中开展，就似乎自然而然地被赋予科学合理性的研究，我表示质疑。"（pp. 28-29）然而，那些兼具生态效度和内部效度的研究可能会为相关领域贡献更多应用性的和可泛化的知识，缩小研究和实践之间的鸿沟（Ledford, Hall, Conder, & Lane, 2016）。当为综合各种研究的结果而评估这些研究时，你应分析这些研究在多大程度上利用了典型情境和本地实施者，并明确说明这在多大程度上影响研究结果的泛化性，以量化社会效度。

社会效度

社会效度是指一项研究的程序、目标以及结果的相对社会重要性（Wolf, 1978）；它和生态效度密切相关（Foster & Mash, 1999）。社会效度拥有众多特定间接利益相关人（比如，父母、实务工作者、参与者的雇主），尤其是在特殊教育和行为科学领域；我们倾向于使用和干预可接受性有关的调查问卷，对目标、程序或结果的认可度进行评估。这可能是测量社会效度**最简洁的**方式，尽管有人质疑这些评估的有用性，因为评估结果几乎总是正面的（参看 Ledford et al., 2016; Machalicek et al., 2008）。关于测量社会效度的其他方法，第 6 章已经讨论过，它们更少受偏差的影响。这些方法包括：（1）常模比较；（2）盲评分者；（3）提供干预选择（Hanley, 2010）。除了这些评估方法外，有人还认为，在没有干预的情况下，行为改变的维持也可以作为社会效度存在的有力证据（Kennedy, 2003）。当为综合各种研究的结果而评估这些研究时，你应评估研究在多大程度上测量了社会效度，在多大程度上使用了问卷调查这一更主观的方法或主观性较低的测量方法。

泛化评估

在特殊教育和行为科学领域，测量和改善泛化型行为改变已受到相当多的关注（参看特殊儿童委员会，2015; Wolery & Gast, 1984），而且至少在一些研究领域，泛化得到了持续评估（参看 Ledford, Lane, Elam, & Wolery, 2012）。可以评估两种泛化：刺激泛化和反应泛化。**刺激泛化**指的是所教授的行为在不同情境中的应用程度（如多种材料、不同的指导者、不同的环境）。例如，学习阅读提示卡上的单词的参与者可能会将这一技能泛化到阅读书本上的单词（跨材料的泛化），或者在数学课上学习对注意力进行自我监控的参与者可能会将这一技能泛化到阅读课上（跨环境的泛化）。**反应泛化**指的是在没有直接教学的情况下使用相似及相关行为的程度。例如，学习用语言回应同伴的参与者可能会泛化此行为并开始**主动发起**互动，或者学习用数轴做加法的学生可能也会开始用数轴恰当地做减法。当评估研究在多大程度上对泛化进行了评估时，可以问两个问题：（1）在研究情境之外，哪些类型的泛化比较合适？（2）泛化的测量结果如何？

在一些领域，刺激泛化可能非常重要（在单一被试设计研究中，最常测量这类泛化）；但是，在另一些领域，反应泛化才是关键。图 13.1 呈现了单一被试设计研究中泛化测量的层级；一般而言，仅进行后测的泛化评估是最不理想的，在单一被试设计的情境中开展连续测量是最理想的。

最严谨（实验评估）	1. 在单一被试设计的情境中，在测量目标行为数据的同时测量泛化；可以对主要数据和泛化数据进行实验分析。
	2. 在设计的每个条件中测量泛化，但测量机会较少（如每三个时段测量一次）；可以对条件之间的变化进行评估，尽管可能没有足够的数据。
一般（非实验评估）	3. 在干预条件之前、之中及之后，在预先确定的时距内（如在探测条件中）测量泛化；可以得出关于行为改变的结论。
	4. 在干预条件之前和之后（前测和后测）测量泛化；可以评估随着时间的推移而发生的变化，但无法做出因果推论。
最不严谨（只有描述性信息）	5. 在干预条件之后（仅后测）测量泛化；无法对行为改变进行任何评估，因为没有提供证据以证明干预前没有出现泛化型行为。

图 13.1　测量泛化的常见程序说明

维持评估

维持指的是在没有干预的情况下干预的持续效果（比如，准确性提高、问题行为减少）。单一被试设计研究一般不适合对行为改变的维持进行实验评估，尽管这是有可能的。例如，在跨参与者多基线设计中，第一个实验评估可以穿插在基线条件和干预条件之间进行，也可以延迟到维持条件之后进行，这样你可以对与干预条件相关的维持进行评估。但是，这种做法非常少见，一般来说也不是研究关注的首要问题。在 A-B-A-B 设计中，干预的撤除可以作为维持测量的一种形式，但它针对的是我们并不期待维持的行为。在评估研究在多大程度上对维持进行了评估时，你可以问三个相关的问题：（1）我是否期待这个行为继续维持？很多行为（尤其是那些可逆行为）在没有干预时，我们并不期待它们得以维持。（2）如果我希望维持，那么是否进行了测量？（3）对于维持结果的实验控制是否得到了证明？对于最后一个问题，答案很少是"是"；这并不是一个很大的缺陷，但你应当认识到，从非实验比较中得出的结论说服力不强。

随机化和严谨度

一些研究者建议，在单一被试设计研究中应当自由地使用随机化（Kratochwill & Levin, 2010）。我们不认为随机化的使用就是为了提高单一被试设计实验和分组设计实验之间的相似性。但是，在某些情况下，可以使用随机化减少偏差，从而提高严谨度。

在单一被试设计中采用随机化并不新奇；随机化在35年前的单一被试设计研究文献中就已经出现（比如，Wolery & Billingsley, 1982; Wolery, Holcombe, Werts, & Cipolloni, 1993）。干预条件实施的随机化在快速轮替设计（比如，交替处理设计；相关讨论，参看 Barlow & Hayes, 1979; Holcombe, Wolery, & Gast, 1994）和多探测设计或多基线设计（Wolery & Billingsley, 1982）中都有很长的应用历史。正如第10章和第11章所述，它在应用交替处理设计和适应性交替处理设计的研究中常被用来安排干预条件的实施顺序（参看 Haydon et al., 2010; Ingersoll, 2011; Lynch, Theodore, Bray, & Kehle, 2009），但是在多探测设计和多基线设计中，较少被用来安排干预的顺序（参看 Ledford, Gast, Luscre, & Ayres, 2008; Wolery, Holcombe, Werts, & Cipolloni, 1993）。

最近，有人提出了随机化的一些其他应用：（1）随机选择干预条件的开始时间（"随机化阶段起始点设计"；Kratochwill & Levin, 2010, p. 131）；（2）随机安排干预条件的实施顺序（"随机化阶段顺序设计"；p. 131）。例如，在一个不考虑数据模式（参与者反应）的 A-B-A-B 设计中，如果研究者随机决定在哪个时段让参与者从基线条件（A）转到干预条件（B），那么就可以使用随机化阶段起始点设计。当不考虑数据模式（比如，当基线条件期间存在治疗趋势时，一般会导致条件改变的延迟）而随机选择起始点时，难度就会增大。随机化阶段顺序设计包括在特定时间内为参与者随机选择某个条件（比如，在 A-B-A-B 设计中选择从 A 条件或 B 条件开始）。当从逻辑上来说在干预条件之前完成基线条件很重要时，使用这种方法就会遇到困难。

在分组设计比较研究中，随机化的目的是通过将参与者随机分配到不同干预中，最大限度地减少对内部效度的威胁。当参与者数量很多的时候，随机化的目的是使各组"均衡"；因此，从理论上来说，参与者之间存在的任何干预前差异（如社会经济地位、智力商数）都会在各组之间均匀分布。不过，随机分配数量很少的参与者（或项目、天数）无法达到同样的目的——随机化只有在数量众多的情况下才能作为一个均衡器使用。在分组研究中，这已经是广为人知的事实；统计学家一般认为参与者数量最少达到 50 人才能被随机分配到两个干预组中的一个组（参看 Kang, Ragan, & Park, 2008; Singh, 2006）。因此，虽然我们认同在设计单一被试研究时，随机化是一个合理的补充，但我们不认为它总是必要的，也不认为它"挽救"了单一被试设计研究的信度（Kratochwill & Levin, 2010）。

如同第 11 章所讨论的，抵消平衡法作为一种控制策略，类似于在分组设计研究中对参与者进行匹配，然后将其随机分配至各组（即配对设计）。例如，如果一名学生参与了一项使用 A-B-C-B-C 设计的研究，那么另一名学生就应当以抵消平衡的顺序参与干预，即 A-C-B-C-B 设计。在分组设计中，匹配参与者可使研究者充满信心地假设干预前的差异不会导致行为改变；同样地，抵消平衡条件可使研究者充满信心地假设干预顺序不会导致行为改变。在单一被试比较设计中，抵消平衡行为也会产生同样的效果；当在适应性交替处理设计的情境中，将六种行为随机分配到两个不同的教学程序中时，两个行为集很可能不具有同等的难度（随机分配的元素的数量不足以"平均"行为的难度水平）。但是，假设你将一系列行为分配给第一名参与者的干预 B 和第二名参与者的干预 C，如果干预 B 总是产生更好的结果，我们就可以充满信心地说，这是由于干预 B 是一种更好的干预，而不是另一种解释，即采用一种干预教授的行为比采用另一种干预教授的行为更简单。在选择了抵消平衡法（比如，两名参与者参与 B-C-B-C 设计的研究，另外两名参与者参与 C-B-C-B 设计的研究）后，就可以在考虑到抵消平衡规则的情况下随机分配参与者（或刺激）了（比如，并非有意选择两名参与者参与 B-C-B-C 设计，而是随机选择他们）。

尽管对随机化的某些应用存有疑虑，我们仍然认为在下述情况下使用随机化是可接受的，不过对内部效度威胁因素的控制仍依赖于对单一被试设计的适当运用。

（1）**随机安排干预的开始时间**：在任何一种单一被试设计的情境中，随机安排某种干预的开始时间都是合理的，但是要注意，不要在基线数据稳定之前开始干预（比如，在具有稳定基线数据的时段数达到预先确定的最低标准后的 0~2 天内）。

（2）**随机安排条件的实施顺序**：虽然随机安排条件顺序是一种有限的随机化，而不是真正的随机化，但它在快速交替设计中很常见。在交替处理设计、适应性交替处理设计、平行处理设计以及多因素设计中，它是合理的（而且应用广泛）。

（3）**随机分配刺激**：当在适应性交替处理设计、平行处理设计或快速交替设计的情境中对两种干预进行比较时，关键在于要给干预随机分配刺激或系列刺激，以避免出现潜在偏差（比如，将"更简单"的刺激分配给更心仪的干预）。

（4）**随机分配层级**：当使用多基线设计和多探测设计时，重要的是随机分配各个层级的实施顺序，以使出现偏差的可能性降到最低。在使用跨参与者多基线设计和多探测设计时，这一点尤为重要。

在单一被试设计中，内部效度并不依赖于随机化。然而，在上述情况下，将随机化考虑在内，很可能会减少偏差风险，进而提高严谨度。

评估严谨度的目的

研究者评估严谨度的相关理由包括：（1）确定一项研究的实施方式在多大程度上使结果可信；（2）确定一组研究的实施方式在多大程度上使有关结果的主要结论可信；（3）确定和某个特定的自变量或因变量相关的研究主体有哪些需要改进的地方（比如，在未来的研究中需要做出哪些改进以提高严谨度？）。无论你评估的是单独的一项研究还是一组相关的研究，**在你评估结果之前评估严谨度都是很重要的事**。这使你能够确定行为的改变是否可信（即你是否确信行为的改变**由且仅由**实验操纵引起）。

标准、质量指标和评分框架

人们已经设计出了很多工具来帮助研究者评估单一被试设计研究的严谨度；每个工具的设计目的、内容、相关指南和使用方法都略有不同。例如，**标准**（standards）通常旨在提纲挈领地说明一系列基准，这些基准是评估的最低标准。例如，标准可用于确定将哪些研究纳入综述（在下一章中讨论）——没有达到标准的研究在方法论上是薄弱的——其研究结果无法像达到标准的研究那样得到解释，从而得出结论。**质量指标**（quality indicators）和**评分框架**（rating frameworks）是两类特征，可用于确定一项研究在多大程度上囊括了对评估研究质量和/或严谨度起到关键作用的因素。这些工具可用于回答关于研究在多大程度上符合各种条件的问题，而不仅仅是对内部效度至关重要的基本标准。

一项研究可能达到了基本标准，但是它的严谨度仍然很低，偏差风险仍然很高，或者泛化性或可接受性很低（质量、外部效度）。因此，在使用工具评估严谨度时，你要确保自己熟悉工具使用指南，并按照计划使用工具或准确描述你在使用过程中出现的偏差。

描述严谨度的工具

下面，我们简要介绍一些广泛用于评估单一被试设计研究的严谨度或质量的工具。还有其他一些工具可以使用，我们希望在不远的将来还能开发出更多工具。表 13.1 列出了单一被试设计研究中使用的各种工具。

表 13.1　使用工具评估严谨度的例子

工具	参考文献	研究问题	关于严谨度的总体结论
《特殊儿童》（Horner et al., 2005）	Knight, V., Sartini, E., & Spriggs, A.D.(2015). Evaluating visual activity schedules as evidence-based practice for individuals with autism spectrum disorders. *Journal of Autism and Developmental Disorders*, 45, 157-178.	和视觉活动日程表相关的文章的质量如何？效果的等级大小如何？视觉活动日程表可以被视为一种循证实践吗？	在 31 项研究中，5 项获得了全部的 20 个可能的得分点（一些指标分得更细，不只是回答是/否，是否题得分为 0 或 1）。15 项获得了"可接受"的评分（包括 5 个关键特征）；15 项获得了"不可接受"的评分。
	Rogers, L.A., & Graham, S.(2008). A meta-analysis of single subject design writing intervention research. *Journal of Educational Psychology*, 100, 879.	哪些写作练习对处于基础教育阶段的学生有效？	共有 11 项指标，每项指标的评分是 0~1；总分值范围是 4.0~11.0。在 75 项质量评分中，仅有 2 项达到 11.0，表明研究达到了所有指标的要求。

（续表）

工具	参考文献	研究问题	关于严谨度的总体结论
有 效 教 育 策 略 资 料 中 心 标 准 （Kratochwill et al., 2010）	Fallon, L.M., Collier-Meek, M.A., Maggin, D.M., Sanetti, L.M., & Johnson, A.H.(2015). *Exceptional Children*, 81, 227-246.	对于教育者而言，表现反馈是不是一种循证实践?	半数以上的研究（*n*=81）达到了设计标准；另外四分之一的研究（*n*=45）达到了可接受标准。其他研究（*n*=43）没有达到标准。研究未达到标准的研究者一般没有进行足够次数的潜在证明或数据点的数量不足。
	King, S.A., Lemons, C.J., & Davidson, K.A.(2016). Math Interventions for Students With Autism Spectrum Disorder: A Best-Evidence Synthesis. *Exceptional Children*, 82, 443-462.	在同行评议期刊上发表的有关孤独症学生数学干预的效果评估的实证研究报告中，哪些报告显示该研究具备高质量研究的特征?	只选择那些达到有效教育策略资料中心设定的所有标准的研究。根据这些标准，从24篇文章中剔除了10篇文章（29/57 的案例）。
	Smith, K., Shepley, S., Alexander, J., & Ayres, K.(2015). The independent use of self-instructions for the acquisition of untrained tasks for individuals with an intellectual disability: A review of the literature. *Research in Developmental Disabilities*, 40, 19-30.	研究在多大程度上证明了智力障碍参与者泛化性地使用自我指导材料学习多步骤任务的能力有所提高?	在19项研究中，1项(5%)达到了标准，8项（40%）达到了可接受标准。其他研究（*n*=10；55%）没有达到证据标准。未达到标准的原因涉及因变量信度（*n*=7）和数据点数量（*n*=3）方面的问题。

（续表）

工具	参考文献	研究问题	关于严谨度的总体结论
特殊儿童委员会质量指标（CEC，2014）	Kaldenberg, E.R., Watt, S.J., & Therrien, W.J.(2015). Reading instruction in science for students with learning disabilities: A meta-analysis. *Learning Disability Quarterly*, 38, 160-173.	哪些干预对提高学习障碍学生阅读科学课文的能力最有效？	平均而言，研究达到了 20/24 项指标，范围是 17~22 项。所有研究在部分维度上都达到了标准：情境和环境、参与者、实践描述、内部效度、数据分析。较少的研究具有足够高的内部信度，很多研究没有达到实施忠诚度的标准。
	Losinski, M., Sanders, S.A., & Wiseman, N.M.(2016). Examining the use of deep touch pressure to improve the educational performance of students with disabilities: a meta-analysis. *Research and Practice for Persons with Severe Disabilities*, 41, 3-18.	针对残障学生的深层触觉按压研究的相对效果如何？对残障学生使用深层触觉按压是否达到了特殊儿童委员会（2014）制定的循证实践标准？	仅有 1 项研究达到了所有的标准；研究达到标准的平均百分比为 77%（范围：59%~100%）。研究者的报告中最常遗漏的是实施忠诚度、干预机构以及社会效度。
RoBiNT 量表（Tate et al., 2014）	Sigmundsdottir, L., Longley, W., & Tate, R.L.(2016). Computerized cognitive training in acquired brain injury: A systematic review of outcomes using the International Classification of Functioning. *Neuropsychological Rehabilitation*, 26, 673-741.	后天性脑损伤成人的计算机认知训练效果如何？	研究包括 1 项被标记为"实验"的单一被试设计（如 A-B 设计），以及 13 项被标记为"非实验"的研究。只有实验研究获得了 12/30 的点数。

（续表）

工具	参考文献	研究问题	关于严谨度的总体结论
RoBiNT 量表（Tate et al., 2014）	Tate, R., Wakim, D., & Genders, M.(2014). A systematic review of the efficacy of community-based, leisure/social activity programmes for people with traumatic brain injury. *Brain Impairment*, 15, 157-176.	针对创伤性脑损伤人士实施的社区休闲/社交活动干预取得了哪些成果？	研究包括 1 项单一被试设计，得分是 12/30。
SCARF（Ledford et al., 2016）	Zimmerman, K.N., & Ledford, J.R.(2017). Evidence for the effectiveness of social narratives: Children without ASD. *Journal of Early Intervention*, 39, 199-217.	在多大程度上评估了为非孤独症儿童准备的社交叙事？	3 项设计的得分低于 1（最低的质量/严谨度）；5 项设计的得分介于 1 和 2 之间（低）；2 项设计的得分介于 2 和 3 之间（高）；没有一项设计的得分介于 3 和 4 之间（最高的质量/严谨度）。泛化和忠诚度的测量得分最低。
	Zimmerman, K.N., Ledford, J.R., Severini, K.E., Pustejovsky, J.E., Barton, E.E., & Lloyd, B.P.(2017). A Comparison of Methods to Evaluate Quality and Rigor when Synthesizing Single Case Research Designs. *Under Review*.	框架、重叠矩阵以及效应量在多大程度上表明预先操纵感官材料会对幼儿的行为产生积极影响？	在 51 项设计中，6 项设计的得分低于 1（最低的质量/严谨度）；22 项设计的得分介于 1 和 2 之间（低）；23 项设计的得分介于 2 和 3 之间（高）；没有一项设计的得分介于 3 和 4 之间（最高）。泛化和忠诚度的测量得分最低。

（续表）

工具	参考文献	研究问题	关于严谨度的总体结论
偏差风险工具（Reichow et al., 2017）	Barton, E.E., Reichow, B., Schnitz, A., Smith, I.C., & Sherlock, D.(2015). A systematic review of sensory-based treatments for children with disabilities. *Research in Developmental Disabilities*, 37, 64-80.	对残障儿童进行感官干预的有效性证据是什么？	研究在某些方面的偏差风险较低或不明确，25%或更少的研究显示存在高风险（参与者选择、盲评、信度、数据抽样）；25%~50%的研究显示存在高风险（序列生成），50%以上的研究显示在参与者和工作人员双盲以及程序忠诚度方面均存在高偏差风险。

注意，我们并不认为这是一份全面的工具清单；在文献中可以找到有关各种工具的信息（参看 Maggin, Briesch, Chafouleas, Ferguson, & Clark, 2014; Wendt & Miller, 2012）。在决定使用哪个工具时，关键因素是要选择和你的目的相一致且包含重要因素的评估的工具。除了下文列出的这些已公开的工具以外，我们还在本章末尾的附录 13.2 中列出了"质量和严谨度核查表"。这个核查表囊括了我们认为对内部效度（严谨度）和质量（泛化性、外部效度）至关重要的项目。

《特殊儿童》

2005 年，特殊教育领域首屈一指的期刊《特殊儿童》（*Exceptional Children, EC*）刊登了关于研究设计的专题文章。在有关单一被试设计研究的文章中，霍纳和同事介绍了在特殊教育中应用单一被试设计研究构建循证实践的方法，说明了单一被试设计中的实验控制，并且提出严格实施的单一被试设计研究具有实验性质。他们还介绍了 21 项描述单一被试设计研究的质量指标，这些指标分属 7 个领域：参与者和情境的描述、因变量的测量、自变量的测量、基线、实验控制、外部效度以及社会效度。截至 2017 年，这篇文章在《特殊儿童》中仍然是引用率最高的文章，很多关于单一被试设计研究的综述使用这些质量指标评估相关研究的严谨度（参看表 13.1）。这些质量指标的主要问题是它们过时了（即随着时间的推移，对严谨度的要求提高了），而且不是所有指标的测量结果都是等值的。例如，两项在质量指标上看起来相差无几的研究，在严谨度上却可能有很大差距。这不是这个工具特有的问题，很多研究者在评估严谨度时都讨论过这个问题（参看 Wendt & Miller, 2012; Maggin, Briesch, Chafouleas, Ferguson, & Clark, 2014）。例如，如果两项研究都达到了 21 个指标要求中的 20 个，但是其中一项研究的生态效度很低（比如，适合研究者而非本地实施者使用），另一项研究的内部效度很低（比如，未包含 3 次潜在效果证明），那么虽然它们的质量得分相同，但对每项研究的结论的信心却有相当大的差异。尽管如此，这仍然是一个在评估严谨度和质量的关键成分方面应用广泛、接受度高的工具。

有效教育策略资料中心标准

有效教育策略资料中心在 2010 年推出了"试行的"设计标准。正如第 1 章所述，有效教育策略资料中心这么做的目的是对教育领域的研究证据进行分析评审，为实务工作者提供信息，帮助他们做出循证决策。制定这一标准是为了"指导有效教育策略资料中心的评审人对某项特定研究的内部因果效度（即内部效度）进行判断……"（Hitchcock et al., 2014; p. 145）。希契科克指出，使用这些标准的好处是可以提高单一被试设计研究的严谨度。从两类工具（如上所述）之间的区别来看，有效教育策略资料中心标准不如《特殊儿童》的质量指标全面。目前的有效教育策略资料中心标准包括如下指标：（1）干预的系统实施；（2）足够高的因变量信度；（3）潜在证明的次数；（4）数据点的数量。有效教育策略资料中心标准有一个突出的不同点，即它没有纳入有关忠诚度测量的项目（在几篇已发表的文章中对此进行了详细论述；Hitchcock et al., 2014; Wolery, 2013）；我们认为忠诚度的测量很重要。此外，完善标准还需要使用评分系统（Maggin et al., 2014），在这样的标准下评估研究时，首先要考虑严谨度；只有在严谨度足够高的情况下才能评估研究结果。它还设定了两个标准水平——如果一项研究的所有条件都有 5 个或更多个数据点，那么研究就达到了证据标准（meets evidence standards）；如果所有条件至少都有 3 个数据点，但至少有一个条件的数据点少于 5 个，那么研究就达到了可接受标准（meets standards with reservations）。如果任何条件的数据点都少于 3 个，潜在效果证明的次数少于 3 次（交替处理设计中的潜在证明为 5 次），未收集信度数据或一致性很低，或者没有系统操纵自变量，那么研究就未达到证据标准（does not meet evidence standards）。对于达到证据标准或达到可接受标准的研究，可以通过视觉分析来评估研究结果。最新版的有效教育策略资料中心手册（2017 年 11 月）

可以在以下网站获取：https://ies.ed.gov/ncee/wwc/Docs/referenceresources/wwc_standards_handbook_v4.pdf.

特殊儿童委员会质量指标

特殊儿童委员会在 2014 年出版了《特殊教育循证实践标准》（*Standards for Evidence-Based Practices in Special Education*）。这份指南包括适用于分组设计、单一被试设计以及这两种设计均适合使用的质量指标，其中很多和霍纳等人（2005）在《特殊儿童》上发表的文章中提到的指标一样。有八大评估领域；前四个领域（情境和环境、参与者、干预机构以及实践说明）和充分报告研究的特征有关。接下来的三个领域（实施忠诚度、内部效度以及结果测量 / 因变量）和严谨度以及报告本身（比如，应当可靠地测量因变量并清楚说明）有关。最后一个领域是数据分析，要求通过单一被试设计的线图来呈现数据。出于实现"方法上完美"的目的，研究必须达到所有质量指标要求。

完成质量评估后，实施结果分析。有三种潜在的结果类别。当功能关系得以建立，3/4 的参与者表现出积极的和"有意义"的行为改变，并且没有出现反治疗效果时，就出现了*积极效应*（positive effects）。当 3/4 的参与者在非期待方向上出现行为改变时，就出现了*消极效应*（negative effects）。当没有出现积极或消极效应时，就会出现中性或混合效应。我们应当注意到，对于这个工具，其结果分析是*在研究层面*而不是在设计层面进行的。这和其他工具（比如，有效教育策略资料中心标准、"单一被试分析和评述框架"）不一致，可能会导致得出不同的结论。要被视为基于单一被试设计研究的循证实践，特殊儿童委员会质量指标明确规定必须达到如下标准：（1）至少有 5 项在方法上可靠且至少包含 20 名参与者的具有积极效应的研究；（2）在方法上可靠但具有消极效应的研究数量为 0；（3）在方法上更优越且具有积极效应的研究多于具有中性或混合效应的研究（比例至少是 3∶1）。其他可能的证据类别包括*潜在循证实践*（potentially evidence-based practice）、*混合证据*（mixed evidence）、*证据不足*（insufficient evidence）以及消极效应等。由于这一工具明确规定，研究达到100% 的质量指标要求才能被视为在方法上可靠，因此大多数实践被评估为"证据不足"（即在方法上可靠的研究数量不足）。

RoBiNT 量表

澳大利亚的一些研究者（Tate et al.）在 2013 年开发并更新了"仅有 1 名被

试试验的偏差风险量表"［Risk of Bias in N-of-1 Trails (RoBiNT) Scale］。这个量表包括 15 个项目，并采用了医学领域常用的术语（如 N-of-1）。和前面提到的工具不同，这些项目不采用两点评分，而采用三点评分。它包括有效教育策略资料中心标准中提到的很多项目（比如，至少有 3 次效果证明，每个条件至少有 5 个数据点，观察者间一致性系数达到 80% 或更高），以及《特殊儿童》和特殊儿童委员会所描述的质量指标［比如，描述基线和干预条件，对目标行为下操作性定义，用图表数据进行评估，处理遵从度（忠诚度）］。其他项目包括通过复制提高泛化性（不包括设计内复制）以及在设计情境中对泛化性进行测量。有一些项目在医学研究中更为常见（和教育学、心理学或行为科学中的典型单一被试设计相比），包括随机化、盲参与者和实施者，以及盲数据收集者。大部分接受评估的单一被试设计研究在这些项目上的得分为 0（Tate et al., 2014）。项目分为两个子量表，评估者可以分别对内部效度和外部效度进行评分；能够区分严谨度和泛化性是该工具特别重要的一个优点。

单一被试分析和评述框架

"单 一 被 试 分 析 和 评 述 框 架"（The Single Case Analysis and Review Framework, SCARF; Ledford, Lane, Zimmerman, Chazin, & Ayres, 2016）于 2016 年开发，目前仅在一篇已发表的综述文章中使用过（Zimmerman & Ledford, 2017）。它和有效教育策略资料中心的工具相似，但和特殊儿童委员会的工具不同，它从设计层面对研究进行评估。除了避免在不同的设计之间产生泛化以外，在设计层面进行评估时，还可以对特定研究中的部分设计进行评估，而不是将研究作为一个整体来看（比如，如果你的研究问题和孤独症儿童有关，而研究包括两个 A-B-A-B 设计，其中一个设计针对孤独症儿童，另一个设计针对发育迟缓儿童，那么你可以仅对其中一类参与者采用"单一被试分析和评述框架"进行评估）。

"单一被试分析和评述框架"分为三个部分。第一部分用于评估严谨度（内部效度），其权重高于第二部分，这部分用于评估测量的质量和广度。所有项目都按 0~4 分制计分，根据项目得分的平均值计算出这个部分的分数。严谨度的三个成分是信度、数据充足性以及忠诚度。质量和泛化性的七个成分包括：（1）参与者的描述；（2）条件的描述；（3）因变量的描述；（4）社会和生态效度的描述；（5）维持的测量；（6）刺激泛化的测量；（7）反应泛化的测量。计算每个部分的平均分；研究的总分为［（严谨度平均分）×2+（测量的质量和广度平均分）] ÷ 3。这也按 0~4 分制计分。第三部分用于评估结果，同样按 0~4 分制计分。一般而言，如果研究至少有 3 次证明，并且未出现微弱效果或无效果，那么可以计为 4 分。微弱效果指的是在条件之间出现了行为改变，但不是即时和突然的改变；这会降低由且仅由干预引起行为改变的可信度。3 分意味着至少有 3 次证明，并且未出现无效果。2 分意味着至少有 3 次证明，但至少有 1 次无效果。1 分表示证明次数少于 3 次，并且有 1 次无效果。当单一设计中超过 1 次证明没有行为改变时，计为 0 分。针对多基线设计和多探测设计（和同时性及垂直分析有关）以及交替处理设计（聚焦于差异而不是行为改变）提供了修订版标准。登录网站（http://vkc.mc.vanderbilt.edu/ebip/scarf/）可获取"单一被试分析和评述框架"的评分表。

"单一被试分析和评述框架"工具的一个新颖之处在于，它有一个惯例，即通过散点图（参看图 13.2）来呈现多项研究的分析结果。每个数据点代表一项单一设计，在一个坐标轴上列出了质量和严谨度的总分，在另一个坐标轴上列出了结果得分。采用这些坐标，具有高严谨度和积极结果的研究会位于右上象限（图 13.2 中的 A），具有高严谨度和不理想的结果的研究会位于右下象限（图

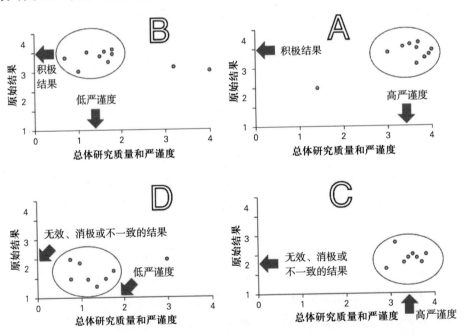

图 13.2　来自"单一被试分析和评述框架"工具的样本数据显示：（A）一些研究严谨度高，且具有积极结果；（B）一些研究严谨度低，但具有积极结果；（C）一些研究严谨度高，但结果无效、消极或不一致；（D）一些研究严谨度低，且结果无效、消极或不一致。

13.2 中的 C)。位于中线左侧的研究一般不具有可供得出结论的充分证明（图 13.2 中的 B 和 D）；因此，利用同样的规则，可以绘制出高严谨度和低严谨度研究的结果散点图，并根据质量和严谨度得分，将这些点分离，以便进行分析。如此，使用者可以快速地确定哪些研究质量高（在垂直中线的右侧）且有积极结果（在水平中线的上方）。

偏差风险评估工具

赖肖、巴顿和马金（Reichow, Barton, & Maggin, 2017）开发了一种专门用于评估单一被试设计研究中的偏差风险的工具；这个工具是由考克兰协作组织（Cochrane Collaboration）对分组设计研究开展元分析时使用的偏差风险评估工具改进而来（Higgins et al., 2011）。偏差风险工具从 7 个方面评估偏差，包括顺序生成、参与者选择、盲参与者和工作人员、程序忠诚度、结果的盲评、因变量信度以及数据抽样。这个工具目前只在两篇已发表的综述文章中使用过（Barton, Pustejovsky, Maggin, & Reichow, 2017; Barton, Reichow, Schnitz, Smith, & Sherlock, 2015）。它的主要优点是在某种程度上易于与用于评估分组设计研究的偏差风险工具进行比较。例如，如图 13.3 所示，在一篇有关基于感觉的干预的综述文章中，巴顿等人发现，在程序忠诚度方面，无论是分组研究还是单一被试设计研究，都存在很高的偏差风险。因此，当一篇综述同时探讨分组比较研究和单一被试设计研究时，这个工具对于使用者而言就显得特别有价值，它可以帮助人们从相似的研究中得出有关偏差的结论。

充分报告

单一被试设计研究的书面报告即为公开发表的研究记录。因此，报告需要提供关于研究及其结果的准确信息，表述要清楚、透明且完整。这使其他人可以重复研究程序，有助于进一步回答一项干预对哪些人、哪些行为以及在什么条件下是合适的；程序描述不准确或不完整不利于形成更多的证据，或者不利于证明干预有效。为了促进研究者在文章中充分地阐述实践过程，有一些指南可以帮助他们完成单一被试设计研究报告的写作。《行为干预中的单一被试报告指南》(*The Single-Case Reporting Guideline in Behavioral Interventions, SCRIBE*, Tate et al., 2016a, 2016b) 是专门为单一被试设计研究撰写的报告指南，为当前在研究文献中发现的报告不充分或不均衡的问题提供了解决方案。例

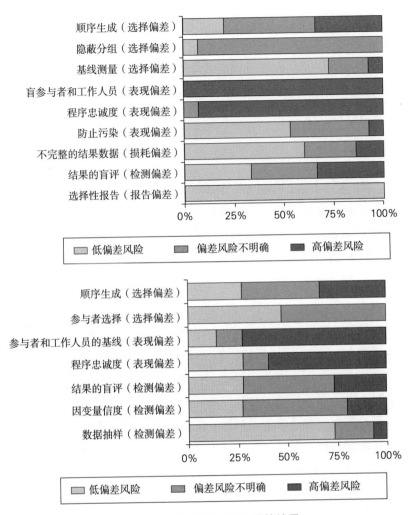

图 13.3　来自偏差风险工具的结果

资料来源： Barton, E.E., Reichow, B., Schnitz, A., Smith, I.C., & Sherlock, D.(2015). A systematic review of sensory-based treatment for children with disabilities. *Research in Developmental Disabilities*, 37, 64-80.

如，马金等人（2011）发现，在 24 项评估代币经济对学生的挑战性行为的影响的单一被试设计研究中，连基本的人口统计学信息都没有报告（42% 的报告缺少年龄信息，33% 的报告缺少性别信息）；类似地，在神经康复学领域的 253 项研究中，泰特等人（2014）发现，46% 的报告没有提供关于目标行为的评分者间一致性的信息，86% 的报告没有说明评估者和治疗师是不是同一批人；在一项关于教育学和心理学期刊上发表的 409 篇单一被试设计文章的广泛调查中，史密斯（2012）发现，22% 的文章没有提供基线数据，52% 的文章没有说明对数据的视觉分析或统计分析的结果。这些例子凸显了进一步完整地报告单一被试设计研究的必要性。

《行为干预中的单一被试报告指南》是采用莫赫（Moher）及其同事（2010a）为《试验报告统一标准》（*Consolidated Standards of Reporting Trials, CONSORT*）系列报告指南推荐的程序撰写的。第一份《试验报告统一标准》报告指南由贝格（Begg）及其同事在 1996 年发表，最新的版本则由莫赫等人（2010b）发表，目的是提高医学领域的随机对照试验报告的完整性。在这 20 年间，有大量以《试验报告统一标准》程序为模板撰写的针对很多不同方法的报告指南发表。报告指南适用于系统综述、观察和诊断研究以及质性研究（参看 EQUATOR 网站：www.equator-network.org. 在该网站上可查询所有使用《试验报告统一标准》程序撰写的报告指南）。

撰写《行为干预中的单一被试报告指南》的动力与为医学文献中的 N-of-1 试验努力撰写报告指南类似（Shamseer et al., 2015; Vohra et al., 2015）。撰写该指南的目的是使所有和行为科学有关的领域有一个适用的指导性文件。于是，一个国际专家小组成立了，成员包括临床和神经心理学、教育心理学和特殊教育、医学、职业治疗和言语病理学领域的内容专家，单一被试方法学家和统计学家，期刊编辑和医学图书管理员以及指南撰写者。经过两轮在线德尔菲调查，随后又经过为期两天的共识大会讨论，最终确定了《行为干预中的单一被试报告指南》项目。泰特等人（2016a）说明了撰写该指南的方法和程序。这篇代表了广泛学科领域的文章同时发表在 10 种期刊上，进一步提高了该指南的影响力。还有一篇更详细的名为《解释与详述》（*Explanation and Elaboration*）的文章（Tate et al., 2016b）对该指南中的每个项目的合理性进行了说明，并提供了从文献中获得的充分报告的案例。

《行为干预中的单一被试报告指南》的主体部分是一份包含 26 个项目的核查表，使用者可以从网站（www.sydney.edu.au/medicine/research/scribe）上下载，表 13.2 展示了核查项目。该指南告诉了使用者在文章的各部分中要报告哪些信息，这些信息通常包含在已发表的文献中（引言、方法、结果、讨论）。

表 13.2　2016 年《行为干预中的单一被试报告指南》核查表

项目编号	主题	项目描述
题目和摘要		
1	题目	在题目中标明研究是单一被试实验设计。
2	摘要	概述研究问题、研究对象、设计、方法，包括干预（自变量）和目标行为，以及任何其他成果（因变量）、结果和结论。
引言		
3	科学研究背景	描述研究主题的科学研究背景、研究进展以及研究基础中存在的不足。
4	目标	陈述研究的目标 / 目的、研究问题，如果合适，再加上假设。
方法		
	设计	
5	设计	明确说明设计（比如，撤除 / 倒返、多基线、交替处理、变标准、某些混合或适应性设计），描述不同阶段和阶段顺序（无论顺序是预先决定的还是根据数据决定的），如果合适，描述阶段变化的标准。
6	程序变化	描述研究开始后，在整个调查过程中发生的任何程序变化。
7	复制	描述任何一项计划好的复制。
8	随机化	说明是否使用了随机化，如果使用了，描述随机方法以及随机安排的研究元素。
9	"盲"	说明是否使用了"盲"法 / 掩蔽法，如果使用了，描述"盲"法 / 掩蔽法的使用对象。
	参与者或单元	
10	选择标准	说明纳入和排除标准，如果合适，说明招募的方式。
11	参与者特征	描述每名参与者的人口统计学特征以及和研究问题相关的临床（或其他）特征，但要确保匿名。

（续表）

项目编号	主题	项目描述
	情境	
12	环境	描述环境特征，并说明研究实施地点。
	许可	
13	伦理	说明是否获得伦理许可，并说明是否以及如何获得书面同意和/或正式允许。
	测量和材料	
14	测量	为所有目标行为和结果测量下操作性定义，说明信度和效度，陈述选择目标行为的方式以及如何和何时测量目标行为。
15	设备	清晰描述任何一种用于测量目标行为和其他结果或开展干预的设备和/或材料（比如，技术辅助设备、生物反馈仪、计算机程序、干预手册或其他材料资源）。
	干预	
16	干预	说明每个阶段的干预和对照条件，包括如何以及何时真正实施，尽可能具体地说明细节，进而激励更多人尝试复制。
	程序忠诚度	说明在每个阶段如何评估程序忠诚度。
分析		
18	分析	说明并解释所有用于分析数据的方法。
结果		
19	完成顺序	对于每名参与者，要报告实际完成的顺序，包括每个人在每个时段内的尝试次数。对于没有完成的参与者，要说明他们何时停止及相应的原因。
20	结果和估算	对于每名参与者，要报告干预结果，包括有关每个目标行为及其他相关成果的原始数据。
21	不良事件	说明在参与者身上是否发生了不良事件以及发生的阶段。

（续表）

项目编号	主题	项目描述
讨论		
22	解释	总结研究发现，并根据现有证据对其进行解释。
23	局限性	讨论研究的局限性，说明潜在偏差及不精确问题的来源。
24	应用	讨论研究发现的应用和影响。
证明文件		
25	协议	如果能够获得，说明从何处获得了协议。
26	资助	明确说明资金来源及其他支持；说明资助者的作用。

资料来源：Tate et al.(2016). The single case reporting guideline in behavioral interventions (SCRIBE) 2016: Explanation and Elaboration. *Archives of Scientific Psychology*, 4, 10-31.

使用者应当意识到撰写报告指南和开发严谨度评估工具的目的不同。前者是为了指导研究者撰写报告，教授他们报告哪些内容。这样的指南对于期刊编辑和审稿人判断一份书面报告是否提供了所有必要的信息也非常有用。相反，评估严谨度的工具可以告诉使用者一项研究实施得如何（见前文）。例如，《行为干预中的单一被试报告指南》中的第 14 项（关于测量）要求研究者说明"如何和何时测量 [目标行为]"。例如，研究者可能会报告，在一项 A-B-A-B 设计研究中，在每个为期两周的基线条件（A）和每个为期两周的干预条件（B）期间，每周测量一次目标行为。这是一个充分报告的例子，因为读者可以清楚地了解实施者做了什么（在每个基线条件和干预条件中，收集两次目标行为的测量数据）。然而，通过使用评估严谨度的工具，可以发现这一研究可能没有达到当前的标准，无法使研究具有足够高的内部效度。

记住报告指南和评估严谨度的工具之间的差别很重要；当合理地使用它们时，可以有效地提高单一被试设计研究的执行度并完善报告的撰写。为了使研究具有透明度以及能够复制，应把报告指南当作衡量标准来判断书面报告在技术上是否完美，这将提高其质量（Turner et al., 2012）。就如《解释与详述》一文（Tate et al., 2016）提供的案例所显示的那样，在不详尽叙述细节的情况下，也可以实现对单一被试设计研究的充分报告。有些充分报告确实要求描述丰富的细节，也有些给期刊投稿的报告受限于字数要求，在这些情况下，使用线上增刊就成为一种有用的方式，可以提供额外的信息。

总结

开展应用研究的动力来自辨识出有效的、有用的和经济的干预方法，从而形成完善的技术，使本地实施者能够在典型环境中使用。这一过程包括：（1）开展严谨的和高质量的单一被试设计研究；（2）对能够收集到的研究进行评估，回答"关于某一特定专题，我们已经知道什么"和"对于相应的研究领域，下一步要做什么"。评估单一被试设计研究的严谨度是确定后续的数据分析应该做到什么程度的关键的第一步；严谨度不足会使后面开展的数据分析无效，这意味着无法确信由且仅由自变量导致因变量的改变。根据指南，在撰写单一被试设计研究的报告时，要特别注意说明实践的透明度，这有助于在未来的综述中对严谨度进行评估。这些研究领域致力于为本地实施者普及干预方法，与此同时，回顾过去的研究并遵循当前的标准，能够为那些符合科学和研究的基本原则的研究及实践提供更加完善的方法。

附录13.1
选择合适的研究设计

你的研究问题是一个**证明性**问题（比如，比较干预和基线）还是一个**比较性**问题（比如，比较两种干预）？ _____

你关心的主要因变量是**可逆的**（即如果你撤除了干预，那么可能会回到基线水平）还是**不可逆的**（即一旦参与者习得了技能，即使在没有干预的情况下，他们也能准确地展现出来）？ _____

可逆行为

证明/可逆：如果你对一个**证明性**问题感兴趣，并且你测量的是**可逆行为**，那么可以使用下面的设计。

设计	如果……，那么选择	如果……，那么避免
A-B-A-B 设计	在大多数情况下	参与者、实施者以及利益相关人无法接受干预的撤除
多基线设计	A-B-A-B 设计不可行且不稳定威胁比测验威胁更有可能出现	你确定了多个目标，但是它们有可能产生共变；测验威胁有可能出现；参与者反对延长基线
多探测设计	A-B-A-B 设计不可行且测验威胁比不稳定威胁更有可能出现	你确定了多个目标，但是它们有可能产生共变；不稳定威胁有可能出现；参与者反对延长基线
变标准设计	可以根据阶梯式标准实施你的自变量，并且你的因变量可能接近标准水平	你的因变量是一种获得行为（即适合表现的行为而非获得缺陷）；无法根据理想的因变量水平实施自变量

比较 / 可逆：如果你对一个**比较性**问题感兴趣，并且你测量的是**可逆**行为，那么可以使用下面的设计。		
设计	如果……，那么选择	如果……，那么避免
交替处理设计	快速交替条件可行；你需要的是持续时间短的比较；你对证明性＋比较性问题感兴趣（使用连续的基线条件）	实施者很难快速交替使用不同的条件，或者参与者很难区辨不同的条件
多处理设计	更适合缓慢地交替条件；你只对一个比较性问题感兴趣	你实施比较的时间很有限
多因素设计	你对比较评估条件感兴趣（比如，功能分析或结构分析）	你对比较干预条件感兴趣
同时性处理设计	你对评估参与者偏好或选择感兴趣	你对比较其他因变量感兴趣

不可逆行为

证明 / 不可逆：如果你对一个**证明性**问题感兴趣，并且你测量的是**不可逆**行为，那么可以使用下面的设计。		
设计	如果……，那么选择	如果……，那么避免
多基线设计	测验威胁比不稳定威胁更有可能出现	在基线条件中可能存在测验威胁
多探测设计	不稳定威胁比测验威胁更有可能出现；连续的数据收集不可行	在基线条件中数据可能不稳定

比较／不可逆：如果你对一个**比较性**问题感兴趣，并且你测量的是**不可逆**行为，那么可以使用下面的设计。		
设计	如果……，那么选择	如果……，那么避免
适应性交替处理设计	你能够确定至少三类同等难度的行为；你能够收集至少三个时段的基线数据	利益相关人反对开展干预前评估
RA 设计	能够非常快地掌握行为；能够辨识很多行为；利益相关人或参与者反对在教学前重复评估	参与者不可能快速习得目标行为；很多目标行为无法被辨识或等同起来
平行处理设计	你对证明性＋比较性问题感兴趣；你有额外的时间进行比较；你想开展最严谨的比较测验	利益相关人反对多次重复评估；你的时间有限，难以开展比较研究

我怎么知道何种多基线设计／多探测设计是合适的？

1. 如果可以确定三个或更多个行为（或行为集），那么使用跨行为的多基线设计／多探测设计可以实现参与者内复制；如果对多名参与者使用跨行为的多基线设计／多探测设计，那么可以实现参与者间复制。如果你无法确定至少三个不同的行为（或行为集），或者可能存在成熟或共变，那么不要使用这种设计。

2. 如果研究存在多种情境，在这些情境中需要用到特定技能且**无法泛化到其他情境中**，那么可以使用跨情境的多基线设计／多探测设计。确定三种具有相似的基线特征且共变小的情境非常困难；因此，在大多数情况下，很少使用这种设计。

3. 如果无法采用其他变体，那么你可以使用跨参与者的多基线设计／多探测设计变体；但是，它无法实现参与者间复制，并且对不连续的干预效果非常敏感。

附录 13.2
质量和严谨度核查表

维度	编号	标准
严谨度	1	设计是否适合用于回答研究问题？
	2	在两个相邻条件之间的三个不同的时间点上是否至少有三次效果证明？
		顺序引入和撤除设计：满足这个要求需要四个相邻条件（比如，B-C-B-C 设计而非 A-B-A-C-A-B-C）。
		延时实施设计：满足这个要求需要并存基线。
		快速轮替设计：在这种设计中，通常以五次交替为宜（比如，在比较两个条件时，总共要实施 10 个时段）。
	3	作者是否提供了充分的证据证明因变量的信度？一般来说，如果定期收集不同条件下的观察者间一致性数据，并且这些数据足以提高人们对结果的确信程度，那么就满足了这个要求。
	4	研究者是否提供了充分的证据证明自变量实施的信度？一般来说，如果定期收集不同条件下的数据，持续收集有关自变量和控制变量的数据，从而能够表明条件是按计划实施的，那么就满足了这个要求。
	5	所有主要的比较条件下的数据量是否足够？一般至少需要三个数据，如果数据多变或呈现出某种趋势，那么就需要更多数据。
	6	*如果适用*，是否使用随机化来减少偏差？适用性因不同设计而异，一般包括快速轮替设计中的随机化（有限制或无限制）和延时实施设计中的随机分配。
质量 / 泛化性	7	研究是否具有生态效度？其标准可能因研究问题而异，但通常包括使用典型环境、本地实施者和有意义的结果。
	8	研究是否具有社会效度？其标准可能因研究问题而异，但社会效度的证据包括来自直接消费者（参与者）、间接消费者（如参与者的父母 / 老师）或其他利益相关人（如实务工作者）的反馈，并且受偏差影响较小的测量更有价值。

（续表）

维度	编号	标准
质量 / 泛化性	9	研究是否充分评估了反应和 / 或刺激的泛化情况？一般来说，最好在单一被试设计的情境中进行评估；评估前后可提供一些信息，但无法进行实验评估。
	10	研究是否充分评估了在没有干预的情况下行为的维持情况？注意，我们可能无法预期在没有干预的情况下可逆行为的维持情况。
报告	11	研究是否包含与参与者特征、条件描述、因变量定义和记录程序有关的所有信息？

第14章　单一被试研究的综合分析与元分析

马丽奥拉·莫亚特（Mariola Moeyaert）、凯瑟琳·N. 齐默尔曼（Kathleen N. Zimmerman）和珍妮弗·R. 莱德福

重要术语

综合分析（synthesizing）、元分析（meta-analysis）、效应量（effect size）、灰色文献（gray literature）、数据析取（data extraction）、自相关（autocorrelation）、异方差的重叠度量（heteroscedastic overlap metrics）

研究结果的元分析

结果的总结性评估的目的

　　单一研究评估

　　研究综述

叙事性综述

　　研究问题

　　文献检索

　　编码

　　使用结构化视觉分析指南进行跨研究的综合分析

析取数据

元分析

单一被试设计的元分析

基于重叠的度量

　　目的和案例

　　不足

　　建议

组合基于重叠的指标和描述性指标

基于平均值的度量

对数反应比率

标准平均差

基于回归的方法

总结

附录：视觉分析表

附录：数据析取判断表

开展一项单一被试设计研究，只能回答一个非常小的问题；因此，和其他所有研究一样，每项研究的价值都应该被置于整体的文献背景中考虑。正如第 3 章中所讨论的，这就是将你正在做的研究和之前相似的研究结合起来分析非常重要的原因。这也说明了为什么在尝试回答一个在某种程度上相对宽泛的问题时，研究者有兴趣对不同研究的结果进行**综合分析**。所谓综合分析，我们指的是回顾相似研究的结果，并根据证据的状况得出大概的结论。综合分析结果的一种方式是**元分析**，这是"对研究报告中常见的研究结果进行总结分析的一种编码和分析统计的技术"（Lipsey & Wilson, 2001, p. 2）。元分析的概念是在"典型的"组间研究设计的基础上形成的。由于视觉分析是单一被试设计数据的主要分析技术，因此元分析很难被修改以"适合"单一被试设计数据。目前，研究者致力于开发和验证能够将来自不同的单一被试设计研究的数据结合起来的程序。本章将回溯一些尝试性研究，但是首先，我们要总体说明综合分析结果的目的、开展叙事性综述的指南、基于视觉分析的综合分析以及数据析取（data extraction）。就如第 13 章中所论述的，我们强调，对结果的综合分析，包括元分析，对那些未对严谨度进行系统评估的研究通常无效。

结果的总结性评估的目的

对结果进行总结性评估以及设定量化度量值已经普遍实行，其目的是将多项研究的结果结合起来开展分析；但是，也有人主张报告单一研究的量化效应量度量值。我们认为这样做有误导的嫌疑，原因是：（1）很多应用广泛且被吹捧为"效应量"的度量实际上有很大缺陷（见下文），有可能误导读者；（2）单一被试设计的研究者以图表形式报告所有数据，因此统计量对于单一被试研究而言并不是必不可少的，因为已经通过视觉化的图表呈现数据；（3）没有一种度量能与确定实验控制结合起来，而运用视觉分析回答的主要问题即是如何确定实验控制的效果；（4）很多常见的单一被试设计数据模式和各种可用的度量无法很好地结合（比如，数据呈现某种趋势、仅包括很少的数据点和自相关）。因此，我们能够报告单一被试研究的量化度量值，但这不意味着我们应该这么做。事实上，所有被报告和易于析取的数据（见下文）都表明，如果某项单一被试设计研究报告的读者认为量化度量值很有帮助，那么他／她可以自行计算。我们主张，目前，在一项单一研究中，**对研究结果开展总结性评估的最佳方法是对全面和系统的视觉分析程序进行全面和系统的解释**。了解得出功能关系结论的系统过程的公开案例，参看附录 14.1。

研究者和实务工作者经常对某项干预的效果感兴趣，这并非指单一研究的效果，而是指所有可用研究的效果。随着时间的推移，大量综述和综合分析都证实，近几年，这一兴趣有所增加（Maggin, O'Keeffe, & Johnson, 2011），这也是合理的，因为可用于综述的研究数量不断增多。历史上，单一被试设计研究中的跨研究比较仅采用叙事性综述的方式；近来，运用统计分析进行跨研究比较的尝试越来越多。使用视觉分析和统计分析得出的**跨研究分析**结论会呈现出同样复杂但各不相同的问题。然而，考虑到有必要评估实践是否以证据为基础或是否获得研究支持，综合分析即使难做，也无法阻碍人们对研究领域的各种发现进行有意义且精准的总结。普斯捷约夫斯基和费龙（Pustejovsky & Ferron, 2017）提出了三个需要谨慎地对跨研究结果进行综合分析的理由：（1）它是指导依据循证实践进行决策的重要工具；（2）它有助于确定在不同情境中或在不同参与者身上的治疗效果的差异；（3）它能够为推广单一被试设计方法做出贡献。

我们将在本章中提供关于使用视觉分析和统计分析的建议；注意，我们仍然认为视觉分析是分析单一被试设计研究的主要方法，而只在适当的情况下辅以统计分析。

叙事性综述

研究问题

无论你是否使用结果度量，所有完美的综合分析都必须从完美的叙事性综述开始。首先，你要谨慎地考虑你的研究问题。一种结构化的方法是使用

PICOS 标准（O'Connor, Green, & Higgins, 2008）。使用这个标准可以帮助你提出一个具体的研究问题，还可以帮助你确定一系列搜索关键词，以确保搜索的全面性，同时适当缩小搜索范围。然后，你在评估干预效果时，确定感兴趣的参与者［比如，表现出问题行为的学龄期孤独症儿童（Severini, Ledford, & Robertson, 2017）、残障幼儿（Barton & Wolery, 2008）、没有明确的或高发生率的残障但有挑战性行为的学生（Maggin, Johnson, Chafouleas, Ruberto, & Berggren, 2012）］。接着，确定你想评估的具体干预，这涉及的范围可能很宽（比如，社交技能干预；Ledford, King, Harbin, & Zimmerman, 2017），也可能很窄（比如，最少辅助系统；Doyle, Wolery, Ault, & Gast, 1988）。重要的是，你要考虑干预可能使用什么名称（比如，研究者可能会交替使用所有相关的术语：自然教学策略、偶然教学、增强式环境教学；Lane, Lieberman-Betz, & Gast, 2016）；这对确保搜索的全面性很重要。你还应当考虑比较的对象，或者我们更常说的，将干预和哪些条件（比如，基线条件）进行比较。对于所有叙事性综述，尤其是综合分析结果时，你要确保你对不同研究进行了合理的比较。例如，在一项关于童年早期环境中的群组依联的综述中（Pokorski, Barton, & Ledford, 2017），很多研究都包含两类不同的群组依联的主要比较条件（比如，具有 B 和 C 条件的多处理设计）；不应将确定这些比较之间（比如，不同类型的群组依联之间）的差异的等级大小与包含基线和群组依联比较的研究结合在一起。这些类型的研究回答了两个不同的问题（群组依联干预是否有效？哪一种群组依联效果更好？）；将不同的结果结合起来计算而得的度量值无法充分回答这两个问题。要预先确定感兴趣的结果，特别是确定感兴趣的因变量。这些可能是宽泛的定义（比如，社交技能、问题行为），也可能是非常具体的定义（比如，口头语言、自伤）。最后，你应当为你的综述确定要检索的研究设计。一般而言，同时纳入具有实验性质的单一被试设计和分组设计会有所帮助，尽管分析时需要将两者分开考虑。但是，考虑到研究关注的特定因变量，很多综述只纳入随机对照试验或实验性单一被试设计。例如，如果你对问题行为的教师报告感兴趣，你可能会发现有很多组间比较研究通过实验评估了干预对因变量的影响；如果你对孤独症儿童的问题行为的直接测量感兴趣，你可能会发现主要是单一被试设计研究通过实验评估了干预对因变量的影响。无论是在理论上还是在实践上，都无法将这些不同类型的因变量的结果（即由于参与者作为他们自己的对照，"治疗效果"在单一被试设计和分组比较研究中的意义不一样）结合起来；但这通常不是问题，因为不可能存在很多测量同一因变量且同时使用组间设计和单一被试设计的证据。

文献检索

在确定了你的研究问题之后，你需要做的是检索大量文献，查找所有相关的研究，并准确地、系统地、全面地记录这些程序。用于检索报告的 PRISMA 指南（在第 3 章中论述过）旨在帮助研究者充分地报告检索结果，以使其他人可以复制检索过程；第 3 章还提供了 PRISMA 的流程示意图。考虑到数据库各有不同，精确地复制检索程序难度很大（了解相关讨论和例子，参看 Lemons et al., 2016），因此要谨慎地对待，不仅要充分地利用和报告检索关键词，还要提交手动检索的各种潜在相关文献（比如，研究所关注领域的期刊）。单一被试设计综述一贯将同行评议的文章作为主要来源，因为这些文章可能比未发表的文章质量更高（其中有些文章通常是因为研究设计或实施上的一些致命缺陷而未能发表）。然而，考虑到存在发表偏差的可能性（Shadish, Zelinsky, Vevea, & Kratochwill, 2016; Tincani & Travers, 2017），研究者应考虑将**灰色文献**纳入检索中；就综述的目的而言，这通常意味着你的检索程序会涉及会议摘要、专题报告和学位论文。注意，在检索过程中使用二级编码并计算观察者间一致性（IOA）可以降低出错的可能性，同时提高你开发出可复制的检索所有相关文献的程序的可能性。

在确定了所有符合你的 PICOS 标准的文章后，你要判断它们是否也符合你选择文章的最低内部效度纳入标准。例如，一些综述仅包括达到最低标准的研究（比如，三次潜在效果证明、全面综述），而另一些综述仅报告结果具有足够高的内部效度的研究（有时也被称为最佳证据综合分析；Reichow & Volkmar, 2010）。

编码

为了全面地综述而寻找所有相关的文献是综合分析中很耗时的部分。接下来要做的是评估每项研究。我们认为可以在三个层面上评估包括单一被试设计研究在内的综述：（1）研究特征；（2）研究严谨度；（3）研究结果。应当根据具体规则对这三个评估层面进行编码，为了确保信度，二级编码员应当为一部分（比如，20%~30%）已经确定的研究进行编码。编码的第一步是确定在每个层面上应当对哪些信息进行编码；第二步是撰写详细的编码手册并尝试操作；第三步是使用编码手册对所有研究进行编码，包括开展二级编码和观察者间一致性分析；第四步是对信息进行总结。编码手册的编写应该是一个不断反复的过程。也就是说，你应该设定编码并下定义，对一些研究进行编码，确定编码过程是否准确地、全面地反映了研究的相似点和差异，如有必要，修改编码并重复这一过程。

根据研究问题的不同，研究特征的编码也有所不同。你可能想要编码的项目包括研究层面的信息，如设计类型、主要因变量、参与者数量、所用的测量系统、环境、实施者、社会同伴以及安排方式（比如，小组或一对一）。根据你的干预的广泛程度，你可能还需要对干预的成分或变体进行编码（参看 Ledford et al., 2017）。单一被试设计的动态性质必然要求任何根据参与者数据对干预所做的调整都要编码（即如果任何参与者对原始干预都没有反应，那么你需要对改动的内容进行编码）。除了研究层面的特征外，你还应当对参与者层面的特征进行编码。此外，虽然如何编码取决于你的研究问题，但是一般而言，编码包括：种族和民族、性别、年龄、学校安置、诊断、前基线期的评估信息以及纳入研究的原因说明。

对研究特征进行编码后，你要为严谨度开发一个编码系统，或者使用先前开发的系统（比如，第 13 章描述的系统之一）。这种系统性编码的目的有两个：（1）确定一项研究的严谨度是否高到足以令人确信结果和干预之间具有因果关系；（2）确定在一组特定的研究中严谨度和质量的哪些方面得到了充分描述或有所欠缺，以便为将来更好地开展研究提供建议。例如，在一组和基于感觉的干预有关的研究中，我们可能会发现，比较好的结果（参与者的行为改变）和偏差风险高的研究有关联；无效的结果（无行为改变）和偏差风险低的研究有关联。这意味着我们所掌握的**严谨度**证据表明干预是无效的，而且可能说明有必要开展严谨度更高的研究。同样地，我们可能会发现，使用时距百分比的研究比使用计数的研究效果更明显（第 5 章就时距系统的特性带来的令人忧心的结果进行了探讨）。相比于那些简单汇总不同研究结果的文章，这些都是重要的研究发现，为我们提供了相当有用的信息。

使用结构化视觉分析指南进行跨研究的综合分析

在完成了对描述性信息的编码和对内部效度的分析之后，你应当确定哪些研究的结果适合用来进行综合分析。例如，你可以提出，研究至少要满足有效教育策略资料中心的"可接受"的标准，必须达到特殊儿童委员会提出的"质量指标"的 80%，或者在"单一被试分析和评述框架"工具中的平均严谨度 /

质量得分至少达到 2.0 分（参看第 13 章中对这些工具的介绍）。这样能确保你只对那些严谨度高到足以得出因果结论的研究进行评估。或者，你也可以将严谨度低的研究纳入分析，以便对可能有偏差的研究和更为严谨的研究（如上所述）进行比较。在这里，我们提醒你明确说明在得出因果结论时没有采用那些不严谨的研究的结果。

在确定了你的结果分析包括哪些研究之后，你就可以应用特定的视觉分析指南（参看附录 14.1 中的例子）判断每个设计是否存在功能关系了。合理的做法是，针对那些未被纳入正式研究的项目编写并试用指南，包括培训次要观察者，并确保在确定功能关系时意见一致。除了对功能关系进行"是 / 否"判断外，你还可以将功能关系分为小、中或大这几类（基于系统的和预设的规则），或者对你对于关系判断的确信程度进行分类（参看附录 14.1）。在对所选择的研究系列进行编码之前，你应当开发、试用并修改（必要时）系统的和透明的视觉分析程序（参看 Common, Lane, Pustejovsky, Johnson, & Johl, 2017）。

在一个应用视觉分析进行综合分析的案例中，塞韦里尼、莱德福和罗伯逊（Severini, Ledford, & Robertson, 2017）对旨在减少学校环境中孤独症人士的问题行为的干预进行了综述。他们对被纳入综述的所有研究进行了独立的视觉分析，并比较了对功能关系的判断（是 / 否）和确信程度评级（1~4，从完全不确信到非常确信）。是 / 否判断的一致性为 98%，确信程度评级的一致性为 93%。视觉分析的一致性分数高意味着研究者们使用了相同的视觉分析规则，从而提高了判断的可信度和可复制性。研究者们报告了已被证明存在功能关系的研究设计的百分比。与此相似，莱德福等人（2017）报告了有关特定社交技能干预成分的"成功率"（根据视觉分析证明功能关系存在的研究的百分比）。

利用视觉分析对结果进行综合分析也存在一些明显的缺点。第一个缺点是相对于数量庞大的研究而言，开发并使用系统的视觉分析可能会被认为是一项具有挑战性的工作；一些研究已经显示，视觉分析的一致性可能很低，尤其是在某些特定条件下（比如，变异性；Kahng et al., 2010; Matyas & Greenwood, 1990）。然而，上文提到的综述表明，观察者之间也有可能存在很高的一致性。我们注意到，在前面提到的两个案例中，一个是由专家（博士、认证行为分析师—博士级、本书的联合编辑）和接受其培训的学生进行视觉分析；另一个由两名专家进行视觉分析（均是博士、认证行为分析师—博士级）。这说明在应用视觉分析进行综合研究时，具有一定程度的专业知识可能更有帮助；这也不足为奇，就像我们期待由一名有经验的统计学者使用统计方法进行综合分析和／或阐释数据一样。有几种视觉分析培训工具可供使用，包括可以在网上免费使用的工具（比如，www.singlecase.org）；如果两名分析师都"通过"了培训，或者在分析数据前针对一系列图表的判断是一致的（比如，试用程序），那么这样的一致性更有可能被综述研究接纳。无论如何，试用和测试你开展视觉分析的系统程序并细致地报告这些程序是很重要的事。

利用视觉分析对结果进行综合分析的第二个潜在缺点是不会产生个别或综合的"效应量"，也无法计算标准误（无法给数据赋权重）。因此，即使报告了成功率（比如，在90%的设计中存在功能关系），通常还是无法说明平均效应量"大"或"小"的程度，也无法说明效应量是否因研究、参与者或其他特征的不同而不同。这和单一被试设计的基本逻辑一致（比如，效应的一致性，而不是效应量的大小，对于判断是否存在功能关系发挥关键作用），但是很难向利益相关人说明发生了多少行为改变，以及在不同的干预类型中行为改变的差异程度如何。一些人还认为 I 型错误率（在不存在治疗效果的情况下判定存在治疗效果）在单一被试设计研究中高到不可接受；充分的培训以及请专家开展视觉分析可以降低这一风险（比如，专家的一致性通常很高；Ledford & Wolery，2013）。

有些人提出，以实施综合分析为目的对单一被试设计数据进行视觉分析还有一个重要的缺点，即它不能和组间设计的综合分析结合起来。我们不认为这是一个重要的不足，原因有二：（1）单一被试设计和组间设计的逻辑是不同的；（2）单一被试设计和组间设计所测量的因变量类型通常是不同的（Yoder, Bottema-Beutel, Woynaroski, Chandrasekhar, & Sandbank, 2013）。我们认为，无论度量指标如何，这样的差异都会使单一被试设计和组间研究的结果无法结合。

析取数据

在单一被试设计研究中，个人案例的数据是通过图表而不是通过诸如平均值和标准差这样的总结式统计数据来呈现的，这对数据分析师非常有好处。在使用量化度量对结果进行综合分析之前，首先要对已公开的单一被试设计研究中的数据进行析取，进而获得精确的坐标值，并将其用于计算量化度量值。**数据析取**是一个多步骤过程，用于确定和记录 x 轴和 y 轴上的数据点。WebPlotDigitizer（Rohatgi, 2014）是一个免费的数据析取程序，可以应用于多个平台，被评定为单一被试设计综合分析中最可信和最有效的图表数据析取程序；此外还有其他免费和付费的程序（比如，PlotDigitizer; 相关综述，参看 Moeyaert, Maggin, & Verkuilen, 2016 ）。

　　在确定使用哪种数据析取程序并下载（或以其他途径获得）后，你应该为综合分析文章中的每个图表制作图像。为此，你可以使用 PDF 文件中的"屏幕截图"或"页面抓取"功能，将每个图表图像存储为 GIF、JPEG 或 PGN 文件，并在文件中标明每个图表的作者、年份以及因变量。一旦你保存了图像文件，就可以将其上传到数据析取程序中，以获得 *x-y* 值。一般而言，你先要在每个坐标轴上安排数据的位置和数值（比如，你"告诉"程序坐标轴在哪里，最大值和最小值是多少）。然后，你用鼠标"点击"每个数据点进行单独选择。从头到尾使用较高的"放大"（比如，200%）比例可以使析取更准确，并最大限度地减少由位置上的微小误差导致的变异性。虽然只有纵轴数值用于量化结果，但是横轴数值也应当被保存在电子表格中，以便与图表数据进行直接比较，并在必要时进行后续的误差校正。在从采用快速轮替设计（比如，交替处理设计、适应性交替处理设计）的研究中析取数据时，应先从一个数据路径中析取数据，将数值记录在电子表格中，然后再从第二个数据路径中析取数值。对于多层级的时间延迟设计，应将每一个层级保存为一个单独的图像，然后从每个图像中析取数据。程序的屏幕截图如图 14.1 所示，它显示了图表及相关的 *x* 值和 *y* 值。图 14.2 展示了数据的截图如何转换为适用于计算效应量的电子表格。

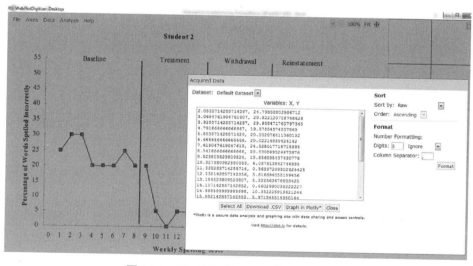

图 14.1　WebPlotDigitizer 应用环境展示

	A	B	C
1	研究	案例	结果
2	1	1	86
3	1	1	91
4	1	1	58
5	1	1	88
6	1	1	20
7	1	1	25
8	1	1	31
9	1	2	34
10	1	2	87
11	1	2	76
12	1	2	81
13	1	2	32
14	1	2	34
15	2	1	78
16	2	1	98
17	2	1	88
18	2	1	26
19	2	1	24

图 14.2　从主要的单一被试设计研究中摘取的数据展示

　　虽然在综合分析和元分析中尚没有关于报告数据析取过程的统一标准，但是应当详细地报告所使用的方法，这样才能使复制成为可能（参看 Rakap, Snyder, & Pasia, 2014）。应当收集信度数据，并报告用什么方式解决不一致或不准确的问题。最后，可以根据被纳入综述的研究确定析取值四舍五入后的整数值，并在最终的报告中说明。例如，如果在一项综述研究中，所有被分析的研究都使用了时距记录程序，并报告了总时段长度，那么你就可以计算出结果的确切的可能值，并将析取值四舍五入，获得一个最接近可能值的整数值（比如，如果每个时段包括 20 个时距，那么可能的数值只能是 0%、5%、10% 等，而4.89% 取整后的数值为 5%）。一旦析取了综合研究中的所有数据，并通过研究和比较对这些数据进行了分层（比如，层级），就可以计算出量化度量值。在计算量化度量值时，数据析取中的微小误差（比如，当实际值为 1.0 时选择了 1.1 的数据）会导致计算出的数据重叠点（见下文的重叠度量）出现巨大变化或相对变化（见下文的对数反应比率）。附录 14.2 中的样表可以用于指导做关于数据析取的决策。

研究结果的元分析

　　将从主要的研究文章中获取的大量结果进行量化整合，对实践、研究以及理论的发展都有贡献（Jenson, Clark, Kircher, & Kristjansson, 2007; Manolov & Solanas, 2013; Parker & Brossart, 2003）。元分析是一种统计分析技术，常用于对分组比较设计的数据进行分析。它以一种客观和系统的方式，将针对同一基本研究问题（Cooper, 2010; Glass, 1976）开展的多项研究的结果结合起来。对单一被试设计数据进行元分析的好处包括：（1）可以用更有说服力的方式估计主要研究中报告的平均治疗效果（即可以确定一项治疗在多大程度上取得了效果）；（2）可以对不同研究产生的总体治疗效果的差异进行解释（比如，在孤独症学生和智力障碍学生身上产生的效果的等级大小有差异）。

　　在结合之前，应该把研究结果转化为常见的标准化效应量测量值，这样才能对多个关注点相似的研究的结果进行比较和综合分析（Lipsey & Wilson, 2001）。就**效应量**而言，我们指的是对行为改变的总体量的估计。例如，肖格伦、法杰拉－卢比、巴和韦迈耶（Shogren, Faggella-Luby, Bae, & Wehmeyer, 2004）开展了一项元分析，对调查将学生选择作为减少问题行为的一种治疗方法的影响的 9 项单一被试研究（总共有 21 个案例）进行了总结。然而，不同研究并非采用相同的结果量表来测量挑战性行为。在其中一项研究（Cole & Levinson, 2002）中，挑战性行为是以包含该步骤的百分比进行测量的，得分从 0 到 100。而在另一项研究（Dibley & Lim, 1999）中，挑战性行为是以计数的形式进行报告的，范围从 0 到 20。因此，需要采用一个标准化的效应量来使不同研究的分值比较成为可能。

　　在分组比较研究中，人们对这些标准化的效应量应当如何表示、估计值的统计属性是什么（比如，基本的抽样分布），以及如何将一种量数（比如，相关性）转换为另一种量数（比如，*Hedges'g*）已经取得共识。然而，分组比较方法一般只涉及一次（仅有后测）或两次（前／后测）对参与者反应的测量。因此，在对分组设计进行元分析时，有关参与者对治疗反应的动态性质的重要信息会被忽略——单个服务对象的反应在群组平均的过程中消失了，重要的发现也可能被淹没其间。有关变化的因果推论（当能够做出时）是在群组水平上做出的，这就忽略了干预对每个个体参与者产生的影响。当只报告群组平均值和相关的效应量时，到底在何种条件下参与者才会对干预做出反应也被隐于其中（Horner et al., 2005）。这就限制了结果对于特定服务对象的适用性（Barlow, Nock, & Hersen, 2009）。

　　另外，总结单一被试实验设计研究可以为研究者提供一个详细记录有反应和无反应参与者的特征的机会。通过对单一被试设计研究进行元分析，可以了解跨参与者和跨研究的总平均治疗效果，还可以获得与被调查的特定参与者有关的治疗效果变化的详细信息。单一被试设计允许在多个时间点测量个体的行为，因此可以不止一次地评估治疗效果，这使得元分析师可以总结出治疗效果随着时间的推移而变化的情况（即确定趋势）。如此，就能够解释一些重要的研究问题（无法通过总结分组比较设计来回答的问题），例如：（1）跨案例和跨研究的平均治疗效果如何？（2）跨案例和跨研究的治疗有效性随着时间的推移有何变化？（3）特定案例的治疗效果以及趋势的幅度和方向如何？（4）案例内、案例间和/或研究间的治疗效果和趋势的变化情况如何？（5）（案例和/或研究层面的）预测是否会影响治疗效果？由于对结果的综合分析有可能可以回答这些有趣的问题，因此人们对综合分析单一被试研究的兴趣与日俱增。

单一被试设计的元分析

与分组比较设计相比，单一被试设计的元分析领域发展得比较慢，而且尚未出现人们一致认可的效应量估计方法或标准（Kratochwill et al., 2010）。这是单一被试设计的复杂性造成的。沙迪什和沙利文（Shadish & Sullivan, 2011）等人指出，在案例层面构建单一被试设计数据模型是一项巨大的挑战。基于先前总结单一被试设计特征的综述研究（Beretvas & Chung, 2008; Ferron, Farmer, & Owens, 2010; Maggin, O'Keeffe, & Johnson, 2011; Schlosser, Lee, & Wendt, 2008; Shadish & Sullivan, 2011），可以辨识出如下挑战：

1.被观察的数据系列通常很短，一般只有 30 个或更少的数据点。费龙等人（2010）发现各系列数据点数量的中值是 24 个，而根据沙迪什和沙利文（2011）的调查，每个案例的数据点数量范围从 2 个到 160 个不等，平均值和众数都等于 20 个，且 90.6% 的案例有 49 个或更少的数据点。

2.单一被试设计数据具有系列依赖性，呈现出小到中等规模的自相关。**自相关**指的是在单一被试设计数据中缺乏独立性，因此在时间上更聚集的数据点比在时间上更分散的数据点更为相似。沙迪什和沙利文（2011）指出，平均自相关接近零，但又与零有显著差异，而且具有显著的异质性（即自相关的程度可能取决于诸如研究关注的因变量以及在两个连续测量之间的时间等因素）。

3.单一被试设计数据可以配上一张结果量表，每个案例的量表都不一样（比如，百分比、计数、时距量表）。

4. 单一被试设计数据有多种结果，包括连续结果、比率或计数结果，或顺序结果。比率和计数特别常见（Shadish & Sullivan, 2011）。反过来，这意味着数据可能是**异方差**的（基线和干预条件之间的变异性有所不同），具有明显可见的离群值或地板 / 天花板效应。标准化对这些结果而言更为困难。

5. 研究者通常对已经使用多种条件顺序类型（比如，多基线设计等时间延迟设计、A–B–A–B 设计等顺序引入和撤除设计）回答的研究问题感兴趣。必须使用恰当的设计模型分别处理每一种设计类型（了解更多信息，参看 Moeyaert et al., 2014b）。

6. 有些案例的数据可能有异常，如时间间断（Ferron, Moeyaert, Van den Noortgate, & Beretvas, 2014; Moeyaert, Ugille, Ferron, Beretvas, & Van den Noortgate, 2013a）。

考虑到有关单一被试设计的所有复杂的问题，创建统一的标准化效应量测量方法非常困难，这些特征就体现了这一点。在过去的十年中，人们提出了众多不同的效应量测量方法（从简单到复杂），从经验上看，它们是有效的。每种方法都有缺陷，但是一些方法可能比另一些方法更有用（取决于研究问题和具体的单一被试设计数据及设计特征；**Manolov & Moeyaert, 2017**）。单一被试设计的元分析领域依然处于发展和快速变化之中。因此，尽管我们分享了一些当前对单一被试设计研究开展元分析的方法，我们仍然期待对这些方法感兴趣的研究者密切关注这一领域已公开的研究。目前，可以基于三种途径对综合分析单一被试设计的方法进行分类：比较跨条件的重叠情况（基于重叠的度量）、比较跨条件的平均值（基于平均值的度量），以及建构跨条件的数据模式（基于回归的方法）。下文会简要总结每一种途径，包括对单一被试设计的结果进行元分析时使用每种方法的建议。针对本章内容，帮助读者计划和实施单一被试设计的综合分析或元分析的指导性文件可以从网络资源中找到。

基于重叠的度量

重叠度量（也被称为无重叠统计）是一种用于表示跨单一被试设计的综合效果的量化指标。这个指标同视觉分析一道，旨在描述干预有效性的等级大小（Vannest & Ninci, 2015），通过成对比较或评估一个条件下的最高或最低水平的重叠程度来测量两个相邻的条件之间的无重叠程度（**Parker, Vannest, & Davis,**

2011）。重叠度量的研究者认为，它可以被用作有效性的测量指标，因为它是非参数统计，不需要验证与参数统计相关的假设，而单一被试设计的数据也达不到统计参数的要求（比如，独立性、正态分布；Parker et al., 2011）。特别是该测量方法的创建者认为，重叠度量提供了一种标准化的行为改变度量方法，可以对不同的研究进行聚合测量，从而得出干预有效性的总体量值（Parker et al., 2011; Vannest & Ninci, 2015）。另外，很多重叠度量值很容易用纸笔或者在线计算器计算（Pustejovsky, 2016d），这提高了它的应用性（参看 Whalon, Conroy, Martinez, & Werch, 2015）。考虑到计算的简便性，以及通过视觉分析评估的一个特征是条件间重叠，重叠度量成为行为研究中最受欢迎的量化统计方法也就不足为奇了（Maggin, O'Keefe, & Johnson, 2011）。

重叠度量的目的和应用案例

作为干预有效性的测量方法，很多重叠度量可以用于量化图表数据中的无重叠量。这些指标包括：

- 无重叠数据的百分比（percentage of overlapping data, PND; Scruggs, Mastropieri, & Castro, 1987）
- phi 系数（phi coefficient; Rosenthal, 1994; Burns, Zaslofsky, Kanive, & Parker, 2012）
- 高于中值的数据点百分比（percentage of data points exceeding the median, PEM; Ma, 2006）
- 所有无重叠数据的百分比（percentage of all nonoverlapping data, PAND; Parker, Hagan-Burke, & Vannest, 2007）
- 提高率差异（improvement rate difference, IRD; Parker, Vannest, & Brown, 2009）
- 所有配对无重叠（nonoverlap of all pairs, NAP; Parker & Vannest, 2009）
- 配对数据重叠平方值（pairwise data overlap squared, PDO^2; Parker & Vannest, 2007）
- 组间无重叠肯德尔 tau 系数（Kendall's tau for nonoverlap between groups, Tau_{novlap} or Tau; Parker, Vannest, Davis, & Sauber, 2011）
- 无重叠矫正数据的百分比（percentage of nonoverlapping corrected data, PNCD; Manolov & Solanas, 2009）

· Tau-U（Parker et al., 2011）

每种度量都使用不同的方法计算和量化条件之间的无重叠量（了解更多细节，参看 Parker et al., 2011）。

重叠度量的不足

评估已经发现采用重叠度量存在相当多不足，其中一些已被研究者识别出来，并由此产生了新的重叠度量（比如，Tau-U; Parker et al., 2011）。然而，下面详细讲述的大部分不足对所有或大部分重叠度量而言都是有问题的，它们包括：（1）无法解释复制；（2）程序敏感性；（3）对等级估计的描述不恰当。

重叠度量结果可能和通过视觉分析得出的结论不一致（Barton et al., 2016; Ledford et al., 2016, 2017; Ma, 2006; Wolery et al., 2010; Zimmerman et al., 2017）。重叠度量无法解释数据的所有特征（比如，稳定性、变异性、一致性、改变的即时性；Barton et al., 2016; Wolery et al., 2010）、差异的等级大小或效果的一致性（复制逻辑；Wolery et al., 2010），这可能会导致重叠度量和视觉分析之间的不一致。但是，在一项研究中，所有配对无重叠度量值（以及相关的较小、中等和较大的效果）和视觉分析结果一致（Severini, Ledford, & Robertson, 2017）。虽然有报告称两种重叠度量可以解释趋势（PEM-T 和 Tau-U），但进一步的调查发现，与视觉分析相比，它们更有可能出现误差（Tarlow, 2016; Wolery et al., 2010）。

除了只能提供关于单一被试设计数据的一个方面的信息之外，重叠度量对程序变量非常敏感，如某个条件内数据点的数量（Tau-U; Pustejovsky, 2016c）。具体来说，通过改变基线条件（Pustejovsky, 2016b）或处理条件（Pustejovsky, 2016b; Wolery et al., 2010）的长度，重叠度量值可能会增加。重叠度量还会受到其他程序变量的影响，如设计类型（Chen et al., 2016; Pustejovsky, 2016b）、时段长度（Pustejovsky, 2016b）、感兴趣的行为（Pustejovsky, 2016b），以及测量系统（Ledford, Lane, Ayres, & Lam, 2014; Pustejovsky, 2015; Pustejovsky, 2016b; Pustejovsky & Ferron, 2017）。因此，有关干预有效性的等级大小的结论可能来源于设计特征、数据量或者使用的测量系统，而不是治疗后发生的真实的行为改变。更令人担忧的是，对条件内的数据点数量的敏感性可能会潜在地导致研究者操纵条件长度以增加重叠度量的规模（Pustejovsky, 2016b; Pustejovsky & Ferron, 2017; Wolery et al., 2010）。

使用重叠度量得出的有关干预有效性的多个结论之间存在变异性，这可能是由于当数据的视觉检查表明不同设计的有效性有所不同时，指标无法区辨不同条件之间的变化的等级大小（Campbell, 2012; Chen et al., 2016; Ma, 2006; Rakap, Snyder, & Pasia, 2014; Wolery et al., 2010）。将每个设计的重叠度量值和视觉分析进行比较，结果是：（1）在非常小和非常大的效果等级之间没有区别（Campbell, 2012; Chen et al., 2016; Wolery et al., 2010）；（2）在无效果和反治疗效果之间的效果等级没有区别（Chen et al., 2016; Zimmerman et al., 2017）；（3）通过视觉分析确定的有效性等级各不相同，图形之间 100% 没有重叠（Wolery et al., 2010）。图 14.3 展示了四张具有完美重叠分值（比如，在相邻条件之间数据点无重叠）的虚构图；但是，关于行为改变和效果等级的呈现，视觉分析的结论存在很大差异。和呈现的虚构数据一样，近来，关于言语生成设备干预（Chen et al., 2016）、父母实施的基于功能评估的干预（Barton et al., 2016），以及社交技能干预（Ledford et al., 2017）的综述指出，重叠度量无法精确地捕捉综述研究中呈现的有效性范围。

评估表明，一些重叠度量值和其他度量值高度相关（Chen et al., 2016; Parker & Vannest, 2009）。尽管它们彼此相关，仍有证据表明，关于某种干预的总体有效性的结论会因所选的重叠度量的不同而有所不同（Chen et al., 2016; Pustejovsky, 2015; Rakap, Snyder, & Pasia, 2014; Zimmermen et al., 2017）。这里存在很大的问题，如果研究者"购买"了能显示较大或较小效果的度量，那么就会把偏差带入研究。

有关重叠度量的建议

考虑到存在这些局限，我们建议不要将重叠度量用于对单一被试设计的综合分析，因为它不是功能关系存在的准确指标，也无法用于估计效果的等级大小。至少，如果使用它，我们会强烈反对进行因果推论或将重叠度量值报告为效应量。当进行元分析总结时，不能将重叠度量值和分组设计研究的效应量结合起来使用（Wolery et al., 2010），不应将其用于汇总采用不同测量系统的研究的结果（Pustejovsky, 2015）。此外，对于所有的重叠指标而言，无法估计抽样变异性（比如，标准误和置信区间）（Pustejovsky, 2015, 2016a, 2016c; Tarlow, 2016），因此无法使用固定效应元分析综合（Pustejovsky, 2015），并且有可能增加出现 I 型错误的可能性（Tarlow, 2016）。不应以重叠度量取代视觉分析作为描述单一被试设计研究综述中行为改变的工具（Barton et al., 2016; Ledford et al.,

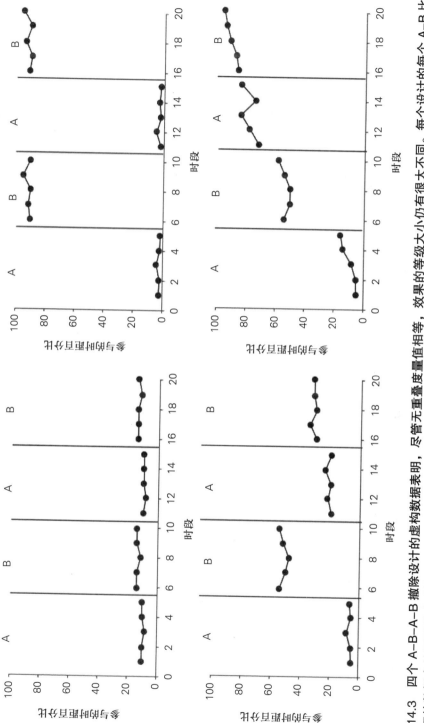

图 14.3　四个 A–B–A–B 撤除设计的虚构数据表明，尽管无重叠量值相等，效果的等级大小仍有很大不同。每个设计的每个 A–B 比较之间的数据的无重叠率均为 100%。上方的两张图显示，重叠度量无法评估变化的等级大小（即不是“效应量”）。下方的两张图显示，使用这些度量时，表明对内部效度（不一致效应、成熟、历史）存在潜在威胁的数据模式没有得到说明。

2016; Ledford et al., 2017; Rakap, Snyder, & Pasia, 2014），尽管它在描述条件之间的重叠情况时非常有用。

组合基于重叠的指标和描述性指标

根据最初的主要研究中报告的重叠指标（比如，PND, NAP, Tau, IRD, PNCD）可以计算出多项研究的简单平均值。同样地，你可以将量化水平和斜率的变化的描述性指标［比如，斜率和水平改变（slope and level change, SLC）; Solanas, Manolov, & Onghena, 2010］、平均阶段差异（mean phase difference, MPD; Manolov & Solanas, 2013）、百分比变化指数（percentage change index, PCI; Hershberger, Wallace, Green, & Marquis, 1999）、平均基线缩减（mean baseline reduction, MBLR; Campbell, 2003）以及零数据百分比（percentage of zero data, PZD; Scotti, Evans, Meyer, & Walker, 1991）结合起来。尽管这些技术非常简单，也不要求标准化（因为它们都是百分比指标），我们仍然不推荐使用，因为目前还没有一种完善的方法来对无重叠指标进行元分析（比如，Schlosser et al., 2008）。而且，仅仅计算重叠或无重叠的平均值，并不涉及关于准确性的考量，也没有赋予相应的权重。这意味着无论参与者或数据点的数量如何，所有的研究都被赋予了同样的权重。此外，如上所述，这些平均的重叠或无重叠指标无法反映效应量，因此很难进行解释。

基于平均值的度量

基于平均值的度量是对单一被试设计的结果进行综合分析的一种替代性方法，它提供了行为改变等级的传统标准化效应量测量方式（Shadish, Hedges, Horner, & Odom, 2015）。基于平均值的度量可用于评估案例内效应（参看"对数反应比率"; Pustejovsky, 2017）和案例间效应（参看"案例间标准平均差"; Hedgges, Pustejovsky, & Shaish, 2012, 2013）。案例内效应量可用于计算因变量的变化等级，通过分析单一案例内的效应可得该值；而案例间效应量可用于计算多个案例的因变量的变化等级。

对数反应比率

对数反应比率（log response ratio, LRR）是一种基于平均值的效应量指标，用于量化两个相邻条件之间的行为改变的等级大小（Pustejovsky, 2017）。对数反应比率通过自然对数转化计算，将效果量化为条件之间变化的比例；这一转化使研究结果能够以一种比经典的比率量尺更宽松的度量方式得到评估（Pustejovsky & Ferron, 2017）。对数反应比率旨在对通过直接的、系统的观察记录（参看第 5 章）测量的效果进行建模，它最适合与使用比率量尺测量的因变量结果一起使用，在比率量尺中，0 分意味着某个结果的缺失（比如，计数、百分比、比率以及连续持续时间记录；Pustejovsky, 2017; Pustejovsky & Ferron, 2017）。对数反应比率可以针对正效价（分值升高）或负效价（分值降低）的结果进行计算（即预测的行为改变在水平上是上升还是下降；详细计算，参看 Pustejovsky, 2017）。

　　当综合分析跨单一被试研究的结果时，对数反应比率具有很多使该指标适合用作效应量的特点。最明显地，使用对数反应比率表示效应量大小，对研究者和使用者而言更易于解释，因为这一度量和常用的条件间变化的百分比密切相关（Pustejovsky, 2017）。一旦计算出来，对数反应比率就可以转换成描述条件间变化的百分比。和基于重叠的度量不同，对数反应比率对数据中的程序性变化不敏感（比如，时段长度、测量系统；Pustejovsky, 2017），其等级大小也不受测量单位变化的影响。它对程序性变化的敏感性也比其他常见的度量要低。此外，对数反应比率可以对使用不同测量系统（比如，用定时事件记录和部分时距记录估计计数）的研究结果进行综合分析，因为它比较的是每个条件内的结果的平均水平，而不是条件之间的变异性（Pustejovsky, 2017）。

　　与其他基于平均值和回归的度量一样，对数反应比率假设数据点是独立的，而对于单一被试设计情境中测量的典型变量来说，这一假设可能无法满足。此外，用于估计该指标的数据模型假定每个条件内的数据都是稳定的；因此，当在任何一个条件中都有可能呈现出某种趋势时（比如，当预计行为改变逐渐发生而不是突然发生时；Pustejovsky, 2017），就不适合使用对数反应比率了。由于该指标是按比例计算的，因此无法计算条件内平均值为零的数据（比如，基线中预计不会出现的习得性行为）。在使用对数反应比率进行元分析时，通过运用稳健方差估计（robust variance estimation），可以解决自相关问题，但是目前还没有用以解决存在趋势这一问题的修正模型（详细解释，参看 Pustejovsky, 2017）。此外，由于该指标的新颖性，尚未建立可对对数反应比率结果进行分类的基准值；当基线比率很低的时候，甚至是当平均差相对小的时候（比如，从 1 到 1.1 的变化和从 100 到 110 的平均变化的效应量相等），对数反应比率的值也可能很大；因此，当使用对数反应比率时，除了效应量外，分析师还应当关注置信区间。目前，研究者正在对通过使用对数反应比率获得的结果和通过使用其他已经成型的案例内效应量获得的结果进行比较评估（Zimmerman et al., 2017），因此，随着单一被试设计元分析领域的不断发展，对数反应比率的应用可能也会快速发展；与案例间标准平均差不同，案例内对数反应比率效应量估计值与分组设计中计算的效应量没有可比性，估计值只能和通过其他单一被试设计综合分析获得的效应量进行比较（参看 Common, Lane, Pustejovsky, Johnson, & Johl, 2017, 使用案例内对数反应比率和案例间估计值开展的单一被试设计综合分析样本）。对数反应比率估计值、标准误和置信区间可以使用开源软件计算，工具包可以通过以下链接获取：https://github.com/jepusto/SingleCaseES.

标准平均差

计算标准平均差指标是描述单一被试设计中的行为改变特征的另一种方法。*Glass's* △（*delta*）、*Cohen's d* 以及平均 *HPS d*（此版本的 *d* 统计量的作者姓氏的首字母：Hedges, Pustejovsky, & Shadish, 2012, 2013）统计量都属于这个范畴。标准平均差在单一被试设计数据分析中的最初应用主要集中于组间设计的 *d* 统计量，*d* 统计量在分母中采用了合并标准差（Cohen, 1992）：

$$d = \frac{\bar{X}_A - \bar{X}_B}{s_p}$$

$\bar{X}_A$ 和 $\bar{X}_B$ 分别指基线阶段和处理阶段观察结果的平均值，s_p 是案例内标准差（即基线和干预条件中数据的变异性的测量值）。不使用合并案例内标准差，而只使用基线标准差计算标准平均差，这指的是 *Glass's* △（Busk & Serlin, 1992; Glass, McGaw, & Smith, 1981）：

$$\Delta = \frac{\bar{X}_A - \bar{X}_B}{s_b}$$

s_b 指的是基线标准差。我们建议使用基线条件中的结果分数的标准差。如果使用了合并标准差，那么会高估标准差，因为结果分数的变化是由其所反映的干预决定的。这意味着标准差不仅反映了结果尺度，也反映了处理效果的数值（在不同研究中有所不同）。另外，如果只有基线数据被用来估计标准差，那么 *n* 更小，因此标准差的准确性更低。如果基线数据是不变的，那么标准差是 0，这样就会得到一个无法计算的等式。

Hedges'g（1981）是由 *Cohen's d* 延伸而来的，我们建议在单一被试研究情境中应用它，因为这涉及对小样本的偏差校正：

$$g = d\left[1 - \left(\frac{3}{4m-1}\right)\right]$$

n 是系列中数据点的数量，$m=$ 自由度 $=(n\text{-}2)$。

　　一旦计算出了平均标准差（Class's △、Cohen's d 或 Hedges'g），就可以根据样本量对每项研究的效应量分配权重。最简单的权重计算方法是计算 $1 \div v$（v 在此指抽样分布的已知方差）的值。可以通过下面的链接访问开源软件计算这些经典的平均差：http://cran.r-project.org/web/packages/RcmdrPlugin.SCDA/index.html.

　　考虑到在单一被试设计研究中使用这些平均标准差指标进行推论存在一定的问题（Beretvas & Chung, 2008），赫奇斯等人（Hedges et al., 2012, 2013; HPS d 统计量）专门为单一被试研究提出了一种替代指标（也被称作案例间标准平均差）。这个指标的提出不仅考虑到了参与者内变异性，还考虑到了自相关和参与者间变异性。HPS d 统计量的优点是能够和从组间设计研究中获得的 Cohen's d 统计量进行比较。注意，HPS d 只适用于对至少有三个案例的多基线设计研究进行组合，而这在现有的单一被试设计研究中只占相对较小的比例。此外，这个指标与其他指标一样，也会受到基于程序性变化的变异性的限制（Pustejovsky, 2016b）。可以使用一个开源的用户友好型工具计算 HPS d，也可以使用 R 程序计算 HPS d（相关说明，可访问：http://jepusto.github.io/getting-started-with-scdhlm）。

基于回归的方法

　　基于回归分析的元分析技术，即 PHS d 统计量（Pustejovsky, Hedges, & Shadish, 2014）和分层线性模型（Moeyaert, Ferron, Beretvas, & Van den Noortgate, 2014; Shadish, Kyse, & Rindskopf, 2013; Shadish & Rindskopf, 2007; Van den Noortgate & Onghena, 2003a, 2003b, 2007, 2008），是对单一被试设计研究进行组合的有前景的方法（Kratochwill et al., 2010）。PHS d 统计量（Pustejovsky et al., 2014）和 HPS d 统计量具有相同的基本思想，但是前者提供了从各种拟合多层次模型（比如，控制基线趋势并考虑斜率的变化）中获得标准平均差的可能性。这个指标适用于多基线设计、A-B-A-B 撤除设计以及交替处理设计。

　　三级分层线性模型将多层级单一被试设计数据的本质结构属性纳入考量——将测量嵌入被试中，被试转而又被嵌入研究中。也就是说，我们知道来自同一批参与者的数据点彼此关联（比来自不同参与者的数据点更有可能相似），并且来自某项特定研究的数据也是相互关联的（比来自不同研究的数据点更有可能相似）。忽略多层级的本质特点会对多层级分析的结论产生持续性影响（Hox, 2002; Van den Noortgate, Opdenakker, & Onghena, 2005），因为标准误估计值太小会导致统计检验中的 I 型错误增多（即统计检验表明处理有效果，但实际上没有效果）。通过使用森特、希巴和凯西（Center, Skiba, & Casey, 1985—1986）提出的分段回归模型（piecewise regression model），可以计算出研究 k 中每个案例 j 在水平上的变化（β_{2jk}）和在斜率上的变化（β_{3jk}）：

$$Y_{ijk}=\beta_{0jk}+\beta_{1jk}T_{ijk}+\beta_{2jk}D_{ijk}+\beta_{3jk}T_{ijk}D_{ijk}+e_{ijk}, e_{ijk} \sim N(0, \sigma^2_{ejk})$$

Y_{ijk} 是研究 k 中的案例 j 在第 i 次测量中得到的分数（可以是基线或处理观察结果），是由时间变量（T_{ijk}）、哑编码变量（如果 i 属于基线期，则 $D_{ijk}=0$，否则 $D_{ijk}=1$）以及 T_{ijk} 和 D_{ijk} 的交互作用回归计算而得。β_{2jk} 和 β_{3jk} 的普通最小二乘估计值（即分别为 b_{2jk} 和 b_{3jk}）即为研究关注的效应量（分别是水平上的变化和斜率上的变化），它等于由 β 系数表示的未知的人口效应量加上从由误差项表示的人口参数中获取的随机偏差：

$$b_{2jk}=\beta_{2jk}+e_{2jk}, e_{2jk} \sim N(0, \sigma^2_{e_{2jk}})$$
$$b_{3jk}=\beta_{3jk}+e_{3jk}, e_{3jk} \sim N(0, \sigma^2_{e_{3jk}})$$

不同案例和不同研究的效应量经过标准化后可以进行组合，从而得出总体处理效果估计值。这些标准化效应量 b'_{1jk} 和 b'_{2jk} 是用效应量估计值 b_{1jk} 和 b_{2jk} 除以残差的标准差 $\sqrt{\hat{\sigma}^2_e}$（由等式计算而得）得到的：

$$b'_{1jk} = \frac{b_{1jk}}{\sqrt{\hat{\sigma}^2_{ejk}}} \text{ 和 } b'_{2jk} = \frac{b_{2jk}}{\sqrt{\hat{\sigma}^2_{ejk}}}$$

有关标准化的更多细节，我们建议读者参看范登诺尔特盖特和翁盖纳（Van den Noortgate & Onghena, 2008）以及乌吉尔、莫亚特、拜赖特瓦什、费龙和范登诺尔特盖特（Ugille, Moeyaert, Beretvas, Ferron, & Van den Noortgate, 2012）的相关文章。为了组合不同被试和不同研究的效应量估计值，可以进行多层级元分析，这也是一种效应量（即 b'_{1jk} 和 b'_{2jk}; Ugille et al, 2012）。这种方式最具灵活性，因为它能够建构一些复杂因素，如自相关，案例水平（比如，年龄、性别、社会经济地位、学校类型）和研究水平（比如，年龄、性别、社会经济地位、学校类型、研究质量）上的预测因子，被试内、被试间和研究间（协同）方差的异质性，并且可以对不同类型的单一被试设计进行组合。使用它，除了可以估计特定被试和特定研究的处理效果外，还可以估计跨研究的平均处理效果（Moeyaert, Ugille, Ferron, Beretvas, & Van den Noortgate, 2013b, 2013c, 2015; Shadish & Rindskopf, 2007; Van den Noortgate & Onghena, 2003a, 2003b, 2008）。有一个讲授实施多层级元分析的分步教程（包括软件应用和例子）的工作坊，详情可登录以下网站查看：www.single-case.com.

读者应注意，基于回归的基本方法假定误差是独立且呈正态分布的。不过，当前，研究者正在通过以下方式拓展这一模型：（1）纳入自相关以处理相依误差；（2）建立异方差模型（Joo, Ferron, Moeyaert, Beretvas, & Van den Noortgate, 2017）。此外，它还假定结果是连续的（当数据属于计数数据时，使用广义多层级回归模型更合适）。很多单一被试设计的数据不足以用来做回归分析，而且把连续和不连续的结果组合起来也是一个问题。

总结

鉴于对循证实践的重视和研究数量的不断增多，学者们对单一被试设计的结果越来越感兴趣。在过去的十多年里，人们为开展单一被试设计综合分析研究开发并验证了很多指标；我们期待这一研究领域继续发展。我们认为没有一个度量适用于所有的分析；因此，应当根据研究问题和有关每一种方法的优点和不足的最新信息选择辅助统计分析方法。我们建议读者应用视觉分析来判断每项研究中是否存在功能关系；然后，使用合适的度量总结行为改变的等级大小，并清晰报告度量值依赖于数据的哪些特征计算而得（比如，它测量的是平均差还是重叠度？度量的假设适用于所包含的特定数据吗？）。

附录14.1
视觉分析表

特征	问题	+	−
水平	在条件变化之前，每个条件中是否已经建立持续一致的水平？	是	否
	条件之间是否按预期方向出现了持续的水平变化？	是	否
趋势	未按预期发展的趋势是否使对行为改变的判断变得困难？	否	是
	在不同条件中，趋势是否按预期方向出现了持续变化？	是	否
变异性	在一个或多个条件中是否存在预期之外的变异性？	否	是
	条件内变异性是否妨碍了对条件间水平变化的判断？	否	是
一致性	条件内的数据和条件间的变化是否一致？	是	否
	如果有关水平、趋势或变异性的变化不一致，那么变化是否在预料之中？	是	否
	不一致是否降低了功能关系的可信度？	否	是
重叠	条件间数据是否高度重叠？（比如，相对于基线条件，在干预条件中是否有很多数据点没有得到优化？）	否	是
	如果重叠，重叠的程度是否随着时间的推移而降低？（比如，最初的干预数据点是重叠的，但是后来的数据点不重叠）	是	否
	重叠在跨条件比较中是否一致？（比如，在跨 A-B 比较中，重叠数据点的数量或百分比是否大致相同？）	是	否
	重叠是否在预料之中？（比如，从参与者的行为以及过去研究的情况看，处理效果中的变异性或延迟是否在预料之中？）	是	否
	重叠的存在是否降低了功能关系的可信度？（对一次或多次条件间比较而言，条件间数据的相似性是否降低了可信度？）	否	是
即时性	层级间变化是按预期方向即时出现的吗？	是	否
	如果不是，那么跨层级变化中的延迟是一致的吗？（比如，如果在第一个层级中有 3 个时段延迟，那么在第二个层级中是否有 2~4 个时段延迟？）	是	否
	未出现即时变化是否降低了功能关系的可信度？	否	是

关于功能关系是否存在，你作何判断？		是	否	
你对你的判断的确信程度如何？	完全不确信	不太确信	很确信	非常确信

附录14.2
数据析取判断表

作者：

综合分析：

数据析取项目：

图像命名规则：

图像抓取规则：

设计	缩放
A-B-A-B 撤除设计	
多处理设计	
变标准设计	
多基线设计	
多探测设计	
交替处理设计	
适应性交替处理设计	
多因素设计	
混合设计（比如，在 ABAB 设计中使用适应性交替处理设计）	
其他（比如，作者名字、带有多张图的多基线设计和每张图中包含3个数据路径的设计）	

研究的舍入规则								
研究编号	作者	设计	时距长度	时段长度	时距总数	仅有整数	可能有小数	舍入规则
1	亚当斯	适应性交替处理设计	10秒	10	60	—	—	四舍五入到最接近的数值
2	亚当斯	ABAB设计	—	10	—	否	是	四舍五入到最接近的百分数

北京市版权局著作权合同登记号：图字 01-2015-3242 号

图书在版编目（CIP）数据

特殊教育和行为科学中的单一被试设计 ：第3版 / （美）珍妮弗·R.莱德福（Jennifer R. Ledford），（美）戴维·L.加斯特（David L. Gast）主编 ；杨希洁译. 北京 ：华夏出版社有限公司, 2025. -- ISBN 978-7 -5222-0802-2

Ⅰ.G76

中国国家版本馆 CIP 数据核字第 20247FR821 号

特殊教育和行为科学中的单一被试设计：第 3 版

主　　编	〔美〕珍妮弗·R.莱德福　　〔美〕戴维·L.加斯特
译　　者	杨希洁
责任编辑	贾晨娜
责任印制	顾瑞清
出版发行	华夏出版社有限公司
经　　销	新华书店
印　　装	三河市少明印务有限公司
版　　次	2025 年 3 月北京第 1 版　　2025 年 3 月北京第 1 次印刷
开　　本	720×1030　　1/16 开
印　　张	31
字　　数	560 千字
定　　价	168.00 元

华夏出版社有限公司　　地址：北京市东直门外香河园北里 4 号　　邮编：100028
网址：www.hxph.com.cn　　电话：（010）64663331（转）
若发现本版图书有印装质量问题，请与我社营销中心联系调换。